«rororo opernbücher» sind Werkmonographien des Musiktheaters. Sie dokumentieren und interpretieren bedeutende Einzelwerke der Operngeschichte.

Außer dem Textbuch (bei fremdsprachigen Opern mit neuer wortgetreuer Übersetzung) enthalten die Bände ausgewählte Quellentexte, Zeugnisse der literarischen Rezeption und Bildmaterialien, die einen Überblick über die Entstehungs- und Wirkungsgeschichte der jeweiligen Oper vermitteln. Der eigens für jeden Band der Reihe von einem Fachautor verfaßte Essay interpretiert und kommentiert das Werk aus heutiger Sicht und stellt so die Verbindung her zwischen dessen historischen und aktuellen Aspekten.

Richard Wagner

# Tannhäuser

Texte, Materialien, Kommentare

Herausgegeben von Attila Csampai
und Dietmar Holland

Rowohlt

Originalausgabe
Zusammengestellt und
erläutert von
Attila Csampai und
Dietmar Holland
Redaktion
Beate Laura Menzel
Layout
Gabriele Boekholt
Fachmusikalische und
redaktionelle Mitarbeit:
G. RICORDI & Co.,
Bühnen- und Musikverlag
GmbH, München
Umschlagentwurf
Ingeborg Bernerth
(Bühnenbild I. Akt;
Grotte der Venus,
von Angelo II. Quaglio
für die Erstaufführung
am Kgl. Hof-
und Nationaltheater
München am 12.8.1855 /
Deutsches Theatermuseum,
München)
Veröffentlicht im
Rowohlt Taschenbuch
Verlag GmbH,
Reinbek bei Hamburg,
April 1986
Copyright © 1986 by
Rowohlt Taschenbuch
Verlag GmbH,
Reinbek bei Hamburg
Satz Times (Linotron 202)
Gesamtherstellung
Clausen & Bosse, Leck
Printed in Germany
1980-ISBN 3 499 17954 7

«Abends Plauderei, welche Richard mit dem Hirtengesang und Pilgerchor aus Tannhäuser beschließt.
Er sagt, er sei der Welt noch den Tannhäuser schuldig.»

Eintragung in Cosima Wagners<br>Tagebuch am 23. 1. 1883

# Inhalt

| | |
|---|---|
| **Hans-Klaus Jungheinrich** Ritter, Bürger, Künstler | 9 |
| **Dietmar Holland** Inhalt der Oper | 30 |
| **Richard Wagner** ‹Tannhäuser und der Sängerkrieg auf Wartburg› Romantische Oper in drei Aufzügen | 33 |

**Dokumentation**

| | |
|---|---|
| **I.** Die Stoffgrundlagen des ‹Tannhäuser› | 73 |
| **Helmut Kirchmeyer** Tannhäuser-Symbole und Tannhäuser-Thesen | 73 |
| **Heinrich Heine** Der Tannhäuser. Eine Legende | 86 |
| **II.** Zur Entstehungsgeschichte und Dresdener Uraufführung des ‹Tannhäuser› | 91 |
| **Helmut Kirchmeyer** Tannhäuser-Daten | 91 |
| **Richard Wagner** Aus Briefen zu ‹Tannhäuser› in der Dresdener Zeit an Karl Gaillard in Berlin | 94 |
| **Richard Wagner** Proben und erste Aufführungen des ‹Tannhäuser› in Dresden (1845) | 99 |
| **Eine frühe Wagner-Polemik** nach der Uraufführung des ‹Tannhäuser› | 118 |
| **Robert Schumann** über ‹Tannhäuser› | 121 |
| **III.** Erläuterungen Wagners zur Aufführung des ‹Tannhäuser› Briefe **Wagners** zur Weimarer Aufführung des ‹Tannhäuser› (1849) | 122 |
| **Wagners** programmatische Erläuterungen | 128 |
| Briefe **Wagners** über Aufführungsfragen des ‹Tannhäuser› | 132 |
| **Richard Wagner.** Über die Aufführung des ‹Tannhäuser› (Auszug) | 142 |
| **Richard Wagner** Ludwig Schnorr von Carolsfeld als Tannhäuser | 149 |

| | |
|---|---|
| **IV.** Die Vorgänge um die Pariser Fassung des ‹Tannhäuser› | 155 |
| Briefe **Wagners** an Mathilde und Otto Wesendonck | 156 |
| **Richard Wagner** Vollständiger poetischer Entwurf zum Venusberg | 166 |
| Erinnerungen der Schriftstellerin **Malvida von Meysenbug** an die Pariser Proben und Aufführungen des ‹Tannhäuser› | 170 |
| **Charles Baudelaire** Brief an Richard Wagner | 176 |
| **Charles Baudelaire** Richard Wagner und der ‹Tannhäuser› in Paris | 180 |
| **Richard Wagner** Bericht über die Aufführung des ‹Tannhäuser› in Paris | 199 |
| | |
| **V.** Zur Rezeptionsgeschichte des ‹Tannhäuser› | 210 |
| **Paul Bekker** Wagners ‹Tannhäuser›: Stoff, Musik und Dramaturgie | 210 |
| **Hans Mayer** ‹Tannhäuser› und die künstlichen Paradiese | 236 |
| **Joachim Herz** Tannhäusers nie gesungenes Lied | 251 |
| **Dolf Sternberger** Thema Tannhäuser. Ein geheimer Sängerkrieg zwischen Richard Wagner und Heinrich Heine | 256 |
| | |
| Zeittafel | 272 |
| Bibliographie | 277 |
| **Dietmar Holland** Anmerkungen zur Diskographie | 279 |
| Liste der Gesamtaufnahmen | 281 |
| Nachweise | 282 |
| Über den Verfasser des Essays | 284 |
| Über die Herausgeber | 284 |

Hans-Klaus Jungheinrich

# Ritter, Bürger, Künstler

«Über Einzelgeschick und (unter höherem Gesichtswinkel belangloses) Individualglück hinaus reicht, was die Frau am Manne wirkt. Verschüttet, in falsche Bahnen gelenkt wird durch Frauenfehl manch edle Kraft; andere durch Frauentugend zu höchster Leistung gespornt und befähigt.
Verlören sie das niemals aus den Augen, die Frauen und Mädchen!
Das gegenwärtige Geschlecht wie alle kommenden, sie empfangen ja aus ihren Händen Richtung und Bestimmung. In welchem Sinne der Mann seinem Genius folgt, ob er als Völkerführer, Heros, Messias andern zum Vorbild wird, als werktätiger Menschenfreund und opferfroher Diener am allgemeinen Wohl, oder ob er entartet zum brutalen Genußsüchtling, zum Verderbenbringer, zum lasterhaften Unhold und Schurken – das entscheidet letzten Endes die Frau. Auf ihr beruht so recht eigentlich die Entwicklung des Volkes, der Menschheit und ihre Zukunft.»[1]

Ja, ja, die Frauen. Ihnen galten noch die letzten Gedanken Wagners – bei der Niederschrift von Erwägungen über Frauenemanzipation überraschte ihn der Tod, der nicht immer ein dramaturgischer Pfuscher ist. Der zweifellos weibliche Schoß des Nichtseins nahm den Meister auf. Er ertrank, versank in einer Welthöhle, in deren Unendlichkeit die menschlichen Bilder von Venus und Maria gleichermaßen als Phantasmagorien ausgelöscht sind.

Der Tod, über den weiterzuspekulieren hier Platz und Vorwitz fehlen, ist für den Wagner der romantischen Oper Hort der Versöhnung. Er allein kann die unvereinbaren Gegensätze gegenstandslos werden lassen, indem er sie in sich aufnimmt und zernichtet. Die Lösung der real unauflösbaren Spannungen wird imaginiert als «Erlösung». Der unbezwingliche Wunsch nach Erlösung entsteht durch Gefühle des Zerrissenseins, der Heimatlosigkeit, der Schuld. Idee und Wirklichkeit der Romantik gewähren Versöhnung nicht mehr als Ergebnis eines Lernprozesses (wie die ‹Zauberflöte› oder der bürgerliche Entwicklungsroman) oder als geläuterte Bestätigung einer vorübergehend aus dem Lot geratenen gesellschaftlichen Ordnung (das Modell der Komödie und der Komischen

---

[1] Richard Sexau: Venus und Maria. Roman. Hamburg 1932.

Oper), sondern weisen sie aus dem Leben hinaus: Nur dem Tod wird Erlösungsfähigkeit zugesprochen. Das bedeutet: Die Zerrissenheit ist nicht «vernünftig» zu ändern; Erde und menschliches Leben können Heimat nicht mehr werden; das Übermaß der Schuld findet Sühne nur im Tod. Die Möglichkeit besseren Lebens ist entrückt, Hoffnung nur mehr aufs Jenseits gerichtet: Erlösung für den ruhelosen Holländer ist die Ruhe im Tode, für den sündigen, nicht entsühnten Tannhäuser der noch einmal sich öffnende christliche Himmel.

Der romantische Erlösungsgedanke machte bei Wagner beträchtliche Wandlungen durch. Im ‹Lohengrin› wurde er gleichsam noch einmal zurückgenommen ins mythologisiert Geschichtliche, und erlösungsbedürftiges Objekt ist hier in erster Linie der «Staat», der vom überweltlichen Retter zum innerweltlichen Heil geführt wird – eine politische Utopie mit fatalen Konsequenzen. Radikalste «romantische Oper» und zugleich deren Transzendierung ist ‹Tristan und Isolde›: Hier zielt alles schopenhauerisch auf Entwirklichung hin, und Eros ist selbst taumelnder Drang zum Tode. ‹Meistersinger› und ‹Parsifal› modifizieren und entspannen die radikale Erlösungssehnsucht, indem sie ihr einen Ort zuteilen in nun doch als integrationsfähig erachteter Volks- und Rittergemeinschaft. Und im ‹Ring› endlich erscheint «Erlösung» fast als Gesetzmäßigkeit der Wiederherstellung eines Naturzustands, als zyklisches Produkt einer nicht über sich selbst hinausweisenden Bewegung: der ‹Ring› ist eben keine Spirale.

Während die Frau als Medium von «Erlösung» im späteren Werk zurücktritt (die Eva der ‹Meistersinger›, die Brünnhilde der ‹Götterdämmerung› sind Friedensbringerinnen nur in sehr vermitteltem Sinne), ist sie im ‹Fliegenden Holländer› und im ‹Tannhäuser› ganz mit dieser Aufgabe betraut. Indes wäre es gänzlich verfehlt, diese beiden romantischen Opern als Paraphrasen ein und desselben Themas zu sehen. Die Konstellationen sind sehr verschieden. Im ‹Fliegenden Holländer› gibt es zwei aufeinander bezogene Personen, sozusagen zwei Seiten der gleichen «Erlösungs»-Medaille: So wie der unbehauste Seemann Ruhe nur finden kann durch das Treue-«Opfer» eines Weibes, so kann Senta selbst, unaufhörlich verfolgt vom Bild des Erlösungsbedürftigen, Frieden erst bekommen durch ihre Liebesopfer-Tat. Es war das Verdienst der Bayreuther ‹Holländer›-Inszenierung von Harry Kupfer, dieses «Pathologische» der Senta-Figur scharf herausgearbeitet zu haben.

Im ‹Tannhäuser› geht es dagegen vor allem um einen Mann in einer männlich bestimmten Welt. Tannhäuser ist der kompakte Held. Der Sängerkrieg ist seine politische Wirkungsstätte. Was aber macht hier sein Scheitern aus, seine Unfähigkeit zu leben?

Es scheint, als begänne die Ordnung der Dinge um ihn her zu zerfallen.

Zwischen Tat und Traum findet sich der Held nicht mehr zurecht. Das Bewußtsein Tannhäusers tendiert zur Weltlosigkeit. Im Venusberg träumend, sehnt er sich nach der Tat. Vor dem Forum der Ritter lechzt er nach den Umarmungen der Venus. Sein Ich, das ist immer ein anderer. Glück ist, wo er nicht ist. Tannhäuser, ein unrettbar Gespaltener?

Und doch hat er auch seine Festigkeit: im beharrlichen Anderswohinwollen; in der strikten Getrenntheit von denen, mit denen er gerade umgeht. Er hält das Anderssein durch. Als Büßer und Ausgestoßener trennt er sich am Ende des zweiten Aktes von der «Ordnung», mit der er kollidierte, um bei einer anderen, höheren Instanz Entsühnung und Ruhe zu finden. Doch die Romfahrt und der Spruch der obersten Kirchenautorität erweisen sich nicht als Aufhebung dieser verhängnisvollen Ordnung, vielmehr als deren letztdünnige Bestätigung. Damit bleibt für Tannhäuser kein Weg mehr zu einem befriedeten Leben. Von den beiden sich abzeichnenden Lösungen, der anarchistischen und der christlichen, wählt der Autor die letztere, ohne die züngelnde Faszination der anderen ganz unberührt zu lassen: Schon hat sich für Tannhäuser auf seine Anrufung der Hörselberg geöffnet, da reißt ihn der marianische Gegenzauber des Namens «Elisabeth» vom Unterirdischen weg und ins Überirdische hinauf: «Die Nebel verfinstern sich allmählich: heller Fackelschein leuchtet dann durch sie auf»; im Tode hat die heilige Elisabeth den unheilvollen Tannhäuser erlöst, der nun an ihrem Sarg friedlich im Kreis der besänftigten Ritter und Pilger sterben kann: «Alle senken die Fackeln zur Erde und löschen sie so aus. Morgenrot erhellt vollends die Szene.» Tannhäuser wird entsühnt als Toter in die «Ordnung» wiederaufgenommen, in die er als Lebender niemals sich hätte einfügen können. Auch wäre es ihm nicht aus eigener Kraft gelungen, ohne «Heilsmittel» und Helfer Erlösung zu finden: Wolfram selbst, der edelmütige Ritter, mit einem Mitleids-Bein aus der strengen Gemeinschaft heraustretend, gab ihm das gnadenspendende Stichwort «Elisabeth», und deren Fürbitte wird für Tannhäuser zur eigentlichen Brücke ins Paradies.

Vorstellbar wäre wohl auch ein unchristliches, gewissermaßen schopenhauerisches «Erlösungs»-Ende gewesen: mit dem auf alle Ewigkeit in den Armen der Venus ertrinkenden, versinkenden Tannhäuser. Der in die soziale Ordnung uneinpaßbare Held läßt sich fallen ins weltlose Nichts des großen Uterus. Versöhnung wäre hier im finalen Annehmen des vorgeburtlichen Status, in der durch Welt-Erfahrung herbeigeführten Negation des Geboren- und Erwachsenwerdens. Doch Tannhäuser ist kein Tristan, Wagner noch kein Schopenhauerianer und der spezifische Mythen-Synkretismus dieses Stoffes schwerlich von seinen christlich-mittelalterlichen Grundierungen zu befreien. Gründe genug also für einen «braven» Ausgang dieser heillos verfahrenen Geschichte.

Tannhäuser, der zum sozialen Leben Untaugliche. Wie aber ist diese Ritter-Realität beschaffen, zu der dazugehören er sich wünscht und die er dennoch, wenn er sich in sie eingliedern soll, nicht ertragen kann? Es ist kein ausdifferenzierter bürgerlich-nürrembergischer Gesellschaftskosmos, den Wagner hier auf und vor die Wartburg zaubert, sondern die schemenhafte Spätmittelalter-Projektion eines Romantikers, der sich, wie seine musikalischen Vorgänger Weber, Schubert oder Schumann, am «ritterlichen» Klang-Kolorit berauscht, an der Farbenpracht von Fest- und Umzugsmusiken, an Jubel- und Huldigungschören der Ritter, Grafen, Edelleute und Edelfrauen aus allen thüringischen Gauen, am wohlgesetzt staatsmännischen Ton des ehrwürdigen Landgrafen Hermann. Doch was sich bei dem festesfrohen Treffen des «Sängerkriegs» begibt, trägt den Keim des Dissens und der Ausschließung in sich. Der «Sängerkrieg» mag zunächst als eine «aufgeklärte», sublimierte Form ehemals gebräuchlicher blutiger Ritterturniere gelten. Zugleich erscheint er aber als Ausdruck einer verschärften ideologischen Ausrichtung. Die auch im juristischen Denken des früheren Mittelalters («Gottesurteil» durch Zweikampf!) hohe Bedeutung der Körperkräfte wich den zunehmend in den Blick gerückten (pseudo-)rationalen «Argumenten». So kämpfen im «Sängerkrieg» Ideen miteinander. (Es geht da, zumindest bei Wagner, keineswegs um schöne musikalische Sangesleistungen, um die gewissermaßen «wertfreie» Ausstellung virtuosen Vermögens.) Die eigentümliche Regelhaftigkeit der christlich-ritterlichen Ordnung konstituiert diesen Kampf nun freilich nicht als ein entfesseltes Spiel von Geisteskräften, sondern als Wettkampf der jeweils eindringlichsten Ausformulierungen der gleichen – nämlich in diesem Kreis herrschenden – Ideologie. Diese soll nicht etwa mittels abweichender Meinungen überprüft oder in Frage gestellt, sondern «um die Wette» besungen und gepriesen, mithin bestätigt werden. Solche Formen des staatlich geförderten und geforderten «Sängerkriegs» sind übrigens mit dem Mittelalter nicht dahingesunken; man erinnere sich nur an die vor einigen Jahren bekannt gewordene Anweisung eines niedersächsischen Kultusministers an die Universitätslehrer seines Landes, sie sollten sich «nicht heimlich und nicht kühl», sondern aus voller Brust für die freiheitlich-demokratische Grundordnung in Wort, Schrift und Tat einsetzen.

Wenn man in dem Landgrafen nur einen tumben Biedermann sieht, der sich und den Seinen mit dem «Sängerkrieg» ein schönes Fest bescheren möchte, dann wäre die Wahl des verfänglichen Themas als pure Trotteligkeit ausgemacht. «Könnt ihr der Liebe Wesen mir ergründen?»: Mit dieser Aufgabenstellung rührt Hermann, ob er's weiß oder nicht, an einen neuralgischen Punkt. Für Dramatik ist im folgenden gesorgt.

Dabei beginnt der «Sängerkrieg» nun wirklich äußerst friedlich. Wolfram von Eschenbach tritt auf. Geschickt stellt er an den Anfang seiner Betrachtung die Feststellung vermeintlicher Eintracht: «Blick ich umher in diesem edlen Kreise, welch hoher Anblick macht mein Herz erglühn! So viel der Helden, tapfer, deutsch und weise, ein stolzer Eichwald, herrlich, frisch und grün!» Nein, in diesem Eichwald kann es moralisch morsche Bäume nicht geben. Und weiter: «Und hold und tugendsam erblick ich Frauen, lieblicher Blüten düftereicher Kranz. Es wird der Blick wohl trunken mir von Schauen, mein Lied verstummt vor solcher Anmut Glanz.» Ein gefährlicher Augenblick? Schwankt der gute Ritter angesichts solcher Anfechtungen? Doch nein: «Da blick ich auf zu einem nur der Sterne, der an dem Himmel, der mich blendet, steht: Es sammelt sich mein Geist aus jeder Ferne, andächtig sinkt die Seele in Gebet.» Die Blicke, die dreist auf dem anderen Geschlecht zu verweilen drohn, werden auf Höheres gerichtet – die Sublimierungsarbeit geht vonstatten. Ihr emphatisches Ergebnis – man beachte, daß es zunächst nur auf die eigene Person bezogen wird und auf die Kraft des Vorbilds vertraut, also noch nicht explizit autoritäre Handlungsanweisung sein will: «Und nimmer möcht ich diesen Bronnen trüben, berühren nicht den Quell mit frevlem Mut, in Anbetung möcht ich mich opfernd üben, vergießen froh mein letztes Herzensblut.» Ein würdiger Schluß – was an ihm wie vollmundige Schwärmerei anmutet, ist zuvörderst allerdings wohl ein schulgerechter Kratzfuß ritterlicher Konvention. Die Zuhörer sind begeistert («So ist's! So ist's! So ist's! Gepriesen sei dein Lied»).

Nun aber Tannhäuser. Verbindlich knüpft er an Wolframs fromme Schau an: «Auch ich darf mich so glücklich nennen, zu schaun, was Wolfram, du geschaut. Wer sollte nicht den Bronnen kennen? Hör, seine Tugend preis ich laut.» So weit, so gut. Doch Tannhäuser geht weiter: «Doch ohne Sehnsucht heiß zu fühlen, ich seinem Quell nicht nahen kann; des Durstes Brennen muß ich kühlen, getrost leg ich die Lippen an.» Und nun wird's, indem sich der erzählerisch-rezitativische Duktus mit einer leichten Tempobeschleunigung ins Hymnisch-Ariose wandelt, bedenklich: «In vollen Zügen trink ich Wonnen, in die kein Zagen je sich gemischt, denn unversiegbar ist der Bronnen, wie mein Verlangen nie erlischt. So, daß mein Sehnen ewig brenne, lab an dem Quell ich ewig mich. Und wisse, Wolfram, so erkenne der Liebe wahrstes Wesen ich!» Daran schließt sich eine geniale, psychologisch äußerst feinsinnige Regiebemerkung Wagners an: «Elisabeth macht eine Bewegung, ihren Beifall zu bezeugen, da aber alles in ernstem Schweigen verharrt, hält sie sich schüchtern zurück». Ahnungslos? Verliebt? Solidarisch? Klüger und großherziger als die Männer? Die Frau – außerhalb der «Ordnung», ein Naturwesen?

Die Rittergesellschaft ist verdutzt, fast schon konsterniert. Walther von der Vogelweide tritt vor und weist dem Verstiegenen, wo's langgeht: «Den Bronnen, den uns Wolfram nannte, ihn schaut auch meines Geistes Licht, doch, der in Durst für ihn entbrannte, du, Heinrich, kennst in wahrlich nicht. Laß dir denn sagen, laß dich lehren...» Nun denn, da ist es heraus, es geht um nichts weiter als die rechte «Lehre», neben der es keine andere gibt, und zu ihr hat Tannhäuser gefälligst zurückzufinden, sonst gnade ihm Gott. Noch einmal beschwört Walther das asketische Tugendideal der öffentlichen Moral, und er kleidet es nicht mehr, wie Wolfram, in ein Selbstbekenntnis, sondern in einen Befehl: «Willst du Erquickung aus dem Bronnen haben, mußt du dein Herz, nicht deinen Gaumen laben.» Die Zuhörer sind begeistert («Heil! Heil! Heil Walther! Preis sei deinem Liede!»).

Interessanterweise verfällt Tannhäuser danach nicht sogleich in ein taumelndes hedonistisches Eifern, sondern versucht, im Rekurs auf Wolframs Sternenandacht, dem Himmel zu geben, was des Himmels, den Sinnen aber zu bewahren, was ihre Freude ist: «Zu Gottes Preis in hocherhabne Fernen, blickt auf, zum Himmel, blickt auf zu seinen Sternen: Anbetung solchen Wundern zollt, da ihr sie nicht begreifen sollt! Doch was sich der Berührung beuget, euch Herz und Sinnen naheliegt, was sich, aus gleichem Stoff erzeuget, in weicher Formung an euch schmiegt, dem ziemt Genuß in freudgem Triebe, und im Genuß nur kenn ich Liebe!» (In der Pariser Fassung, die den Disput im übrigen verknappt, ist diese Sequenz textlich und musikalisch erweitert worden).

Die militante Antwort auf diese sündige Suada läßt nicht auf sich warten. Biterolf gibt sie, und in seinem ingrimmigen Gesang ist das Geklirr nicht nur geistiger Waffen deutlich zu spüren: «Heraus zum Kampfe mit uns allen! Wer bliebe ruhig, hört er dich? Wird deinem Hochmut es gefallen, so höre, Lästrer, nun auch mich! Wenn mich begeistert hohe Liebe, stählt sie die Waffen mir mit Mut; daß ewig ungeschmäht sie bliebe, vergöß ich stolz mein letztes Blut! Für Frauenehr und hohe Tugend als Ritter kämpf ich mit dem Schwert; doch was Genuß beut deiner Jugend ist wohlfeil, keines Streiches wert!» Die Zuhörer sind begeistert («Heil Biterolf! Hier unser Schwert!» Die Herrschaften bereiten sich vor, den Abweichler zu lynchen).

Noch zweimal kann Tannhäuser mühsam zu Wort kommen; seine rhetorische Replik an Biterolf entbehrt, trotz der bedrohlichen Turbulenzen, in die sich der Außenseiter gebracht hat, nicht der Brillanz: «Ha, tör'ger Prahler Biterolf! Singst du von Liebe, grimmer Wolf? Gewißlich hast du nicht gemeint, was mir genießenswert erscheint! Was hast du, Ärmster, wohl genossen? Dein Leben war nicht liebereich, und was von Freuden dir entsprossen, das galt wohl wahrlich keinen Streich!» Da hat der alte

Haudegen sein Fett – doch der Chor mag's nicht mehr hören («Wehrt seiner Kühnheit!»). Der von Tannhäuser in seiner Ehre gekränkte Kämpe zieht nun tatsächlich das Schwert, mit diesem Argument versteht er sich, und ist willens, auf Tannhäuser einzudreschen, was der Landgraf noch einmal verhindern kann. Dann schickt sich Wolfram an, das letzte an Überzeugungsarbeit an dem Abtrünnigen zu versuchen, um den «Sängerkrieg» doch noch in seiner wahren Bestimmung als Wortgefecht zu erhalten; vergeblich. Tannhäuser hört die hochtönenden Worte Eschenbachs gar nicht; wie in Trance springt er auf und stimmt sein Venus-Preislied (das im ersten Akt in drei Strophen erklang) an; damit hat er nun endgültig verspielt. Der Sängerkrieg ist schrill beendet. Die Frauen verlassen bestürzt den Saal. Die Männer bleiben zum «Gerichtstag» über Tannhäuser unter sich. Doch nicht ganz: Elisabeth durchbricht die grausam wider Tannhäuser stehende «Ordnung» und mildert die gnadenlose Verstoßung in die Chance einer Bußfahrt nach Rom. Tannhäuser schließt sich den Pilgern an (von denen ihn freilich das Stigma seiner besonderen «Verruchtheit» trennt).

Die Sängerkriegsszene wurde hier so breit rekapituliert, weil sie als das politische Herzstück der Oper zu betrachten ist. Ihr wahrer Inhalt erschöpft sich selbstverständlich nicht in einer antiquierten Disputation über das Wesen der Liebe. Beide Seiten, darüber kann heute kein Zweifel bestehen, benutzen bei dieser Auseinandersetzung unschlüssige Thesen. Wir werden Tannhäuser im ersten Akt ja gerade als einen Mann kennenlernen, der des puren Hedonismus unfähig ist. Wenn er nun vor dem Rittertribunal die unermüdbare Wollust preist, dann ist das zum einen schlichtweg angeberisch (neuzeitlich-vulgär ausgedrückt: Potenzprotzerei), zum anderen der Herausforderung prinzipiellen Opponierens geschuldet (je massiver sich das Asketentum der Ritter formiert, desto stärker muß der Opponent Gegenposition beziehen – so ist auch diese Hymne auf die «freie» Liebe alles andere als frei, nämlich abhängig von der widrigen Situation, in der sie zustande kommt). Was die Ritter und ihre Behauptung der ideologischen Ordnung angeht, so ist deren Begründung auf einer Lüge mittlerweile nur allzu einsichtig: Die «hohe» Liebe kann als ein Bezirk der «Reinheit» nur durch Abspaltung von einer «niederen» Triebbefriedigung statuiert werden, welch letztere sich in einer gleichsam inoffiziellen, schlechterdings geheimen Sphäre abspielt. So wird außerhalb des ideologischen «Diskurses» auch die Reproduktion der Gattung bewerkstelligt. Daß davon die Glaubwürdigkeit der Rede von der «hohen Liebe» nicht tangiert sei, kann nur ein verstümmeltes Bewußtsein suggerieren.

Sicher ist das nicht mittelalterlich, sondern «modern» gedacht. Doch Wagner ist ja beileibe kein pietätvoller Rekonstrukteur mittelalterlicher

Gefühle gewesen. Er nahm Mythen (im Falle des Tannhäuser- und Sängerkriegsmaterials auch in zeitgenössischen literarischen Einkleidungen von Fouqué, Tieck, Hoffmann, Heine, den Brüdern Grimm, L. Bechstein, ‹*Des Knaben Wunderhorn*› oder E. T. L. Lucas, welch letzterer ihm voranging in der Identifizierung des Tannhäuser mit Heinrich von Ofterdingen) und montierte sie so neu, daß ein ihn interessant dünkender inhaltlicher und dramaturgischer Sinn entstand. Selbstverständlich war dabei die Ritterwelt keine gleichgültige, beliebig austauschbare Folie für ein aktuelles «philosophisches» Theater, als das die romantischen Opern bis hin zum ‹*Lohengrin*› ohnedies nur sehr eingeschränkt anzusprechen sind. Der frühere Wagner teilte mit den übrigen Romantikern die Begeisterung fürs (deutsche) Mittelalter und seine klaren, überblickbaren «Werte», die der bürgerlichen und zunehmend sich industrialisierenden Gesellschaft abhanden gekommen waren. Es war das bürgerliche mittlere Maß, vor dem es Wagner ekelte. Sein spezifischer Bohemien-Sozialcharakter flottierte zwischen den Extremen des Anarchismus und des Aristokratismus. Gleichwohl war sich Wagner des Dilemmas eingedenk, «in einer Berufswelt, in der ein erfolgreicher Autor wie Lortzing Hungers starb ... die Fähigkeit ausbilden zu müssen, bürgerliche Ziele zu erreichen durch Preisgabe der eigenen bürgerlichen Würde».[2] Die Rittersphäre des ‹*Tannhäuser*› ist also wohl beides: ein Sich-Hineinträumen in «bessere» ritterliche Vergangenheit und Projektion der bürgerlichen «Mittelmäßigkeit» auf die im Stoff namhaft gemachte ritterlich-feudale Ordnung. Wunscherfüllung und Wunschzerstörung.

Als politisches Individuum ist Tannhäuser demnach Aristokrat, «echter» Ritter, streitbarer Einzelgänger wider eine Phalanx von adeligen Schranzen einer erstarrten, der Erneuerung unfähigen Ordnung. Sozusagen mit einer kleinen Drehung des Blickpunkts ist Tannhäuser zugleich aber auch der Anarchist, der Stirnersche «Einzige», der, nur auf sich gestellt, zu keinem Konsens mit der ins Herrschaftsgefüge eingeschweißten sozialen Umwelt fähig ist. Sein Plädoyer für die unmittelbare Sinnlichkeit erweist sich auch von daher nicht als Akt der «Freiheit», sondern eher als Flucht. Zwischen Unter- und Oberwelt flieht Tannhäuser ruhelos hin und her – nicht viel anders als der Holländer zwischen Meeren und Küsten.

Doch den Treibstoff für diese Fluchten liefert nicht allein die politische Ortlosigkeit, sondern, und damit machte sich die ‹*Tannhäuser*›-Thematik besonders parodieanfällig, auch das Desaster der zwiegeteilten Erotik. Der Fluch der Rittermoral – «himmlische» und «irdische» Liebe voneinander abspalten zu müssen, Venus und Maria gleichermaßen zu lieben –,

---

2 Theodor W. Adorno: Versuch über Wagner. Frankfurt a. M. 1971.

er erreichte zuallererst Tannhäuser selbst. Im «Abweichler» findet die «Ordnung» ihre Bestätigung. Der Landgraf wählt schon genau das richtige Thema, um mittels des «Sängerkriegs» – wenn er dabei auch einen Eklat in Kauf nehmen muß – seine Untertanen Mores zu lehren. Durch die mittelalterlich verzerrte Spaltung scheinen also recht aktuelle bürgerliche Liebes-Dichotomien hindurch. Die antagonistischen Frauenbilder von Venus und Maria sitzen in den gesellschaftlich montierten Köpfen fest. Die Frauen werden dabei zu Heiligen oder zu Huren phantasmagorisiert (am raffiniertesten bei Dostojewskij, wo sie beides zugleich sind: heilig eben, weil sie Huren sind – getreu dem Gedanken, daß die größten Sünder Gott am nächsten seien; ein Abglanz davon findet sich noch bei Rainer Werner Fassbinder). In der «doppelten Moral» gibt es die institutionalisierte Erotik im Rahmen der religiös und rechtlich legitimierten Ehe – das ist die «öffentliche» Moral, die scheinbar den Konsens aller in die bürgerliche Ordnung eingepaßten Individuen findet. Daneben und dahinter treibt die «verschwiegene Moral» ihr Wesen, nach dem öffentlichen Verstand und jeweils herrschender Ideologie eigentlich Unmoral. Sie erweist sich aber als unerläßlich zur Systemerhaltung, ähnlich wie «Schattenwirtschaft» die offizielle Ökonomie nicht etwa aushöhlt und zunichte macht, sondern sie entlastet, stützt und womöglich überhaupt richtig am Funktionieren hält. Im psychosozialen Haushalt ist denn auch die vom offiziellen Kodex suspendierende «verschwiegene» Moral eine approbierte Einrichtung, die Spannungen abbaut und entlastet. Nicht erst die rigide christliche Sexualmoral schuf Prostitution, aber sie brachte (und bringt) sie zu «hoher» Blüte. Tannhäuser ist eingezwängt in diese Doppelmoral und fällt damit aus der bürgerlichen Normalität nicht heraus. Zum Skandalon wird er nur, indem er sich zu ihr bekennt, den sonst verschwiegenen Trieben Sprache und Öffentlichkeit gibt und damit die Ordnung in Frage stellt.

Tannhäuser protestiert freilich weniger mit politisch taktischem Geschick als mit Leidenschaft. Das verweist darauf, daß sein Liebes-Haushalt nicht doppelmoralisch befriedet ist, sondern in Aufruhr. Auch in Tannhäusers eigener Brust wird ein «Sängerkrieg» ausgetragen. Mal obsiegt der Venus-Anbeter, mal der Marien-Verehrer. Weder an sich selbst noch an ihrem Gegenteil können sich Sinnenlust und Askese beruhigen. Betrachten wir dazu ausführlicher die zweite Szene des ersten Aktes, Tannhäusers Dialog mit Venus im Inneren des Hörselberges. Vorausgegangen ist das Bacchanal, entweder in seiner bescheideneren Dresdner Fassung oder der von Tristanglut aufgeheizten musikalisch-balletösen Erweiterung für Paris (an diese dachte wohl Adorno, wenn er die Venusberg-Szene als «akustisches Blendwerk» apostrophierte, als einen phantasmagorischen Theater-Topos, den er noch in Schrekers «Fernem Klang» wiederfand.³

Zur Szenerie selbst: Sie ist auf archaische Weise Interieur; die Höhlenmetapher steht von altersher für Vagina, und der Name «Venusberg» ist eindeutig genug. Der Aufenthalt des Mannes in der Höhle signalisiert überdies weit mehr als den puren Geschlechtsakt, sondern, als dessen radikalste Konsequenz, Flucht und Rückzug aus Welt und Ich, totale Verschmelzung mit dem «Urgrund», also: Zurücknahme der Geburt (oder, was auf dasselbe herauskommt: Persönlichkeitsauslöschung durch den Tod). Ein gewissermaßen gründlich antisoziales Verhalten. Tannhäuser ist aber, anders als Tristan und Isolde, nicht fähig, Liebes- und Todessehnsucht bis zur Selbstauslöschung voranzutreiben. In seinem Inneren ist immer noch die (christliche, soziale, ritterliche) Ordnung virulent. Sie ist der «Fluch», der ihn aus der Höhle streben läßt.

Venus richtet an den Geistesabwesenden die Frage: «Geliebter, sag! Wo weilt dein Sinn?» Tannhäuser antwortet: «Zuviel! Zuviel! O daß ich nun erwachte ... Die Zeit, die hier ich verweil, ich kann sie nicht ermessen! Tage, Monde gibt's für mich nicht mehr, denn nicht mehr sehe ich die Sonne, nicht mehr des Himmels freundliche Gestirne; den Halm seh ich nicht mehr, der frisch ergrünend den neuen Sommer bringt, die Nachtigall hör ich nicht mehr, die mir den Lenz verkünde! Hör ich sie nie, seh ich sie niemals mehr?» Facetten verlorener, aufgegebener Wirklichkeit dringen ins Bewußtsein des in der Höhle Versunkenen. Es sind nicht Liebesüberdruß, Ermattung allein, die ihn unruhig machen: Verschmelzungsangst, Todesangst berührt ihn – er fürchtet, die ihm entgleitende (Außenwelt-) Realität ganz zu verlieren. Er fürchtet um sein Leben.

Doch zunächst hält ihn die Höhle noch. Von Venus aufs neue angestachelt, singt er die erste Strophe seines Preisliedes, hinter dessen musikalischem Schwung freilich so etwas wie die öde Routine einer Pflicht-Laudatio sich abzeichnet. Unvermittelt endet der Gesang denn auch mit einer etwas pompösen Abschieds-Ankündigung: «Aus deinem Reiche muß ich fliehn, o Königin, Göttin, laß mich ziehn!»

Davon will die Höhleninhaberin gar nichts wissen. «Welch trübem Ton verfällt dein Lied? Wohin floh die Begeistrung dir?» Tannhäuser fühlt sich bei seiner erotischen Bardenehre gepackt und absolviert eine weitere Strophe des nämlichen Jubelliedes, im Tempo gesteigert und um einen Halbton nach oben gerückt (von Des-Dur nach D-Dur; solche Halbton-Versetzungen von Strophe zu Strophe wurden von der Schlagerindustrie inzwischen bis zum Erbrechen praktiziert, was sozusagen rückwirkend

---

3 Adorno, a. a. O.

die Trivialität dieser Melodie noch ein wenig verstärkt). Doch wieder gelangt der Sänger am Ende zu seinem ceterum censeo: «Aus deinem Reiche muß ich fliehn! O Königin, Göttin, laß mich ziehn!» Daraufhin zieht Venus, nun gar nicht mehr Göttin, sondern verschmähte Geliebte, schärfere Vorwurfs-Register: «Treuloser! ... Zum Überdruß ist dir mein Reiz gediehn! Weh dir, Verräter! Heuchler! Undankbarer! Weh! Ich laß dich nicht! Du darfst nicht von mir ziehen!» Dazu wird dann von ihr noch gehörig Buden- und Sirenenzauber aufgeboten. Tannhäuser, noch einmal beeindruckt (Regiebemerkung: «Auf das Äußerste hingerissen, greift mit trunkener Gebärde in die Harfe»), stimmt die dritte Venushymnenstrophe an, nun in Es-Dur hinaufgeschraubt und in flottem Allegro-Zeitmaß. Natürlich mündet's ebenfalls wieder in den bekannten Wunsch «Drum muß aus deinem Reich ...» Nun weiß auch die Höhlenherrin nichts anderes mehr als Schimpf und Fluch, zumal Tannhäuser nicht nur eben mal Luft schnappen will in der Oberwelt, sondern sich ernstlich Sorgen macht um sein Seelenheil: «Vom Bann werd ich durch Buß erlöst!» Da ist Venus mit Recht skeptisch, sie kennt ihren Leumund bei den oberen Herrschaften und hält dafür, daß Tannhäuser, freiwillig oder nicht, der ihre sei: «Nie wird Vergebung dir zu Teil! Kehr wieder, schließt sich dir das Heil!» Darauf Tannhäuser patzig: «Mein Heil! Mein Heil ruht in Maria!» Da ist die Katze aus dem Sack – noch am Busen der Venus, während er für sie die Harfe schwang, hatte er ein ganz anderes Frauenbild im Sinn, die heilige Jungfrau, Anathema aller venerisch-hörselbergischen Spelunkerei. Die Kraft des Mariennamens läßt den Venusberg-Spuk mit einem Fortissimo des Orchesters versinken, aus dem sich mit einer aufsteigenden Figur freundlich pastorale Landschaft mit Wartburg-Hintergrund herauslöst. Die leichtfüßige Weise eines jungen Hirten transponiert die dunkle Ahnung vom Venuswesen ins bukolisch Lichte: «Frau Holda kam aus dem Berg hervor.» Und dann kommen auch schon die Pilger daher mit ihrem asketischen Chor von Wallfahrt, Buß' und Reu', für den gerade aus dem Sündenpfuhl hervorgekrochenen Tannhäuser pure Himmelszeichen und Gnadenversprechungen: «Allmächtiger, dir sei Preis! Groß sind die Wunder deiner Gnade!» (Dazu die Regiebemerkung: Tannhäuser «sinkt heftig erschüttert auf die Knie».) Es wird sich weisen, daß Tannhäusers fromme Inbrunst und Zerknirschung in der politischen Arena des Sängerkriegs an der Verfänglichkeit des Liebesthemas zergehen.

Die Travestie des erotischen Konflikts liefe darauf hinaus, daß Tannhäuser, des Verkehrs mit einer Frau aus der schlechten Gesellschaft müde, im Zuge bürgerlicher Selbstfindung nach Herz und Hand einer Dame aus der notablen Gesellschaft strebe. Ungewöhnlicherweise klappe aber dieser normale Werdegang nicht, da der zur Tugend Bekehrte sich auf dem öffentlichen Parkett unmöglich mache und geschwätzig seiner sinistren Lusterfahrungen rühme. Der also Kompromittierte darf in die besseren Kreise nicht einheiraten. Längere Geschäftsfahrten (Romreise) geben Gelegenheit, über die peinliche Affäre Gras wachsen zu lassen. Möglicherweise bekommt der vom Leben Gereifte später noch einmal die Chance zu einer guten Partie.

In Richard Wagners romantischer Oper tritt zwar die mythische Göttin Venus persönlich auf (vermenschlicht zur gierigen und enttäuschten Geliebten), nicht aber die mythische Gegenspielerin Maria. Ihre Repräsentantin ist Elisabeth, eine von der christlichen Überlieferung ebenfalls zur «Heiligen» mythisierte Adelige des späten Mittelalters. Sie ist in der romantisch-ritterlichen Textur der Oper Inbild der «hohen Frau». Wagner faßt sie indes nicht als eine bloß notdürftig verkörperte Ideengestalt auf, sondern gibt ihr Fleisch und Blut. Elisabeth ist demnach nicht das «ganz andere», die personifizierte Negation der von Venus repräsentierten Sinnenlust, vielmehr eine auch erotisch ernst zu nehmende Gegenspielerin der gleichsam durch ihre Naturschranken gefesselten Lustgöttin. Elisabeth scheint für Tannhäuser das Versprechen umfassenderer Lust: einer unmittelbaren und einer sublimierten Erotik. Hinzu kommt die gesellschaftliche Gleichrangigkeit, Ausgangsbedingung für eine legale Verbindung (Venus ist recht eigentlich eine Unperson im Sinne der Ordnung), eines Lebens in sozialer Stimmigkeit. Es sieht so aus, als seien Elisabeth und Tannhäuser füreinander geschaffen. Was Elisabeth in dieser Oper sagt und tut, sprengt zudem tendenziell die von der Ideologie bezeichnete Ordnung, die irdische Leidenschaft aus dem ritterlichen Diskurs ausgrenzt und die Frauen zu zwar angebeteten, aber sprachlosen Objekten macht. Selbstverständlich gibt es beim Sängerkrieg keine Ritterinnen, die ihre Ansichten über das Wesen der Liebe dartun dürften, und zum «Gericht» über den Verruchten verlassen die Frauen, wie wir sahen, den Ort ihrer verbalen Schändung durch Tannhäuser. Nicht so Elisabeth; sie bleibt und verhindert die schlimmsten Exzesse der Ordnungshüter. Zuvor war sie geneigt, Tannhäuser selbst noch bei gewagteren Liebesexplikationen beifällig zuzustimmen. Am feurigsten zeigt sich Elisabeth, die Liebende, in ihrer Hallenarie zu Beginn des zweiten Aktes. Hier lodert auch musikalisch echtes Ritterinnen-Feuer hellauf, und es ist kein schnell lahmes Strohfeuer wie bei Tannhäusers Preislied im Venusberg. Bereits das längere Orchestervorspiel ist überquellende Herzens-Ergießung. In großen, schwärmerischen Bögen verläuft die Oberstimmenmelodie. Darunter jagen die Pulse der Achtel- und Triolenbewegungen. So wird keine Heilige exponiert: Mit diesen Tönen stürmt eine Frau herein, die sich in ihrer Vorfreude auf die Ankunft des geliebten Manes nicht halten kann.

Da sie allein ist mit ihren Gefühlen, braucht sie sich auch nicht zu beherrschen: «Dich, teure Halle, grüß ich wieder, froh grüß ich dich, geliebter Raum!» Warum liebt sie diesen Raum? Ist sie Freundin ritterlicher Sangeswettkünste? Nein, nur einer ist's, an dessen Lied sie denkt: «In dir erwachen seine Lieder und wecken mich aus düstrem Traum. Da er aus dir geschieden, wie öd erschienst du mir! Aus mir entfloh der Frieden, die Freude zog aus dir!» Nach diesen trüben Erinnerungen an die jüngste Vergangenheit der Aufschwung: «Wie jetzt mein Busen hoch sich hebt, so scheinst du (gemeint ist die Halle) jetzt mir stolz und hehr; der mich und dich so neu belebet, nicht weilt er ferne mehr! Sei mir gegrüßt!»

Dann naht Tannhäuser, begleitet von Wolfram, der sich diskret im Hintergrund hält. Elisabeth muß ihre Gefühle sittig abdämpfen und begegnet dem Ankömmling «in schüchterner Verwirrung». Die weicht nicht von ihr, zumal Tannhäuser nicht strahlend vor sie hintritt, sondern betreten, geplagt von Schuldgefühl. Elisabeth ihrerseits kann ihr Befremden über seine lange Abwesenheit nicht verhehlen: «Heinrich! Heinrich! Was tatet Ihr mir an?» Mit einer etwas unorthodox formulierten, dem Kenner böse Vorahnungen vermittelnden Zuwendung kann Tannhäuser Einvernehmen herstellen: «Den Gott der Liebe sollst du preisen! Er hat die Saiten mir berührt, er sprach zu dir aus meinen Weisen, zu dir hat er mich hergeführt.» Dann verbünden sich die guten Operngeister zum terzen- und sextenseligen Duett «Gepriesen sei die Stunde, gepriesen sei die Macht...»

Soviel zum unmittelbaren erotischen Vorfeld des Sängerkriegs und zur Erhellung des Liebesverhältnisses Tannhäuser–Elisabeth, das ohne den Zwiespalt in des Mannes Brust so unproblematisch-ritterlich und gutbürgerlich-enthusiastisch sich gestalten könnte.

Im dritten Akt sind die erotischen Wünsche Elisabeths zerbrochen. Aus der Frau ward eine Heilige. Noch einmal wartet sie auf Tannhäuser, wenn sie die aus Rom zurückkehrenden Pilger an sich vorbeiziehen läßt aber es ist ein banges, düsteres Warten – und ein vergebliches. Tannhäuser befindet sich nicht in der Schar der Entsühnten, die, Fußvolk der auf Sünde und Sündenvergebung gegründeten christlichen Ordnung, gemessen froh die heimatlichen Auen grüßen. Wo Glück dahinschwand, bleibt der Resignierten der Aufblick im Gebet: «Allmächt'ge Jungfrau, hör mein Flehen! Zur dir, Gepriesne, rufe ich, Laß mich in Staub vor dir vergehen, o nimm von dieser Erde mich!» Der Wunsch, der letzte noch verbliebene, geht alsobald in Erfüllung. Elisabeth kann vollends mit dem herbeigerufenen Marienbild verschmelzen. In einem wundervoll stillen, «überirdischen» Holzbläser-Nachspiel geschieht die Transsubstantion Elisabeths. Wolframs Lied an den Abendstern geht bruchlos aus diesen Klängen hervor. Dem mit klassischer Mythologie Vertrauten möchte es wie ein Gebet zu der ans Firmament entrückten Elisabeth erscheinen (doch hat es damit auch noch eine andere Bewandtnis; davon später).

Anders als Venus hat Elisabeth im Laufe der Oper eine «Geschichte»; Sie wird von den über sie hereinbrechenden Ereignissen nicht nur verändert, sondern verwandelt: Aus der Frau wird ein Gnadeninstrument. Wagner kappt am Ende ihre Subjekthaftigkeit ab (seine Sicht des Stoffes zwingt ihn gewissermaßen dazu) und läßt die Heilige zur Funktion in Tannhäusers prekärer Heilsgeschichte werden. So tendieren auch die scheinbar selbstbewußt angelegten Frauen der Wagner-Opern immer wieder dahin, Vehikel des männlichen Erlösungsbedürfnisses zu werden. Während die Senta des ‹Holländer› gleichsam eindimensional von Anfang an auf die Erlöserinnenrolle fixiert ist, wird Elisabeth im Laufe der Oper sorgfältig dazu präpariert. Die erotische Wunschfigur gerät dergestalt nach und nach zur mythologischen Kunstfigur in christlichen Traditionsbahnen. Wagner befestigte seine romantische Oper geschickt nicht nur am bürgerlichen Konsens seiner Zeit, sondern auch an dessen noch wirksamer religiöser Überwölbung. Es bot sich durchaus an, dieses Werk auch als christliches Mysterium zu rezipieren. Die Pilgerchöre, die selig resignativen Elisabeth- und Wolfram-Gebete des Schlußaktes geben gehörige sakrale Weihe. Nur päpstlich ließ sich's nicht verstehen. Der Heilige Vater, dessen kalter Machtspruch die orchestrale Pilgerfahrtschilderung (Anfang dritter Akt) und die Romerzählung Tannhäusers durchklingt, ist ein böser Übervater, ein gnadenloser Verdammer. Frauen sind die Heilsbringerinnen (respektive, siehe Venus, Unheilsbringerinnen); in diesem Punkt empfindet der Wagner des ‹Tannhäuser› ganz goethisch.

Schwerlich ging es Wagner aber primär um Bestätigung oder Bekenntnis von mehr oder weniger konsensfähigen religiösen Aussagen; nicht einmal seinen ‹Parsifal› wollte er als Sakralkunstwerk oder gar Kirchenoper aufgefaßt wissen, geschweige den heidnisch-venuskultisch gesprenkelten ‹Tannhäuser›. Einerseits gehört der christliche Goldgrund (oder, wenn man will, die fromme Bigotterie) zur Sphäre des imaginierten, romantisierten Mittelalters und seinen Ritter- und Asketengestalten (bis hin zu den sich geißelnden und ihr «Fleisch» abtötenden, bisweilen auch ausschweifenden Wallfahrern, die durch die Lande zogen).

Andererseits war Religion im Begriff, künstlerisch «besetzt» zu werden. Das heißt, daß die an allgemeiner Verbindlichkeit einbüßenden kirchlichen Dogmen, christlichen Inhalte und religiösen Bräuche eine neuerliche und schillernde Lebendigkeit erlangten als Materialien und Gegenstände der Künste, die im Bewußtsein der kulturell tonangebenden Kreise mehr und mehr an die Stelle des Kirchenglaubens rückten. Aus der bescheidenen und dienenden «religiösen Kunst» (deren Auftraggeber die Kirche war) wurde allmählich die selbstbewußte, ja hybride «Kunstreligion» (entstanden im Selbstauftrag des «Genies», das sich durchaus als eine Art von Religionsstifter betrachten mochte). Wagners Gesamtwerk ist mit einigem Recht als eine gigantische kunstreligiöse Kathedrale zu betrachten, und ‹Tannhäuser› bildet hierzu einen gewichtigen Flügel. Da Wagner Künstler und Egomane war, darf man schließen, daß es ihm im ‹Tannhäuser› wie in seinen sämtlichen anderen Stücken zuallererst um eines ging: um Kunst und Künstler. Wenn man die Probleme Tannhäusers mit Wagners eigenen Obsessionen identifiziert, dann ist anzunehmen, daß es sich dabei nicht nur um solche des Bürgers, des homo religiosus oder gar des in die Ritterromantik sich zurückträumenden Phantasten handelt, sondern – und zwar ganz entscheidend – um Künstlerprobleme. Freilich sind diese von den übrigen nicht scharf zu trennen, doch dürfte es legitim sein, alle anderen stofflichen Facetten unter dem Vorzeichen des Künstlerischen zu sehen.

Kunsttrieb, Eros, Gesellschaft, Religion im Lichte der vordringlichen Selbstklärung und Selbstinterpretation des Künstlers Richard Wagner und seiner dichterischen und kompositorischen Sprachmittel erheischen nun einen weiteren dramaturgischen «Durchgang», der noch einmal einige wesentliche Stationen der Oper berührt und manches schon Gesagte etwas anders einfärbt. Zuvor noch die Bemerkung, daß ‹Tannhäuser› viel weniger ein einheitlicher «Wurf» war als alle anderen Werke Wagners; an keinem arbeitete er soviel um wie an diesem, und mit keinem war er bis zum Lebensende ähnlich relativ unzufrieden. Bekanntlich gibt es keine authentische Textfassung. Die musikalische Bearbeitung für Paris hatte vordergründig die Bewandtnis, die Ballettomanen der Opernhauptstadt des 19. Jahrhunderts zufriedenzustellen (was sich als Fehlschlag erwies und dem Jockey-Club Unsterblichkeit sicherte). Ästhetisch störte den inzwischen mit beträchtlicherem Klangraffinement umgehenden Komponisten aber die etwas dürftige Entfachtheit der Venusberg-Musik, die eher an ein Kammerbordell als an eine verschwenderisch ausgestattete Lusthölle gemahnte. Man kann's auch so sehen: Wagner versuchte, die an Faszination und Gefährlichkeit unterschätzte Venuswelt endlich adäquat zu illuminieren, auf daß sich die «richtigen» Proportionen zu der ausladenden Ritter- und Pilgermusik der «Oberwelt» ergäben. Diese Proportionen wurden durch den Eingriff allerdings eher verletzt, denn das neue Bacchanal geriet deutlich zum Fremdkörper in einer ansonsten stilistisch ziemlich konsistenten Partitur. Doch läßt sich auch das wiederum dramaturgisch rechtfertigen, und die «Pariser Fassung» ist ja nach wie vor in Gebrauch: Was sollte stilistische Kohärenz in einem Zusammenhang, dessen konstituierendes Moment ja die scharfe Gegenüberstellung fremder, feindlicher Bereiche ist! Wie dem auch sei, die «Offenheit» des Stücks will auch als Zeichen der besonderen Energien erscheinen, die sich hier gegeneinander rühren und weniger zur Versöhnung kommen als in anderen Wagner-Werken. Man muß dabei wohl eine gewisse «Uneindeutigkeit» der Stoffbehandlung im Auge behalten, was durch den scheinbar entschiedenen Opernschluß (den man als opportunistisch oder christlich wahrnehmen mag) nicht gegenstandslos gemacht wird.

Die Ouvertüre ist in der Dresdner Fassung eine kurzgefaßte symphonische Dichtung (immerhin das längste aller Wagnerschen Opern-Vorspiele), die den Handlungsverlauf resümiert. Sie ist dreiteilig angelegt. Den Rahmen bildet die Pilgerchormelodie (bei der Wiederkehr mit bombastischen Figurationen angereichert, ein grand opéra-Effekt, mit dem Wagner kompositionstechnisch hinter den ‹Holländer› ins ‹Rienzi›-Idiom zurückfällt), in der Mitte steht, als breiteres Zentraltableau ausgeführt, die Venusberg-Musik samt dem hier recht orgiastisch dahingeschmetterten Preislied. Die Pariser Version eliminiert die Pilgerchorreprise zugunsten einer bruchlosen Überführung des Mittelteils in die «vergrößerte» Bacchanalmusik, bei der ein verfeinertes und erweitertes Instrumentarium (Kastagnetten!) aufgeboten wird. Die formale Abrundung der Ouvertüre ist hier aufgegeben, dafür wird ein «Strudel» erreicht, der in der Dresdner Fassung fehlt: Hier muß, nach veritablem Pilger-Triumph, die Liebeshöhlenmusik gleichsam aus dem Stand neu anfangen.

Tannhäuser also, der Künstler. Zu Beginn der Oper labt er sich am Quellgrund der Kunst. Kunst-Trieb hat im Geschlechtstrieb seinen Ursprung; er ist der Ausgangspunkt auch aller «höheren» Strebung; so sieht es Freud. Wagner ist ja oft genug als einer seiner begriffslos erkennenden Vorläufer gesehen worden. Gleichsam voranthropologisch ist auch «Gesang» unmittelbar dem Geschlechtstrieb assoziiert (tierische Balzlaute, «Katzenmusik»). Ohne allzu große Aberwitzigkeit können wir Tannhäusers Preislied nun auch als Ausdruck spontaner Lust am Sexus deuten (dem steht entgegen, daß der schon ein wenig Liebesmüde sich erst dazu anstacheln lassen muß. Er tut's dann aber gerne). Doch singend bereits verwandelt sich die Lust und richtet sich aufs «Höhere»: der Trieb wird sublimiert, seine produktive Energie sucht Kanäle, die in die «Oberwelt» führen, das seiner selbst innewerdende Ich benennt die dem Sublimationsakt gemäßen Gegenstände: die Sonne, des Himmels freundliche Gestirne, den frisch ergrünenden Halm, die den Lenz verkündende Nachtigall und so weiter. Am Ende der Sublimationskette steht selbstverständlich das religiöse Bildnis: Maria als die Gegen-Venus. Der ganz Geist gewordene Trieb. So will's unsere platonisch-christlich-abendländische Tradition. Und Tannhäuser bricht aus der Lust-Höhle, in der künstlerische Produktivität nicht vonstatten gehen kann, auf, um, als Künstler und Mensch, den Himmel zu erobern. Auf diesem Wege hält ihn die Erde unsanft fest und er gerät in die Mühlen der feindlichen, zumindest verständnislosen, gesellschaftlichen Machthaber. Wie hat er nun seine Rolle dort zu definieren? Kann er sich bei ihnen als Künstler, als Außenseiter, behaupten? Wird er mit seinem Lebensmodell toleriert oder zerschmettert? Kann er gar mit seinem entschiedenen Künstlertum mitreißen, überzeugen, Gesellschaft verändern (wie in Ansätzen immerhin der Stolzing der ‹Meistersinger›)?

Wagner war in den ‹Tannhäuser›-Jahren von der radikalen Veränderbarkeit der Gesellschaft durchdrungen; wie Tannhäuser exponierte er sich – wenn auch nicht als einzelner, sondern im Kreis der revolutionären Anarchisten um Bakunin beim Dresdner Maiaufstand 1849. Die Teilnahme an diesen Ereignissen beendete seine Karriere in Deutschland abrupt und für lange Zeit. Nur wenige Wochen nach seiner Flucht aus Dresden bat er indes Franz Liszt um Fürsprache bei der Großherzogin von Weimar, dem Herzog von Coburg und der Prinzessin von Preußen, ob diese Herrschaften ihm nicht ein Gehalt aussetzen könnten.[4] Der Revolutionär von gestern erniedrigt sich zum Bittsteller. Es gibt für diesen unerhörten Vorgang, wenn man von moralischen Kategorien absieht, nur eine plausible Erklärung: Man darf Wagner nicht als politische Figur sehen, sondern als Künstler. Es geht ihm im Grunde einzig um die Selbstverwirklichung durchs Kunstwerk. Dem künstlerischen Schaffen wird alles übrige untergeordnet, einschließlich der bürgerlichen Honorigkeit (eines, zugegeben, für den Künstler sowieso problematischen Begriffs). Rückwirkend fällt freilich damit auch ein Licht auf die politische Aktivität: Sie erweist sich womöglich als (gescheiterter) Versuch eines «Kunstwerks mit anderen Mitteln» analog zu einem Slogan der 1968er Studentenrevolte, die Revolution sei das «schönste Kunstwerk». Die «Verkunstung» erfaßt also nicht allein Religion, sondern alle nur denkbaren Lebensbereiche, darunter Politik – eine Auffassung, deren hybride Konsequenzen sich nach Opportunität zurücknehmen ließen und dann gewissermaßen einschrumpften in der ausschließlichen Bekümmerung ums eigene Artistentum, eine Wendung, zu der Wagner trotz aller Umtriebigkeit immer wieder fähig war.

Tannhäusers Geschicke lassen sich auch im Kontext solcher Selbstbehauptung als Künstler lesen. Nach der Verwandlungsmusik, dem Hirtenlied und dem Pilgerdurchzug kündigen Hörner auf der Bühne im ersten Akt den Auftritt des Landgrafen und der Sangesritter an, eine fröhliche Jagdgesellschaft. Wolfram «eilt auf Tannhäuser zu und erkennt ihn»: «Er

---

4 Briefwechsel zwischen Wagner und Liszt, Band 1, Leipzig 1887.

ist es!» Ein wenig später der Landgraf mit mildem Vorwurf: «Du bist es wirklich? Kehrest in den Kreis zurück, den du in Hochmut stolz verließest?» Und Biterolf, mißtrauisch: «Sag, was uns deine Wiederkehr bedeutet? Versöhnung? Oder gilt's erneuten Kampf?» Walther und mit ihm die Ritter gemeinsam: «Nahst du als Freund uns oder Feind?» Wolfram aber sieht genauer als sie: «O fraget nicht! Ist dies des Hochmuts Miene?» Tannhäuser, düster und zerknirscht: «Ich wanderte in weiter, weiter Fern, da, wo ich nimmer Rast noch Ruhe fand! Fragt nicht! Zum Kampf mit euch kam ich nicht her: Seid mir versöhnt – und laßt mich weiterziehn!» Tannhäuser, der Künstler, im Stadium der äußersten Zurücknahme, der «büßerischen» Einschrumpfung. Der Landgraf kann's nicht begreifen: «Nicht doch, der Unsre bist du neu geworden.» Tannhäuser bringt ein interessantes Argument: «Mein Weg heißt mich nur vorwärts eilen und nimmer darf ich rückwärts sehn... Fort, fort von hier!» Das ist doppeldeutig: Gemeint ist damit insgeheim die Abwendung von der Venushöhle, die Furcht, «rückwärts sehend» erneut ihrer Faszination zu verfallen. Der «öffentliche» Sinn dieser Rede ist aber der Mißmut angesichts einer Wiederholung peinlicher Konfrontationen im Rittersaal. Schon früher hatte sich der «kühne Sänger» bei den Kollegen verdächtig gemacht. Nun trachtet er danach, ihnen auszuweichen. Von Venus soll sein Weg ohne Verzug zu Maria gehen; noch bleibt das Bild Elisabeths verdrängt. Den «mittleren», den gleichsam bürgerlichen Bereich der Auseinandersetzung will der Künstler, den Trieb zum Ideal emporhebend, aussparen. Doch es kommt anders. War es im Venusreich der Name Mariens, der die Verstrickung mächtig und mit einem Schlag auflöste, so ist es nun Wolframs «Bleib bei Elisabeth», das die idealische Strebung abreißt, und noch einmal hat ihn, Tannhäuser, die Erde wieder. An diesem Nahtpunkt zeigt sich, daß «Erlösung» hier noch keine *idée fixe* ist, eher ein letzter Ausweg, nachdem alle «innerweltlichen» Befriedungs- und Befriedigungschancen ausgelotet sind. Die Einsamkeit des Künstlers und des (Lebens-) Kunstwerks, eine Einsamkeit zum Tode, kann noch nicht schopenhauerisch-tristanisch formuliert werden. Die romantische Oper macht sich einstweilen zur Aufgabe, die christlichen Stationen des (Künstler-) Kreuzwegs, mitten durch die gesellschaftliche Auseinandersetzung hindurch, abzuschreiten. Der jubilierend-schwungvolle Ensemble-Schluß des ersten Aktes mit dem in die Gemeinschaft aufs neue aufgenommenen Künstler-Helden stellt scheinhaft Versöhnung dar; nichts deutet auf künftige Konflikte hin.

Der «mittlere Bereich» triumphiert dramaturgisch und musikalisch im zweiten Akt, zunächst in der Haupt- und Staatsaktion des Einzugs der Festgäste auf der Wartburg samt dem immer mächtiger erschallenden Begrüßungs- und Jubelchor der Ritter, Edlen und Edelfrauen, einem Tonbild, das, neben Wolframs Lied an den Abendstern, zu den populärsten der ‹Tannhäuser›-Partitur gehört. Die «bürgerliche» Rezeption des musikalischen Ritterprunks verweist auf etwas Typisches: aufs kaum auszurottende Weiterwirken feudaler Glanz- und Machtbilder. Im Theater scheinen sie zugleich konserviert und entwirklicht, und Wagner, der Zauberer, leistet beides mit größter Könnerschaft, so daß die Passage hochoffiziell, aber auch kompositorisch ausgepicht klingt mit ihren markanten, dem «Heil»-Höhepunkt zustrebenden Baßgängen, Sekund- und Quartsextakkorden und dem noch einmal ganz unverbraucht wirkenden verminderten Septakkord zum dröhnenden Beckenschlag. Die Szene gehört zweifellos zu den von der grand opéra sich herleitenden «äußerlichen» Bestandteilen, die mit der «inneren» Dramaturgie nur lose verknüpft sind (im Falle des Venusberg-Balletts gelang Wagner die Integration eines notorisch gegen das Drama «gleichgültigen Formkomplexes unbrüchiger). Immerhin kündigt sich auch hier schon eine Sublimierung, «Veredelung» des bloß Repräsentativen an in Richtung auf ritualhafte Theatralik, wie sie im ‹Ring›, im ‹Parsifal› und auch bei Richard Strauss («Überreichung der silbernen Rose») ausgearbeitet wurde. Wenn hier einerseits das romantisch imaginierte Mittelalter am meisten herangeholt scheint, ist andererseits schon die Brücke geschlagen zu einer verschärft «kunstreligiösen» Kult-Theatralik, deren außertheatralische Verwirklichung dem Menschenmassen «bauenden» Parteitags-Architekten Albert Speer oblag (wofür Wagner unmittelbar nicht verantwortlich zu machen ist. Unklugerweise bringt aber eine von Speer beeinflußte Optik wie die des Regisseurs Herbert von Karajan auch die Wagner-Dramen immer wieder in diesen unguten Zusammenhang).

Radikalstes Gegenbild zu dem skizzierten Ritteraufzug ist die orchestrale Einleitung des Schlußaktes, «Tannhäusers Pilgerfahrt» überschrieben, eines jener Such- und Grübelstücke, wie sie an genau dieser dramaturgischen Stelle noch mehrfach bei Wagner vorkommen (‹Meistersinger›, ‹Parsifal›). Kompositionstechnische Indizien «innerer» Dramatik sind hier verstärkte Chromatik (gegenüber der «strahlenden» Diatonik der Einzugsmusik), eine kurzatmige, «tastende» Kontrapunktik, kleingliedrige Formelemente, rhythmische Differenzierung. Der dornige orchestrale Pilgerweg führt zum pathetisch in Trompeten und Posaunen intonierten «Gnadenthema» (diese Zuschreibung ist allerdings noch nicht im strikten Sinne der späteren Leitmotivik zu verstehen, der Umgang der romantischen Oper mit solchen «Stempeln» ist noch lockerer), einer choralartig-weihevollen Melodie, die indes, korrekt die Handlung widerspiegelnd, nicht auf einer Tonika zur Erfüllung gelangt, sondern in einen Schmerzensschrei führt: Tannhäuser fand vor dem Papst keine Gnade.

Vier Soloviolinen, die die Melodie im pianissimo weiterspinnen, signalisieren, daß sich des Künstlers Konflikt doch im Jenseits löse. Im wesentlichen entspricht diese musikalische Schilderung der Romerzählung, die Tannhäuser später dem ihm begegnenden Wolfram vorträgt, doch erweist sich Wagner hier wiederum als exzellenter Dramaturg, indem er durch Varianten den puren Wiederholungscharakter des Zweimal-Sagens vermeidet.

Tannhäusers Romerzählung ist das Einbekennen des künstlerischen Scheiterns an der Wirklichkeit. Wolfram, der Kollege, wird zum Zeugen des erneuten und wohl endgültigen «Wegs nach unten», den Tannhäuser nun zu gehen vorhat; er befindet sich ganz nah am Hörselberg und ist bereit, die Venus-Höhle zu betreten, um sie nie mehr zu verlassen. Die nicht realisierbare Kunst sinkt in den blinden Trieb zurück. Doch auch in dieser – verglichen mit der Situation des ersten Aktes – umgekehrten Bewegung wird Tannhäuser gehindert von dem nun nicht mehr als «weltlicher» Vermittler (fast könnte man sagen: Heiratsvermittler) fungierenden, sondern als «geistlicher» Nothelfer auftretenden Künstler-Kollegen. Sein Zauberwort «Elisabeth» hat noch stärkere Wirkung als im ersten Akt, denn es zerstreut den bereits gefährlich manifesten Venus-Spuk und bereitet Tannhäusers «Erlösung» vor. Was die Lebende nicht spenden konnte (und Venus ihm, der übergeordneten «christlichen» Übereinkunft gemäß, nicht gewähren darf), vermittelt ihm die Tote: den himmlischen Frieden, die Entsühnung. Was aber ist die «Sünde» des Künstlers Tannhäuser? Nichts anderes als sein radikales und daher mit der Wirklichkeit unvermittelbares Konzept, sein «egoistischer» Schaffenstrieb. Die Auseinandersetzungen des Sängerkriegs, als Kunstdiskussion verstanden, kreisen genau darum: Um die Rechtfertigung des Approbierten im Sinne eines wohldefinierten gesellschaftlichen «Auftrags» von Kunst; schön ist, was erlaubt ist. Dagegen erhebt Tannhäuser Einspruch: Er koppelt die Kunst von gesellschaftlichen Bedürfnissen und Einschränkungen ab und deklariert ihre schrankenlose Freiheit; Kunst, höher als alle Vernunft; Kunst, zur Kunstreligion gesteigert, wahrer als alle Religion (vielleicht: erstmals wahre, zu sich selbst gekommene Religion, Vergottung des Humanum als eine der möglichen, Nietzsche vorausgreifenden Konsequenzen der Feuerbachschen Religionskritik). Die Ironie, die gleichsam Freudsche Pointe dieser mißglückten, aber als Konflikt mit großer Schärfe avisierten Kunstbefreiung ist ihre skandalöse Herleitung aus dem «niederen» Trieb, dem öffentlich geächteten Sexus. Wagners Ahnung, daß die Befreiung der Kunst mit der Befreiung der Sexualität zu tun habe, trog ihn nicht. Ebensowenig täuschte ihn allerdings die spätere Skepsis, die ihn zur Modifikation dieser Konfliktlinie bewog: Eros, Sexus, Kunst, Gesellschaft und Tod lassen sich schwerlich in dialektischen Schritten zu beruhigenden «Synthesen» führen. Auch die Rolle der Kunst sollte, trotz aller kunstreligiösen und -philosophischen Mühewaltung, so ungeklärt bleiben wie je. Das Gärende, Anrührende, Interessante des Stücks zeigt, daß etwas «auf dem Wege» ist – einem Wege, der indes an keinem Ziel ankommt, und wenn die Antwort, die Wagner gibt (daß er gerade mit dem Opernschluß seine Schwierigkeiten hatte, wird aus der Tatsache der mehrfachen Umarbeitung genügend evident), schon nicht mehr gilt, so sind seine Fragen gleichwohl alles andere als illusorisch.

Daß die ‹Tannhäuser›-Rezeption der enormen Problembeladenheit des Stoffs nicht innegeworden wäre, läßt sich nach anderthalb Jahrhunderten Werkgeschichte kaum mehr behaupten. Allerdings kann auch aktuelle Werkinterpretation, und die hier versuchte macht darin keine Ausnahme, sich nicht anmaßen, alle Dimensionen «aufzuschließen» – möglich, daß ganz neue Schlüssel gefunden, ebenso wahrscheinlich, daß alte, für unbrauchbar erachtete wieder einmal nützlich werden könnten. Und unabweisbar die Vermutung, daß Musikologen, Mediävisten, Regisseure und Opernbesucher ins Werk zuvörderst ihre eigenen Erfahrungen, Interessen, Obsessionen hineinprojizieren. Ein Wunschkonzerthörer, der Wolframs Lied an den Abendstern lauscht, kommt schwerlich auf den Gedanken, daß hier der ans Himmelszelt versetzten transsubstantiierten Liebesgöttin gehuldigt wird: dieser Stern heißt Venus.

Wenden wir uns abschließend einem biographischen Medaillon zu, dem jungen Richard Wagner, der, gesättigt mit Mittelalter-Lektüre zum ‹Tannhäuser›-Thema, auf der Burg Schreckenstein bei Aussig sitzt und, sozusagen in einem Zuge, im Juni 1842 den ersten Entwurf zu seiner romantischen Oper niederschreibt. Die pittoreske Ruine ragt in mäßiger Höhe über dem Elbetal; unterhalb zur Linken ist die Kleinstadt im Blick, damals sicherlich verträumt, heute (tschechisch Usti nad Labem) ein Industrieort; rechter Hand erstrecken sich die bewaldeten Höhen, die elbabwärts in die Sächsische Schweiz übergehen. Es waren immer wieder Landschaftserlebnisse und angeschaute Bauwerke, die Wagner zur Konkretisierung, Verdichtung, Versinnlichung der vage in ihm sich ansammelnden, aufdämmernden Stoffe nötigten. Der Blick in die Weite wurde dabei zum Blick ins eigene Innere, aus dem so Dichtung und Komposition hervorströmten. Im schöpferischen Schauen, im Glück des «ganz» gelebten Augenblicks gestalteten sich die Bilder der Zerrissenheit, die sich keinen irdischen Frieden gestatten konnten. Nicht als Idee, aber als biographische Realität hält so auch diese romantische Oper fest, daß Hoffnung und Sinn des künstlerischen Schaffens in sich selbst beschlossen sind – ein untröstlicher Zirkelschluß, ein beunruhigender, und so soll es sein – und des Drängens und Fragens ist kein Ende.

Dietmar Holland

# Inhalt der Oper

**Erster Akt**
Der Minnesänger Heinrich von Ofterdingen, genannt Tannhäuser, hat sich, um die sinnliche Liebe erleben zu können, in den Hörselberg, den «Venusberg», also in den Schoß der Liebesgöttin Venus selbst geflüchtet. Hier jedoch ergreift ihn Überdruß an dem einseitig wollüstigen Leben. Er sehnt sich zurück nach Natur und Gesellschaft. Venus kann ihn, trotz aller aufgebotenen Verführungskünste, nicht bei sich halten. Schließlich fleht sie ihn an, er möge sein Heil wieder bei ihr suchen, wenn ihn die Welt, das heißt die konventionelle Rittergesellschaft, verstoße. Zu ihrem Entsetzen ruft Tannhäuser aus, sein Heil ruhe in Maria. In diesem Moment sieht er sich ins Wartburg-Tal versetzt. Ein junger Hirte spielt auf der Schalmei und singt von Frau «Holda», die aus dem Berg komme – gemeint ist die Liebesgöttin. Fromme Pilger ziehen vorbei. In einem Dankgebet versunken findet eine Jagdgesellschaft den zurückgekehrten Abtrünnigen. Darunter befinden sich der Landgraf und Wolfram von Eschenbach, dem es gelingt, den zunächst widerstrebenden Tannhäuser in den Wartburg-Sängerkreis zurückzuführen: Das Zauberwort ist die Nennung des Namens «Elisabeth», die Nichte des Landgrafen, die Tannhäuser einst verlassen hat.

**Zweiter Akt**
Freudig grüßt Elisabeth die Wartburger Sängerhalle, die sie seit Tannhäusers Weggang nicht betreten hat. Wolfram führt Tannhäuser zu ihr, und Elisabeth gibt schüchtern ihm ihre Zuneigung zu erkennen. Wolfram, der sie ebenfalls liebt, muß resignieren. Tannhäusers Rückkehr wird mit einem großen Fest gefeiert, bei dem der Landgraf einen jener «Sängerkriege» stattfinden läßt, bei denen die Liebe besungen wird. Elisabeth selbst soll dem Sieger den Preis verleihen. Während die konventionellen Sänger Wolfram, Walther (von der Vogelweide) und Biterolf die Liebe

nur als (unerreichbares) Ideal besingen können, erklärt Tannhäuser den entsetzten Zuhörern, was die wahre Liebe sei: der reine Genuß. In wilder Ekstase singt er sogar eine vierte Strophe des Liedes, mit dem er sich von Venus verabschiedet hat und gesteht seinen Aufenthalt im Venusberg. Die Frauen verlassen sofort den Saal, und die Rittergesellschaft geht mit blanken Schwertern auf den Verworfenen zu. Doch Elisabeth stellt sich schützend vor ihn und besänftigt die aufgebrachten Männer mit der Bitte, ihm die Möglichkeit zu gewähren, seine Schuld zu büßen. Auf den Vorschlag des Landgrafen hin schließt sich Tannhäuser den nach Rom ziehenden Pilgern an, um vom Papst Vergebung für seine Sünde am Fleische zu erlangen.

**Dritter Akt**
Vor dem Marienbild im Wartburg-Tal wartet Elisabeth betend auf die Rückkehr der Pilger in der Hoffnung, der entsühnte Tannhäuser sei unter ihnen. Doch die Pilger kommen ohne ihn zurück. In ihrer Verzweiflung richtet sie ein inbrünstiges Gebet an die Heilige Jungfrau, daß ihr Leben als Sühne für Tannhäusers Schuld hingenommen werde. Wolfram tritt zu ihr und will sie heimgeleiten. Doch sie wehrt ab. Wolfram sendet ihr einen entsagungsvollen Gruß mit einem Lied an den Abendstern (=Venus) nach. Inzwischen ist es dunkel geworden und Tannhäuser, völlig gebrochen, naht sich dem Tal. Auf Wolframs eindringliches Bitten hin erzählt er von seinem bitteren Erlebnis in Rom: Der Papst habe erklärt, daß, ebenso wie der Stab in seiner Hand sich nie mehr mit frischem Grün schmücken werde, ihm, Tannhäuser, niemals Erlösung zuteil werden könne. Tannhäuser will deswegen zurück in den Venusberg. Als Venus bereits in der Ferne sichtbar wird, greift Wolfram zum Letzten: Er bannt die Entscheidung mit dem Zauberwort «Elisabeth». In der Morgendämmerung naht sich der Zug der Ritter mit Elisabeths Leichnam, dem Opfer für Tannhäusers Schuld. Sterbend sinkt Tannhäuser an der Bahre nieder. Als sichtbares Zeichen seiner Erlösung bringen junge Pilger einen Priesterstab, der über Nacht frische Triebe hat keimen lassen.

Richard Wagner

# Tannhäuser
**und**
**der Sängerkrieg auf Wartburg**

Romantische Oper in drei Aufzügen*

Uraufführung am 19. Oktober 1845
im Königlich Sächsischen Hoftheater,
Dresden (Dresdener Fassung)

Erstaufführung am 18. März 1861
im Théâtre Imperial de l'Opéra,
Paris (Pariser Fassung)

Textbuch
(Wortlaut der Partitur in der Pariser Fassung,
mit den Hauptvarianten der Dresdener Fassung)

---

\* *Bei der Dresdener Uraufführung wählte Wagner die Bezeichnung «Große romantische Oper», bei der Erstaufführung der Pariser Bearbeitung lediglich «opéra en trois actes», in der Textausgabe von 1871 sogar nur «Handlung in drei Aufzügen» und bei der Wiener Erstaufführung der Pariser Fassung, die als letzte von Wagner selbst einstudierte Aufführung eine gewisse Authentizität beanspruchen darf (wenngleich Wagner keine definitive Fassung dieser Oper hinterlassen hat), die oben genannte Gattungsbezeichnung.*

# Personen

| | | |
|---|---|---|
| **Hermann,** Landgraf von Thüringen | | *Baß* |
| **Tannhäuser** | | *Tenor* |
| **Wolfram von Eschenbach** | | *Bariton* |
| **Walter von der Vogelweide** | Ritter und Sänger | *Tenor* |
| **Biterolf** | | *Baß* |
| **Heinrich der Schreiber** | | *Tenor* |
| **Reinmar von Zweter** | | *Baß* |
| **Elisabeth,** Nichte des Landgrafen | | *Sopran* |
| **Venus** | | *Sopran* |
| **Ein junger Hirt** | | *Sopran* |
| **Vier Edelknaben** | | *Sopran und Alt* |

Thüringische Grafen und Edelleute. Edelfrauen
Ältere und jüngere Pilger
Die drei Grazien. Jünglinge. Sirenen. Najaden. Nymphen.
Amoretten. Bacchantinnen. Satyre und Faune

**Schauplatz der Handlung:**
Erster Aufzug: Das Innere des Hörselberges bei Eisenach. Ein Tal vor der Wartburg.
Zweiter Aufzug: Auf der Wartburg.
Dritter Aufzug: Tal vor der Wartburg.
Zeit: Im Anfang des 13. Jahrhunderts.

**Orchesterbesetzung**
3 Flöten (3. auch kleine Flöte), 2 Oboen, 2 Klarinetten, 1 Baßklarinette, 2 Fagotte, 2 Ventilhörner, 2 Waldhörner, 3 Trompeten, 3 Posaunen, 1 Baßtuba, 1 Paar Pauken, 1 Triangel, 1 Paar Becken, 1 Tamburin, 1 große Trommel, 1 Harfe, Streicher

Auf dem Theater:
1 Englischhorn, 2 kleine Flöten, 4 große Flöten, 4 Oboen, 6 Klarinetten, 4 Fagotte, 12 Waldhörner, 12 Trompeten, 1 Triangel, 1 Paar Becken, 1 Tamburin

Die Pariser Bearbeitung erfordert außerdem: 1 dritte Pauke, 1 Paar Kastagnetten, 1 Harfe
Auf dem Theater: 1 Harfe

# Erster Aufzug

DER VENUSBERG

## Erster Auftritt

*Die Bühne stellt das Innere des Venusberges (Hörselberges bei Eisenach) dar. Weite Grotte, welche sich im Hintergrunde durch eine Biegung nach rechts wie unabsehbar dahinzieht. Aus einer zerklüfteten Öffnung, durch welche mattes Tageslicht hereinscheint, stürzt sich die ganze Höhe der Grotte entlang ein grünlicher Wasserfall herab, wild über Gestein schäumend; aus dem Becken, welches das Wasser auffängt, fließt nach dem ferneren Hintergrunde der Bach hin, welcher dort sich zu einem See sammelt, in welchem man die Gestalten badender Najaden und an dessen Ufern gelagerte Sirenen gewahrt. Zu beiden Seiten der Grotte Felsenvorsprünge von unregelmäßiger Form, mit wunderbaren, korallenartigen tropischen Gewächsen bewachsen. Vor einer nach links aufwärts sich dehnenden Grottenöffnung, aus welcher ein zarter, rosiger Dämmer herausscheint, liegt im Vordergrunde Venus auf einem reichen Lager, vor ihr, das Haupt in ihrem Schoße, die Harfe zur Seite, Tannhäuser halb kniend. Das Lager umgeben, in reizender Verschlingung gelagert, die drei Grazien. Zur Seite und hinter dem Lager zahlreiche schlafende Amoretten, wild über- und nebeneinander gelagert, einen verworrenen Knäuel bildend, wie Kinder, die, von einer Balgerei ermattet, eingeschlafen sind. Der ganze Vordergrund ist von einem zauberhaften, von unten her dringenden, rötlichen Lichte beleuchtet, durch welches das Smaragdgrün des Wasserfalls, mit dem Weiß seiner schäumenden Wellen, stark durchbricht; der ferne Hintergrund mit den Seeufern ist von einem verklärt blauen Duft mondscheinartig erhellt. – Beim Aufzuge des Vorhangs sind, auf den erhöhten Vorsprüngen, bei Bechern noch die Jünglinge gelagert, welche jetzt sofort den verlockenden Winken der Nymphen folgen und zu diesen hinabeilen; die Nymphen hatten um das schäumende Becken des Wasserfalls den auffordernden Rei-*

*gen begonnen, welcher die Jünglinge zu ihnen führen sollte: die Paare finden und mischen sich; Suchen, Fliehen und reizendes Necken beleben den Tanz. Aus dem ferneren Hintergrunde naht ein Zug von Bacchantinnen, welcher durch die Reihen der liebenden Paare, zu wilder Lust auffordernd, daherbraust. Durch Gebärden begeisterter Trunkenheit reißen die Bacchantinnen die Liebenden zu wachsender Ausgelassenheit hin. Satyre und Faune sind aus den Klüften erschienen und drängen sich jetzt mit ihrem Tanze zwischen die Bacchantinnen und liebenden Paare. Sie vermehren durch ihre Jagd auf die Nymphen die Verwirrung; der allgemeine Taumel steigert sich zur höchsten Wut. Hier, beim Ausbruche der höchsten Raserei, erheben sich entsetzt die drei Grazien. Sie suchen den Wütenden Einhalt zu tun und sie zu entfernen. Machtlos fürchten sie selbst mit fortgerissen zu werden: sie wenden sich zu den schlafenden Amoretten, rütteln sie auf und jagen sie in die Höhe. Diese flattern wie eine Schar Vögel aufwärts auseinander, nehmen in der Höhe, wie in Schlachtordnung, den ganzen Raum der Höhle ein und schießen von da ab herab einen unaufhörlichen Hagel von Pfeilen auf das Getümmel in der Tiefe. Die Verwundeten, von mächtigem Liebessehnen ergriffen, lassen vom rasenden Tanze ab und sinken in Ermattung. Die Grazien bemächtigen sich der Verwundeten und suchen, indem sie die Trunkenen zu Paaren fügen, sie mit sanfter Gewalt nach dem Hintergrund zu zu zerstreuen. Dort nach den verschiedensten Richtungen hin entfernen sich (zum Teil auch von der Höhe herab durch die Amoretten verfolgt) die Bacchanten, Faunen, Satyren, Nymphen und Jünglinge. Ein immer dichterer rosiger Duft senkt sich herab; in ihm verschwinden zunächst die Amoretten; dann bedeckt er den ganzen Hintergrund, so daß endlich, außer Venus und Tannhäuser, nur noch die drei Grazien sichtbar zurückbleiben. Diese wenden sich jetzt nach dem Vordergrunde zurück; in anmutigen Verschlingungen nahen sie sich Venus, ihr gleichsam von dem Siege berichtend, den sie über die wilden Leidenschaften der Untertanen ihres Reiches gewonnen. – Venus blickt dankend zu ihnen.*

GESANG DER SIRENEN
    Naht euch dem Strande,
    naht euch dem Lande,
    wo in den Armen
    glühender Liebe
    selig Erbarmen,
    selig Erwarmen
    still' eure Triebe!
*(Der dichte Duft im Hintergrunde zerteilt sich; ein Nebelbild zeigt die Entführung der Europa, welche auf dem Rücken des mit Blumen geschmückten weißen Stieres, von Tritonen und Nerei-*

*den geleitet, durch das blaue Meer dahinfährt. Der rosige Duft schließt sich wieder, das Bild verschwindet, und die Grazien deuten nun durch einen anmutigen Tanz den geheimnisvollen Inhalt des Bildes, als ein Werk der Liebe, an. Von neuem teilt sich der Duft. Man erblickt in sanfter Mondesdämmerung Leda, am Waldteiche ausgestreckt; der Schwan schwimmt auf sie zu und birgt schmeichelnd seinen Hals an ihrem Busen. Allmählich verbleicht auch dieses Bild. Der Duft verzieht sich endlich ganz und zeigt die ganze Grotte einsam und still. Die Grazien neigen sich lächelnd vor Venus und entfernen sich langsam nach der Seitengrotte. Tiefste Ruhe. Unveränderte Gruppe der Venus und Tannhäusers.)*

---

## Erster Auftritt

(Dresdener Fassung)

*Die Bühne stellt das Innere des Venusberges dar. Weite Grotte, welche sich im Hintergrunde durch eine Biegung nach rechts wie unabsehbar dahinzieht. Im fernsten sichtbaren Hintergrunde dehnt sich ein bläulicher See aus; in ihm erblickt man die badenden Gestalten von Najaden; auf seinen Ufervorsprüngen sind Sirenen gelagert. Im äußersten Vordergrunde links liegt Venus auf einem Lager ausgestreckt, vor ihr halb kniend Tannhäuser, das Haupt in ihrem Schoße. Die ganze Grotte ist durch rosiges Licht erleuchtet. Den Mittelgrund nimmt eine Gruppe tanzender Nymphen ein; auf etwas erhöhten Vorsprüngen an den Seiten der Grotte sind liebende Paare gelagert, von denen sich einzelne nach und nach in den Tanz der Nymphen mischen. – Ein Zug von Bacchantinnen kommt aus dem Hintergrund in wildem Tanze dahergebraust; sie durchziehen mit trunkenen Gebärden die Gruppen der Nymphen und liebenden Paare, welche durch sie bald zu größerem Ungestüme hingerissen werden.*

SIRENEN (*im Hintergrunde, am See gelagert*)
Naht euch dem Strande!
*(Die Tanzenden halten in der leidenschaftlichen Gruppe plötzlich an und lauschen dem Gesange.)*
Naht euch dem Lande,
wo in den Armen
glühender Liebe
selig Erbarmen
still' eure Triebe!
*(Von neuem belebt sich der Tanz und gelangt zu dem äußersten Grade wilden Ungestümes. Mit dem Momente der trunkensten bacchantischen Wut tritt eine schnell um sich greifende Erschlaffung ein. Die liebenden Paare scheiden sich allmählich vom*

*Tanze aus und lagern sich wie in angenehmer Ermattung auf den Vorsprüngen der Grotte; der Zug der Bacchantinnen verschwindet nach dem Hintergrunde zu, vor welchem sich ein immer dichter werdender Duft ausbreitet. Auch im Vordergrunde senkt sich allmählich ein dichterer Duft herab und verhüllt die Gruppen der Schlafenden wie in rosige Wolken, so daß endlich der sichtbare Teil der frei gelassenen Bühne sich nur noch auf einen kleinen Raum beschränkt, in welchem Venus und Tannhäuser in ihrer früheren Stellung allein zurückbleiben.)*
*(Sirenen, in weiter Ferne)*
Naht euch dem Strande!
Naht euch dem Lande!

---

## Zweiter Auftritt

*Venus. Tannhäuser.*

*(Tannhäuser zuckt mit dem Haupte empor, als fahre er aus einem Traume auf. – Venus zieht ihn schmeichelnd zurück. – Tannhäuser führt die Hand über die Augen, als ob er ein Traumbild festzuhalten suche.)*

VENUS  Geliebter, sag, wo weilt dein Sinn?
TANNHÄUSER  *(schnell)*
Zu viel! Zu viel!
*(Langsamer und leise.)*
O, daß ich nun erwachte!
VENUS  *(ruhig und schmeichelnd)*
Sag mir, was dich mühet?
TANNHÄUSER  Im Traum war mir's als hörte ich –
was meinem Ohr so lange fremd!
als hörte ich der Glocken frohes Geläute! –
O, sag! Wie lange hört' ich's doch nicht mehr?
VENUS  Was faßt dich an? Wohin verlierst du dich?
*(Sie führt ihre Hand sanft über seine Stirne.)*
TANNHÄUSER  *(schwermütig)*
Die Zeit, die hier ich verweil', ich kann sie nicht ermessen.
Tage, Monde – gibt's für mich
nicht mehr, denn nicht mehr sehe ich die Sonne,
nicht mehr des Himmels freundliche Gestirne;
*(weich)*
den Halm seh' ich nicht mehr, der frisch ergrünend
den neuen Sommer bringt; die Nachtigall
hör' ich nicht mehr, die mir den Lenz verkünde.

*(lebhaft)*
Hör' ich sie nie, seh' ich sie niemals mehr?
VENUS *(mit ruhiger Verwunderung)*
Ha! Was vernehm ich? Welche tör'ge Klage!
Bist du so bald der holden Wunder müde,
die meine Liebe dir bereitet? – Oder
wie? Könnt' ein Gott zu sein so sehr dich reu'n?
Hast du so bald vergessen, wie du einst
gelitten, während jetzt hier du dich erfreust? –
*(Sie erhebt sich.)*
Mein Sänger, auf!
*(Sie nimmt die Harfe und hält sie ihm vor.)*
Auf, und ergreife deine Harfe!
Die Liebe feire, die so herrlich du besingest
daß du der Liebe Göttin selber dir gewannst!
Die Liebe feire, da ihr höchster Preis dir ward!
TANNHÄUSER *(zu einem plötzlichen Entschlusse ernannt, nimmt die Harfe und stellt sich feierlich vor Venus hin)*
Dir töne Lob! Die Wunder sei'n gepriesen,
die deine Macht mir Glücklichem erschuf!
Die Wonnen süß, die deiner Huld entsprießen,
erheb mein Lied in lautem Jubelruf!
Nach Freude, ach! nach herrlichem Genießen
verlangt' mein Herz, es dürstete mein Sinn:
da, was nur Göttern einsten du erwiesen,
gab deine Gunst mir Sterblichem dahin. –
Doch sterblich, ach! bin ich geblieben,
und übergroß ist mir dein Lieben.
Wenn stets ein Gott genießen kann,
bin ich dem Wechsel untertan;
nicht Lust allein liegt mir am Herzen,
aus Freuden sehn' ich mich nach Schmerzen.
Aus deinem Reiche muß ich fliehn –
O Königin, Göttin! Laß mich ziehn!
VENUS Was muß ich hören? Welch ein Sang!
Welch trübem Ton verfällt dein Lied?
Wohin floh die Begeistrung dir,
die Wonnesang dir nur gebot?
Was ist's? Worin war meine Liebe lässig?
Geliebter, wessen klagest du mich an?
TANNHÄUSER *(zur Harfe)*
Dank deiner Huld! Gepriesen sei dein Lieben!
Beglückt für immer, wer bei dir geweilt!
Ewig beneidet, wer mit warmen Trieben
in deinen Armen Götterglut geteilt!
Entzückend sind die Wunder deines Reiches,

die Zauber aller Wonnen atm' ich hier;
kein Land der weiten Erde bietet gleiches,
was sie besitzt, scheint leicht entbehrlich dir.
Doch ich aus diesen ros'gen Düften
verlange nach des Waldes Lüften,
nach unsres Himmels klarem Blau,
nach unsrem frischen Grün der Au',
nach unsrer Vöglein liebem Sange,
nach unsrer Glocken trautem Klange.
Aus deinem Reiche muß ich fliehn –
O Königin, Göttin! Laß mich ziehn!

VENUS *(von ihrem Lager aufspringend)*
Treuloser! Weh! Was lässest du mich hören?
Du wagest meine Liebe zu verhöhnen?
Du preisest sie und willst sie dennoch fliehn?
Zum Überdruß ist dir mein Reiz gediehn?

TANNHÄUSER Ach, schöne Göttin! Wolle mir nicht zürnen!
Dein übergroßer Reiz ist's, den ich fliehe!

VENUS Weh dir! Verräter! Heuchler! Undankbarer!
Ich laß dich nicht! Du darfst nicht von mir ziehen!
Ach!

TANNHÄUSER Nie war mein Lieben größer, niemals wahrer
als jetzt, da ich für ewig dich muß fliehn!
*(Venus hat sich mit einem Schrei abgewandt, ihr Gesicht in den Händen bergend. Langes Stillschweigen. Venus sucht allmählich wieder Tannhäusers Blick, dem sie plötzlich mit verführerischem Lächeln sich zuwendet. Auf ihren Wink erscheint eine zauberische Grotte, auf welche sie deutet.)*

VENUS Geliebter, komm! Sieh dort die Grotte,
von ros'gen Düften mild durchwallt!
Entzücken böt' selbst einem Gotte
der süß'sten Freuden Aufenthalt.
Besänftigt auf dem weichsten Pfühle
flieh deine Glieder jeder Schmerz,
dein brennend Haupt umwehe Kühle,
wonnige Glut durchschwelle dein Herz.
*(indem sie ihn sanft nach sich zu ziehen sucht)*
Komm', süßer Freund, komm', folge mir!

SIRENEN *(aus weiter Ferne, unsichtbar)*
Naht euch dem Strande,
naht euch dem Lande!
Aus holder Ferne mahnen süße Klänge,
daß dich mein Arm in trauter Näh' umschlänge;
von meinen Lippen, aus meinen Blicken, schlürfst du den Göttertrank,
strahlt dir der Liebesdank.

|  | Ein Freudenfest soll unsrem Bund entstehen, |
|---|---|
|  | der Liebe Feier laß uns froh begehen! |
|  | Nicht sollst du ihr ein scheues Opfer weihn, – |
|  | nein! – mit der Liebe Göttin schwelge im Verein. |
| VENUS | Sag', holder Freund, sag', mein Geliebter: Willst du fliehn? |
| TANNHÄUSER | *(auf das äußerste hingerissen, greift mit trunkener Gebärde in die Harfe)* |
|  | Stets soll nur dir, nur dir mein Lied ertönen! |
|  | Gesungen laut sei nur dein Preis von mir! |
|  | Dein süßer Reiz ist Quelle alles Schönen, |
|  | und jedes holde Wunder stammt von dir. |
|  | Die Glut, die du mir in das Herz gegossen, |
|  | als Flamme lodre hell sie dir allein! |
|  | Ja, gegen alle Welt will unverdrossen |
|  | fortan ich nun dein kühner Streiter sein. |
|  | Doch hin muß ich zur Welt der Erden, |
|  | bei dir kann ich nur Sklave werden; |
|  | nach Freiheit doch verlangt es mich, |
|  | nach Freiheit, Freiheit dürste ich; |
|  | zu Kampf und Streite will ich stehn, |
|  | sei's auch auf Tod und Untergehn! |
|  | Drum muß aus deinem Reich ich fliehn – |
|  | O Königin, Göttin! |
|  | *(Er wirft die Harfe fort.)* |
|  | Laß mich ziehn! |
| VENUS | *(im heftigsten Zorne)* |
|  | Zieh hin! Wahnbetörter! Zieh hin! Geh! |
|  | Verräter, sieh, nicht halt' ich dich! |
|  | Flieh! Ich geb' dich frei – Zieh hin! |
|  | Was du verlangst, das sei dein Los! |
|  | Hin zu den kalten Menschen flieh, |
|  | vor deren blödem, trübem Wahn |
|  | der Freude Götter wir entflohn |
|  | tief in der Erde wärmenden Schoß. |
|  | Zieh hin, Betörter! Suche dein Heil, |
|  | suche dein Heil – und find' es nie! |

---

*Ab hier sind bis zum Schluß des zweiten Auftritts drei Textfassungen überliefert. In der (komponierten) Pariser Fassung lautet der Text:*

| VENUS | Sie, die du siegend einst verlachtest, |
|---|---|
|  | die jauchzenden Mutes du verhöhnst, |
|  | nun fleh sie an um Gnade, wo du verachtest, |
|  | jammre nun um Huld! |
|  | Dann leuchte deine Schande, |

                der hellen Schmach wird dann ihr Spott!
                Gebannt, verflucht, ha! wie seh ich schon
                dich mir nahn, tief das Haupt zur Erde:
                «Oh! fändest du sie wieder, die einst dir gelächelt!
                Ach! öffnete sie dir wieder, die Tore ihrer Wonnen!»
                Auf der Schwelle, sieh da!
                ausgestreckt liegt er nun, dort, wo Freude einst ihm geflossen!
                Um Mitleid fleht er bettelnd, nicht um Liebe!
                Zurück! Entweich, Bettler!
                Knechten nie, nur Helden öffnet sich mein Reich!
TANNHÄUSER  Nein! Mein Stolz soll dir den Jammer sparen,
                mich entehrt je dir nah zu sehn!
                Der heut von dir scheidet, o Göttin,
                der kehret nie zu dir zurück!
VENUS  Ha! Du kehrtest nie zurück?
                Wie sagt' ich? ha! wie sagte er?
                Nie mir zurück! wie soll ich's denken?
                Wie es erfassen? Mein Geliebter ewig mich fliehn?
                Wie hätt' ich das erworben,
                wie träf mich solch Verschulden,
                daß mir die Lust geraubt,
                dem Trauten zu verzeihn?
                Der Königin der Liebe, der Göttin aller Hulden,
                wär einzig dies versagt, Trost dem Freunde zu weihn?
                Wie einst, lächelnd unter Tränen,
                ich sehnsuchtsvoll dir lauschte,
                den stolzen Sang zu hören,
                der rings so lang mir verstummt;
                oh, sag, wie könntest je du wohl wähnen,
                daß ungerührt ich bliebe,
                dräng zu mir einst deiner Seele Seufzen,
                hört ich dein Klagen?
                Daß letzte Tröstung in deinem Arm ich fand,
                o, laß deß mich nicht entgelten,
                verschmäh einst auch du nicht meinen Trost!
                *(in Verzweiflung ausbrechend)*
                Kehrst du mir nicht zurück,
                so treffe Fluch die ganze Welt
                und für ewig sei öde sie,
                aus der die Göttin wich!
                *(verzweiflungsvoll flehend)*
                O kehr, kehr wieder!
                Trau meiner Huld, meiner Liebe!
TANNHÄUSER  Wer, Göttin, dir entfliehet,
                flieht ewig jeder Huld!

| | |
|---|---|
| VENUS | Nicht wehre stolz deinem Sehnen, |
| | wenn zurück zu mir es dich zieht! |
| TANNHÄUSER | Mein Sehnen drängt zum Kampfe, |
| | nicht such ich Wonn und Lust! |
| | Ach, mögest du es fassen, Göttin! |
| | *(wild)* |
| | Hin zum Tod, den ich suche, |
| | zum Tode drängt es mich! |
| VENUS | Kehr zurück, wenn der Tod selbst dich flieht, |
| | wenn vor dir das Grab selbst sich schließt. |
| TANNHÄUSER | Den Tod, das Grab, hier im Herzen ich trag, |
| | durch Buß und Sühne wohl find ich Ruh für mich! |
| VENUS | Nie ist Ruh dir beschieden, |
| | nie findest du Frieden! |
| | Kehr wieder mir, suchst einst du dein Heil! |
| TANNHÄUSER | Göttin der Wonn und Lust! Nein! |
| | Ach, nicht in dir find ich Frieden und Ruh! |
| | Mein Heil liegt in Maria! |
| | *(Venus verschwindet. Die Szene verwandelt sich schnell.)* |

*Den ursprünglichen (nicht komponierten) Textentwurf dieser Passage teilt Wagner in einem Brief an Mathilde Wesendonck vom 30. September 1860 mit (vgl. Dokumentation des vorliegenden Bandes, S. 163).*

*In der Dresdener Fassung lautet der Text:*

| | |
|---|---|
| VENUS | Bald weicht der Stolz aus deiner Seel', |
| | demütig seh' ich dich mir nah'n, |
| | zerknirscht, zertreten suchst du mich auf, |
| | flehst um die Zauber meiner Macht! |
| TANNHÄUSER | Ach, schöne Göttin, lebe wohl! |
| | Nie kehr' ich je zu dir zurück! |
| VENUS | Ha! Kehrtest du mir nie zurück! |
| | *(verzweiflungsvoll)* |
| | Kehrst du nicht wieder, ha! so sei verflucht |
| | von mir das ganze menschliche Geschlecht! |
| | Nach meinen Wundern dann vergeblich suchet! |
| | Die Welt sei öde, und ihr Held ein Knecht! |
| | Kehr wieder, kehre mir zurück! |
| TANNHÄUSER | Nie mehr erfreu mich Liebesglück! |
| VENUS | Kehr wieder, wenn dein Herz dich zieht! |
| TANNHÄUSER | Für ewig dein Geliebter flieht. |
| VENUS | Wenn alle Welt dich von sich stößt? |
| TANNHÄUSER | Vom Bann werd' ich durch Buß' erlöst. |
| VENUS | Nie wird Vergebung dir zuteil! |
| | Kehr wieder, schließt sich dir das Heil! |

TANNHÄUSER Mein Heil! Mein Heil ruht in Maria!
*(Venus sinkt mit einem Schrei zusammen und verschwindet. Mit Blitzesschnelle verwandelt sich die Bühne.)*

## Dritter Auftritt

*(Tannhäuser, der seine Stellung nicht verlassen, steht plötzlich in einem schönen Tale, über ihm blauer Himmel. Rechts im Hintergrunde die Wartburg, links in größerer Ferne der Hörselberg. – Rechter Hand führt auf der halben Höhe des Tales ein Bergweg nach dem Vordergrunde zu, wo er dann seitwärts abbiegt; in demselben Vordergrund ist ein Muttergottesbild, zu welchem ein niedriger Bergvorsprung hinaufführt. – Von der Höhe links vernimmt man das Geläute von Herdeglocken; auf einem hohen Vorsprunge sitzt ein junger Hirt, mit der Schalmei dem Tale zugekehrt.)*

HIRT Frau Holda* kam aus dem Berg hervor,
zu ziehn durch Fluren und Auen;
gar süßen Klang vernahm da mein Ohr,
mein Auge begehrte zu schauen.
Da träumt' ich manchen holden Traum,
und als mein Aug' erschlossen kaum,
da strahlte warm die Sonnen,
der Mai, der Mai war kommen.
Nun spiel' ich lustig die Schalmei,
der Mai ist da, der liebe Mai!

---

\* *Im Erstdruck des Tannhäuser-Textbuchs teilt Wagner mit, was der Hirte nicht ahnt: daß «Frau Holda» nichts anderes ist als das germanische Inkognito der «Frau Venus»:*
«Die altgermanische Göttin Holda, die Freundliche, milde und gnädige, deren jährlicher Umzug durch das Land den Fluren Gedeihen und Fruchtbarkeit brachte, musste mit der Einführung des Christenthumes das Schicksal Wodan's und aller übrigen Götter teilen, deren Dasein und Wunderkräfte, da der Glaube an sie im Volke zu tief wurzelte, zwar nicht gänzlich bestritten, deren frühere segensreiche Einwirkung jedoch verdächtigt und zu bösartigen umgebildet wurde. Holda ward in unterirdische Höhlen, in das Innere von Bergen verwiesen; ihr Auszug ward ein unheilbringender, ihr Gefolge ähnlich dem wilden Heere. Später (während der Glaube an ihr mildes, naturbelebendes Walten bei dem niederen Volke jedoch unbewusst noch fortlebte) ging ihr Name sogar in den der Venus über, an welchen sich alle Vorstellungen eines unseligen, zu böser, sinnlicher Lust verlockenden zauberischen Wesens ungehinderter anknüpften. Als einer ihrer Hauptsitze ward in Thüringen das Innere des Hörselberges bei Eisenach bezeichnet: dort war der Frau Venus Hofhaltung der Üppigkeit und Wollust; oft konnte man selbst aussen rauschende, jubelnde Musik vernehmen, die reizenden Klänge verlockten aber nur diejenigen, in deren Herzen bereits wilde sinnliche Sehnsucht keimte: sie gerieten, von den freudig verführerischen Klängen angezogen und geleitet, ohne zu wissen wie? in den Berg. – Es geht die Sage von einem Ritter und Sänger Tannhäuser (mythisch und selbst späteren Ansichten nach völlig gleich dem Heinrich von Ofterdingen im Wartburgkriege), nach welcher dieser in den Venusberg geraten sei und dort an Frau Venus Hofe ein ganzes Jahr zugebracht habe.»

## Erster Aufzug, dritter Auftritt

*(Er spielt auf der Schalmei. Man hört den Gesang der älteren Pilger, welche, von der Richtung der Wartburg herkommend, den Bergweg rechts entlangziehen.)*

GESANG DER ÄLTEREN PILGER
Zu dir wall' ich, mein Jesus Christ,
der du des Pilgers Hoffnung bist!
Gelobt sei, Jungfrau süß und rein,
der Wallfahrt wolle günstig sein!
Ach, schwer drückt mich der Sünden Last,
kann länger sie nicht mehr ertragen;
drum will ich auch nicht Ruh' noch Rast
und wähle gern mir Müh' und Plagen.
Am hohen Fest der Gnad' und Huld
in Demut sühn' ich meine Schuld;
gesegnet, wer im Glauben treu:
er wird erlöst durch Buß' und Reu'.
*(Der Hirt, der fortwährend auf der Schalmei gespielt hat, hält ein, als der Zug der Pilger auf der Höhe ihm gegenüber ankommt.)*

HIRT *(den Hut schwenkend und den Pilgern laut zurufend).*
Glück auf! Glück auf nach Rom!
Betet für meine arme Seele!

TANNHÄUSER *(der in der Mitte der Bühne wie festgewurzelt gestanden, sinkt heftig erschüttert auf die Knie).*
Allmächt'ger, dir sei Preis!
Groß sind die Wunder deiner Gnade.
*(Der Zug der Pilger biegt von hier an auf dem Bergwege bei dem Muttergottesbilde links ab und entfernt sich immer weiter von der Bühne, so daß der Gesang allmählich verhallt. Der Hirt entfernt sich ebenfalls mit der Schalmei rechts von der Höhe; man hört die Herdeglocken immer entfernter.)*

PILGERGESANG Zu dir wall' ich, mein Jesus Christ,
der du des Pilgers Hoffnung bist!
Gelobt sei, Jungfrau süß und rein,
der Wallfahrt wolle günstig sein!

TANNHÄUSER *(als der Gesang der Pilger sich hier etwas verliert, singt, auf den Knien, wie in brünstiges Gebet versunken, weiter.)*
Ach, schwer drückt mich der Sünden Last,
kann länger sie nicht mehr ertragen;
drum will ich auch nicht Ruh' noch Rast
und wähle gern mir Müh' und Plagen.
*(Tränen ersticken seine Stimme; man hört in weiter Ferne den Pilgergesang fortsetzen bis zum letzten Verhallen, während sich aus dem tiefsten Hintergrunde, wie von Eisenach herkommend, das Geläute von Kirchglocken vernehmen läßt. Als auch dieses schweigt, hört man von links immer näherkommende Hornrufe.)*

PILGERGESANG *(sehr entfernt)*
Am hohen Fest Gnad' und Huld
in Demut sühn' ich meine Schuld;
gesegnet, wer im Glauben treu!

## Vierter Auftritt

*Von der Anhöhe links herab aus einem Waldwege treten der Landgraf und die Sänger, in Jägertracht, einzeln auf.*

LANDGRAF *(auf halber Höhe Tannhäuser erblickend)*
Wer ist der dort im brünstigen Gebete?

WALTER  Ein Büßer wohl.

BITEROLF  Nach seiner Tracht ein Ritter.

WOLFRAM *(eilt zunächst auf Tannhäuser zu und erkennt ihn)*
Er ist es! Er ist es!

DIE ÜBRIGEN SÄNGER
Heinrich! Heinrich! Seh' ich recht?
*(Tannhäuser, der überrascht schnell aufgefahren ist, ermannt sich und verneigt sich stumm gegen den Landgrafen, nachdem er einen flüchtigen Blick auf ihn und die Sänger geworfen.)*

LANDGRAF  Du bist es wirklich? Kehrest in den Kreis zurück, den du
in Hochmut stolz verließest?

BITEROLF  Sag, was uns deine Wiederkehr bedeutet?

LANDGRAF, WALTER, HEINRICH, REINMAR
Sag es an!

BITEROLF  Versöhnung? Oder gilt's erneutem Kampf?

WALTER  Nahst du als Freund uns oder Feind?

DIE SÄNGER *(außer Wolfram).*
Als Feind?

WOLFRAM  O fraget nicht! Ist dies des Hochmuts Miene? –
*(Er geht auf Tannhäuser zu.)*
Gegrüßt sei uns, du kühner Sänger,
der, ach! so lang in unsrer Mitte fehlt!

WALTER  Willkommen, wenn du friedsam nahst!

BITEROLF  Gegrüßt, wenn du uns Freunde nennst!

WALTER, HEINRICH, BITEROLF, REINMAR
Gegrüßt! Gegrüßt sei uns!

LANDGRAF  So sei willkommen denn auch mir!
Sag an, wo weiltest du so lang?

TANNHÄUSER  Ich wanderte in weiter, weiter Fern' –
da, wo ich nimmer Rast noch Ruhe fand.
Fragt nicht! Zum Kampf mit euch kam ich nicht her.
Seid mir versöhnt und laßt mich weiterziehn!

LANDGRAF  Nicht doch! Der unsre bist du neu geworden.

WALTER  Du darfst nicht ziehn.
BITEROLF  Wir lassen dich nicht fort.
WALTER, HEINRICH, WOLFRAM, REINMAR, LANDGRAF
Bleib bei uns!
TANNHÄUSER  Laßt mich! Mir frommet kein Verweilen,
und nimmer kann ich rastend stehn.
Mein Weg heißt mich nur vorwärts eilen,
und nimmer darf ich rückwärts sehn.
LANDGRAF UND DIE SÄNGER
O bleib, bei uns sollst du verweilen,
wir lassen dich nicht von uns gehn.
Du suchtest uns, warum enteilen
nach solchem kurzen Wiedersehn?
TANNHÄUSER  *(sich losreißend)*
Fort! Fort von hier!
LANDGRAF, WALTER, HEINRICH, BITEROLF, REINMAR
Bleib! Bleib bei uns!
WOLFRAM  *(Tannhäuser in den Weg tretend, mit erhobener Stimme).*
Bleib bei Elisabeth!
TANNHÄUSER  *(heftig und freudig ergriffen, bleibt wie festgebannt stehen)*
Elisabeth! O Macht des Himmels,
rufst du den süßen Namen mir?
WOLFRAM  Nicht sollst du Feind mich schelten, daß ich ihn genannt! –
*(zu dem Landgrafen)*
Erlaubest du mir, Herr, daß ich
Verkünder seines Glücks ihm sei?
LANDGRAF  Nenn ihm den Zauber, den er ausgeübt,
und Gott verleih ihm Tugend,
daß würdig er ihn löse!
WOLFRAM  Als du in kühnem Sange uns bestrittest,
bald siegreich gegen unsre Lieder sangst,
durch unsre Kunst Besiegung bald erlittest:
ein Preis doch war's, den du allein errangst.
War's Zauber, war es reine Macht,
durch die solch Wunder du vollbracht,
an deinen Sang voll Wonn' und Leid
gebannt die tugendreichste Maid?
Denn, ach! als du uns stolz verlassen,
verschloß ihr Herz sich unsrem Lied;
wir sahen ihre Wang' erblassen,
für immer unsern Kreis sie mied.
O kehr zurück, du kühner Sänger,
dem unsren sei dein Lied nicht fern.
Den Festen fehle sie nicht länger,
aufs neue leuchte uns ihr Stern!

## Erster Aufzug, vierter Auftritt

DIE SÄNGER  Sei unser, Heinrich! Kehr uns wieder!
Zwietracht und Streit sei abgetan!
Vereint ertönen unsre Lieder,
und Brüder nenne uns fortan!
LANDGRAF  O kehr zurück, du kühner Sänger,
Zwietracht und Streit sei abgetan!
TANNHÄUSER  *(innig gerührt, umarmt Wolfram und die Sänger mit Heftigkeit)*
Zu ihr! Zu ihr! O, führet mich zu ihr!
Ha, jetzt erkenne ich sie wieder,
die schöne Welt, der ich entrückt!
Der Himmel blickt auf mich hernieder,
die Fluren prangen reich geschmückt.
Der Lenz mit tausend holden Klängen
zog jubelnd in die Seele mir;
in süßem, ungestümem Drängen
ruft laut mein Herz: zu ihr, zu ihr!
Führt mich zu ihr!
LANDGRAF UND DIE SÄNGER
Er kehrt zurück, den wir verloren!
Ein Wunder hat ihn hergebracht.
Die ihm den Übermut beschworen,
gepriesen sei die holde Macht!
Nun lausche unsren Hochgesängen
von neuem der Gepriesnen Ohr!
Es tön in frohbelebten Klängen
das Lied aus jeder Brust hervor!

*(Während des Vorhergehenden hat sich nach und nach der ganze Jagdtroß des Landgrafen mit Falkenträgern usw. auf der Bühne versammelt. Die Jäger stoßen in die Hörner. Das ganze Tal wimmelt jetzt vom immer stärker anwachsenden Jagdtroß. Der Landgraf und die Sänger wenden sich den Jägern zu. Der Landgraf stößt in sein Horn: lautes Horngeschmetter und Rüdengebell antworten ihm. Der Landgraf und die Sänger besteigen Pferde, welche man ihnen von der Wartburg her entgegengeführt hat.)*

## Zweiter Aufzug

DIE SÄNGERHALLE AUF DER WARTBURG

*Nach hinten freie Aussicht auf den Burghof und das Tal.*

### Erster Auftritt

ELISABETH *(tritt freudig bewegt ein)*
Dich, teure Halle, grüß' ich wieder,
froh grüß' ich dich, geliebter Raum!
In dir erwachen seine Lieder
und wecken mich aus düstrem Traum.
   Da er aus dir geschieden,
   wie öd' erschienst du mir!
   Aus mir entfloh der Frieden,
   die Freude zog aus dir.
Wie jetzt mein Busen hoch sich hebet,
so scheinst du jetzt mir stolz und hehr.
Der dich und mich so neu belebet,
nicht länger weilt er ferne mehr.
Sei mir gegrüßt! Sei mir gegrüßt!
Du teure Halle, sei mir gegrüßt!

### Zweiter Auftritt

*(Tannhäuser, von Wolfram geleitet, tritt aus der Treppe im Hintergrund auf.)*
WOLFRAM Dort ist sie; nahe dich ihr ungestört!
*(Er bleibt, an die Mauerbrüstung gelehnt, im Hintergrunde.)*
TANNHÄUSER *(ungestüm zu den Füßen Elisabeths stürzend)*
O Fürstin!
ELISABETH *(in schüchterner Verwirrung)*
Gott! Stehet auf! Laßt mich! Nicht darf
ich Euch hier sehn!
*(Sie will sich entfernen.)*

| | |
|---|---|
| TANNHÄUSER | Du darfst! O bleib und laß zu deinen Füßen mich! |
| ELISABETH | *(sich freundlich zu ihm wendend)* |
| | So stehet auf! |
| | Nicht sollet hier Ihr knien, denn diese Halle |
| | ist Euer Königreich. O, stehet auf! |
| | Nehmt meinen Dank, daß Ihr zurückgekehrt! – |
| | Wo weiltet Ihr so lange? |
| TANNHÄUSER | *(sich langsam erhebend)* |
| | Fern von hier in weiten, weiten Landen. Dichtes Vergessen |
| | hat zwischen Heut und Gestern sich gesenkt. |
| | All mein Erinnern ist mir schnell geschwunden, |
| | und nur des einen muß ich mich entsinnen, |
| | daß nie mehr ich gehofft, Euch zu begrüßen, |
| | noch je zu Euch mein Auge zu erheben. |
| ELISABETH | Was war es dann, das Euch zurückgeführt? |
| TANNHÄUSER | Ein Wunder war's, |
| | ein unbegreiflich hohes Wunder! |
| ELISABETH | *(freudig aufwallend)* |
| | Ich preise dieses Wunder |
| | aus meines Herzens Tiefe! |
| | *(Sich mäßigend, in Verwirrung.)* |
| | Verzeiht, wenn ich nicht weiß, was ich beginne! |
| | Im Traum bin ich und tör'ger als ein Kind, |
| | machtlos der Macht der Wunder preisgegeben. |
| | Fast kenn' ich mich nicht mehr; o, helfet mir, |
| | daß ich das Rätsel meines Herzens löse! |
| | Der Sänger klugen Weisen |
| | lauscht' ich sonst gern und viel; |
| | ihr Singen und ihr Preisen |
| | schien mir ein holdes Spiel. |
| | Doch welch ein seltsam neues Leben |
| | rief Euer Lied mir in die Brust! |
| | Bald wollt' es mich wie Schmerz durchbeben, |
| | bald drang's in mich wie jähe Lust. |
| | Gefühle, die ich nie empfunden! |
| | Verlangen, das ich nie gekannt! – |
| | Was sonst [einst] mir lieblich, war verschwunden |
| | vor Wonnen, die noch nie genannt! |
| | Und als Ihr nun von uns gegangen – |
| | war Frieden mir und Lust dahin; |
| | die Weisen, die die Sänger sangen, |
| | erschienen matt mir, trüb ihr Sinn. |
| | Im Traume fühlt' ich dumpfe Schmerzen, |
| | mein Wachen ward trübsel'ger Wahn; |
| | die Freude zog aus meinem Herzen – |
| | Heinrich! Was tatet Ihr mir an? |

| TANNHÄUSER | (*begeistert*) |
| | Den Gott der Liebe sollst du preisen, |
| | er hat die Saiten mir berührt, |
| | er sprach zu mir aus meinen Weisen, |
| | zu dir hat er mich hergeführt! |
| ELISABETH | Gepriesen sei die Stunde, |
| | gepriesen sei die Macht, |
| | die mir so holde Kunde |
| | von Eurer Näh' gebracht! |
| | Von Wonneglanz umgeben |
| | lacht mir der Sonne Schein; |
| | erwacht zu neuem Leben, |
| | nenn' ich die Freude mein! |
| TANNHÄUSER | Gepriesen sei die Stunde, |
| | gepriesen sei die Macht, |
| | die mir so holde Kunde |
| | aus deinem Mund gebracht. |
| | Dem neu erkannten Leben |
| | darf ich mich mutig weihn; |
| | ich nenn' in freud'gem Beben |
| | sein schönstes Wunder mein! |
| WOLFRAM | (*im Hintergrunde*) |
| | So flieht für dieses Leben |
| | mir jeder Hoffnung Schein! |

(*Tannhäuser trennt sich von Elisabeth; er geht auf Wolfram zu, umarmt ihn und entfernt sich mit ihm über die Treppe. Elisabeth blickt Tannhäuser vom Balkon aus nach.*)

## Dritter Auftritt

(*Der Landgraf tritt aus einem Seitengange auf; Elisabeth eilt ihm entgegen und birgt ihr Gesicht an seiner Brust.*)

| LANDGRAF | Dich treff' ich hier in dieser Halle, die |
| | so lange du gemieden? Endlich denn |
| | lockt dich ein Sängerfest, das wir bereiten? |
| ELISABETH | Mein Oheim! O, mein güt'ger Vater! |
| LANDGRAF | Drängt |
| | es dich, dein Herz mir endlich zu erschließen? |
| ELISABETH | Blick mir ins Auge! Sprechen kann ich nicht. |
| LANDGRAF | Noch bleibe denn unausgesprochen |
| | dein süß Geheimnis kurze Frist; |
| | der Zauber bleibe ungebrochen, |
| | bis du der Lösung mächtig bist. – |
| | So sei's! Was der Gesang so Wunderbares |
| | erweckt und angeregt, soll heute er |

enthüllen und mit Vollendung krönen.
Die holde Kunst, sie werde jetzt zur Tat!
*(Man hört Trompeten im Hintergrunde tief, wie im Schloßhof.)*
Schon nahen sich die Edlen meiner Lande,
die ich zum seltnen Fest hieher beschied;
zahlreicher nahen sie als je, da sie
gehört, daß du des Festes Fürstin seist.
*(Trompeten auf der Bühne. Der Landgraf und Elisabeth treten an den Balkon, um nach der Ankunft der Gäste zu sehen. Vier Edelknaben treten auf und melden an. Sie erhalten vom Landgrafen Befehl für den Empfang usw.)*

## Vierter Auftritt

*Grafen, Ritter und Edelknaben in reichem Schmucke werden durch Edelknaben eingeführt. Der Landgraf mit Elisabeth empfängt und begrüßt sie.*

CHOR Freudig begrüßen wir die edle Halle,
wo Kunst und Frieden immer nur verweil',
wo lange noch der frohe Ruf erschalle:
Thüringens Fürsten, Landgraf Hermann, Heil!
*(Die Ritter und Frauen haben die von den Edelknaben ihnen angewiesenen, in einem weiten Halbkreis erhöhten Plätze eingenommen. Der Landgraf und Elisabeth nehmen im Vordergrunde unter einem Baldachin Ehrensitze ein. – Trompeten. – Die Sänger treten auf und verneigen sich feierlich mit ritterlichem Gruße gegen die Versammlung; darauf nehmen sie in der leergelassenen Mitte des Saales die in einem engeren Halbkreise für sie bestimmten Sitze ein, Tannhäuser im Mittelgrunde rechts, Wolfram am entgegengesetzten Ende links, der Versammlung gegenüber.)*

LANDGRAF *(erhebt sich)*
Gar viel und schön ward hier in dieser Halle
von euch, ihr lieben Sänger, schon gesungen;
in weisen Rätseln wie in heitren Liedern
erfreutet ihr gleich sinnig unser Herz.
Wenn unser Schwert in blutig ernsten Kämpfen
stritt für des deutschen Reiches Majestät,
wenn wir dem grimmen Welfen widerstanden
und dem verderbenvollen Zwiespalt wehrten:
so ward von euch nicht mindrer Preis errungen.
  Der Anmut und der holden Sitte,
  der Tugend und dem reinen Glauben
  erstrittet ihr durch eure Kunst
  gar hohen, herrlich schönen Sieg. –

Bereitet heute uns denn auch ein Fest,
heut, wo der kühne Sänger uns zurück
gekehrt, den wir so ungern lang vermißten.
Was wieder ihn in unsre Nähe brachte,
ein wunderbar Geheimnis dünkt es mich.
Durch Liedes Kunst sollt ihr es uns enthüllen,
deshalb stell' ich die Frage jetzt an euch:
könnt ihr der Liebe Wesen mir ergründen?
Wer es vermag, wer sie am würdigsten
besingt, dem reich' Elisabeth den Preis,
er fordre ihn so hoch und kühn er wolle,
ich sorge, daß sie ihn gewähren solle. –
Auf, liebe Sänger! Greifet in die Saiten!
Die Aufgab' ist gestellt, kämpft um den Preis
und nehmet all im voraus unsren Dank!
*(Trompeten.)*
RITTER UND EDELFRAUEN
Heil! Heil! Thüringens Fürsten Heil!
Der holden Kunst Beschützer Heil!
*(Alle setzen sich. Vier Edelknaben treten vor, sammeln in einem goldenen Becher von jedem Sänger seinen auf ein Blättchen geschriebenen Namen ein und reichen ihn Elisabeth, welche eines der Blättchen herauszieht und es den Edelknaben reicht. Diese, nachdem sie den Namen gelesen, treten feierlich in die Mitte und rufen:)*
VIER EDELKNABEN
Wolfram von Eschenbach, beginne!
*(Tannhäuser stützt sich auf seine Harfe und scheint sich in Träumen zu verlieren. Wolfram erhebt sich.)*
WOLFRAM  Blick' ich umher in diesem edlen Kreise,
welch hoher Anblick macht mein Herz erglühn!
So viel der Helden, tapfer, deutsch und weise,
ein stolzer Eichwald, herrlich, frisch und grün.
Und hold und tugendsam erblick' ich Frauen,
lieblicher Blüten düftereichsten Kranz.
Es wird der Blick wohl trunken mir vom Schauen,
mein Lied verstummt vor solcher Anmut Glanz. –
Da blick' ich auf zu einem nur der Sterne,
der an dem Himmel, der mich blendet, steht:
es sammelt sich mein Geist aus jeder Ferne,
andächtig sinkt die Seele in Gebet.
Und sieh! Mir zeiget sich ein Wunderbronnen,
in den mein Geist voll hohen Staunens blickt:
aus ihm er schöpfet gnadenreiche Wonnen,
durch die mein Herz er namenlos erquickt.
Und nimmer möcht' ich diesen Bronnen trüben,

## Zweiter Aufzug, vierter Auftritt

                    berühren nicht den Quell mit frevlem Mut:
                    in Anbetung möcht' ich mich opfernd üben,
                    vergießen froh mein letztes Herzensblut. –
                    Ihr Edlen mögt in diesen Worten lesen,
                    wie ich erkenn' der Liebe reinstes Wesen!
                    *(Er setzt sich.)*

DIE RITTER UND FRAUEN
                    *(in beifälliger Bewegung)*
                    So ist's! So ist's! Gepriesen sei dein Lied!

                    *In der Dresdener Fassung folgt hier folgender Einschub:*
TANNHÄUSER   *(der gegen das Ende von Wolframs Gesange wie aus dem Traume*
                    *auffuhr, erhebt sich schnell)*
                    Auch ich darf mich so glücklich nennen
                    zu schaun, was, Wolfram, du geschaut!
                    Wer sollte nicht den Bronnen kennen?
                    Hör, seine Tugend preis' ich laut!
                    Doch ohne Sehnsucht heiß zu fühlen
                    ich seinem Quell nicht nahen kann.
                    Des Durstes Brennen muß ich kühlen,
                    getrost leg' ich die Lippen an.
                    In vollen Zügen trink' ich Wonnen,
                    in die kein Zagen je sich mischt:
                    denn unversiegbar ist der Bronnen,
                    wie mein Verlangen nie erlischt.
                    So, daß mein Sehnen ewig brenne,
                    lab' an dem Quell ich ewig mich:
                    und wisse, Wolfram, so erkenne
                    der Liebe wahrstes Wesen ich!
                    *(Er setzt sich.)*
                    *(Elisabeth macht eine Bewegung, ihren Beifall zu bezeigen; da*
                    *aber alle Zuhörer in ernstem Schweigen verharren, hält sie sich*
                    *schüchtern zurück.)*

WALTER VON DER VOGELWEIDE
                    *(erhebt sich)*
                    Den Bronnen, den uns Wolfram nannte,
                    ihn schaut auch meines Geistes Licht;
                    doch, der in Durst für ihn entbrannte,
                    du, Heinrich, kennst ihn wahrlich nicht.
                    Laß dir denn sagen, laß dich lehren:
                    der Bronnen ist die Tugend wahr.
                    Du sollst in Inbrunst ihn verehren
                    und opfern seinem holden Klar.
                    Legst du an seinen Quell die Lippen,
                    zu kühlen frevle Leidenschaft,

               ja, wolltest du am Rand nur nippen,
               wich' ewig ihm die Wunderkraft!
           Willst du Erquickung aus dem Bronnen haben, mußt du
           dein Herz, nicht deinen Gaumen laben.
           *(Er setzt sich.)*
DIE ZUHÖRER  *(in lautem Beifall)*
           Heil Walter! Preis sei deinem Liede!

---

*(Forts. der Pariser Fassung)*

TANNHÄUSER  *(sich heftig erhebend)*
           O Wolfram\*, der du also sangest,
           du hast die Liebe arg entstellt!
           Wenn du in solchem Schmachten bangest,
           versiegte wahrlich wohl die Welt.
           Zu Gottes Preis in hoch erhabne Fernen,
           blickt auf zum Himmel, blickt zu seinen Sternen!
           Anbetung solchen Wundern zollt,
           da ihr sie nicht begreifen sollt!
           Doch was sich der Berührung beuget,
           euch Herz und Sinnen nahe liegt,
           was sich, aus gleichem Stoff erzeuget,
           in weicher Formung an euch schmiegt –
           dem ziemt Genuß in freud'gem Triebe,
           und im Genuß nur kenn' ich Liebe!
           *(Er setzt sich.)*
           *(Große Aufregung unter den Zuhörern.)*
BITEROLF  *(erhebt sich schnell und zornig)*
           Heraus zum Kampfe mit uns allen!
           Wer bliebe ruhig, hört er dich?
           Wird deinem Hochmut es gefallen,
           so höre, Lästrer, nun auch mich!
           Wenn mich begeistert hohe Liebe,
           stählt sie die Waffen mir mit Mut;
           daß ewig ungeschmäht sie bliebe,
           vergöss' ich stolz mein letztes Blut.
           Für Frauenehr' und hohe Tugend
           als Ritter kämpf' ich mit dem Schwert;
           doch, was Genuß beut deiner Jugend,
           ist wohlfeil, keines Streiches wert.
RITTER UND FRAUEN
           *(in tobendem Beifalle)*
           Heil, Biterolf!

---

\* *In der Dresdener Fassung: Walter.*

## Zweiter Aufzug, vierter Auftritt

DIE RITTER   Hier unser Schwert!
TANNHÄUSER   *(in stets zunehmender Hitze aufspringend)*
    Ha, tör'ger Prahler Biterolf!
    Singst du von Liebe, grimmer Wolf?
    Gewißlich hast du nicht gemeint,
    was mir genießenswert erscheint.
    Was hast du Ärmster wohl genossen?
    Dein Leben war nicht liebereich,
    und was von Freuden dir entsprossen,
    das galt wohl wahrlich keinen Streich!
    *(Zunehmende Aufregung unter den Zuhörern.)*
DIE RITTER   *(von verschiedenen Seiten)*
    Laßt ihn nicht enden! Wehret seiner Kühnheit!
LANDGRAF   *(zu Biterolf, der nach dem Schwerte greift)*
    Zurück das Schwert! Ihr Sänger, haltet Frieden!
WOLFRAM   *(erhebt sich in edler Entrüstung. Bei seinem Beginn tritt sogleich die größte Ruhe wieder ein)*
    O Himmel, laß dich jetzt erflehen,
    gib meinem Lied der Weihe Preis!
    Gebannt laß mich die Sünde sehen
    aus diesem edlen, reinen Kreis!
      Dir, hohe Liebe, töne
      begeistert mein Gesang,
      die mir in Engelsschöne
      tief in die Seele drang!
    Du nahst als Gottgesandte,
    ich folg' aus holder Fern' –
    so führst du in die Lande,
    wo ewig strahlt dein Stern.
TANNHÄUSER   *(springt auf, in äußerster Verzückung)*
    Dir, Göttin der Liebe, soll mein Lied ertönen!
    Gesungen laut sei jetzt dein Preis von mir!
    Dein süßer Reiz ist Quelle alles Schönen,
    und jedes holde Wunder stammt von dir.
    Wer dich mit Glut in seinen Arm geschlossen,
    was Liebe ist, kennt er, nur er allein –
    Armsel'ge, die ihr Liebe nie genossen,
    zieht hin, zieht in den Berg der Venus ein!
    *(Allgemeiner Aufbruch und Entsetzen.)*
ALLE   Ha, der Verruchte! Fliehet ihn!
    Hört es! Er war im Venusberg!
DIE EDELFRAUEN
    Hinweg! Hinweg aus seiner Näh'!
*(Sie entfernen sich in größter Bestürzung unter Gebärden des Abscheus. Nur Elisabeth, welche dem Verlaufe des Streites in furchtbar wachsender Angst zuhörte, bleibt von den Frauen allein zu-*

*rück, bleich, mit dem größten Aufwand ihrer Kraft an einer der hölzernen Säulen des Baldachins sich aufrecht erhaltend. – Der Landgraf, alle Ritter und Sänger haben ihre Sitze verlassen und treten zusammen. Tannhäuser zur äußersten Linken, verbleibt noch eine Zeitlang wie in Verzückung.)*

WOLFRAM Ihr habt's gehört!

LANDGRAF, SÄNGER UND RITTER
Ihr habt's gehört! Sein frevler Mund
tat das Bekenntnis schrecklich kund.
Er hat der Hölle Lust geteilt,
im Venusberg hat er geweilt! –
Entsetzlich! Scheußlich! Fluchenswert!
In seinem Blute netzt das Schwert!
Zum Höllenpfuhl zurückgesandt
sei er gefemt, sei er gebannt!
*(Alle stürzen mit entblößten Schwertern auf Tannhäuser ein, welcher eine trotzige Stellung einnimmt.)*

ELISABETH *(wirft sich mit einem herzzerreißenden Schrei dazwischen und deckt Tannhäuser mit ihrem Leibe)*
Haltet ein!
*(Bei ihrem Anblick halten alle in größter Betroffenheit an.)*

WALTER, BITEROLF, REINMAR
Was hör' ich?

LANDGRAF, RITTER UND SÄNGER
Wie? Was seh' ich? Elisabeth!
Die keusche Jungfrau für den Sünder?

ELISABETH Zurück! Des Todes achte ich sonst nicht!
Was ist die Wunde eures Eisens gegen
den Todesstoß, den ich von ihm empfing?

LANDGRAF, RITTER UND SÄNGER
Elisabeth! Was muß ich hören?
Wie ließ dein Herz sich so betören,
von dem die Strafe zu beschwören,
der auch so furchtbar dich verriet?

ELISABETH Was liegt an mir? Doch er – sein Heil!
Wollt ihr sein ewig Heil ihm rauben?

LANDGRAF, RITTER UND SÄNGER
Verworfen hat er jedes Hoffen,
niemals wird ihm des Heils Gewinn!
Des Himmels Fluch hat ihn getroffen;
in seinen Sünden fahr er hin!
*(Sie dringen von neuem auf Tannhäuser ein.)*

ELISABETH Zurück von ihm! Nicht ihr seid seine Richter!
Grausame! Werft von euch das wilde Schwert
und gebt Gehör der reinen Jungfrau Wort!
Vernehmt durch mich, was Gottes Wille ist!

## Zweiter Aufzug, vierter Auftritt

      Der Unglücksel'ge, den gefangen
      ein furchtbar mächt'ger Zauber hält,
      wie, sollt' er nie zum Heil gelangen
      durch Reu' und Buß' in dieser Welt?
      Die ihr so stark im reinen Glauben,
      verkennt ihr so des Höchsten Rat?
      Wollt ihr des Sünders Hoffnung rauben,
      so sagt, was euch er Leides tat?
      Seht mich, die Jungfrau, deren Blüte
      mit einem jähen Schlag er brach,
      die ihn geliebt tief im Gemüte,
      der jubelnd er das Herz zerstach!
     Ich fleh' für ihn, ich flehe für sein Leben,
     reuvoll zur Buße lenke er den Schritt!
     Der Mut des Glaubens sei ihm neu gegeben,
     daß auch für ihn einst der Erlöser litt!

TANNHÄUSER  *(nach und nach von der Höhe seiner Aufregung und seines Trotzes herabgesunken, durch Elisabeths Fürsprache auf das heftigste ergriffen, sinkt in Zerknirschung zusammen)*
      Weh! Weh! mir Unglücksel'gen!

LANDGRAF UND SÄNGER
     *(allmählich beruhigt und gerührt)*
      Ein Engel stieg aus lichtem Äther,
      zu künden Gottes heil'gen Rat.

LANDGRAF, RITTER UND SÄNGER
      Blick hin, du schändlicher Verräter,
      werd inne deiner Missetat!
     Du gabst ihr Tod, sie bittet für dein Leben;
     wer bliebe rauh, hört er des Engels Flehn?
     Darf ich auch nicht dem Schuldigen vergeben,
     dem Himmelswort kann ich nicht widerstehn.

TANNHÄUSER  Zum Heil den Sündigen zu führen,
      die Gottgesandte nahte mir!
      Doch, ach, sie frevelnd zu berühren,
      hob ich den Lästerblick zu ihr!
     O du, hoch über diesen Erdengründen,
     die mir den Engel meines Heils gesandt,
     erbarm dich mein, der ach! so tief in Sünden
     schmachvoll des Himmels Mittlerin verkannt!
     Erbarm dich mein! Ach, erbarm dich mein!

LANDGRAF, SÄNGER UND RITTER
     | Darf ich auch nicht dem Schuldigen vergeben,
     | dem Himmelswort kann ich nicht widerstehn.

ELISABETH  | Ich fleh' für ihn, ich flehe für sein Leben,
     | reuvoll zur Buße lenke er den Schritt!

LANDGRAF, SÄNGER UND RITTER

                Der Mut des Glaubens sei ihm neu gegeben,
                daß auch für ihn einst der Erlöser litt!

LANDGRAF *(nach einer Pause)*
                Ein furchtbares Verbrechen ward begangen.
                Es schlich mit heuchlerischer Larve sich
                zu uns der Sünde fluchbeladner Sohn.
                Wir stoßen dich von uns – bei uns darfst du
                nicht weilen; schmackbefleckt ist unser Herd
                durch dich, und dräuend blickt der Himmel selbst
                auf dieses Dach, das dich zu lang schon birgt.
                Zur Rettung doch vor ewigem Verderben
                steht offen dir ein Weg: von mir dich stoßend,
                zeig' ich ihn dir. Nütz ihn zu deinem Heil!
                  Versammelt sind aus meinen Landen
                  bußfert'ge Pilger, stark an Zahl.
                  Die ältren schon voran sich wandten,
                  die jüngren rasten noch im Tal.
                  Nur um geringer Sünde willen
                  ihr Herz nicht Ruhe ihnen läßt,
                  der Buße frommen Drang zu stillen,
                  ziehn sie nach Rom zum Gnadenfest.

LANDGRAF, SÄNGER UND RITTER
                Mit ihnen sollst du wallen
                zur Stadt der Gnadenhuld,
                im Staub dort niederfallen
                und büßen deine Schuld!
                Vor ihm stürz dich darnieder,
                der Gottes Urteil spricht;
                doch kehre nimmer wieder,
                ward dir sein Segen nicht!
                Mußt' unsre Rache weichen,
                weil sie ein Engel brach,
                dies Schwert wird dich erreichen,
                harrst du in Sünd' und Schmach!

ELISABETH  Laß hin zu dir ihn wallen,
                du Gott der Gnad' und Huld!
                Ihm, der so tief gefallen,
                vergib der Sünden Schuld!
                Für ihn nur will ich flehen,
                mein Leben sei Gebet;
                laß ihn dein Leuchten sehen,
                eh' er in Nacht vergeht!
                Mit freudigem Erbeben
                laß dir ein Opfer weihn!
                Nimm hin, o nimm mein Leben:
                nicht nenn' ich es mehr mein!

| TANNHÄUSER | Wie soll ich Gnade finden,
wie büßen meine Schuld?
Mein Heil sah ich entschwinden,
mich flieht des Himmels Huld.
Doch will ich büßend wallen,
zerschlagen meine Brust,
im Staube niederfallen –
Zerknirschung sei mir Lust.
O, daß nur er versöhnet,
der Engel meiner Not,
der sich, so frech verhöhnet,
zum Opfer doch mir bot! |

GESANG DER JÜNGEREN PILGER
    *(aus dem Tale heraufschallend)*
    Am hohen Fest der Gnad' und Huld
    in Demut sühn' ich meine Schuld!
    Gesegnet, wer im Glauben treu:
    er wird erlöst durch Buß' und Reu'.
    *(Alle haben innegehalten und mit Rührung dem Gesange zugehört.)*

TANNHÄUSER *(dessen Züge von einem Strahle schnell erwachter Hoffnung erleuchtet werden, eilt ab mit dem Rufe)*
    Nach Rom!

ELISABETH, LANDGRAF, SÄNGER UND RITTER
    *(ihm nachrufend)*
    Nach Rom!

*(Der Vorhang fällt schnell.)*

# Dritter Aufzug

TAL VOR DER WARTBURG, LINKS DER HÖRSELBERG

*Wie am Schlusse des ersten Aufzugs,
nur in herbstlicher Färbung.
Der Tag neigt sich zum Abend*

## Erster Auftritt

*Auf dem kleinen Bergvorsprunge rechts, vor dem Marienbilde, liegt Elisabeth in brünstigem Gebete dahingestreckt. – Wolfram kommt links von der waldigen Höhe herab. Auf halber Höhe hält er an, als er Elisabeth gewahrt.*

WOLFRAM Wohl wußt' ich hier sie im Gebet zu finden,
wie ich so oft sie treffe, wenn ich einsam
aus wald'ger Höh' mich in das Tal verirre. –
Den Tod, den er ihr gab, im Herzen,
dahingestreckt in brünst'gen Schmerzen,
fleht für sein Heil sie Tag und Nacht:
o heil'ger Liebe ew'ge Macht! –
Von Rom zurück erwartet sie die Pilger.
Schon fällt das Laub, die Heimkehr steht bevor.
Kehrt er mit den Begnadigten zurück?
Dies ist ihr Fragen, dies ihr Flehen –
ihr Heil'gen, laßt erfüllt es sehen!
Bleibt auch die Wunde ungeheilt,
o, würd' ihr Lindrung nur erteilt!
*(Als er weiter hinabsteigen will, vernimmt er aus der Ferne den Gesang der älteren Pilger sich nähern; er hält abermals an.)*

GESANG DER ÄLTEREN PILGER
*(mit welchem diese anfangs aus der Ferne sich nähern, dann von dem Vordergrunde rechts her die Bühne erreichen und das Tal entlang der Wartburg zuziehen, bis sie hinter dem Bergvorsprunge im Hintergrunde verschwinden)*
Beglückt darf nun dich, o Heimat, ich schauen
und grüßen froh deine lieblichen Auen;
nun lass' ich ruhn den Wanderstab,
weil Gott getreu ich gepilgert hab'.
Durch Sühn' und Buß' hab ich versöhnt

|              | den Herren, dem mein Herze frönt, |
|              | der meine Reu' mit Segen krönt, |
|              | den Herren, dem mein Lied ertönt. |
|              | Der Gnade Heil ist dem Büßer beschieden, |
|              | er geht einst ein in der Seligen Frieden! |
|              | Vor Höll' und Tod ist ihm nicht bang, |
|              | drum preis' ich Gott mein Lebenlang. |
|              | Halleluja [in Ewigkeit]! |
|              | Halleluja in Ewigkeit! |

ELISABETH *(erhebt sich, dem Gesange lauschend)*
Dies ist ihr Sang – sie sind's, sie kehren heim!
Ihr Heil'gen, zeigt mir jetzt mein Amt,
daß ich mit Würde es erfülle!

WOLFRAM *(während der Gesang sich langsam nähert)*
Die Pilger sind's – es ist die fromme Weise,
die der empfangnen Gnade Heil verkündet.
O Himmel, stärke jetzt ihr Herz
für die Entscheidung ihres Lebens!

*(Elisabeth hat von ihrem erhöhten Standpunkte herab mit größter Aufregung unter dem Zuge der Pilger nach Tannhäuser geforscht. Der Gesang verhallt allmählich; die Sonne geht unter.)*

ELISABETH *(in schmerzlicher, aber ruhiger Fassung)*
Er kehret nicht zurück!

PILGER Beglückt darf nun dich, o Heimat, ich schauen
und grüßen froh deine lieblichen Auen;
*(verhallend)*
nun lass' ich ruhn den Wanderstab ...

ELISABETH *(senkt sich mit großer Feierlichkeit auf die Knie)*
Allmächt'ge Jungfrau, hör mein Flehen!
Zu dir, Gepriesne, rufe ich!
Laß mich in Staub vor dir vergehen,
o, nimm von dieser Erde mich!
Mach, daß ich rein und engelgleich
eingehe in dein selig Reich!

Wenn je, in tör'gem Wahn befangen,
mein Herz sich abgewandt von dir,
wenn je ein sündiges Verlangen,
ein weltlich Sehnen keimt' in mir,
so rang ich unter tausend Schmerzen,
daß ich es töt' in meinem Herzen!

Doch, konnt' ich jeden Fehl nicht büßen,
so nimm dich gnädig meiner an,
daß ich mit demutvollem Grüßen
als würd'ge Magd dir nahen kann:

um deiner Gnaden reichste Huld
nur anzuflehn für seine Schuld!
*(Sie verbleibt eine Zeitlang mit verklärtem Gesichte gen Himmel gewendet; als sie sich dann langsam erhebt, erblickt sie Wolfram, welcher sich genähert und sie mit inniger Rührung beobachtet hat. – Als er sie anreden zu wollen scheint, macht sie ihm eine Gebärde, daß er nicht sprechen möge.)*

WOLFRAM Elisabeth, dürft' ich dich nicht geleiten?
*(Elisabeth drückt ihm abermals durch Gebärde aus, sie danke ihm und seiner treuen Liebe aus vollem Herzen; ihr Weg führe sie aber gen Himmel, wo sie ein hohes Amt zu verrichten habe; er solle sie daher ungeleitet gehen lassen, ihr auch nicht folgen. – Sie geht langsam auf dem Bergwege, auf welchem sie noch lange in der Entfernung gesehen wird, der Wartburg zu).*

## Zweiter Auftritt

WOLFRAM *(ist zurückgeblieben; er hat Elisabeth lange nachgesehen, setzt sich links am Fuße des Talhügels nieder, ergreift die Harfe und beginnt nach einem Vorspiele)*
Wie Todesahnung Dämmrung deckt die Lande,
umhüllt das Tal mit schwärzlichem Gewande;
der Seele, die nach jenen Höhn verlangt,
vor ihrem Flug durch Nacht und Grausen bangt.
Da scheinest du, o lieblichster der Sterne,
dein sanftes Licht entsendest du der Ferne;
die nächt'ge Dämmrung teilt dein lieber Strahl,
und freundlich zeigst den Weg du aus dem Tal. –
  O du, mein holder Abendstern,
  wohl grüßt' ich immer dich so gern:
  vom Herzen, das sie nie verriet,
  grüße sie, wenn sie vorbei dir zieht,
  wenn sie entschwebt dem Tal der Erden,
  ein sel'ger Engel dort zu werden!
*(Er verbleibt mit gen Himmel gerichteten Augen, auf der Harfe fortspielend.)*

## Dritter Auftritt

*(Es ist Nacht geworden. – Tannhäuser tritt auf. Er trägt zerrissene Pilgerkleidung, sein Antlitz ist bleich und entstellt; er wankt matten Schrittes an seinem Stabe.)*

TANNHÄUSER *(mit matter Stimme)*
Ich hörte Harfenschlag – wie klang er traurig!
Der kam wohl nicht von ihr. –

WOLFRAM Wer bist du, Pilger,
der du so einsam wanderst?

TANNHÄUSER Wer ich bin?
Kenn' ich doch dich recht gut; – Wolfram bist du,
*(höhnisch)*
der wohlgeübte Sänger.

WOLFRAM *(heftig auffahrend)*
Heinrich! Du?
Was bringt dich her in diese Nähe? Sprich!
Wagst du es, unentsündigt noch [wohl] den Fuß
nach dieser Gegend herzulenken?

TANNHÄUSER Sei außer Sorg', mein guter Sänger! –
Nicht such' ich dich noch deiner Sippschaft einen.
*(mit unheimlicher Lüsternheit)*
Doch such' ich wen, der mir den Weg wohl zeige,
den Weg, den einst so wunderleicht ich fand –

WOLFRAM Und welchen Weg?

TANNHÄUSER Den Weg zum Venusberg!

WOLFRAM Entsetzlicher! Entweihe nicht mein Ohr!
Treibt es dich dahin?

TANNHÄUSER Kennst du wohl den Weg?

WOLFRAM Wahnsinn'ger! Grauen faßt mich, hör' ich dich!
Wo warst du? Sag, zogst du denn nicht nach Rom?

TANNHÄUSER *(wütend)*
Schweig mir von Rom!

WOLFRAM Warst nicht beim heil'gen Feste?

TANNHÄUSER Schweig mir von ihm!

WOLFRAM So warst du nicht? – Sag, ich beschwöre dich!

TANNHÄUSER *(nach einer Pause, wie sich besinnend, mit schmerzlichem Ingrimm)*
Wohl war auch ich in Rom –

WOLFRAM So sprich! Erzähle mir, Unglücklicher!
Mich faßt ein tiefes Mitleid für dich an.

TANNHÄUSER *(nachdem er Wolfram lange mit gerührter Verwunderung betrachtet hat)*
Wie sagst du, Wolfram? Bist du denn nicht mein Feind?

WOLFRAM Nie war ich es, so lang ich fromm dich wähnte! –
Doch sag': Du pilgertest nach Rom?

TANNHÄUSER  Nun denn!
Hör an! Du, Wolfram, du sollst es erfahren.
*(Er läßt sich erschöpft am Fuße des vorderen Bergvorsprunges nieder. Wolfram will sich an seiner Seite niedersetzen.)*
Zurück von mir! Die Stätte, wo ich raste,
ist verflucht. – Hör an, Wolfram, hör an!
*(Wolfram bleibt in geringer Entfernung vor Tannhäuser stehen.)*
Inbrunst im Herzen, wie kein Büßer noch
sie je gefühlt, sucht' ich den Weg nach Rom.
Ein Engel hatte, ach! der Sünde Stolz
dem Übermütigen entwunden: –
    für ihn wollt' ich in Demut büßen,
    das Heil erflehn, das mir verneint,
    um ihm die Träne zu versüßen,
    die er mir Sünder einst geweint! –
Wie neben mir der schwerstbedrückte Pilger
die Straße wallt', erschien mir allzu leicht: –
betrat sein Fuß den weichen Grund der Wiesen,
der nackten Sohle sucht' ich Dorn und Stein;
ließ Labung er am Quell den Mund genießen,
sog ich der Sonne heißes Glühen ein;
wenn fromm zum Himmel er Gebete schickte,
vergoß mein Blut ich zu des Höchsten Preis;
als im Hospiz der Müde sich erquickte,
die Glieder bettet' ich in Schnee und Eis.
Verschloßnen Augs, ihr Wunder nicht zu schauen,
durchzog ich blind Italiens holde Auen.
Ich tat's – denn in Zerknirschung wollt' ich büßen,
um meines Engels Tränen zu versüßen! – –
Nach Rom gelangt' ich so zur heil'gen Stelle,
lag betend auf des Heiligtumes Schwelle; –
der Tag brach an: – da läuteten die Glocken,
hernieder tönten himmlische Gesänge;
da jauchzt' es auf in brünstigem Frohlocken,
denn Gnad' und Heil verhießen sie der Menge.
Da sah ich ihn, durch den sich Gott verkündigt,
vor ihm all Volk im Staub sich niederließ;
und Tausenden er Gnade gab, entsündigt
er Tausende sich froh erheben ließ. –
Da naht' auch ich; das Haupt gebeugt zur Erde,
klagt' ich mich an mit jammernder Gebärde
der bösen Lust, die meine Sinn' empfanden,
des Sehnens, das kein Büßen noch gekühlt;
und um Erlösung aus den heißen Banden
rief ich ihn an, von wildem Schmerz durchwühlt.

## Dritter Aufzug, dritter Auftritt

Und er, den so ich bat, hub an:
«Hast du so böse Lust geteilt,
dich an der Hölle Glut entflammt,
hast du im Venusberg geweilt:
so bist nun ewig du verdammt!
Wie dieser Stab in meiner Hand
nie mehr sich schmückt mit frischem Grün,
kann aus der Hölle heißem Brand
Erlösung nimmer dir erblühn! –
Da sank ich in Vernichtung dumpf darnieder,
die Sinne schwanden mir. – Als ich erwacht',
auf ödem Platze lagerte die Nacht,
von fern her tönten frohe Gnadenlieder.
Da ekelte mich der holde Sang –
von der Verheißung lügnerischem Klang,
der eiseskalt mir durch die Seele schnitt,
trieb Grauen mich hinweg mit wildem Schritt.
Dahin zog's mich, wo ich der Wonn' und Lust
so viel genoß, an ihre warme Brust! –
*(in grauenhafter Begeisterung)*
Zu dir, Frau Venus, kehr' ich wieder\*,
in deiner Zauber holde Nacht;
zu deinem Hof steig' ich darnieder,
wo nun dein Reiz mir ewig lacht!

WOLFRAM  Halt ein! Halt ein, Unseliger!
TANNHÄUSER  Ach, laß mich nicht vergebens suchen –
wie leicht fand ich doch einstens dich!
Du hörst, daß mir die Menschen fluchen –
nun, süße Göttin, leite mich!

WOLFRAM  *(in heftigem Grausen)*
Wahnsinniger, wen rufst du an?
*(Leichte Nebel hüllen allmählich die Szene ein.)*
TANNHÄUSER  Ha! Fühlest du nicht milde Lüfte?
WOLFRAM  Zu mir! Es ist um dich getan!
TANNHÄUSER  Und atmest du nicht holde Düfte?
Hörst du nicht die jubelnden Klänge?
WOLFRAM  In wildem Schauer bebt die Brust!
TANNHÄUSER  *(immer aufgeregter, je näher der Zauber kommt)*
Das ist der Nymphen tanzende Menge! –
Herbei, herbei zu Wonn' und Lust!
*(Eine rosige Dämmerung beginnt die Nebel zu durchleuchten;
durch sie gewahrt man wirre Bewegungen tanzender Nymphen.)*
WOLFRAM  Weh, böser Zauber tut sich auf!
Die Hölle naht mit wildem Lauf.

---

\* *Der hier beginnende ursprüngliche Schluß der Oper wird mitgeteilt S. 169*

| | |
|---|---|
| TANNHÄUSER | Entzücken dringt durch meine Sinne, |
| | gewahr' ich diesen Dämmerschein; |
| | dies ist das Zauberreich der Minne, |
| | *(außer sich)* |
| | im Venusberg drangen wir ein! |
| | *(In heller, rosiger Beleuchtung wird Venus, auf einem Lager ruhend, sichtbar.)* |
| VENUS | Willkommen, ungetreuer Mann! |
| | Schlug dich die Welt mit Acht und Bann? |
| | Und findest nirgends du Erbarmen, |
| | suchst Liebe du in meinen Armen? |
| TANNHÄUSER | Frau Venus, o Erbarmungsreiche! |
| | Zu dir, zu dir zieht es mich hin! |
| WOLFRAM | Zauber der Hölle weiche, weiche! |
| | Berücke nicht des Reinen Sinn! |
| VENUS | Nahst du dich wieder meiner Schwelle, |
| | sei dir dein Übermut verziehn; |
| | ewig fließe dir der Freuden Quelle, |
| | und nimmer sollst du von mir fliehn! |
| TANNHÄUSER | *(indem er sich mit wilder Entschlossenheit von Wolfram losreißt)* |
| | Mein Heil, mein Heil hab' ich verloren, |
| | nun sei der Hölle Lust erkoren! |
| WOLFRAM | *(ihn heftig zurückhaltend)* |
| | Allmächt'ger, steh dem Frommen bei! |
| | *(Er hält Tannhäuser von neuem.)* |
| | Heinrich – ein Wort, es macht dich frei –: |
| | dein Heil –! |
| VENUS | O komm! |
| TANNHÄUSER | *(zu Wolfram)* |
| | Laß ab von mir! |
| VENUS | O komm! Auf ewig sei nun mein! |
| WOLFRAM | Noch soll das Heil dir Sünder werden! |
| TANNHÄUSER | Nie, Wolfram, nie! Ich muß dahin! |
| | *(Tannhäuser und Wolfram ringen heftig.)* |
| WOLFRAM | Ein Engel bat für dich auf Erden – |
| | bald schwebt er segnend über dir: |
| VENUS | Zu mir! Zu mir! |
| WOLFRAM | Elisabeth! |
| TANNHÄUSER | *(der sich soeben von Wolfram losgerissen, bleibt, wie von einem heftigen Schlage gelähmt, an die Stelle geheftet)* |
| | Elisabeth! – |
| SÄNGER UND MÄNNERCHOR | |
| | *(aus dem Hintergrunde)* |
| | Der Seele Heil, die nun entflohn |
| | dem Leib der frommen Dulderin! |

| | |
|---|---|
| WOLFRAM | *(nach dem ersten Eintritt des Gesanges)* |

        Dein Engel fleht für dich an Gottes Thron –
        er wird erhört! Heinrich, du bist erlöst!
VENUS    Weh! Mir verloren!
*(Sie verschwindet und mit ihr die ganze zauberische Erscheinung. Das Tal, vom Morgenrot erleuchtet, wird wieder sichtbar: von der Wartburg her geleitet ein Trauerzug einen offenen Sarg.)\**

SÄNGER UND MÄNNERCHOR
        Ihr ward der Engel sel'ger Lohn,
        himmlischer Freuden Hochgewinn.

WOLFRAM  *(Tannhäuser in den Armen sanft umschlossen haltend)*
        Und hörst du diesen Sang?
TANNHÄUSER  Ich höre!
*(Von hier an betritt der Trauerzug die Tiefe des Tales, die älteren Pilger voran, den offenen Sarg mit der Leiche Elisabeths tragen Edle, der Landgraf und die Sänger geleiten ihn zur Seite, Grafen und Edle folgen.)*

SÄNGER UND MÄNNERCHOR
        Heilig die Reine, die nun vereint
        göttlicher Schar vor dem Ewigen steht!
        Selig der Sünder, dem sie geweint,
        dem sie des Himmels Heil erfleht!
*(Auf Wolframs Bedeuten ist der Sarg in der Mitte der Bühne niedergesetzt worden. Wolfram geleitet Tannhäuser zur Leiche, an welcher dieser niedersinkt.)*

TANNHÄUSER  Heilige Elisabeth, bitte für mich!
*(Er stirbt.)*

DIE JÜNGEREN PILGER
*(auf dem vorderen Bergvorsprunge einherziehend [in ihrer Mitte einen neu ergrünten Priesterstab tragend])*
        Heil! Heil! Der Gnade Wunder Heil!
        Erlösung ward der Welt zuteil!
        Es tat in nächtlich heil'ger Stund'
        der Herr sich durch ein Wunder kund.
        Den dürren Stab in Priesters Hand
        hat er geschmückt mit frischem Grün:
        dem Sünder in der Hölle Brand
        soll so Erlösung neu erblühn!
        Ruft ihm es zu durch alle Land',
        der durch dies Wunder Gnade fand!

---

\* *In der Dresdener Fassung lautet diese Regieanweisung:*
Die Nebel verfinstern sich allmählich; heller Fackelschein leuchtet dann durch sie auf. – Die Nebel verschwinden gänzlich. Morgendämmerung. Von der Wartburg her schreitet ein Trauerzug mit Fackeln der Tiefe des Tales zu. – Nachdem Tannhäuser gestorben, heißt es: Alle senken die Fackeln zur Erde und löschen sie so aus. Morgenrot erhellt vollends die Szene.

Hoch über aller Welt ist Gott,
und sein Erbarmen ist kein Spott!
Halleluja! Halleluja!
Halleluja!
LANDGRAF, SÄNGER, RITTER UND PILGER
*(in höchster Ergriffenheit)*
Der Gnade Heil ward dem Büßer beschieden,
nun geht er ein in der Seligen Frieden!

---

*Die ursprüngliche Fassung des Schlusses (Dresden 1845)
lautet:*

TANNHÄUSER *(in grauenhafter Begeisterung)*
Zu deinem Hof, Frau Venus, steig' ich nieder,
wo nun dein Reiz mir ewig lacht!
Ach! Kaum erkennst den Buhlen du wohl wieder.
Der Ärmste! Sieh, was sie aus ihm gemacht!
*(Er sinkt erschöpft zusammen.)*
WOLFRAM *(dumpf vor sich hin)*
Entsetzlich! Ist's ein Traum, was ich erlebe?
TANNHÄUSER *(sehr matt beginnend und sich immer mehr steigernd)*
Nun wandr' ich Tag und Nacht, den holden Berg
zu finden, die süßen Töne zu vernehmen,
die mich das erstemal so zaubertrunken
geleitet in das Reich der Freud' und Lust.
Hast, Wolfram, du die Klänge nie gehört?
WOLFRAM *(mit feierlichem Entschluß)*
Unsel'ger! Halt! Hier sei der Irrfahrt Ziel!
Wehr der Versuchung, blicke auf zu Gott!
TANNHÄUSER O! Spotte mein! Du weißt, ich bin verflucht!
WOLFRAM Verflucht bist du, wenn du der Hölle
Zauber nicht kräftig widerstehst!
TANNHÄUSER Kein Widerstand!
Der Zauber ist so hold: – willst du ihn kennen?
Komm mit, Wolfram! Laß dich von mir geleiten,
zu namenlosen Wonnen führ' ich dich!
*(Allegro molto: auf dem Theater, sehr entfernt.)*
*(NB. Die Theatermusik muß im tiefsten Hintergrunde so aufgestellt sein, daß sie an Ort und Stelle stark gespielt werden kann, dem Zuhörer aber wie aus großer Entfernung (aus dem Hörselberge) herdringend erscheinen muß. Der Hörselberg, der in immer zunehmender rosiger Glut erglüht, erscheint nach und nach durchsichtig, so daß man in ihm wie tanzende Gestalten zu erblicken vermag.)*

| | |
|---|---|
| TANNHÄUSER | Horch! Vernimmst du nicht die jubelnden Klänge? |
| | Atmest du nicht entzückend holde Düfte? |
| | Sieh dort! Dort! Ich geleite dich schnell: |
| | das ist der Berg, der süße Venusberg! |
| WOLFRAM | Allmächt'ger, steh dem Frommen bei! |
| | Dem Himmel beut die Hölle Spott! |
| | Getrotzt sei ihrer Zauberei! |
| | Auf, Heinrich! Wende dich zu Gott! |
| TANNHÄUSER | *(dem Berge zugewendet)* |
| | Frau Venus! O Erbarmungsreiche! |
| | Dein Buhle naht – zu dir, zu dir! |
| WOLFRAM | *(Tannhäuser heftig zurückhaltend)* |
| | Verzweiflungs-Wahnsinn! Weiche, weiche! |
| | Heinrich! Dein Heil! |
| TANNHÄUSER | *(sich wehrend)* |
| | Laß ab von mir! |
| WOLFRAM | Noch soll das Heil dir Sünder werden! |
| TANNHÄUSER | Nie, Wolfram! Nie! Ich muß zu ihr! |
| WOLFRAM | Ein Engel bat für dich auf Erden, |
| | bald schwebt er segnend über dir: |
| | Elisabeth! |
| TANNHÄUSER | *(wie von einem Schlage gelähmt, festgewurzelt stehenbleibend)* |
| | Elisabeth! |
| | *(Die zauberische Erscheinung des Hörselberges erbleicht allmählich vor der anbrechenden Morgendämmerung.)* |
| WOLFRAM | Dein Engel fleht für dich vor Gottes Thron, |
| | er wird erhört: Heinrich! Du bist erlöst! |
| MÄNNERCHOR | *(gleichzeitig, auf der Wartburg)* |
| | Der Seele Heil, die nun entflohn |
| | dem Leib der frommen Dulderin! |
| | Ihr wird der Engel sel'ger Lohn, |
| | himmlischer Freuden Hochgewinn! |
| | *(Fackelschein leuchtet aus dem Hofe der Wartburg auf; man hört von dorther während des Chorgesanges das Totenglöcklein läuten.)* |
| TANNHÄUSER | *(sinkt in Wolframs Armen langsam zur Erde)* |
| | Heilige Elisabeth, bitte für mich! |
| | *(Er stirbt.)* |
| DIE JÜNGEREN PILGER | |
| | *(nähern sich der Bühne, treten dann rechts auf und ziehen während des Sonnenaufganges das Tal entlang)* |
| | Heil! Heil! Der Gnade Wunder Heil! |
| | Erlösung ward der Welt zuteil. |
| | Es tat in nächtlich heil'ger Stund' |
| | der Herr sich durch ein Wunder kund: |
| | den dürren Stab in Priesters Hand |

hat er geschmückt mit frischem Grün:
dem Sünder in der Hölle Brand
soll so Erlösung neu erblühn!
Ruft ihm es zu durch alle Land',
der durch dies Wunder Gnade fand!
Hoch über aller Welt ist Gott,
und sein Erbarmen ist kein Spott!
  Halleluja! Halleluja! Halleluja!
*(Die Sonne geht auf, die ganze Gegend erglüht im feurigsten Morgenrot. Die jüngeren Pilger, von denen eine Anzahl auf dem Seitenwege bei dem Marienbilde aufgetreten ist, verteilen sich über Tal und Anhöhe, so daß beides von ihnen angefüllt ist. Von der Wartburg her auf dem Bergwege sieht man die älteren Pilger ihnen entgegenziehen. Wolfram kniet neben Tannhäusers Leiche, betend, die Augen gen Himmel gerichtet.)*

*Der historische ‹Tannhäuser› aus der ‹Manessischen Liederhandschrift› (erste Hälfte des 14. Jahrhunderts), in der auch seine Minnedichtungen und Spruchlieder enthalten sind.*

# Dokumentation

# I. Die Stoffgrundlagen des ‹Tannhäuser›

Helmut Kirchmeyer[*]

## Tannhäuser-Symbole und Tannhäuser-Thesen

### I. Der tanhûsaere

*1. Der historische Tannhäuser*
Was wir über den Minnesänger Tannhäuser biographisch wissen, beschränkt sich auf Rückschlüsse aus seinen an persönlichen Anspielungen reichen Dichtungen. Es ist als Ganzes gesehen spärlich genug und zudem vielfach auch noch strittig. Demnach muß Tannhäuser, oder, wie er in der Sprache seiner mittelhochdeutschen Zeit heißt, der tanhûsaere, um 1200 geboren worden sein und einem adligen Geschlecht angehört haben, das zum Süden bis ins Salzburgische hinein anzusiedeln ist. Er beteiligte sich am fünften Kreuzzug von 1228, auf dem Kaiser Friedrich II. die Heiligen Stätten der Christenheit durch Vertrag zurückgewann, und er nahm am cyprischen Feldzug 1231 bis 1233 teil. Es folgten ausgedehnte Reisen durch West- und Nordeuropa mit einem vermutlich längeren Aufenthalt am dänischen Hofe. Bei Friedrich dem Streitbaren von Österreich, dem letzten Babenberger Herzog, wurde Tannhäuser schließlich Hofdichter.

---

[*] *Helmut Kirchmeyer, geb. 1930, deutscher Musikwissenschaftler. Er promovierte 1954 über die Konstruktionstechnik Strawinskys und arbeitet seit 1955 als Musikkritiker beim «Kölner Stadtanzeiger». Seit 1960 ist er Lehrbeauftragter für Musikwissenschaft an der Technischen Hochschule in Aachen und seit 1965 auch an der Rheinischen Musikschule in Köln. Sein Hauptwerk ist die ‹Situationsgeschichte der Musikkritik und des musikalischen Pressewesens in Deutschland›, aus deren Band ‹Das zeitgenössische Wagner-Bild› der nachfolgende Auszug stammt.*

Es war seine Glanzzeit. Er erwarb Vermögen und erhielt sogar ein Gut zu Lehen. Die nächsten zwanzig Jahre nach dem Tode des Herzogs († 1246) müssen Wander-, vielleicht sogar Notjahre gewesen sein; jedenfalls hat Tannhäuser im erhaltenen Spruchlied XII diese Zeit selber als Wandernotzeit bezeichnet. In jenen Jahren dürfen Hofaufenthalte bei Otto II. von Bayern, bei Konrad IV., beim Grafen von Brehna und bei anderen Fürsten angenommen werden, auch eine Verbindung Tannhäusers mit den hohenstaufischen Kreisen ist nicht auszuschließen, so daß möglicherweise die Notzeiten nur kürzere Unterbrechungen der Hofzeiten gewesen sein könnten. Nach dem im Jahre 1266 oder 1267 verfaßten IV. Leich verlor sich seine Spur. Eine erhaltene Miniatur zeigt Tannhäuser in der Tracht der Deutschherrenritter. Wieweit diese Zuordnung richtig ist, konnte man bislang nicht feststellen. Alles, was über diese dürren Grundtatsachen hinausgeht, insbesondere seine versuchte Identifizierung mit dem Minnesänger Heinrich von Ofterdingen oder gar mit dem Verfasser des Nibelungenliedes, ist unbewiesene, vielfach unbegründete Spekulation geblieben.

*2. Tannhäusers Lebenskreis*
Sicherer als über seine Lebensschicksale kann über die literarische und geschichtliche Stellung Tannhäusers geurteilt werden. Unter seinem Namen sind sechzehn Lieder, Leiche und Spruchkunstwerke erhalten geblieben, in denen die Frührenaissance-Stimmung lebendig geworden ist, wie sie an den Höfen Friedrichs II., Friedrichs des Streitbaren und Konrads IV. herrschte. Tannhäuser war ein Sänger der reinen Sinnenfreude, realistisch, ironisch, derb. Die entsagungsfreudig keusche Frau schien ihm eine Überzüchtung, die Hohe Minne Gegenstand des Spottes zu sein. Von der ewigen Trauer, von der Liebe ohne sinnliche Erfüllung und von der geistigen Frauenverehrung des klassischen Minnedienstes hielt er nichts. Er drängte auf Erfüllung und spielte sich selber in die Rolle eines Verführers und erotischen Abenteurers hinein, dem eine hingebungsvolle pralle Bauerndirne mehr bedeutete als die platonische Anerkennung eines gebildeten Ritterfräuleins. In der plastisch überdeutlichen Erotik seiner Lieder wurde eine ungebärdige dämonische Kraft frei, die ausreichte, ihn seiner eigenen Zeit gegenüber in eine Sonderstellung zu drängen und den kommenden Jahrhunderten zu einer Symbolgestalt werden zu lassen, die man in ihren Grundzügen sehr wohl richtig verstand. Tannhäusers volkstümliche Weisen begleiteten den Untergang des staufischen Zeitalters, dem er selber zutiefst politisch und mit dem Herzen verbunden war, und er griff die hochentwickelte formale Kunst der höfischen Zeit auf, um mit bösen Worten ausgeartete Minneverkünstelungen zu verhöh-

nen. Er übertrieb Minnedienstleistungen ins Unsinnige, um sich über sie lustig zu machen, er stopfte ein Lied bis zur Unverständlichkeit mit Fremdwörtern voll, um deren Anwendung zu geißeln, und er wollte tanzen, geigen und singen, bis ihm der Fiedelbogen zerspringe. In der Beschwörung eines neuverstandenen Gefühls von Natürlichkeit, das sich über Herkömmliches mit ironischer Distanzierung hinwegsetzte, löste sich Tannhäuser mehr und mehr vom eigentlichen Lebensgefühl des Mittelalters und wies auf die blanke Daseinsfreude der Renaissance voraus. Das von Tannhäuser zum Luxus gerechnete wöchentliche zweimalige Baden war weniger problematisch als die gleichzeitig mit der Tragödie des staufischen Unterganges verlaufende Umwendung von der Herzensliebe zur bloßen unverantworteten Sexualliebe, für die Tannhäusers Name paradigmatisch stand, oder, um in der Sprache des 13. bis 15. Jahrhunderts zu bleiben, von der Hohen Minne zur Liebe im Venusberg.

Denn die Niederlage der Staufer sah den neuen Aufschwung der Kirche von Rom. Er war maßgeblich mit der Gründung der neuen Bettelorden in den Jahren 1209 bis 1223 verbunden. Für Tannhäuser wurden damit neue Beschwernisse geschaffen, denn je mehr die Erneuerung der christlichen Kirche noch einmal den mittelalterlichen Imperial- und Jenseitsgedanken aufblühen ließ, um so weniger konnte man für die Liebeskunst eines Dichters wie Tannhäuser länger Verständnis aufbringen oder gar den Dichter persönlich schätzen, der als Verführer und offensichtlich leichtsinniger Frauenheld durch die Lande zog, von der Hand in den Mund lebte, nachdem ihm seine Güter verschuldet und verloren waren, und der aus seiner Abneigung gegen die staufenfeindliche päpstliche Politik kein Hehl machte. Der Frührenaissance-Mensch Tannhäuser, dessen Individualismus um ein Jahrhundert voraus verwies, ließ seine Verehrer und Anhänger bald wissen, daß er die Auswirkungen einer im Moralischen wieder strenger denkenden Welt unangenehm zu spüren bekam. Er mußte sich anpassen oder untergehen. Damit waren die Voraussetzungen für den Tannhäuser-Mythos geschaffen, wie er sich in der Ballade vom Tannhäuser über mehrere Jahrhunderte hin in unterschiedlichen Fassungen und Lesarten niedergeschlagen hat.

## II. Die Tannhäuser-Ballade

*1. Eine schriftliche Überlieferung: Das Lied von dem edlen Tannhäuser, 1521*

Das Liede von dem edlen Danheuser.

Nun wil jch aber heben an
Von dem Danheuser zuo singen
Vnd was er hat wunders gethan
Mit seyner fraw Venußinne.

Danheuser was ein Ritter guot
Wann er wolt wunder schawen
Er wolte in fraw Venus berg
Zuo andern schoenen frawen.

Herr Danhäuser jr seyt mir lieb
Daran solt jr mir gedencken
Ir habt mir eynen ayd geschworn
Ir woelt von mir nicht wencken.

Fraw Venus das enhab jch nit
Ich wil das widersprechen
Vnd redt das yemand mer dann jr
Got helff mirs an jm rechen.

Herr Danheuser wie redt jr nun
Ir solt bey mir beleyben
Ich wil euch meyn gespilen geben
Zuo eynem staeten weybe.

Vnd nem jch nun ein ander weyb
Ich hab in meynen sinnen
So muest jch in der hellen gluot
Auch ewigklichen prinnen.

Ir sagt mir vil von der hellen glout
Vnd habt es doch nie empfunden
Gedenckt an meynen roten mund
Der lachet zuo allen stunden.

Was hilfft mich ewer roter mund
Er ist mir gar vnmere
Nun gebt mir vrlaub Frewlein zart
Durch aller frawen ehre.

Herr Danheuser woelt jr vrlaub han
Ich will euch keynen geben
Nun bleybet Edler Danheuser
Vnd fristet ewer leben.

Mein leben das ist worden kranck
Ich mag nicht lenger bleyben
Nun gebt mir vrlaub frewlein zart
Von ewrem stolzen leybe.

Herr Danheuser nicht redet also
Ir thuot euch nicht wol besinnen
So gehen wir in ein kaemmerlein
Vnd spilen der edlen minne.

Gebrauch jch nun ein frembdes weib
Mich dunckt in meynem sinne
Fraw Venus edle Frawe zart
Ir seyt ein Teuffelinne.

Herr Danheuser was redt jr nun
Das jr mich gynnet schelten
Nun solt jr lenger herinnen seyn
Ir muestet des offt entgelten.

Fraw Venus vnd das wil jch nit
Ich mag nit lenger bleyben
O Jesu Christ von hymelreych
Nun hilff mir von den weyben.

Herr Danheuser jr solt vrlaub han
Meyn lob das solt jr preysen
Wo jr da in dem land vmb fart
Nembt vrlaub von dem greysen.

Do schied er wider auß dem berg
In jamer vnd in rewen
Ich wil gen Rom wol in die Stat
Auff eynes Bapstes trawen.

Nun far jch froelich auf die ban
Got mueß seyn ymmer walten
Zuo eynem Bapst der heist Vrban
Ob er mich moecht behalten.

Ach Bapst lieber herre meyn
Ich klag euch meyne sünde
Die jch mein tag begangen hab
Als jch euchs wil verkuenden.

Ich bin gewesen auch ein jar
Bey Venus eyner Frawen
So wolt jch beicht und buoß empfahen
Ob jch moecht Got anschawen.

Der Bapst het ein steblin in der hand
Das was doch also duerre
Als wenig als es gruonen mag
Kumb stu zuo Gottes hulde.

Nun solt jch leben nur ein jar
Ein jar auff diser erden
So wolt jch beicht vnd buoß empfahen
Vnd Gottes trost erwerben.

Da zoch er wider auß der Stat
In jammer vnd in leyden
O Got von hymel sey dir klagt
Muoß jch nun von dir scheyden.

Er zoch da wider in den berg
Vnd ewigklich on ende
Ich wil zuo Venus meyner frawen zart
Wo mich Got wil hin sende.

Seyt Got wilkumen Danheuser
Ich hab ewer lang emporen
Seyt Got wilkumen mein lieber herr
Zuo eynem Buolen außerkoren.

Das weret biß an den dritten tag
Der stab huob an zuo gruonen
Der Bapst schickt auß in alle land
Wo Danheuser wer hin kummen.

Do was er wider in den berg
Vnd het seyn lieb außerkoren
Des muoß der vierdte Bapst Vrban
Auch ewigklich seyn verloren.

## 2. Ideologische und historische Schichten der Ballade

Die schriftlich nicht vor dem Beginn des 16. Jahrhunderts bezeugte Tannhäuser-Ballade ist in der heute gebräuchlich gewordenen Lesart vierschichtig gebaut. Die erste Schicht gibt Tannhäusers Frührenaissance-Stimmung wieder. Auf sie geht die Sinnlichkeit der Ballade, das Genießerische, die Umwandlung der geistigen in die sinnliche Liebe, kurz, das eigentlich Venushafte zurück. Motivisch wurde sie aus der biographischen und der Werküberlieferung Tannhäusers gespeist.

In der zweiten Schicht schlugen sich die kirchliche Gegenbewegung und die religiöse Erneuerung der Jahre nach 1230 nieder. Sie ließen die Verfluchungs- und Verdammungsthematik reifen. Die gebotene Alternative entsprach bruchlos der kirchlichen Heilslehre. Wer sein Heil statt in Gott in Venus als der Verkörperung der sinnlichen Liebe sucht, gehört zwangsläufig der Hölle an, indem er sich selber aus Gott ausschließt. Die Entscheidung Verdammung oder Nichtverdammung traf also nicht die Kirche, sondern der Einzelmensch selber, dem die Wahl nach freiem Ermessen offenstand. Welche Entscheidung sich im Rahmen dieser heilsgeschichtlich ganz klaren Theologie auch im Falle Tannhäuser durchsetzte, oblag Tannhäuser allein. Nur schloß das eine das andere aus. War die Entscheidung gefallen, konnte die Kirche jeweils nur den einen von der

Entscheidung abhängigen Spruch fällen. Für Tannhäuser, der sich für Venus entschieden hatte, bedeutete das die Verdammung.

Die dritte Schicht ging auf die Mystik des 14. und 15. Jahrhunderts zurück. Damals dachte man allgemein und auch theologisch über erotische Verfehlungen nach der Art Tannhäusers milder. Die Sündhaftigkeit der Tannhäuser-Erotik wurde zwar nach wie vor nicht in Frage gestellt, wohl aber war die bis dahin Einmaligkeit der Entscheidung nicht mehr unwiderruflich. Anders als der Tannhäuser des 13. Jahrhunderts, der mit seiner freien Wahl einen offensichtlich nicht mehr aufhebbaren Tatbestand geschaffen hatte, konnte der Tannhäuser des 14. und 15. Jahrhunderts seine Wahl rückgängig machen. Sah er seine Entscheidung zugunsten der sinnlichen Liebe als falsch ein und bereute er seine Verfehlungen ausreichend, so mußte er nicht länger verzweifeln, sondern durfte von der Überzeugung ausgehen, die Gnade Gottes wiederzuerlangen.

Die vierte und historisch späteste Schicht setzte mit der Erzählung vom hartherzigen Papst, vom Stabwunder und der abschließenden Verurteilung dessen, der selber gerade erst den armen Sünder unbarmherzig, wie es schien, verurteilt hatte, die antipäpstliche Agitation auf. Daß an dieser Stelle ausgerechnet der Papst Urban IV. genannt wurde, verdankte er seiner antistaufischen Politik, die ihn zum in Deutschland meistgehaßten Papst machte. Ihm lastete man unter anderem auch die Ermordung des letzten Hohenstaufen Konradin an, was historisch nicht richtig ist, weil Urban IV. vor Konradins Hinrichtung starb. Immerhin bestand zwischen der Politik des Papstes und den Folgen dieser Politik für Konradin ein kausales Verhältnis. Es war die Reformationszeit, die diese Schicht in die Ballade einbrachte. Sie wirkte sehr stark als Fremdkörper und wurde je nach Stärke der antipäpstlichen Gefühle mehr oder weniger betont. In katholischen Gegenden fehlte dieser Anhang oder er erfuhr weitgehende Milderungen.

### 3. Über die Entstehung der Tannhäuser-Motivik

Die Entstehung der Tannhäuser-Motivik ist ungeklärt. Daß sich im neuerlichen Vordringen kirchlicher Reformbestrebungen Tannhäusers Genußmenschentum keiner Zuneigung mehr erfreuen konnte und ihn der Tod seiner beiden ihn schützenden Mäzene Friedrich der Streitbare (†1246) und dessen Nachfolger Otto II. (†1253) zu weiterer Wanderschaft zwang, würde noch nicht ausreichen, die Tannhäuser-Legende unbedingt mit ihm in Verbindung zu bringen. Aber die zahllosen Meistersinger-Lieder mit dem Tannhäuser-Stoff haben den Minnesänger in den kommenden Jahrhunderten unvergessen gemacht – seine Venusminne, der Einzug in den Venusberg wurde zu einer symbolischen Aktion und ließ seine Gestalt immer üppiger ausmalen. Gegen das Bußlied allerdings, das unter seinem Namen erhalten ist, hat die Fachwissenschaft allerlei Einwände zu machen, auch wenn die schwersten begründeten Bedenken nicht ausreichen, das Lied als unterschoben zu erklären. Man konnte allerdings überzeugend darauf hinweisen, daß das Tannhäuser-Bußlied seiner ganzen inhaltlichen wie literarhistorischen Artung nach viel eher in die Meistersinger- als in die Tannhäuser-Tradition hineingehört. Mit ihm als Werk Tannhäusers wurde es allerdings leicht, die Motivik vom Buße tuenden Genußmenschen Tannhäuser auszugestalten. In dieser Form hat die Tannhäuser-Ballade die Jahrhunderte überdauert. Als Verehrer der Venus-Minne, zu der sich Tannhäuser selbst bekannte, machte er sich seinem Jahrhundert auf jeden Fall unbequem – daß er dabei tiefenpsychologische Schichten freilegte und auf sich nahm, was eine ganze Generation an gruseliger Sündhaftigkeit dachte, ohne den Mut zu haben, es in die Tat umzusetzen, gab ihm symbolhafte Züge.

## 4. Zur Venusberg-Motivik

Nach tiefenpsychologischer Auffassung setzt streng geförderte geistige Liebe eine Extremierung der körperlich-sinnlichen, wenn auch verbotenen Liebe als Gegengewicht voraus. Danach wäre der Venusberg als Symbol für einen unterschwelligen Ausgleich mit verbotenen Genüssen zu verstehen. Tatsächlich erlebte das 13. bis 15. Jahrhundert einen wahren Venusberg-Rausch – der These widersprechen allerdings die Lebensform der Renaissance, der leibliche Freuden keineswegs mehr so fern standen wie dem Hochmittelalter, sowie die formelhafte Vereinfachung der dualistischen These vom angeblich nur asketischen Mittelalter und der freisinnigen Renaissance. Wohl blieb bei aller Großzügigkeit in der erotischen Lebensführung ein Stück Schuldgefühl zurück, das vom Unterbewußtsein her die Alternative zwischen freier und disziplinierter, zwischen sinnlicher und geistiger Liebe auf die Dauer doch wieder zugunsten des zweiten entschied. Je verführerischer man in diesem Zustand den Venusberg ausmalte, um so leichter war es, Schuldgefühle zu betäuben und den Menschen als einen irrenden, gegen seinen wirklichen Willen verführten Menschen zu verstehen, der vom Übermaß teuflischer Verlockungen vom rechten Wege abgebracht wurde. Potenzierte man dann irdische und himmlische Liebe als Gegensätze, zwischen denen man sich zu entscheiden hatte, dann erzeugte man im Hin- und Herschwanken ein Spannungsfeld, das sich aufs beste philosophisch, politisch und künstlerisch verwerten ließ. Voraussetzung war allerdings das Auseinanderklaffen von sinnlicher und geistiger Liebe in der Trennung zwischen dem rein sexuellen Genuß, der wie Hunger und Durst verbraucht wird, und dem tieferen Gefühl der Liebe, das den bestehenden Trieb veredelt. Ganz gewiß war das in der Meistersinger-Zeit mit eben derselben Intensität gelebt und gedacht worden wie in der Zeit des «Jungen Deutschland», als sich die sexuelle Problematik wieder einmal nach vorne drängte und erneut zu einer Entscheidung zwang. So ist es kein Zufall gewesen, daß sich die Tannhäuser-Motivik gerade in jenen Jahren wieder anbot und ihre verschiedenartigsten Durchführungen den Spiegel der veränderten künstlerischen Bewußtseinslagen bildeten.

*5. Die Lucas-These*
a) Der Sängerkrieg auf der Wartburg
Im 13. Jahrhundert ersannen fahrende Spielleute einen Sängerkrieg, den erst der thüringische Chronist Johannes Rothe auf die Wartburg verlegte und ins Jahr 1207 zurückdatierte. Auf der Wartburg residierte damals einer der berühmtesten Mäzene des Mittelalters, Landgraf Hermann von Thüringen, dessen Mäzenatentum auch politische Hintergründe hatte. An seinem Hof gingen Dichter und Musiker, Könner und Schmarotzer in übergroßer Zahl ein und aus, so daß sich beispielsweise Walther von der Vogelweide mit der Munifizenz seines Herrn keineswegs einverstanden erklären wollte. Landgraf Hermann veranlaßte die Vollendung der ‹Eneide› des Heinrich von Veldeke und besorgte auf diese Weise um 1190 das erste namhafte Werk der mittelhochdeutschen Hochblüte. Neben Walther von der Vogelweide war es Wolfram von Eschenbach, der als weiterer bedeutender Dichter auf der Wartburg wirkte. Die Legende vom Sängerkrieg ließ Wolfram, Walther, Biterolf, Reinmar, den tugendhaften Schreiber, und Heinrich von Ofterdingen darüber streiten, ob Landgraf Hermann oder Herzog Leopold von Österreich zugestanden werden sollte, das höchste Lob als Fürst zu verdienen. Dabei erzürnte man sich so sehr, daß man die ritterlichen Regeln des Sängerstreites außer acht ließ und übereinkam, den Unterlegenen hinrichten zu lassen. Bald stritt Heinrich von Ofterdingen allein gegen die anderen, und seine Sache stand so übel, daß ihn die Landgräfin vor dem Grimm der Genossen schützen mußte. Er erlangte Aufschub und das Zugeständnis eines fremden Schiedsrichters.

So wurde Meister Klingsor von Ungarn herangebracht, der als Herr böser Mächte vor allem mit Wolfram in eine erbitterte Auseinandersetzung geriet, aus der Wolframs tugendvolle Einfachheit und Lauterkeit als Sieger hervorgingen. Dieser Teil der krausen Dichtung hat mit dem vorhergehenden Stoff kaum mehr als den Namen gemeinsam und ist auch in einem anderen Versmaß geschrieben. Das Schiedsrichteramt Klingsors spielt keine Rolle mehr, er kämpft selber und er kämpft für sich. Aus den Sternen weissagt er noch dem Landgrafen, in dieser Nacht werde dem

Ungarnkönig eine Tochter geboren, die des Landgrafen Sohn zur Gemahlin nehme. Ihre Frömmigkeit und Tugend ließen sie dereinst in die Gemeinschaft der Heiligen eingehen: gemeint war die heilige Elisabeth.

b) E. Th. A. Hoffmann und Friedrich de la Motte-Fouqué
Die poetisch bedeutendste Gestaltung der Wartburg-Geschichte stammte von Ernst Theodor Amadeus Hoffmann. Er versuchte mit einigem Glück, die Widersprüche der Vorlage auszugleichen und sie zudem romantisch zu vertiefen. Bei Hoffmann wurde der Gegensatz zwischen weltlicher Sinnenliebe und der Sehnsucht nach dem göttlichen Heil zu einem grundsätzlichen dichterischen Motiv. In dieser Form lieferte Hoffmann die Problemstellung an Wagner weiter, der den in der Sexualideologie des «Jungen Deutschland» einbehaltenen Konflikt austrug. Auch bei Hoffmann unterliegt Heinrich von Ofterdingen als Schüler des teuflischen Meisters Klingsor der reinen Kunst Wolframs; aber Heinrich wird erlöst und kann ein neues Leben beginnen. Die Hoffmannsche Erzählung erschien unter dem Titel ‹Der Streit der Sänger› im zweiten Bande der ‹Serapionsbrüder› im Jahre 1819 und stützte sich auf Johann Christoph Wagenseils Altdorfer Buch von ‹Der Meistersinger holdseliger Kunst› vom Jahre 1697, das später Wagners Hauptquelle für die Dichtung der ‹Meistersinger›-Oper wurde.

Friedrich de la Motte-Fouqué griff die Wartburg-Legende in seiner Erzählung ‹Der Sängerkrieg auf der Wartburg› vom Jahre 1828 auf. Ihr Einfluß blieb gering, zumal das Dichterspiel nicht zu seinen bedeutenderen poetischen Leistungen zählte.

c) Ludwig Bechstein
Im Jahre 1837 brachte Ludwig Bechstein sein Buch ‹Der Sagenschatz und die Sagenkreise des Thüringerlandes› heraus, das ein Kapitel ‹Mähr von dem Ritter Tanhäuser› enthielt. Darin kam ein Satz vor, der von Ferne eine Verbindung von Wartburg-Geschehen mit dem Tannhäuser-Schicksal andeutete. Es hieß von Tannhäuser, er habe zu der schönen Zeit gelebt, «als der edle Landgraf Hermann von Thüringen an seinen Hof auf der Wartburg so viele Dichter versammelte, die in stolzen Liederwettkämpfen um hohe Preise rangen». Daß man den Hörselberg unter anderem auch in die Eisenacher Gegend angesichts der Wartburg verlegte, drängte eine Koppelung beider Sagenkreise geradezu auf. Das Spukgeschehen bot sich dort um so glaubwürdiger an, als der fragliche Eisenacher Hörselberg eine Wetterscheide bildete, die sich meteorologisch in höchst eigenartiger Weise auswirkte und dem Aberglauben mit allerlei seltsamen Gewittererscheinungen immer wieder neue Nahrung bot.

d) Tannhäuser gleich Heinrich von Ofterdingen. C. T. L. Lucas

Der Name Heinrich von Ofterdingen hat die Sprachforschung immer wieder neue Rätsel aufgegeben. Die Gestalt Heinrichs von Ofterdingen wurde nur in Verbindung mit der Wartburg-Legende überliefert. Verse unter seinem Namen sind nicht bekannt. Was ihm zugeschrieben worden ist, etwa die Dichtung vom Zwergkönig Laurin, entstammt späterer Zeit. Daß Heinrich von Ofterdingen gegebenenfalls eine ähnliche Phantasiegestalt sein könne wie auch die Gestalt Klingsor, die Wolfram von Eschenbach erfand, wollte man nicht wahrhaben, weil die anderen Teilnehmer am Sängerkrieg historische Persönlichkeiten gewesen sind. Als dann die Brüder Grimm in ihren ‹Deutschen Sagen› den Sängerkrieg im Jahre 1818 aus alten Chroniken wieder bekannt machten, im selben Jahr auch die erste, allerdings nicht gute Ausgabe der Dichtung erschien (1830 veröffentlichte man eine bessere Fassung), begann das große Rätselraten um Heinrich von Ofterdingen. Dabei ging man so weit, ihm die Verfasserschaft des größten germanischen Heldenepos, des Nibelungen-Liedes, zuzusprechen. Es war der Königsberger Gelehrte Dr. C. T. L. Lucas, der im Rahmen der historischen und literarischen Abhandlungen der königlichen deutschen Gesellschaft zu Königsberg 1838 eine 278 Seiten starke Schrift ‹Über den Krieg von Wartburg› erscheinen ließ, die den legendären Heinrich von Ofterdingen mit dem historischen Tannhäuser identisch zu sein nachzuweisen suchte. Ausgerechnet diese Schrift übte beträchtlichen künstlerischen Einfluß aus. Sie wurde auf fast zufällige Weise Richard Wagner in die Hände gespielt, der sich der These – die so richtig und so falsch ist wie alle Thesen, die man weder beweisen noch widerlegen kann, weil sie sich auf Gedankenspiele und nicht auf dokumentarische Beweisstücke beziehen! – sofort bemächtigte; und von da an machte sie ihre Runde durch die poetische Literatur. Selbst in späterer Zeit war es nicht leicht, sich der Faszination der Lucasschen Beweisführung vor allem bei der Dinglichkeit der Wagnerschen Auslegung zu entziehen. Noch das zweibändige Epos Julius Wolfs aus dem Jahre 1881 spann sie über mehrere hundert Seiten hin aus. Seiner Dichtung nach veranlaßt das Stabwunder den Papst, Tannhäuser im nachhinein doch loszusprechen, ihm als Buße aber die Anonymität aufzuerlegen. So ist Tannhäuser der Verfasser des Nibelungen-Liedes, das er nach der Verdammung in der Besinnung der Einsamkeit verfaßte; aber er durfte seinen Namen nicht überliefern. «Er ritt in früher Morgenstunde / Vom Kürenberge aus dem Thor, – / Niemals gelangte wieder Kunde / Von ihm zu eines Menschen Ohr.» So endet das Wolfsche Epos, das den Tannhäuser auch noch aus dem angesehenen und historisch belegten Geschlecht der Kürenberger entstammen ließ und dessen antipäpstliche Tendenz deutlich kulturkämpferische Akzente der Bismarck-Zeit setzte, im übrigen nicht gegen Papst Urban IV., sondern gegen den als hartherzigsten aller Päpste in die Geschichte eingegangenen Papst Innocenz III. gerichtet war, wie man überhaupt, je später es in das 19. Jahrhundert hineinging, um so nachhaltiger die Papstszenen mit einer für den Katholizismus unfreundlichen Tendenz betonte. Bemerkenswert ist im übrigen, daß der bedeutende Dresdner Literaturhistoriker Dr. J. G. Th. Grässe, der Wagner literarisch mit beraten hat, in seinem mit gelehrten literarischen und historisch-bibliographischen Ableitungen geradezu vollgestopften Tannhäuser-Buch aus dem Jahre 1846 (‹*Die Sage vom Ritter Tannhäuser, aus dem Munde des Volkes erzählt, mit verwandten Sagen verglichen und kritisch erläutert*›) die Lucas-These nicht einmal erwähnte. Daß Grässe sie nicht gekannt haben soll, ist unwahrscheinlich – im Zweifelsfall hätte ihn Wagner darauf stoßen lassen müssen –, eher darf angenommen werden, daß Grässe die Lucas-These für absurd genug hielt, um sie übergehen zu können.

## III. Zur Geschichte der Tannhäuser-Dichtung von Tieck bis Heine

### *1. Ludwig Tieck*

Es war Ludwig Tieck, der dem 19. Jahrhundert die Tannhäuser-Sage wiedergewann. In seiner Erzählung ‹*Der getreue Eckart und der Tannhäuser*› aus dem Jahre 1799, die 1812 in den ersten Band des ‹*Phantasus*› einging, verband er die Sage vom Tannhäuser mit der vom getreuen Eckart, der seinen ihm unguten Herrn, den Herzog von Burgund, aus schwerer Gefahr errettete. Der Sterbende setzte ihn zum Vormund seiner Söhne ein, und für sie opferte er im Kampf gegen dämonische Unwesen sein Leben. Sein Geist aber hielt weiter vor dem Berge der Unholde Wache, um die Verirrten warnend vor dem Eintreten zu bewahren. Die eigentliche Tannhäuser-Sage spielt in der Tieck-Erzählung etwa vierhundert Jahre später. Tannhäuser ist der Nachkomme eines Knechtes, der seinerzeit dem getreuen Eckart bei der Rettung des Herzogs beistand. Ihm wurde ein Schloß zum Geschenk, und weil er im Tann hauste, führte er künftig den Namen Tannhäuser, eine im 19. Jahrhundert sehr beliebte Namensableitung. Der nachgeborene Tannhäuser liebt ohne Gegenliebe das Mädchen Emma. Als diese sich mit einem anderen Mann verheiraten will, erschlägt ihr Tannhäuser am Hochzeitstag den Bräutigam. Aus Gram sterben nicht nur die Braut, sondern auch die Eltern Tannhäusers, die das Verbrechen ihres Sohnes nicht überleben können. Tannhäuser flüchtet in den Venusberg, ohne sich von den dringenden Warnungen des getreuen Eckart abhalten zu lassen. Nach Jahren erst kehrt er als ein veränderter Mensch in Pilgerkleidung zu seinem Jugendfreund Friedrich von Wolfsburg zurück. Dort erfährt er, daß alle seine Erlebnisse Träume und Wahngebilde waren, daß er weder den Nebenbuhler erschlagen hat noch Emma gestorben ist. Sie lebt als Gemahlin des Freundes, dem Tannhäusers Neigungen verborgen geblieben sind. Jetzt zieht Tannhäuser als Büßer nach Rom. Der Papst erteilt ihm die Absolution, ohne allerdings das Gemüt des Ritters heilen zu können. Als völlig verstörter Mann kommt er heim, behauptet jedoch, der Papst könne ihm nicht vergeben. Voller Verzweiflung will er in den Venusberg zurück. Vorher jedoch dringt er in Emmas Zimmer ein und ermordet sie. Friedrich von Wolfsburg verfällt dem Wahnsinn, weil ihn Tannhäuser küßte und ihn dadurch in die Zaubergewalt der teuflischen Ungeheuer brachte.

Das asketische Motiv blaßte bei Tieck ab, die kirchliche Buße für Sinnenlust spielte kaum eine Rolle, das Stabwunder und die antipäpstliche Agitation wurden beseitigt. Tieck war zu sehr unterrichteter Katholik, um den theologischen Unsinn von der verweigerten Absolution ernst nehmen zu können. Tieck ging es überhaupt nicht um diese Seite der Tannhäuser-Legende, sondern allein um die Deutung einer geistigen Umnachtung aus unglücklicher Liebe, die zum Verbrechen führt. Die Schwüle und das beklemmende Halbdunkel seiner Erzählung paßten vorzüglich zum romantischen Vorwurf, ein Stück Nachtseite des menschlichen Lebens aufzusuchen und zu deuten.

## 2. Des Knaben Wunderhorn

Zwar hatte Tieck eine ganze Reihe deutscher Volksbücher wieder an das Tageslicht gebracht (u. a. die Bücher von Magelone, Genoveva, Melusine, Ottavian, Blaubart, den Haimonskindern) und damit das Erbe Herders ausgetragen, der mit der Wiedererweckung des deutschen Sagenschatzes begonnen hatte; aber die alte Tannhäuser-Ballade in der ursprünglichen Form, also nicht als poetische Gestaltung, sondern als Original zugänglich gemacht zu haben war das Verdienst Achim von Arnims und Clemens Brentanos, die im Jahre 1806 den ersten Band der Volksliedersammlung ‹Des Knaben Wunderhorn› erscheinen ließen und in ihr das alte Tannhäuser-Lied zum Neudruck brachten. Goethe schrieb darüber eine berühmt gewordene Kritik, in der er besonders das «große christlich-katholische Motiv» herausstellte und des weiteren mit scharfsinnigen Bemerkungen die Schlußanklage gegen den römischen Papst als fehlerhafte Zutat zurückwies.

*3. Die Brüder Grimm*
Im Jahre 1816 veröffentlichten die Brüder Grimm in den ‹*Deutschen Sagen*› eine Prosafassung des Tannhäuser-Liedes. Der einzige Unterschied zur Versballade vom Tannhäuser bestand in der Änderung des Schlusses: der Vers von der Verdammung des Papstes Urban IV. wurde entfernt.

*4. Heinrich Heine*
Im Jahre 1836 besorgte Heinrich Heine eine schwerwiegende Umbildung der Tannhäuser-Sage aus dem Geiste des «Jungen Deutschland». Natürlich spielte das Bußmotiv bei ihm so gut wie keine Rolle. Sein Auftritt vor dem Papst diente lediglich einer glühenden Schilderung der Emanzipation des Fleisches im Sinne der Sexualideologie des «Jungen Deutschland», die durch des Papstes Entscheidung noch unterstrichen wurde, daß es aus der Verfangenheit an sinnliche Lust keine Befreiung gebe. Warum Tannhäuser bei Heine Venus verläßt ist nicht ganz klar. Reue über die Versklavung ans Fleisch jedenfalls war es nicht, eher Übersättigung, Übermüdung oder Trieb nach neuen Abenteuern. Die Trennung von Venus war so etwas wie eine Erholpause, die Begegnung mit dem Papst nur der Vorwand, sich die zwangsweise Rückkehr in den Venusberg bestätigen zu lassen. So wenig ernst nahm Heine die Moralansprüche der Kirche, daß er nicht einmal eine Polemik für nötig hielt. Der Papst wird an die Wand gespielt, er kommt gar nicht recht zu Wort – warum auch! Es ging doch nur darum, des Langen und Breiten die Schönheit der sinnlichen Liebe zu schildern und sich dann das gewünschte Alibi vorsagen zu lassen, niemand, der so tief wie Tannhäuser liebe, werde je von der Liebe mehr freikommen. Als das erklärt worden ist, kehrt Tannhäuser befriedigt heim. Über das in Rom Erlebte kommt es nur noch zu ironischen Randbemerkungen. Er hatte «Geschäfte» dort und der Papst läßt die Venus schön grüßen. Dazwischen sind in das literarisch sehr ungleichwertige dreiteilige Gedicht lauter spitzige Bemerkungen über Deutschland eingeflochten: die Rückreise von seiner «Buß»fahrt nach Rom gibt ihm Gelegenheit, über alle Städte und Persönlichkeiten, die er imaginär berührte, Glossen zu machen. Tannhäuser bleibt bei Venus – schließlich hat ihm der Papst selber mitgeteilt, künftig die Höllenqualen der Venusliebe erdulden zu müssen, weil aus den Krallen der Venus keine Rettung mehr sei. Nur – Tannhäuser fühlt sich sehr wohl dabei. Heines Schilderung der Umsorgung des zurückgekehrten Tannhäuser durch Venus, die ihn mit blutigen Tränen beweint, seine Füße kühlt und ihm zu essen gibt, zeigt, was gemeint ist: nur im Venusberg ist der empfindende Mensch wirklich bei empfindenden Menschen zu Hause.

Heinrich Heine

# **Der Tannhäuser**

Eine Legende

1

Ihr guten Christen, laßt euch nicht
Von Satans List umgarnen!
Ich sing euch das Tannhäuserlied,
Um eure Seelen zu warnen.

Der edle Tannhäuser, ein Ritter gut,
Wollt Lieb und Lust gewinnen,
Da zog er in den Venusberg,
Blieb sieben Jahre drinnen.

Frau Venus, meine schöne Frau,
Leb wohl, mein holdes Leben!
Ich will nicht länger bleiben bei dir,
Du sollst mir Urlaub geben.

«Tannhäuser, edler Ritter mein,
Hast heut mich nicht geküsset;
Küß mich geschwind, und sage mir:
Was du bei mir vermisset?

Habe ich nicht den süßesten Wein
Tagtäglich dir kredenzet?
Und hab ich nicht mit Rosen dir
Tagtäglich das Haupt bekränzet?»

Frau Venus, meine schöne Frau,
Von süßem Wein und Küssen
Ist meine Seele geworden krank;
Ich schmachte nach Bitternissen.

Wir haben zuviel gescherzt und gelacht,
Ich sehne mich nach Tränen,
Und statt mit Rosen möcht ich mein Haupt
Mit spitzigen Dornen krönen.

«Tannhäuser, edler Ritter mein,
Du willst dich mit mir zanken;
Du hast geschworen vieltausendmal,
Niemals von mir zu wanken.

Komm, laß uns in die Kammer gehn,
Zu spielen der heimlichen Minne;
Mein schöner lilienweißer Leib
Erheitert deine Sinne.»

Frau Venus, meine schöne Frau,
Dein Reiz wird ewig blühen;
Wie viele einst für dich geglüht,
So werden noch viele glühen.

Doch denk ich der Götter und Helden, die einst
Sich zärtlich daran geweidet,
Dein schöner lilienweißer Leib,
Er wird mir schier verleidet.

Dein schöner lilienweißer Leib
Erfüllt mich fast mit Entsetzen,
Gedenk ich, wie viele werden sich
Noch späterhin dran ergetzen!

«Tannhäuser, edler Ritter mein,
Das sollst du mir nicht sagen,
Ich wollte lieber, du schlügest mich,
Wie du mich oft geschlagen.

Ich wollte lieber, du schlügest mich,
Als daß du Beleidigung sprächest,
Und mir, undankbar kalter Christ,
Den Stolz im Herzen brächest.

Weil ich dich geliebet gar zu sehr,
Hör ich nun solche Worte –
Leb wohl, ich gebe Urlaub dir,
Ich öffne dir selber die Pforte.»


2
Zu Rom, zu Rom, in der heiligen Stadt
Da singt es und klingelt und läutet:
Da zieht einher die Prozession,
Der Papst in der Mitte schreitet.

Das ist der fromme Papst Urban,
Er trägt die dreifache Krone,
Er trägt ein rotes Purpurgewand,
Die Schleppe tragen Barone.

«O heiliger Vater, Papst Urban,
Ich laß dich nicht von der Stelle,
Du hörest zuvor meine Beichte an,
Du rettest mich von der Hölle!»

Das Volk, es weicht im Kreis zurück,
Es schweigen die geistlichen Lieder: –
Wer ist der Pilger bleich und wüst,
Vor dem Papste kniet er nieder?

«O heiliger Vater, Papst Urban,
Du kannst ja binden und lösen,
Errette mich von der Höllenqual
Und von der Macht des Bösen.

Ich bin der edle Tannhäuser genannt,
Wollt Lieb und Lust gewinnen,
Da zog ich in den Venusberg,
Blieb sieben Jahre drinnen.

Frau Venus ist eine schöne Frau,
Liebreizend und anmutreiche;
Wie Sonnenschein und Blumenduft
Ist ihre Stimme, die weiche.

Wie der Schmetterling flattert um eine Blum,
Am zarten Kelch zu nippen,
So flattert meine Seele stets
Um ihre Rosenlippen.

Ihr edles Gesicht umringeln wild
Die blühend schwarzen Locken;
Schaun dich die großen Augen an,
Wird dir der Atem stocken.

Schaun dich die großen Augen an,
So bist du wie angekettet;
Ich habe nur mit großer Not
Mich aus dem Berg gerettet.

Ich hab mich gerettet aus dem Berg,
Doch stets verfolgen die Blicke
Der schönen Frau mich überall,
Sie winken: komm zurücke!

Ein armes Gespenst bin ich am Tag,

Des Nachts mein Leben erwachet,
Dann träum ich von meiner schönen Frau,
Sie sitzt bei mir und lachet.

Sie lacht so gesund, so glücklich, so toll,
Und mit so weißen Zähnen!
Wenn ich an dieses Lachen denk,
So weine ich plötzliche Tränen.

Ich liebe sie mit Allgewalt,
Nichts kann die Liebe hemmen!
Das ist wie ein wilder Wasserfall,
Du kannst seine Fluten nicht dämmen!

Er springt von Klippe zu Klippe herab,
Mit lautem Tosen und Schäumen,
Und bräch er tausendmal den Hals,
Er wird im Laufe nicht säumen.

Wenn ich den ganzen Himmel besäß,
Frau Venus schenkt ich ihn gerne;
Ich gäb ihr die Sonne, ich gäb ihr den Mond,
Ich gäbe ihr sämtliche Sterne.

Ich liebe sie mit Allgewalt,
Mit Flammen,
die mich verzehren, –
Ist das der Hölle Feuer schon,
Die Gluten, die ewig währen?

O heiliger Vater, Papst Urban,
Du kannst ja binden und lösen!
Errette mich von der Höllenqual
Und von der Macht des Bösen.»

Der Papst hub jammernd die Händ empor,
Hub jammernd an zu sprechen:
«Tannhäuser, unglücksel'ger Mann,
Der Zauber ist nicht zu brechen.

Der Teufel, den man Venus nennt,
Er ist der schlimmste von allen;
Erretten kann ich dich nimmermehr
Aus seinen schönen Krallen.

Mit deiner Seele mußt du jetzt
Des Fleisches Lust bezahlen,
Du bist verworfen, du bist verdammt
Zu ewigen Höllenqualen.»

3

Der Ritter Tannhäuser, er wandelt so rasch,
Die Füße, die wurden ihm wunde.
Er kam zurück in den Venusberg
Wohl um die Mitternachtsstunde.

Frau Venus erwachte aus dem Schlaf,
Ist schnell aus dem Bette gesprungen;
Sie hat mit ihrem weißen Arm
Den geliebten Mann umschlungen.

Aus ihrer Nase rann das Blut,
Den Augen die Tränen entflossen;
Sie hat mit Tränen und Blut das Gesicht
Des geliebten Mannes begossen.

Der Ritter legte sich ins Bett,
Er hat kein Wort gesprochen.
Frau Venus in die Küche ging,
Um ihm eine Suppe zu kochen.

Sie gab ihm Suppe, sie gab ihm Brot,
Sie wusch seine wunden Füße,
Sie kämmte ihm das struppige Haar,
Und lachte dabei so süße.

«Tannhäuser, edler Ritter mein,
Bist lange ausgeblieben,
Sag an, in welchen Landen du dich
So lange herumgetrieben?»

Frau Venus, meine schöne Frau,
Ich hab in Welschland verweilet;
Ich hatte Geschäfte in Rom und bin
Schnell wieder hierher geeilet.

Auf sieben Hügeln ist Rom gebaut,
Der Tiber tut dorten fließen;
Auch hab ich in Rom den Papst gesehn,
Der Papst, er läßt dich grüßen.

Auf meinem Rückweg sah ich Florenz,
Bin auch durch Mailand gekommen,
Und bin alsdann mit raschem Mut
Die Schweiz hinaufgeklommen.

Und als ich über die Alpen zog,
Da fing es an zu schneien,
Die blauen Seen, die lachten mich an,
Die Adler krächzen und schreien.

Und als ich auf dem Sankt Gotthard stand,
Da hört ich Deutschland schnarchen;
Es schlief da unten in sanfter Hut
Von sechsunddreißig Monarchen.

In Schwaben besah ich die Dichterschul,
Gar liebe Geschöpfchen und Tröpfchen!
Auf kleinen Kackstühlchen saßen sie dort,
Fallhütchen auf den Köpfchen.

Zu Frankfurt kam ich am Schabbes an,
Und aß dort Schalet und Klöße;
Ihr habt die beste Religion,
Auch lieb ich das Gänsegekröse.

In Dresden sah ich einen Hund,
Der einst gehört zu den Bessern,
Doch fallen ihm jetzt die Zähne aus,
Er kann nur bellen und wässern.

Zu Weimar, dem Musenwitwensitz,
Da hört ich viel Klagen erheben,
Man weinte und jammerte:
Goethe sei tot,
Und Eckermann sei noch am Leben!

Zu Potsdam vernahm ich ein lautes Geschrei –
Was gibt es? rief ich verwundert.
«Das ist der Gans in Berlin, der liest
Dort über das letzte Jahrhundert.»

Zu Göttingen blüht die Wissen-
schaft,
Doch bringt sie keine Früchte.
Ich kam dort durch in stockfinstrer
Nacht,
Sah nirgendswo ein Lichte.

Zu Celle im Zuchthaus sah ich nur
Hannoveraner – O Deutsche!
Uns fehlt ein Nationalzuchthaus
Und eine gemeinsame Peitsche!

Zu Hamburg frug ich: warum so
sehr
Die Straßen stinken täten?
Doch Juden und Christen versi-
cherten mir,
Das käme von den Fleeten.

Zu Hamburg, in der guten Stadt,
Wohnt mancher schlechte Geselle;
Und als ich auf die Börse kam,
Ich glaubte, ich wär noch in Celle.

Zu Hamburg sah ich Altona,
Ist auch eine schöne Gegend;
Ein andermal erzähl ich dir,
Was mir alldort begegnet.

# II. Zur Entstehungsgeschichte und Dresdener Uraufführung des ‹Tannhäuser›

Helmut Kirchmeyer

## Tannhäuser-Daten

Mit dem Tannhäuser-Projekt begannen Wagners erste tiefergehende philologische Privatstudien. Er lernte den Tannhäuser-Stoff durch die einschlägigen Arbeiten insbesondere Tiecks, Hoffmanns und Heines kennen und bekam, als er bereits in Paris wohnte, über einen Freund eine Abhandlung des Königsberger Professors Lucas in die Hände, die auf etwas abenteuerliche Weise den Tannhäuser-Sagenkreis mit dem Wartburg-Sagenkreis in Verbindung brachte und in Heinrich von Ofterdingen den Minnesänger Tannhäuser wiedererkennen wollte. Wagner griff die Lucas-These auf und es gelang ihm, aus der Verbindung beider Stoffe ein einheitliches Buch zu gestalten. Ende Juni 1842 machte er die ersten literarischen Aufzeichnungen für sein neues Opernbuch, das er ‹*Der Venusberg*› zu nennen beabsichtigte, bis April des darauffolgenden Jahres lag die Dichtung vollendet vor (Beginn der Aufzeichnung der Erstschrift des Prosaentwurfs zum ‹Venusberg› auf dem Schreckenstein bei Aussig: 22. Juni 1842 – Vollendung der Zweitschrift des Prosaentwurfs in Teplitz: 8. 7. 1842 – Vollendung der Urschrift: bis 7. 4. 1843). Bereits Ende Juli begann er mit der Komposition, die im wesentlichen in das Jahr 1844 fiel. Mitte April 1845 schloß er die Partitur ab (Orchesterskizze zum I. Akt: November 1843–17. 1. 1844; Orchesterskizze zum II. Akt: September 1844–15. 10. 1844; Orchesterskizze zum III. Akt: beendet 29. 12. 1844). Die Uraufführung in Dresden machte keine Schwierigkeiten, zumal sich Wagner zu allen notwendigen Änderungen bereit erklärte. Auch den bedenklich gefundenen beabsichtigten Ur-Titel ‹Der Venusberg› schrieb er in ‹*Tannhäuser und der Sängerkrieg auf Wartburg*› um, nachdem er erfahren hatte, daß die Mitglieder der Medizinischen Akademie über den «Venusberg» (= mons veneris, medizinische Bezeichnung für einen Teil der weiblichen sekundären Geschlechtsmerkmale) Witze rissen. Die Uraufführung vom 19. Oktober 1845 wurde schnell und mit außerordentlichem Aufwand vorbereitet. Sie erzielte einen zunächst nur widerwillig zögernden Erfolg. Erst nach der dritten Vorstellung setzte sich die Oper für dauernd durch, so daß sie neben dem ‹Rienzi› zur zweiten Wagnerschen Erfolgsoper für Dresden wurde, die bis zur Flucht Wagners im Mai 1849 insgesamt 18 mit nicht nachlassendem Beifall bedachte Aufführungen erlebte. Wagner selber war mit der Oper nie ganz zufrieden und trug sich bis zu seinem Tode mit der Absicht einer (teilweise ausgeführten) streckenweisen Überarbeitung bzw. gänzlichen Neukomposition, weil er meinte, zu besonderen vom Libretto geforderten musikalischen Leistungen 1845 noch nicht befähigt oder erfahren genug gewesen zu sein. Auch der Handlungsverlauf bereitete ihm stete Sorgen, so daß er schon für die zweite Vorstellung eine Finale-Änderung vornahm und noch zur Dresdner Zeit zweimal neue Schlüsse herstellte (jeweils am 4.9.1846 und am 1.8.1847 uraufgeführt). Als der ‹Tannhäuser› 1861 nach Paris kam, änderte Wagner die Oper so weitgehend um, daß eine der «Dresdner Fassung» selbständig entgegengestellte «Pariser Fassung» entstand, die als einschneidendste, bemerkenswerteste Abweichung vor allem die ursprünglich weit bescheidener vertonte Venusberg-Bacchanal-Szene mit ganz neuen und viel sinnlicheren Klängen ausstattete und in dieser Form die weitere Überlieferung der Oper bestimmte.\* Trotz aller Dresdner Anteilnahme wurde der ‹Tannhäuser› bis Mai 1849 nur in Weimar nachgespielt. Die auf Veranlassung und unter der Leitung Franz Liszts zustande gekommene Aufführung vom 16.2.1849 bildete das Vorspiel der Weimarer ‹Lohengrin›-Uraufführung von 1850, mit der die Geschichte des eigentlichen Wagner-Erfolges begann.

---

\* *Nach der Dresdener Uraufführung und der Pariser Erstaufführung inszenierte Wagner am 22. November 1875 in Wien den ‹Tannhäuser› zum drittenmal (Dirigent: Hans Richter) und nahm bei dieser Gelegenheit die letzte große Änderung vor: er ließ innerhalb der Ouvertüre, nach den Venusberg-Motiven, einen Sprung direkt in das für Paris komponierte Bacchanal ausführen. Dieser Sprung ist auch für die späteren Bayreuther Inszenierungen nach Wagners Tod verbindlich geblieben, bis bei den Bayreuther Festspielen des Jahres 1985 erstmals die Dresdener Fassung gegeben wurde.*

*Der musikalische Widerspruch indessen zwischen den aus der Dresdener Fassung stehengebliebenen Teilen und der im ‹Tristan›-Stil gehaltenen Neukomposition der Szene zwischen Venus und Tannhäuser für die Pariser Aufführung ist von Wagner nicht mehr beseitigt worden. Deshalb sagte er, Cosimas Tagebuchnotiz vom 23. Januar 1883 zufolge, kurz vor seinem Tod (13. Februar 1883), «er sei der Welt noch den Tannhäuser schuldig».*

*Über die zahlreichen Umarbeitungen des ‹Tannhäuser› berichtet der Beitrag ‹Zur Werkgeschichte des Tannhäusers› von Reinhard Strohm im ‹Tannhäuser›-Programmheft der Bayreuther Festspiele 1978.*

*Es gehört zur Eigenart der Schaffensweise Wagners, daß er die Textbücher seiner Opern nicht nur quellenmäßig absicherte, sondern die Versfassung erst dann ausarbeitete, nachdem er einen ausführlichen Prosa-Entwurf niedergeschrieben hatte. So geschah es auch im Falle des ‹Tannhäuser›. Wagner traf am 9. Juni 1842 in Teplitz-Schönau ein und verbrachte dort die Sommermonate. In seiner Autobiographie ‹Mein Leben› berichtet er, daß er allein eine Fußwanderung ins «böhmische Gebirge» unternommen habe, um seinen Plan zum ‹Venusberg› – so sollte die Oper ursprünglich heißen – in Ruhe ausarbeiten zu können:*

*«Hierzu reizte es mich, auf dem so romantisch gelegenen Schreckenstein bei Aussig für mehrere Tage in dem kleinen Gastzimmer, in welchem des Nachts mir eine Streu aufgemacht wurde, mein Quartier zu nehmen. Tägliche Besteigung der ‹Wostrai›, der höchsten Bergspitze der Umgebung, erfrischten mich, und die phantastische Einsamkeit regte meinen Jugendmut in der Art wieder auf, daß ich eine volle Mondnacht, in das bloße Bett-Tuch gewickelt, auf den Ruinen des Schreckensteins herumkletterte, um mir so selbst zur fehlenden Gespenstererscheinung zu werden, wobei mich der Gedanke ergötzte, von irgend jemand mit Grausen wahrgenommen zu werden. Hier setzte ich denn nun in mein Taschenbuch den ausführlichen Plan zu einer dreiaktigen Oper ‹Der Venusberg› auf, welchem vollkommen getreu ich später die Dichtung ausführte. Bei einer Ersteigung des ‹Wostrai› überraschte mich beim Umbiegen um eine Talecke die lustige Tanzweise, welche ein Hirte, auf eine Anhöhe gelagert, pfiff. Ich befand mich sogleich im Chor der Pilger, welche an dem Hirten vorbei durch das Tal ziehen, vermochte es aber in keiner Art, später die Weise des Hirten mir zurückzurufen, weshalb ich mir dafür auf die bekannte Art selbst zu helfen hatte. – Mit dieser Ausbeute bereichert, kehrte ich in wundervoller Stimmung und schöner Gesundheit nach Teplitz zurück [...]»*

*In diese Zeit fällt auch Wagners Besichtigung der Madonna von Carlo Dolci in der Stadtkirche von Aussig, über die er an Ernst Benedikt Kietz am 10. September schrieb: «Das Bild hat mich außerordentlich entzückt, u. hätte es Tannhäuser gesehen, so könnte ich mir vollends ganz erklären, wie es kam, daß er sich von Venus zu Maria wandte, ohne dabei zu sehr von Frömmigkeit hingerissen zu sein. – Jedenfalls steht nun die Heilige Elisabeth bei mir fest.»*

*Die erste Niederschrift des Prosa-Entwurfs zwischen dem 28. Juni und dem 6. Juli (1842) ist außerordentlich flüchtig und bis zur Szene Tannhäuser–Elisabeth–Wolfram zu Beginn des zweiten Aktes sogar nur mit Bleistift geschrieben, danach erst mit Tinte. In den beiden folgenden Tagen hat Wagner eine Reinschrift angefertigt. Oswald Georg Bauer, der die Transkription der ersten Niederschrift überhaupt zum ersten Mal im*

Dokumentation

*‹Tannhäuser›-Programmheft der Bayreuther Festspiele des Jahres 1985 publizierte, äußert folgende aufschlußreiche Vermutung zu Wagners Arbeitsweise: «Möglicherweise hat er überhaupt nur die mit Bleistift geschriebenen Seiten auf seiner Fußreise geschrieben und die mit Tinte nach seiner Rückkehr in Teplitz, da auf einer Wanderung mit kleinem Gepäck die Benutzung eines Bleistifts einfacher war als das Mitführen von Tinte und Feder. Sollte diese Annahme zutreffen, dann hätte er den größten Teil der Partie der Elisabeth erst geschrieben, nachdem er das Madonnenbild in Aussig gesehen hatte, das ihn so außerordentlich entzückte.»*


Richard Wagner

## Aus Briefen zu ‹Tannhäuser› in der Dresdener Zeit an Karl Gaillard * in Berlin

(Dresden, 30. Januar 1844)

[...]
Jetzt aber würde mir es ganz unmöglich sein, ein fremdes Opernbuch zu componiren, u. zwar aus folgendem Grunde: – Es ist bei mir nicht der Fall, daß ich irgend einen beliebigen Stoff wähle, ihn in Verse bringe, u. dann darüber nachdenke, wie ich auch eine passende Musik dazu machen wolle; – bei dieser Art des Verfahren's würde ich allerdings dem Uebelstande ausgesetzt, mich zweimal begeistern zu sollen, was unmöglich ist. Die Art meiner Production ist aber anders: – zunächst kann mich kein Stoff anziehen, als nur ein solcher, der sich mir nicht nur in seiner dichterischen, sondern auch in seiner musikalischen Bedeutung zugleich darstellt. Ehe ich dann daran gehe, einen Vers zu machen, ja eine Scene zu entwerfen, bin ich bereits in dem musikalischen Dufte meiner Schöpfung berauscht, ich habe alle Töne, alle charakteristischen Motive im Kopfe, so daß, wenn dann die Verse fertig u. die Scenen geordnet sind, für mich die eigentliche Oper ebenfalls schon fertig ist, u. die detaillirte musikalische Behandlung mehr eine ruhige u. besonnene Nacharbeit ist, der der Moment des eigentlichen Produziren's bereits vorangegangen ist. Dazu

---

\* *Schriftsteller (1813–51) und von 1844–47 Leiter der von ihm begründeten «Berliner Musikalischen Zeitung».*

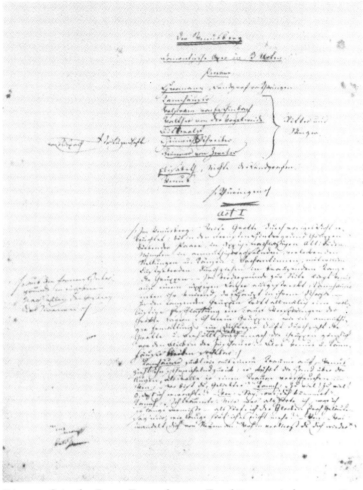

*Die erste Seite des Prosa-Entwurfs zum ‹Tannhäuser› mit dem ursprünglichen Titel ‹Der Venusberg› in der Reinschrift vom 7. Juli 1842.*

müssen aber auch allerdings nur Stoffe gewählt werden, die keiner anderen Behandlung als nur der musikalischen fähig sind: nie würde ich einen Stoff wählen, der von einem geschickten Theater-Dichter ebenso gut zu einem rezitirenden Drama benutzt werden könnte. Als Musiker kann ich aber Stoffe wählen, Situationen u. Contraste erfinden, die dem dramatischen Dichter für das Schauspiel stets fremd bleiben müssen. Hier dürfte aber auch der Punkt sein, wo Oper u. Drama sich vollkommen scheidet, u. beide neben einander ruhig ihre Richtung verfolgen können. Wenn es die heutige Aufgabe des dramatischen Dichter's ist, die materiellen Interessen unsrer Zeit vom moralischen Standpunkte aus zu läutern u. zu vergeistigen, so ist dem Opern-Dichter und -Componisten überlassen, die ganze heilige Poesie, wie sie uns aus den Sagen u. Geschichten der Vorzeit anweht, in dem ganzen ihr eigenen Dufte hervorzuzaubern, denn die Musik bietet hier das Mittel zu Combinationen, wie sie dem Dichter allein, zumal unsern Schauspielern gegenüber, nicht zu Gebote stehen. Dies ist der Weg, die Oper zugleich auf einen höheren Standpunkt zu erheben, den wir dadurch erniedrigen, daß wir dem Componisten zumuthen, Alltäglichkeiten, Intriguen u. s. w. seinen Eingebungen zu Grunde zu legen, welche dem modernen Lust- u. Schauspiel-Dichter *ohne* Musik darzustellen weit besser gelingen.

– Zu meiner nächsten Oper habe ich die schöne u. so eigenthümliche Sage vom ‹Tannhäuser› gewählt, der im Venusberge verweilte u. dann zur Buße nach Rom zog; ich habe diese Sage in Verbindung mit dem Sängerkriege auf der Wartburg gebracht, wo Tannhäuser die Stelle des Heinrich v. Ofterdingen vertritt: durch diese Verbindung erhalte ich ein reiches dramatisches Leben. – Bei diesem Stoffe, glaube ich, wird es recht klar werden, daß ihn nur ein Musiker behandeln konnte [...].

[...] (Dresden, 5. Juni 1845)

Ich schicke Ihnen hier meinen ‹Tannhäuser› wie er leibt und lebt, ein Deutscher vom Kopf bis zur Zehe; nehmen Sie ihn als Geschenk freundschaftlich an. Möge er im Stande sein mir die Herzen meiner deutschen Landsleute in größerer Ausbreitung zu gewinnen, als dies bis jetzt meine früheren Arbeiten vermochten! Diese Arbeit *muß* gut sein, oder ich kann nie etwas gutes leisten. Es war mir ein wahrer Zauber damit angethan; so wie u. wo ich nur meinen Stoff berührte erbebte ich in Wärme u. Gluth: bei den grossen Unterbrechungen die mich von meiner Arbeit trennten war ich stets mit einem Athemzuge so ganz wieder in dem eigenthümlichen Dufte, der mich bei der allerersten Conception berauschte. – Ich

Das Titelblatt ‹Tannhäuser›-Partitur (Dresdener Fassung) mit der handschriftlichen Widmung an Robert Schumann. Wagner schrieb die Partitur auf ein spezielles Papier, das eine lithographische Vervielfältigung möglich machte. Durch den Herstellungsprozeß wurde jedoch das Autograph zerstört, so daß nur die durch Steindruck hergestellten Kopien überliefert sind. Wagner ließ davon 1845 hundert Exemplare anfertigen.

übersende Ihnen die Partitur zu *keinem anderen Zwecke* als zu einem freundlichen Bekanntwerden mit meiner Arbeit, u. ersuche Sie, für jetzt sie nur dem allernächsten Kreise Ihrer Freunde mitzutheilen; nach dem Tage der ersten Aufführung der Oper in Dresden – im September d. J.\* – wird die Partitur selbst als Novität durch den Buchhandel versendet, bis dahin möge sie der Oeffentlichkeit noch entzogen bleiben. Bei dieser Gelegenheit bitte ich Sie auch in dem ganzen Inhalte dieser Zeilen um Gottes Willen ja keine Veranlassung zu journalistischer Besprechung u. Berichtigung ersehen zu wollen; des *Gemachten* giebt es heute zu Tag so ausschließlich viel, u. ich selbst bin – mit einziger Ausnahme dessen, was *Sie* für mich thaten – so vollkommen überzeugt, daß meist alle Journal-Artikel zu Gunsten eines persönlichen Interesses von den Betheiligten veranlaßt seien, – daß ich eine empfindliche Scheu gegen Alles trage, was mit diesem Anstriche mir zu meinen Gunsten aufstößt. Ich sagte dies Alles Ihnen, weil Sie mir wiederholt beweisen, daß Sie mir eine seltene Theilnahme bewahren u. weil es mir nothwendig war, mich einmal dieser Beängstigungen durch Aussprechen zu entledigen. Könnten meine Mittheilungen noch einen anderen Zweck haben, so wäre es der, Sie bei vorkommenden Fällen auf eine besondere Behutsamkeit vorbereitet zu haben. – Die Oper selbst habe ich wirklich der Berliner Intendanz übergeben u. zwar mit der Bitte, daß – wenn bis Ende dieses Jahres die Aufführung des ‹Rienzi› wegen Mangel eines Heldentenor's immer noch unmöglich geblieben sei, – zu dieser Zeit dann diese neue Oper in Scene gehen zu lassen, Gott weiß, was der große *Küstner* thun wird!\*\*

An dem Buche habe ich nach Ihrem Rathe noch etwas gefeilt, unter andren ist das «*schwärzliche Gefieder*» in Wolfram's Gesange S. 40 verschwunden.\*\*\* Den Schlußreim «Gott» u. «Spott» habe ich aber gelassen,

---

\* *Die Uraufführung fand schließlich am 19. Oktober 1845 in Dresden statt.*

\*\* *Der Berliner Intendant Karl Theodor von Küstner lehnte die Oper ‹Tannhäuser› als zu «episch» ab. Über den Umweg der Widmung des Werkes an den preußischen König Friedrich Wilhelm IV. wollte Wagner doch eine Berliner Aufführung durchsetzen. Er erhielt daraufhin aus Berlin die Antwort, der König könne nur Widmungen von Werken annehmen, die er kenne; man empfahl Wagner, einzelne Stücke aus der Oper für Militärmusik (!) zu bearbeiten, damit sie dem König vorgespielt werden könnten. Selbst auf diesen Vorschlag ging Wagner ein, obgleich auch das nichts half. Lediglich eine Berliner Einstudierung des ‹Rienzi› vermochte Wagner durchzusetzen. Als erste Bühne nach Dresden nahm das Weimarer Hoftheater unter der musikalischen Leitung von Franz Liszt den ‹Tannhäuser› an (16. Februar 1849).*

\*\*\* *In Wagners Reinschrift des ‹Tannhäuser›-Textbuches lautet die betreffende Stelle: «Wie Todesahnung Dämm'rung sinkt hernieder, umhüllt das Thal mit schwärzlichem Gefieder...» Die auf Anregung Karl Gaillards vorgenommene endgültige Änderung lautet: «Wie Todesahnung Dämm'rung deckt die Lande, umhüllt das Thal mit schwärzlichem Gewande...»*

weil ich in diesem «Spott» nicht den Zwangreim, sondern das bezeichnendste poetische Wort für die Entstellung des göttlichen Erbarmen's von Seiten eines hartherzigen Priesterthumes ersehe. Gott helfe mir!

Ende dieses Monates will ich nun nach *Marienbad* gehen um meinem widerlichen Unterleibsleiden abzuhelfen, im *August* komme ich dann nach Dresden zurück um den ‹Tannhäuser› einzustudiren: Klavierauszüge etc. alles ist bereits gearbeitet, so daß ich am Tage nach der ersten Aufführung völlig frei u. ledig bin. Ich habe mir vorgenommen ein ganzes Jahr dann zu faullenzen, d. h. meine Bibliothek abzunutzen ohne zu produziren, wozu es mich leider schon jetzt wieder drängt, da mich ein neuer Stoff wieder sehr einnimmt; ich will mich aber gewaltsam davon abhalten, erstlich weil ich gern noch manches lernen möchte, u. zweitens weil ich die Ueberzeugung gewonnen habe: wenn ein dramatisches Werk concentrirte Bedeutung u. Originalität haben soll, muß es das Resultat eines gewissen höheren Lebens-Schrittes, einer gewissen wichtigen Periode im Bildungsgange des Künstler's sein: ein solcher Schritt – eine solche Periode wird aber nicht mit jedem halben Jahre gewonnen: nur mehrere Jahre bringen eine gedrängte Reife hervor.

Richard Wagner

# Proben und erste Aufführungen des ‹Tannhäuser› in Dresden (1845)

(Aus der Autobiographie ‹Mein Leben›)

So begann denn nun, als im September* unsere Sänger alle wieder eingetroffen waren, das Studium des ‹Tannhäuser›, welches mich bald wieder ernst und immer ernster stimmte. Die Proben gediehen bald bis dahin, daß die Aufführung, soweit sie durch musikalische Studien vorzubereiten war, in nahe Aussicht gerückt wurde. Von den besonderen Schwierigkeiten, welche der Darstellung gerade dieses Werkes entgegenstanden, gewann zuerst Frau Schröder-Devrient** einen Begriff, und zwar wurden sie ihrem Gefühle und ihrer Einsicht so deutlich, daß sie hierüber sich zu meinem Unbehagen und meiner Beschämung mir mitzuteilen wußte. Vor allem schon das Gedicht gab ihr hierzu die Anleitung: sie las mir bei

---

\* *Gemeint ist das Jahr 1845.*
\*\* *Wilhelmine Schröder-Devrient (1804–60), die berühmte Darstellerin der Leonore in Beethovens Oper ‹Fidelio›, von Wagner sehr geschätzt.*

*Der Beginn der zweiten Szene des ersten Aktes in Wagners Partiturautograph der Dresdener Fassung, das durch Steindruck vervielfältigt wurde.*

einem Besuche sehr schön und ergreifend die Hauptstellen des letzten Aktes vor und frug mich, wo ich denn den Kopf hätte zu glauben, daß ein so kindischer Mensch wie Tichatschek* die Akzente für diesen ‹Tannhäuser› finden könnte. Ich suchte sie und mich auf die Eigenschaft meiner Musik hinzulenken, welche so genau und bestimmt den nötigen Akzent zum Ausdruck bringe, daß ich vermeinen müßte, die Musik spräche für den Darsteller, selbst wenn dieser eben nur ein musikalischer Sänger sei. Sie schüttelte den Kopf und meinte, das möchte sich hören lassen, wenn ich von einem Oratorium spräche. Nun aber sang sie mir nach dem Klavierauszug das Gebet der Elisabeth vor und frug mich, ob ich wohl glaubte, daß diese Noten durch eine junge hübsche Stimme ohne eigene Seele und alle die Schärfe der unerläßlichen Herzenserfahrungen sich so von selbst singen würden, daß es meiner Absicht entspräche. Ich seufzte und meinte, das Fehlende müßte eben durch die Kindlichkeit und Jugendlichkeit dieser Stimme und Darstellerin sich diesmal ersetzen. Doch bat ich sie sehr, mit meiner Nichte Johanna, welcher die Rolle der Elisabeth zugeteilt war, sich hierüber in ein belehrendes Einvernehmen zu setzen. Leider war aber in dieser wie in keiner Weise für die Lösung der Aufgabe des Tannhäuser zu sorgen, da mein rüstiger Freund Tichatschek durch jeden Versuch einer Belehrung nur irregemacht werden konnte. So mußte ich mich denn ganz allein auf die Energie der Stimme und des diesem Sänger besonders eigenen scharfen Sprachtones verlassen.

Die Sorge der großen Künstlerin hatte, indem sie sich auf die Leistungen der eigentlichen Hauptrollen bezog, aber auch noch einen besonderen persönlichen Grund: sie wußte nämlich selbst nicht, was mit der Partie der Venus anzufangen, welche sie, trotz ihres sehr geringen Umfanges, dennoch gerade der Schwierigkeit und Bedeutung der ideellen Aufgabe wegen und um zum Gelingen des Ganzen beizutragen, übernommen hatte. Von dem nur allzu skizzenhaften Ausfall dieser Partie überzeugte ich mich später so bestimmt, daß ich, als durch die Pariser Aufführung die Bearbeitung meines Werkes mir nochmals nahegerückt wurde, in sehr ausführlicher Weise das Versäumte und von mir innig Vermißte durch eine vollständige Neugestaltung der Partie nachholte. Für jetzt blieb es dabei, daß diese Skizze durch keine Kunst der Darstellerin zu einer der Idee entsprechenden Ausführung gelangen konnte. Höchstens wäre durch eine Berufung an die rein sinnliche Teilnahme des Publikums, durch eine besonders jugendlich schöne Erscheinung, durch das persönliche Vertrauen der Darstellerin auf die Wirkung dieses physischen Hilfsmittels zu irgendwelchem Eindruck zu gelangen gewesen. Das Gefühl

---

* *Joseph Tichatschek (1807–86).*

davon, daß dieses Wirkungsmittel ihr jetzt nicht mehr zu Gebot stand, lähmte die bereits in das Matronenhafte sich zeichnende große Künstlerin und erhielt sie in der Befangenheit, welche ihr die Anwendung der gewöhnlichen Mittel des Gefallens verwehrte. Mit einem verzweiflungsvollen Lächeln äußerte sie sich einmal über die Schwierigkeit, die Venus darzustellen, welche einfach nur aus der einen Unmöglichkeit entspringe, sie im richtigen Kostüm zu geben: «Um Gottes willen, was soll ich denn als Venus anziehen? Mit einem bloßen Gürtel geht es doch nicht! Nun wird eine Redouten-Puppe daraus; Sie werden Ihre Freude haben!» –

Im ganzen vertraute ich für alles jedoch immer noch auf die Wirkung des reinen musikalischen Ensembles, welches sich auch in den Orchesterproben sehr ermutigend herausstellte. Schon Hiller\* hatte beim Durchblick der Partitur mit völliger Verwunderung mir den Lobspruch erteilt, daß mäßiger zu instrumentieren gewiß nicht möglich sei. Die charakteristische und zarte Sonorität des Orchesters erfreute mich selbst sehr und bestärkte mich in dem Vorsatz, von der äußersten Sparsamkeit in der Anwendung der Orchestermittel auszugehen und so die Möglichkeit der Fülle von Kombinationen zu gewinnen, deren ich zu meinen späteren Werken bedurfte. Nur meine Frau vermißte in den Orchesterproben bereits die Trompeten und Posaunen, die im ‹Rienzi› immer eine so glänzende Frische unterhalten hätten. Konnte ich hierzu lächeln, so mußte ich doch ihrem ängstlichen Schreckgefühle, welches sie bei einer der Theaterproben durch die Wahrnehmung der matten Wirkung des «Sängerkrieges» erhalten hatte, eine ernstere Beachtung geben. Sie hatte, vom Standpunkt des Publikums ausgehend, welches in irgendwelcher Weise immer unterhalten oder angeregt sein will, sehr richtig eine höchst bedenkliche Seite der sich vorbereitenden Darstellung berührt. Nur mußte ich sogleich deutlich erkennen, woran es lag, und daß mir weniger der Fehler einer irrigen Konzeption als der einer leichtsinnigen Überwachung der Ausführung vorzuwerfen war. Ich befand mich bei der Konzeption dieser Szene unbewußt nämlich vor dem wesentlichen Dilemma, in welchem ich mich für alle Zukunft zu entscheiden hatte. Sollte dieser Sängerkrieg ein Arienkonzert sein oder ein poetisch-dramatischer Wettstreit? Der Charakter des eigentlichen Operngenres erforderte (und dieser Meinung ist noch heutzutage ein jeder, der durch eine vollkommen glückliche Ausführung meiner Szene nicht den richtigen Eindruck von der Sache gewonnen hat), daß hier eine Nebeneinander- und Gegenüberstellung von Gesangsevolutionen stattgefunden hätte, und zwar daß die verschiedenen

---

\* *Ferdinand Hiller (1811–85), Dirigent und Komponist, wirkte von 1844–47 am Dresdener Hoftheater.*

*Tannhäusers Lied auf Venus aus dem «Sängerkrieg» des zweiten Aktes in der «als Manuskript von der Hand des Komponisten auf Stein gedruckten» Partitur von 1845. Es handelt sich um die vierte Strophe des Liedes, mit dem Tannhäuser sich in der zweiten Szene des ersten Aktes (in drei Strophen) von Venus losreißen will. Die Tonart der Strophen steigt jedesmal (von Des-dur ausgehend) um einen Halbton, so daß die im zweiten Akt vorgetragene vierte Strophe in E-dur steht.*

Gesangsstücke, rein musikalisch, durch Anwendung merklich abwechselnder Rhythmen und Taktarten in dem Sinne sich unterhaltend ausnähmen, wie z. B. in der Zusammenstellung eines Konzertprogramms darauf gesehen werden muß, daß durch mannigfaltigsten Wechsel ganz von selbst eine gewissermaßen schon durch stete Überraschung herbeigeführte Unterhaltung entsteht. Dies war nun ganz und gar nicht meine Absicht; und meine wirkliche Absicht war nur zu erreichen, wenn es mir möglich wurde, diesmal – zum allerersten Male in der Oper – den Zuhörer zur Teilnahme an einem dichterischen Gedanken durch Verfolgung aller seiner nötigen Entwickelungsphasen zu zwingen; denn nur aus dieser Teilnahme sollte die Ermöglichung des Verständnisses der Katastrophe herbeigeführt werden, welche diesmal durch keinerlei äußeren Anlaß, sondern lediglich aus der Entwickelung von Seelenvorgängen herbeigeführt werden mußte. Deshalb die musikalisch äußerst mäßige, breite, dem Verständnis der poetischen Rede nicht nur nicht hinderliche, sondern nach meinem Dafürhalten besonders förderliche Anlage und der erst mit der Erhitzung der Leidenschaft sich steigernde rhythmische Aufbau der Melodie, in keiner Weise willkürlich unterbrochen durch unnötige modulatorische und rhythmische Wendungen; deshalb die sparsamste Benutzung der Orchesterinstrumente für die Begleitung und die absichtliche Versagung aller der rein musikalischen Wirkungsmittel, welche erst allmählich da, wo die Situation sich so steigert, daß nur noch das Gefühl, fast kaum mehr aber der Gedanke zum Erfassen des Vorganges nötig ist, in das Spiel gesetzt wurden. Niemand konnte mir leugnen, daß ich die richtige Wirkung hiervon erzielte, sobald ich selbst am Klavier den ganzen Sängerkrieg vortrug. Hier aber lag nun gerade die für alle meine zukünftigen Erfolge so entscheidende Schwierigkeit, nämlich auch von unsern Opernsängern dies ganz in der von mir gewollten Weise ausgeführt zu sehen. Die auf Mangel an Erfahrung hiervon beruhende Vernachlässigung, die ich mir schon beim ‹Fliegenden Holländer› hatte zuschulden kommen lassen, kam mir nun diesmal in ihrer ganzen Schädlichkeit zum Bewußtsein; und mit größtem Eifer sann ich jetzt darauf, wie es anzufangen sei, die richtige Vortragsweise meinen Sängern beizubringen. Leider war es unmöglich, auf Tichatschek zu wirken, weil, wie ich schon sagte, vollends alles zu fürchten war, wenn er durch Einreden von Dingen, die ihm durchaus unfaßlich waren, befangen und verwirrt gemacht wurde. Er war sich der großen Vorzüge bewußt, mit metallischer Stimme musikalisch und rhythmisch gut und richtig zu singen und zugleich mit vernehmbarster Deutlichkeit auszusprechen. Daß dies eben alles jedoch nicht genügte, hatte ich nun aber zu meinem eigenen Erstaunen erst zu erfahren; und als ich gar in der ersten Aufführung mit Schrecken gewahrte, daß, was mir unbegreiflicherweise in den Proben

*Der Theaterzettel der Dresdener Uraufführung des ‹Tannhäuser› vom 19. Oktober 1845.*

entgangen war, ‹Tannhäuser› am Schlusse des Sängerkrieges seinen mit wahnsinniger Ekstase und Vergessen aller Gegenwart an die Venus gerichteten Lobgesang zärtlich schwelgend unmittelbar an Elisabeth richtete, vor welche er damit hintrat, gedachte ich allerdings der Mahnung der Schröder-Devrient ungefähr in der Weise wie Krösus, als er auf dem Scheiterhaufen «O Solon! Solon!» rief.

Während mir nun von dem an sich durch größere Lebhaftigkeit und melodischen Reiz sich auszeichnenden Elemente des Tannhäuser in diesem Sängerkrieg, trotz der musikalischen Vorzüglichkeit meines Sängers, alles verunglückte, gelang es mir dagegen von der andern Seite her ein neues, ich glaube fast sagen zu können, bisher in der Oper noch nie so deutlich hervorgetretenes Element in das Leben zu rufen. Ich hatte den noch jungen Baritonisten Mitterwurzer* – einen sonderbar verschlossenen, unumgänglichen Menschen – in einigen seiner Rollen mit Aufmerksamkeit beobachtet und bei seiner weichen, anmutigen Stimme die schöne Fähigkeit, den innern Ton der Seele erbeben zu machen, wahrgenommen. Ihm hatte ich den Wolfram anvertraut und hatte allen Grund, bisher mit seinem Eifer und dem guten Erfolge seines Studiums zufrieden zu sein. An ihn mußte ich mich daher halten, um meine bisher unausgesprochenen Anforderungen bis in ihre letzten Konsequenzen zur Geltung zu bringen, wenn ich, namentlich für diesen so problematischen Sängerkrieg, die Richtigkeit meiner Absicht und meines Verfahrens zur Erkenntnis bringen wollte. Ich nahm mit ihm nun vor allem den Eröffnungsgesang dieser Szene vor und war, nachdem ich ihm diesen in meiner Weise auf das eindringlichste vorgetragen hatte, zunächst allerdings erstaunt darüber, wie neu und schwierig dieser Vortrag ihm erschien. Er fühlte sich ganz außerstand, es mir nachzumachen, verfiel bei jedem Versuche sogleich wieder in das banale Heruntersingen, welches mir deutlich zeigte, daß er bisher auch an diesem Stücke noch nichts weiter erkannt hatte als die anscheinend rezitativische Phrase mit gewissen beliebigen Inflexionen, welche je nach dem Bedarf der Stimmgebung nach reinem Operngesangsbelieben so oder auch anders gegeben werden konnten. Auch er war über seine Unfähigkeit, es mir nachzumachen, erstaunt, zugleich aber von der Neuheit und Richtigkeit meines Verfahrens und der hierauf begründeten Anforderungen so ergriffen, daß er mich bat, für jetzt mit ihm keine weitern Versuche mehr anstellen zu wollen, dagegen es ihm zu überlassen, sich in der ihm erschlossenen neuen Welt auf seine Weise zurechtzufinden. In mehreren Proben deutete er jetzt seinen Gesang mit halber Stimme, wie um darüber hinwegzukommen, nur an; dagegen erlebte ich nun in der

---

* *Anton Mitterwurzer (1818–76).*

letzten Hauptprobe an seiner jetzt mit voller Hingebung gelösten Aufgabe einen so bedeutsamen Erfolg, daß dieser mir bis auf den heutigen Tag als ein Anker der Hoffnung für die Möglichkeit des Gewinnes und der richtigen Ausbildung der mir nötigen Darsteller, trotz aller Verderbtheit unseres Opernwesens, für alle Zukunft wirkungsvoll geblieben ist. Der Eindruck dieses Gesanges, für dessen richtige Wiedergabe der ganze Mensch in Haltung, Blick und Miene sich vollkommen umgewandelt und neu geschaffen hatte, wurde in sehr merkwürdiger Weise auch zum Ausgangspunkt des endlich erzielten Verständnisses meines ganzen Werkes von seiten des Publikums; wie überhaupt die ganze Rolle des Wolfram, welche Mitterwurzer, durch die Lösung dieser einen Aufgabe zum vollen Künstler umgeschaffen, durchweg gleichmäßig schön und ergreifend durchführte, zum eigentlichen Rettungsanker für mein durch den ungenügenden Erfolg der ersten Aufführung höchst bedrohtes Werk wurde.

Neben ihm trat die Gestalt der Elisabeth einzig als wirklich sympathisch hervor. Die jugendliche Erscheinung meiner Nichte, die schlanke hohe Gestalt, der entschieden deutsche Stempel ihrer Physiognomie, die damals noch unvergleichlich schöne Stimme, der oft kindlich rührende Ausdruck halfen ihr, bei gut geleiteter Verwertung ihres unverkennbaren theatralischen, wenn auch nicht dramatischen Talentes die Herzen des Publikums entscheidend zu gewinnen. Sie wurde durch diese Leistung schnell berühmt; und noch in späteren Jahren wurde mir, sobald von einer Aufführung des ‹Tannhäuser› mir gemeldet wurde, in welcher sie mitgewirkt, stets berichtet, daß der Erfolg desselben fast einzig nur ihr zu verdanken gewesen wäre. Wunderlicherweise hörte ich bei solchen Gelegenheiten fast immer nur ihr mannigfaltiges und höchst einnehmendes Spiel beim Empfang der Gäste auf der Wartburg rühmen; ich erkannte darin den andauernden Erfolg unglaublicher Bemühungen, welche ich und mein hierin sehr erfahrener Bruder uns in betreff dieses Spieles gegeben hatten. Leider ist aber für alle Zeiten es unmöglich geblieben, ihr den richtigen Vortrag des Gebetes im 3. Akte beizubringen; ich kam hierfür ganz in den Fall wie mit Tichatschek und hatte wieder «O Solon! Solon!» zu rufen, als ich nach der ersten Aufführung diesem Tonstücke eine große Kürzung beibringen mußte, wodurch es seiner Bedeutung nach meinem Sinne für immer verlustig ging. Wie ich höre, hat die eine Zeitlang für eine wahrhaft große Künstlerin geltende Johanna es wirklich auch nie so weit gebracht, sich dieses Gebetes vollständig zu bemächtigen, was andrerseits einer *französischen* Sängerin, Frl. Marie Sax in Paris, zu meiner größten Befriedigung vollständig gelang.*

---

* *Wagner spielt hier auf die Pariser Erstaufführung des ‹Tannhäuser› am 13. März 1861 an, bei der Marie Sax die Rolle der Elisabeth sang.*

Wir waren im Anfang des Oktober bereits so weit in unserm Studium vorgerückt, daß einer sehr baldigen Aufführung nichts mehr entgegenstand als die Beschaffung des theatralisch-dekorativen Teiles derselben. Sehr spät trafen erst einige der in Paris bestellten Dekorationen ein. Von vorzüglicher Wirkung und vollständig gelungen war das Wartburg-Tal. Das Innere des Venusberges machte mir dagegen viel zu schaffen: der Maler hatte mich nicht verstanden, Bosketts mit Statuen, wie sie selbst an Versailles erinnerten, in einer wilden Berghöhle angebracht und jedenfalls nicht gewußt, wie er den Charakter des Grauenhaften mit dem Verlockenden in Einklang bringen sollte. Ich mußte auf große Änderungen dringen, namentlich auf das Übermalen der Bosketts und Statuen, was Zeit kostete. Die Verhüllung dieser Grotte in den rosigen Nebel, aus welchem schließlich das Wartburg-Tal hervorbricht, mußte ganz neu nach einer besondren Erfindung, welche ich hierfür anzugeben hatte, zur Ausführung gebracht werden. Die Hauptkalamität ergab sich aber aus der Verzögerung in der Ankunft der Dekoration der Sängerhalle; auf das leichtfertigste von Paris aus hingehalten, verging Tag auf Tag, während im übrigen alles bis zur Generalprobe in fast ermüdender Weise durchprobiert war. Täglich wanderte ich nach dem Eisenbahnhof, durchstöberte alle Ballen und Kisten: keine Sängerhalle kam. Endlich ließ ich mich bestimmen, um die längst angekündigte erste Aufführung nicht weiter zu verzögern, den von Lüttichau* anfänglich mir bestimmten Saal Karls des Großen aus ‹Oberon› für die Sängerhalle zu substituieren, was mich, der ich in allem auf bestimmte poetische Wirkung ausging, ein empfindliches Opfer kostete. Wirklich trug die Wiedererscheinung dieses bereits in vielen Aufführungen des ‹Oberon› zur Genüge produzierten Kaisersaales beim Aufrollen des Vorhanges im zweiten Akt nicht wenig zu den Enttäuschungen des Publikums bei, welches von dieser Oper in jedem Betreff die erstaunlichsten Überraschungen erwartete.

Am 19. Oktober ging die erste Aufführung vor sich [...]

Was diese Aufführung nun selbst betraf, so stelle ich die von mir dabei gemachten sehr lehrreichen Erfahrungen in folgenden Zusammenhang: der wirkliche Fehler meiner Arbeit, dessen ich bereits gelegentlich Erwähnung tat, lag in der nur skizzenhaften und unbeholfenen Ausführung der Rolle der Venus, somit der ganzen großen Einleitungsszene des ersten Aktes. Auf die theatralische Darstellung hatte dieser Fehler den Einfluß, daß es in ihr zu keiner eigentlichen Wärme, zumal nicht zu der hocherregten Spannung der Leidenschaft kam, welche der dichterischen Konzeption nach von hier aus die Empfindung des Zuschauers so stark imprimieren

---

\* *Freiherr Wolf August von Lüttichau, Generalintendant des Dresdener Hoftheaters.*

*Johanna Wagner, die Nichte des Komponisten, die in der Dresdener Uraufführung des ‹Tannhäuser› die Rolle der Elisabeth übernommen hatte.*

muß, daß das Gedenken der Katastrophe, auf welche diese Szene ausgeht, mit tragischer Beklemmung auf den Erfolg der weiteren Entwickelung des Dramas vorbereiten soll. Diese große Szene mißlang vollständig, trotzdem eine so wahrhaft große Künstlerin wie Frau Schröder-Devrient und ein so ungemein begabter Sänger wie Tichatschek einzig sie auszuführen hatten. Vielleicht hätte das Genie der Devrient ganz aus sich noch den richtigen

Akzent für die Leidenschaftlichkeit dieser Szene gewonnen, wenn sie nicht gerade mit einem Sänger zu tun gehabt hätte, welcher, an sich für jeden dramatischen Ernst unbefähigt, auch in seiner natürlichen Begabung nur für freudige oder deklamatorisch energische Akzente organisiert, für den Ausdruck des Schmerzes und des Leidens aber ganz und gar ohne Anlage war. Das Publikum erwärmte sich erst einigermaßen bei dem rührenden Gesange des Wolfram und der Schlußszene dieses Aktes. Auch Tichatschek wirkte dann durch den Jubel seiner Stimme in dem Finalsatze so hinreißend, daß man mir nachher versicherte, nach diesem ersten Akte habe eine vortrefflich erregte Stimmung im Publikum geherrscht. Diese unterhielt und steigerte sich im Verlaufe des zweiten Aktes, in welchem Elisabeth und Wolfram höchst sympathisch wirkten; nur verschwand der Held des Dramas, Tannhäuser, immer mehr und verlor sich so gänzlich aus der Sphäre dieser Sympathie, daß er in der Schlußszene, gleich als ob dieser Verfall auf ihn selbst drücke, in wehmütig gebeugter Haltung spurlos sich verlor. Das entscheidende Gebrechen seiner Darstellung lag darin, daß es ihm unmöglich war, den richtigen Ausdruck für die Stelle des großen Adagio-Satzes des Finales, welche mit den Worten beginnt: «Zum Heil den Sündigen zu führen, die Gottgesandte nahte mir», zu finden. Über die Wichtigkeit dieser Stelle habe ich mich in meiner später geschriebenen Anleitung zu einer Aufführung des ‹Tannhäuser› ausführlich mitgeteilt; ich mußte sie, da sie bei der ausdruckslosen Wiedergabe durch Tichatschek nur als lähmende Länge wirkte, von der zweiten Aufführung an gänzlich auslassen. Weil ich den mir so ergebenen und in seiner Art wirklich so verdienstvollen Tichatschek nicht kränken wollte, gab ich an, mich überzeugt zu haben, daß diese Stelle verfehlt sei; da nun außerdem Tichatschek als der selbst von mir bevorzugte Repräsentant der Helden meiner Opern galt, ging von hier die Auslassung dieser mir so grenzenlos wichtigen Stelle, als von mir gutgeheißen und verlangt, in alle späteren Aufführungen des ‹Tannhäuser› über, und ich habe schon aus diesem Grunde mir über die Bedeutung des späteren allgemeinen Erfolges dieser Oper auf den deutschen Theatern keine Illusion gemacht. Mein Held, der in der Wonne wie im Weh stets mit äußerster Energie sich kundgeben sollte, schlich am Schlusse des zweiten Aktes in sanft ergebener Haltung als armer Sünder sich davon, um im dritten Akte mit weicher Resignation und in einer auf die Erregung eines freundlichen Bedauerns berechneten Haltung wieder zu erscheinen. Nur der von ihm wiedergegebene Bannspruch des Papstes ward von dem Sänger mit seiner gewohnten rhetorischen Tonfülle so energisch zum Anhören gebracht, daß man sich freute, die begleitenden Posaunen von ihm vollkommen beherrscht zu hören. War nun durch den hier angedeuteten Grundfehler

*Wilhelmine Schröder-Devrient und Joseph Tichatschek als Venus und Tannhäuser in der Dresdener Uraufführung vom 19. Oktober 1845 auf einer Sepiazeichnung von F. Tischbein.*

in der Darstellung der Hauptfigur das Publikum durchaus in unklarer und unbefriedigter Spannung über die Bedeutung des Ganzen erhalten worden, so trug mein eigener, aus Unerfahrenheit auf diesem neuen Felde der dramatischen Konzeption entsprungener Fehler in der Ausführung der Schlußszene vollends dazu bei, auch über die reale Bedeutung der szenischen Vorgänge in höchst schädliche Ungewißheit zu versetzen. In der hier noch ausgeführten ersten Bearbeitung hatte ich die neue Versuchung der Venus, den treulosen Geliebten wieder an sich zu ziehen, nur als einen visionären Vorgang des in Wahnsinn ausbrechenden Tannhäuser dargestellt; nur ein rötliches Erdämmern des in der Ferne sichtbaren Hörselberges sollte äußerlich die grauenhafte Situation verdeutlichen. Auch die entscheidende Verkündigung des Todes der Elisabeth ging nur als ein Akt der divinatorischen Begeisterung des Wolfram vor sich; einzig durch das ebenfalls von sehr ferne her vernehmbare Läuten des Totenglöckchens und durch den kaum bemerkbaren Schein von Fackeln, welche den Blick auf die entlegene Wartburg ziehen sollten, ward die Veranlassung hierzu auch dem zuschauenden Publikum anzudeuten versucht. Der ganz schließlich auftretende Chor der jüngeren Pilger, welchen ich damals den ergrünenden Stab selbst noch nicht zu tragen gab und welche das Wunder somit nur durch Worte, nicht aber durch ein äußeres Zeichen verkündeten, wirkte, da ich ihnen auch rein musikalisch durch eine zu lang andauernde, ungebrochene Monotonie in der Begleitung schadete, unentscheidend und unklar.

Als endlich der Vorhang fiel, hatte ich weniger aus der Haltung des immerhin sich freundlich und beifällig bezeigenden Publikums als aus meiner eigenen inneren Erfahrung die Überzeugung des durch Unreife und Ungeeignetheit der Darstellungsmittel herbeigeführten Mißglückens dieser Aufführung meines Werkes gewonnen. Mir lag es wie Blei in den Gliedern, und einigen Freunden, welche nach der Vorstellung sich einfanden und zu denen wiederum meine gute Schwester Klara mit ihrem Manne gehörte, teilte sich die gleiche drückende Stimmung unabweislich mit. Ich faßte noch über Nacht die nötigen Entschlüsse zur Abhilfe der irgendwie zu verbessernden Gebrechen unserer Aufführung für die am zweiten Tag angesetzte Wiederholung. Wo der Hauptfehler stak, fühlte ich, durfte es aber kaum aussprechen; bei dem mindesten Versuche, Tichatschek einen anregenden Aufschluß über das Charakteristische seiner Aufgabe zu verschaffen, mußte ich sogleich vor der Erkenntnis der Unmöglichkeit hiervon zurückscheuen: leicht hätte ich ihn so befangen und verstimmt machen können, daß er unter irgendwelchem Vorwande den Tannhäuser gar nicht wieder gesungen hätte. Ich geriet daher auf den einzig mir offenstehenden Ausweg zur Versicherung nötiger Wiederholungen meiner Oper, die Schuld der Unwirksamkeit seiner Partie auf mich zu nehmen, um so dazu zu gelangen, wenigstens entscheidende Kürzungen darin vornehmen zu können, durch welche ich zwar die Hauptrolle in ihrer dramatischen Bedeutung tief herabsetzte, dennoch es aber möglich machte, daß die unvollkommene Ausführung derselben nicht noch behindernd auf das Gefallen der andern, ansprechenderen Partien der Oper einwirke. Ich hoffte somit, wenn auch tief innerlichst gedemütigt, meinem Werke durch die zweite Aufführung von entscheidendem Nutzen zu sein, und an nichts lag mir mehr, als daß diese Aufführung so bald als möglich vor sich ginge. Allein Tichatschek war heiser geworden, und ich mußte volle acht Tage mich gedulden.

Ich kann kaum beschreiben, was ich in diesen acht Tagen gelitten habe. Es schien fast, als sollte diese Verzögerung gänzlich verderblich für mein Werk werden. Jeder Tag, welcher zwischen der ersten und zweiten Aufführung verstrich, ließ den Erfolg jener ersten immer problematischer erscheinen, bis er endlich geradeswegs als ein anerkannter Mißerfolg dargestellt wurde. Während das große Publikum seiner ärgerlichen Verwunderung darüber Luft machte, daß ich dem deutlich mir kundgegebenen Gefallen desselben an der Richtung meines ‹Rienzi› mit der Konzeption dieses neuen Werkes keine Beachtung geschenkt hatte, waren selbst gewogene und sinnige Freunde meiner Kunst in wahrer Perplexität über das Unwirksame meiner Arbeit, die ihnen, in den Hauptteilen unverständlich geblieben, an und für sich fehlerhaft entworfen und ausgeführt dünkte. Die Rezensenten stürzten sich mit unverhohlener Freude wie Raben auf ein bereits ihnen hingeworfenes Aas. Selbst die Leidenschaften und Befangenheiten des Tages wurden von ihnen hereingezogen, um nach Möglichkeit über mich zu verwirren und mir zu schaden. Es war die Zeit, wo die Czerskysche und Rongesche deutsch-katholische Agitation als höchst verdienstlich und liberal alles in Bewegung setzte. Man fand nun heraus, daß ich eine reaktionäre Tendenz mit dem ‹Tannhäuser› herausfordernd eingeschlagen habe, da es ersichtlich sei, daß, wie Meyerbeers ‹Hugenotten›* den Protestantismus, so mein ‹Tannhäuser› den Katholizismus verherrlichen sollte. Das Gerücht, von der katholischen Partei für den ‹Tannhäuser› bestochen worden zu sein, blieb mir alles Ernstes längere Zeit anhaften; während man mich dadurch um meine Popularität zu bringen suchte, hatte ich die sonderbare Ehre, von einem Herrn Rousseau, bis dahin Redakteur der preußischen Staatszeitung und mir bekannt durch eine herunterreißende Kritik meines ‹Fliegenden Holländers›, brieflich und endlich persönlich um meine Freundschaft und Allianz angegangen zu werden. Er meldete mir nämlich, daß er von Berlin, wohin er von Österreich aus beordert gewesen, um die katholischen Tendenzen zu befördern, nachdem er über die Fruchtlosigkeit dieser Bemühungen betrübende Erfahrungen gesammelt hatte, sich nun wieder nach Wien zurückwende, um ungestört in demjenigen Elemente fortan sich bewegen zu können, dem auch ich mit meinem ‹Tannhäuser› so innig angehörend mich bekundet hätte. – Der in seiner Art merkwürdige Dresdener Anzeiger, das Lokal-Abhilfsorgan für Verleumdungs- und Klatschbedürfnis, lieferte täglich Neues in dem bezeichneten, auf meinen Schaden tendie-

---

\* *Es handelt sich um die große Oper in fünf Aufzügen ‹Les Huguenots› nach einer Dichtung von Eugène Scribe und Antony Deschamps von Giacomo Meyerbeer, die am 29. Februar 1836 in Paris uraufgeführt wurde.*

renden Sinne. Endlich bemerkte ich, daß auch kurze witzige und sehr energische Abfertigungen solcher Angriffe und Aufmunterungen für mich erschienen, worüber ich längere Zeit sehr verwundert war, da ich wohl wußte, daß nur Feinde, nie aber die Freunde in solchen Fällen sich bemühen, bis ich unter Lachen von Röckel* herausbekam, daß er und Freund Heine** in diesen ganzen Ermunterungs-Feldzug für mich allein durchgeführt hatten.

Das Üble, was ich von dieser Seite her erfuhr, war mir nur lästig, weil ich eben in diesen Unglückstagen verhindert war, mich durch mein Werk selbst wiederum vernehmen zu lassen. Tichatschek blieb heiser: es hieß, er wolle gar nicht wieder in meiner Oper singen. Von Herrn v. Lüttichau hörte ich, daß er, über den geringen Erfolg des ‹Tannhäuser› erschrocken, sogleich zu dem Befehl bereit gewesen sei, die immer noch erwartete Dekoration der Sängerhalle abzubestellen oder zurückzuweisen. Über die hiermit bekundete Mutlosigkeit erschrak ich so sehr, daß ich nun wirklich selbst den ‹Tannhäuser› fast schon für tot hielt. Welcher Einblick von dieser Stimmung aus in meine ganze Lage sich mir eröffnete, läßt sich nach meinen Mitteilungen, namentlich über meine Verlagsunternehmungen, leicht ermessen.

Diese furchtbaren acht Tage dehnten sich mir zu einer endlosen Ewigkeit aus. Ich scheute mich, jemanden zu sehen, und doch mußte ich mich eines Tages in die Mesersche Musikhandlung begeben; dort traf ich Gottfried Semper*** an, welcher sich eben ein Textbuch des ‹Tannhäuser› kaufte. Mit ihm hatte ich mich kurz zuvor bei einer Besprechung dieses Stoffes auf das heftigste ereifert; er wollte nämlich von dem minnesängerlichen und pilgerfahrtbereiten Mittelalter für die Kunst durchaus nichts wissen und gab mir zu verstehen, daß er mich um der Wahl eines solchen Stoffes willen geradewegs verachte. Während mir nun Meser bezeugte, daß nicht die mindeste Nachfrage nach den erschienenen Nummern meines ‹Tannhäuser› stattgefunden habe, war sonderbarerweise mein leidenschaftlicher Antagonist der einzige, der wirklich davon etwas kaufte und

---

\* *August Röckel (1814–76), Sohn des Sängers Joseph August Röckel, der 1806 in Wien den Florestan in Beethovens ‹Fidelio› sang, war Kapellmeister und Komponist. In den Jahren 1843 bis 1848 wirkte er unter Wagner als Musikdirektor am Dresdener Hoftheater und wandte sich in dieser Zeit der Politik zu. Wegen seiner betont republikanischen Gesinnung wurde er 1848 entlassen, gab dann bis 1849 die «Volksblätter» heraus, bei denen auch Wagner mitwirkte. Nach dem Dresdener Maiaufstand wurde er verhaftet, zum Tode verurteilt, begnadigt und bis 1862 im Zuchthaus Waldheim eingekerkert. Wagner führte mit ihm einen regen Briefverkehr.*
\*\* *Gemeint ist Ferdinand Heine, Regisseur und Kostümbildner am Dresdener Hoftheater.*
\*\*\* *Gottfried Semper (1803–79) war Architekt und gehörte zu Wagners engstem Freundeskreis. Er war verantwortlich für den Bau des Dresdener Hoftheaters.*

*Joseph Tichatschek, der Darsteller des Tannhäuser in der Dresdener Uraufführung.*

bezahlte. Mit einem eigentümlich befangenen Ernste sagte er mir, man müsse doch die Sache ordentlich und genau kennenlernen, wenn man sich einen richtigen Begriff davon machen wolle, und ihm stehe dazu leider nichts anderes als das Textbuch offen. Diese Begegnung gerade mit Semper, sowenig sie dem Anschein nach sagen mochte, ist mir als ein erstes, ernstlich ermutigendes Anzeichen in der Erinnerung geblieben.

Von größtem Trost war mir aber Röckel, welcher in diesen für mich so aufregungsvollen Leidenstagen in eine für das ganze Leben entscheidende innige Beziehung zu mir kam. Er hatte, ohne daß ich etwas davon wußte, unermüdlich für mich disputiert, erklärt, gestritten und geworben und hatte sich dadurch zu einer wahren Begeisterung für den ‹Tannhäuser› erhitzt. Am Vorabende der endlich bevorstehenden zweiten Aufführung trafen wir uns bei einem Glase Bier zusammen; seine wahrhaft verklärte Miene wirkte auch erheiternd auf mich; der Humor stellte sich ein: nachdem er lange meinen Kopf betrachtet, schwor er, ich sei nicht umzubringen, ich habe etwas an mir, was in meinem Blute liegen müsse, weil es sich selbst an meinem im übrigen so sehr mir unähnlichen Bruder Albert wiederzeige. Um sich verständlich zu machen, nannte er es die eigentümliche *Hitze* meiner Natur; er glaubte, daß diese Hitze verzehrend für andere sein könne, ich aber bei ihrem heißesten Erglühen mich jedenfalls erst recht wohl fühlen müßte, denn er habe mich mehrmals vollständig leuchten gesehen. Ich lachte und wußte nicht, was der Unsinn sollte. Nun, meinte er, für diesmal würde ich es ja an dem ‹Tannhäuser› sehen; denn daß ich mir einbilde, dieser werde nicht bestehen, sei eine reine Absurdität; er wäre des Erfolges über alles gewiß. Ich überlegte mir beim Nachhausegehen sehr wohl, daß, wenn der ‹Tannhäuser› sich wirklich noch feststellen und zu wahrhafter Popularität gelangen sollte, damit allerdings etwas unermeßlich Folgenreiches erreicht sein müßte.

So kam es denn endlich zu dieser zweiten Aufführung, welche ich durch Fallenlassen der Bedeutung der Hauptrolle und Herabstimmung meiner ursprünglichen idealeren Anforderungen an wichtige Teile der Darstellung in der Weise vorbereitet zu haben glaubte, daß durch Hervortreten der unbedingt gefälligen Partien ein wirkliches Gefallen am Ganzen sich einstellen müßte. Sehr erfreute mich die endlich angekommene und bereits für diese Aufführung verwandte Dekoration der Sängerhalle im zweiten Akte. Die schöne und edle Wirkung derselben belebte uns alle wie ein gutes Anzeichen. Leider hatte ich die Demütigung zu ertragen, das Theater sehr schwach besetzt zu sehen: dieser Anblick genügte, um mehr als alles andere mit überzeugender Bestimmtheit mir zu sagen, wie es mit dem Urteil des Publikums über mein Werk stand. Hatten wir wenig Besucher, so bestand die größte Anzahl derselben jedenfalls aber aus den ernsteren Freunden meiner Kunst. Die Aufnahme war sehr warm, namentlich riß Mitterwurzer alles zu wahrem Enthusiasmus hin. In betreff Tichatscheks hatten meine besorgten Freunde Röckel und Heine es für nötig erachtet, zu künstlichen Mitteln zu greifen, um ihn in guter Laune für seine Rolle zu erhalten. Um namentlich auch dem Verständnisse der allerdings unklar ausgeführten und doch so äußerst wichtigen Entscheidung der letzten Szene eine drastische Beihilfe zu geben, hatten jene mehreren jungen Leuten, namentlich Malern, einige Applaus-Explosionen an Stellen anempfohlen, welche gewöhnlich von einem Opernpublikum als nicht applausprovozierend angesehen werden. Es fand sich nun merkwürdigerweise, daß ein auf diese Weise eingegebener starker Beifallserguß nach den Worten Wolframs: «Ein Engel fleht für dich an Gottes Thron; er wird erhört: Heinrich, du bist erlöst!» – mit einem Male dem gesamten Publikum die bedeutsame Situation klarzumachen schien. Für alle Aufführungen blieb dieser in der ersten Vorstellung gänzlich unbeachtete Moment eine Hauptstelle für die Kundgebung der Sympathie des Publikums. – Nach wenigen Tagen fand eine dritte Aufführung und diesmal vor vollem Hause statt. Die Schröder-Devrient, niedergeschlagen über den geringen Anteil, den sie am Gelingen meines Werkes nehmen konnte, wohnte in der kleinen Theaterloge dem Verlaufe der Vorstellung bei; sie erzählte mir, daß Lüttichau mit strahlender Miene zu ihr getreten sei und geäußert habe, er glaube nun doch, daß wir den ‹Tannhäuser› glücklich durchgebracht hätten.

So bewährte es sich allerdings: wir wiederholten ihn im Laufe des Winters noch öfter; doch machten wir die Wahrnehmung, daß bei zwei schnell aufeinanderfolgenden Aufführungen zu der zweiten jedesmal ein minderer Zudrang des Publikums stattfand, was wir uns daraus zu erklären hatten, daß ich noch nicht das eigentliche große Opernpublikum, sondern nur den gebildeteren Teil des allgemeinen Publikums für mein Werk gewonnen hatte. Unter diesen wahrhaften Freunden meines ‹Tannhäuser› befanden sich, wie ich dies allmählich immer mehr erfuhr, Leute, welche für gewöhnlich das Theater gar nicht, am allerwenigsten aber die Oper besuchten. Der Anteil des auf diese Weise ganz neu sich bildenden Publikums gewann fortwährend an Intensität und äußerte sich in bisher ungekannter Weise vorzüglich in einer energischen Teilnahme für den Autor. Es war mir namentlich um Tichatscheks willen peinlich, dem bei jeder Aufführung fast nach allen Akten stets nur nach mir verlangenden Rufe des Publikums zu entsprechen; ich mußte mich aber endlich fügen, da meine Weigerung meinem Sänger zu neuer Demütigung Veranlassung gab, indem, wenn er mit seinen Kollegen allein auf der Bühne erschien, ihm stets der energische Ruf meines Namens fast verletzend entgegentönte. Mit welch aufrichtigem Eifer wünschte ich, es möchte umgekehrt der Fall sein und über der Vortrefflichkeit der Darstellung der Autor vergessen werden! Daß ich dies in Dresden mit dem ‹Tannhäuser› nie erreichen konnte, begründete in mir eine charakteristische Erfahrung, welche mich in Zukunft für alle meine Unternehmungen geleitet hat. Jedenfalls war ich mit der Dresdener Aufführung des ‹Tannhäuser› nur erst so weit gelangt, dem gebildeten Teil des Publikums durch Reflexion und Abstraktion von der Realität der Darstellung mit meinen über das Gewöhnliche hinausgehenden Tendenzen mich bekannt zu machen. Nicht aber war es mir gelungen, diese Tendenzen in so unwillkürlich ergreifender und überzeugender Weise in einer theatralischen Darstellung deutlich zu machen, daß auch das ungebildetere Gefühl des eigentlichen Publikums durch direkte Erfahrung der Wirkung damit vertraut geworden wäre.

## Eine frühe Wagner-Polemik nach der Uraufführung des ‹Tannhäuser›

(Aus den ‹Signalen für die musikalische Welt›, Leipzig, 19. November 1845)

Es ist endlich einmal an der Zeit, ein freies und offenes Wort über die Lobpreisungen zu sprechen, mit denen man den Componisten des ‹Rienzi› und ‹Tannhäuser› der Welt als den neuen Messias der Oper proclamirt. Es ist keinem, der nur einigermaßen mit dem journalistischen Treiben und gewissen Privatverbindungen bekannt ist, unbegreiflich, wie es möglich, daß so viele verschiedene Zeitschriften in ein und dieselbe Lobposaune stoßen; aber über die Unklugheit eines solchen Maneuvres muß man staunen, da es längst bekannt, daß übertriebenes Lob stets einen härteren Tadel herausfordert, und daß ein plumper Freund oft noch mehr schadet, als ein besonnener Feind. Man sollte glauben, die Erfahrungen, welche man mit dem ‹Rienzi› gemacht, müßten zur Vorsicht bestimmt haben, denn bereits längst sitzt diese Oper, die wie eine Arche Noä, auf einer wahren Ruhmessündfluth schwamm, im Trockenen. Oder sind es verzweiflungsvolle Bestrebungen, das mit dem ‹Tannhäuser› zu erreichen, was die unbestechliche Nemesis dem ‹Rienzi› versagte? Aber der «Tannhäuser wird das Loos des Rienzi theilen», trotz dem, daß man sich nicht entblödet zu behaupten, «Mozarts Opern seien nur Schablonen-Arbeit, während es Richard Wagner vorbehalten sei, mit freier, selbständig neuer, genialer Erfindung Tongemälde für alle Zeiten zu liefern». Wer so etwas schreiben kann, mag sich vielleicht auf gewisse philosophische Phrasen, auf gut anzuhörende ästhetische Raisonnements verstehen, aber das Wesen der Musik kennt er weder als Künstler noch als Philosoph, sonst müßte er wissen, daß diese Kunst, welcher die Zeit und die unmittelbare Erfindung das ist, was der materielle Raum und die zum Verstandesbewußtseyn gebrachte Idee andern Künsten ist, um so mehr einer bestimmten Form bedarf, als sie in ihren Elementen zu leicht verflüchtiget. Jener Berichterstatter studire erst das Volkslied, studire Mozarts, Webers und anderer Componisten Opern, studire die Werke großer verstorbener Meister, die sich bis auf unsere Zeit verpflanzt haben und unsere späten Nachkommen begeistern werden, wie uns zum Beispiel die Werke Glucks, und dann urtheile er! Man bemüht sich jetzt, nach der vierten Vorstellung zu behaupten, man müsse die Oper öfter hören, um ihre unendlichen Schönheiten alle zu begreifen, jetzt, nach dem bereits die «Vox populi», welche meist die «Vox dei» ist, die entscheidende Opposition zu jenen Lobpreisungen bildete. Was soll das helfen? «Wird eine Leiche wieder lebendig, wenn man ihr die Wangen schminkt?»

Man rühmt, daß der Componist sein eigner Dichter sei. Wir wollen nicht behaupten, daß einem Menschen unmöglich sei, gleichzeitig als Dichter und Componist Vollendetes zu leisten; bis jetzt haben wir aber noch keine Erfahrung dafür. An dem ‹Tannhäuser› und ‹Rienzi› ist sie keineswegs zu machen. Das Sujet ist in seiner moralischen Tendenz verfehlt durch eine zu «prädenziöse Zur-Schaustellung der Sünde, wobei in allen aufgebotenen äußern Mitteln die Absicht nicht zu verkennen ist, der Lascivität des Publikums zu Gunsten lebhaften Beifalls Gnüge zu leisten». Die Art und Weise aber, wie der Dichter die Tugend siegen läßt, ist zwar psychologisch richtig, erscheint aber dadurch, «daß in lauter Theatereffecten Himmel und Hölle aufgeboten sind, so verstandesmäßig kalt berechnet», daß es eine Lüge ist, wenn Jemand behauptet, es mache diese sittliche Genugthuung einen bleibend wohlthuenden Eindruck, denn es ist nur zu wahr: «Man merkt die Absicht und ist verstimmt!» Wie der Text, so ist die Musik nicht aus einem unwillkürlichen Drange des Schaffens hervorgegangen, obwohl beides den talentvollen und namentlich speculativen Kopf offenbart. So wie die Verflechtung des Sängerkrieges in das Mährchen vom Tannhäuser eine offenbar gute Idee ist, so müssen wir einzelnen geistvollen Combinationen, manchen sinnreichen Effecten und pikanten Wendungen ehrende Gerechtigkeit wiederfahren lassen; aber leider gehen diese einzelnen glücklichen Gedanken in der utrirten, geistreich sein sollenden musikalischen Darstellungsweise verloren. Es schlägt ein Effect den andern todt.

*Die Schlußszene der Dresdener Inszenierung des ‹Tannhäuser› von 1847 mit dem geänderten Schluß: Tannhäuser sinkt an der Leiche der aufgebahrten Elisabeth nieder.*

*(Vgl. zum ursprünglichen Schluß das Textbuch des vorliegenden Bandes, S. 69)*

# Robert Schumann über ‹Tannhäuser›

1. Brief an Felix Mendelssohn-Bartholdy,
   Dresden, 22. Oktober 1845:

Da hat Wagner wieder eine Oper fertig – gewiß ein geistreicher Kerl voll toller Einfälle und keck über die Maßen – die Aristokratie schwärmt noch vom ‹Rienzi› her – aber er kann wahrhaftig nicht vier Takte schön, *kaum gut* hintereinander wegschreiben und denken. Eben an der reinen Harmonie, an der vierstimmigen Choralgeschicklichkeit – da fehlt es ihnen allen. Was kann da für die Dauer herauskommen! Und nun liegt die ganze Partitur schön gedruckt vor uns – und die Quinten und Octaven dazu – und ändern und radiren möchte er nun gern – zu spät! – Nun genug! Die Musik ist um kein Haar besser als ‹Rienzi›, eher matter, forcirter! Sagt man aber so etwas, so heißt es gar «ach, der Neid», darum sag' ich es nur Ihnen, da ich weiß, daß Sie es längst wissen.

2. Brief an Felix Mendelssohn-Bartholdy,
   Dresden, 12. November 1845:

Über ‹Tannhäuser› vielleicht bald mündlich; *ich muß manches zurücknehmen*, was ich Ihnen nach dem Lesen der Partitur darüber schrieb; von der Bühne stellt sich alles ganz anders dar. Ich bin von Vielem ganz ergriffen gewesen.

3. Brief an den Komponisten und Kapellmeister Heinrich Dorn,
   Dresden, 7. Januar 1846:

‹Tannhäuser› von Wagner wünscht ich, daß Sie sähen. Er enthält Tiefes, Originelles, überhaupt 100 *mal Besseres* als seine früheren Opern – freilich auch manches musikalisch-Triviale. In Summa, er kann der Bühne von großer Bedeutung werden, und wie ich ihn kenne, hat er den Muth dazu. Das Technische, die Instrumentirung finde ich ausgezeichnet, ohne Vergleich meisterhafter gegen früher. Er hat schon wieder einen neuen Text fertig ‹Lohengrin›.

# III. Erläuterungen Wagners zur Aufführung des ‹Tannhäuser›

*Das Hoftheater in Weimar war die erste Bühne, die nach der Dresdener Uraufführung Wagners ‹Tannhäuser› in Szene setzte. Franz Liszt dirigierte die Premiere am 16. Februar 1849. Wagner war erst bei einer Wiederaufnahme-Probe am 13. Mai anwesend, und zwar als steckbrieflich verfolgter politischer Flüchtling wegen seiner Beteiligung am Dresdener Mai-Aufstand. In seinen Briefen aus dem Umkreis der Weimarer ‹Tannhäuser›-Premiere äußert sich Wagner über sein Bestreben, von der Oper zum Drama vorzustoßen. Wie schwierig die Darstellung des ‹Tannhäuser› damals war, hatte die Dresdener Uraufführung zur Genüge gezeigt. Um so willkommener mußte Wagner die Weimarer Erstaufführung sein, zumal sie unter der künstlerischen Leitung seines späteren Freundes Liszt stattfand. Immerhin verschaffte Liszts Eintreten für die neuartige Darstellungsweise des ‹Tannhäuser› dem Stück den Charakter eines überregionalen Ereignisses. So wurde der ‹Tannhäuser› auch bald für andere Bühnen attraktiv: Am 26. Januar 1852 gab Schwerin, am 6. Oktober des gleichen Jahres Breslau und am 13. November Wiesbaden je eine Erstaufführung.*

## Briefe Wagners zur Weimarer Aufführung des ‹Tannhäuser› (1849)

AN FRANZ LISZT, WEIMAR

Verehrtester freund!

herzlichen gruß und besten dank für das gute andenken das Sie mir erhalten! Längst hat es mich gemahnt Ihnen einmal zu schreiben, weiß gott wie es immer nicht dazu kam! möge es heute nicht zu spät kommen!

In dieser schlimmen zeit übernehmen Sie also die plage, sich mit meinem ‹Tannhäuser› herumzuschlagen? Ist Ihnen der muth noch nicht gesunken bei der mühvollen und nur im glücklichsten falle dankbaren arbeit? «im glücklichsten falle» sage ich: denn nur, wenn die darsteller (zumal der der hauptrolle) der äußerst schwierigen aufgabe genügen, dann aber auch das ungewohnte derselben sie nicht abschreckt und ihren guten willen lähmt, nur dann kann auch der glückliche fall eintreten, daß die aufführung verständlich und wirksam wird. Wenn ich auf irgend einen umstand eine hoffnung des erfolges setzte, so ist es darauf, daß *Sie* sich der sache unterzogen haben: Ihnen wird schon etwas gelingen, das bin ich überzeugt.

Daß Sie sich für jetzt in Weimar fixiert haben\*, gefällt mir sehr: ich hoffe, dies kann nicht nur Weimar, sondern auch Ihnen recht gedeihlich werden: so bleiben auch wir etwas in der nähe [...]
Dresden, 14. Januar 1849

AN FREIHERRN VON BIEDENFELD\*\*, WEIMAR

Hochgeehrtester herr!

Mit größter dankbarkeit erkenne ich Ihr freundliches anerbieten an; und bedaure nur wenn es mir nicht möglich sein sollte, Ihnen die gewünschte unterstützung dazu geben zu können.

Die arbeit selbst, um die es sich hierbei handelt, ist mir bereits entfremdet, und ich entsinne mich nur, daß mir an ihr mein künstlerisches verfahren erst zum eigentlichen bewußtsein gekommen ist. Von je her sträubte ich mich dagegen, den unermeßlichen apparat von handlung, situation und historie, unterstützt durch die lebhafteste zuthat aller irgend vorhandenen künste, als malerei, plastik, gymnasiastik u. s. w., lediglich dazu aufgewendet zu sehen, dem publikum so und so viel schmeichelnde melodien in das gedachtnis zu prägen; ich überzeugte mich, daß der einzige, all diesem aufwande entsprechende, zweck doch nichts geringeres als das dramatische kunstwerk selbst sein dürfe, und die oper darin noch über dem schauspiele stehe, daß sie zu allen mitteln des ausdrucks noch jenes allerreichste, mannichfaltigste und unerschöpflichste der musik hinzufüge. Nun konnten die Griechen, und vielleicht selbst noch ein theil unsres mittelalterlichen drama's, die hülfe des musikalischen ausdruckes dem schauspiele angedeihen lassen, ohne dieses selbst in vielem wesentlichen zu alteriren: seitdem aber in unsrer zeit durch die helden der absoluten – das heißt: von der dichtkunst losgetrennten – musik, und endlich

---

\* *Franz Liszt war seit einem Jahr Hofkapellmeister am Weimarer Hoftheater.*
\*\* *Schriftsteller in Weimar.*

namentlich Beethoven die ausdrucksfähigkeit dieser kunst, zumal durch das orchester, zu einer völlig neuen, früher, und selbst von Gluck kaum noch geahnten, künstlerischen potenz erhoben haben, wird allerdings der einfluß der musik auf das drama von wichtigkeit geworden sein, da sie natürlicher weise anspruch auf entfaltung ihres reichthumes zu machen hat. Das drama selbst mußte also für den ausdruck sich erweitern, und diese, dem reichthum musikalischen ausdruckes entsprechende fähigkeit in ihm zu entdecken und fortzubilden, schien mir lediglich dem musiker selbst möglich zu sein. Wenn ich somit den musiker auch zum dichter erhob, so konnte ich ihn um so weniger doch den eigentlichen hauptzweck des drama's selbst aus dem auge verlieren lassen, denn um dieses höchsten aller künstlerischen zwecke willen ward ja seine besondre kunst – die musik – eben nur mit herbeigezogen; und so mußte es mir als seine rechte aufgabe erscheinen: des reichthumes musikalischen ausdruckes vollkommen gewiß und innerlichst bewußt nun wiederum nichts anderes als das drama selbst zu wollen, natürlich aber das drama, welches ohne jenes musikalische bewußtsein des dichters nicht zum vorschein kommen konnte. Um mich hierüber vollkommen deutlich zu machen verweise ich auf eine hauptscene meines ‹*Tannhäuser*›: den Sängerkrieg; offenbar mußte und konnte hier, zumal um die katastrophe durch diese scene herbeizuführen, nur die dichterische absicht vorherrschen; die Sänger durch gesangskünste, verzierungen und cadenzen sich überbieten zu lassen hätte die aufgabe eines concertstreites, nicht aber eines dramatischen gedanken- und empfindungskampfes sein können; wiederum aber konnte dieser dichterstreit, in welchem sich das ganze volle wesen der betheiligten menschen einsetzt, in seiner dramatischen wirkung ohne jene höchste und manichfaltigste kraft musikalischen ausdruckes, wie ich sie meine, nicht verwirklicht werden, und zu meiner befriedigung habe ich erfahren dürfen, daß gerade diese so gewagte Scene bei jeder aufführung die lebhafteste und gesteigertste theilnahme des publikums in anspruch nahm: ich hatte somit den triumph, unser hierfür sehr entwöhntes publikum in der *oper* durch den *gedanken* zu fassen, nicht bloß durch die *empfindung*.

Daß ich es kurz noch einmal wiederhole; meine richtung habe ich eingeschlagen als musiker, der von der überzeugung des unerschöpflichsten reichthumes der musik ausgehend das höchste kunstwerk, nämlich: *das drama* will. Ich sage: *will*, um mein streben zugleich mit anzudeuten; ob ich es *kann*, das vermag ich allerdings nicht zu beurtheilen, und wenn ich mich irre kann dies nur in folge meiner schwachen befähigung, nicht aber meines richtigen willens sein.

Ist es Ihnen möglich aus dieser kurzen mittheilung eine ansicht über das wesen meiner leistungen zu gewinnen, so kann es mir nur lieb sein: mehr worte, jedoch nicht mehr inhalt könnte ich Ihnen aber mittheilen.* Nehmen Sie daher vorlieb und widmen Sie mir, wenn möglich, eine geneigte theilnahme.

Mit der bitte, Liszt bestens von mir zu grüßen, verbleibe ich hochachtungsvollst

Dresden, 17 Jan. 49.
Ihr
ergebenster
Richard Wagner.

AN FREIHERRN VON ZIEGESAR**, WEIMAR

Hochverehrender herr!

Nehmen Sie meinen herzlichsten dank für Ihr so sehr freundliches schreiben, durch das Sie mich lebhaft erfreut haben. Ich gestehe daß ich es jetzt nicht für die zeit hielt, für meine arbeiten theilnahme zu finden, und zwar weniger der jetzigen weltbewegung wegen, als vielmehr wegen des mangels alles höheren ernstes der schon lange aus der theilnahme am theater gewichen ist und der oberflächlichsten unterhaltungssucht platz gemacht hat. Sie selbst fürchten für die aufnahme meine(r) oper*** von seiten des weimarischen publikums, – da Sie zu gleicher zeit mir aber Ihre theilnahme dafür mir so herzlich an den tag legen, darf ich wohl hoffen daß Sie mir darin beistimmen werden, wenn ich Ihre verehrten vorgänger unumwunden anklage schuld daran zu sein, daß Sie jetzt dem publikum einen verwahrlosten und oberflächlichen geschmack zutrauen müssen: denn wie man einen menschen erzieht, so wird er, und ein theaterpublikum ist dem eindruck der zucht gewiß nicht minder untergeben. Jedoch, wie unrecht thue ich, einen übelstand für Weimar zu rügen, der im vergangenen menschenalter durch alle theater der welt eingerissen ist! und noch dazu verfalle ich in den verdacht dies nur im eitlen interesse eines werkes zu thun, daß vielleicht aus ganz anderen, in seiner verfehltheit selbst liegenden gründen, der ungunst des publikums ausgesetzt sein dürfte! – Wie dem auch sei, jedenfalls ist Ihre bemühung um mein werk, gerade unter so bewandten umständen um so erfreulicher und verdienstlicher, und ich sage Ihnen auch dafür meinen erkenntlichsten dank [...].

Dresden, 8. Februar 1849

* *Wagner spielt hier auf das Vorhaben Biedenfelds an, einen Aufsatz über ‹Tannhäuser› zu schreiben. Wegen Biedenfelds mangelnder Fachkenntnisse begegnete Wagner diesem Plan mit berechtigtem Mißtrauen.*
** *Intendant des Weimarer Hoftheaters bis 1857.*
*** *Gemeint ist ‹Tannhäuser›.*

AN FRANZ LISZT, WEIMAR

Lieber freund Liszt!

Nach allem was ich in erfahrung bringe, haben Sie nach den beispiellosen erfolgen Ihres bisherigen lebens und künstlerischen wirkens ganz kürzlich sich einen neuen errungen, der wahrscheinlich dem schönsten Ihrer früheren in nichts nachsteht, in mancher hinsicht sie vielleicht sogar übertrifft. Glauben Sie, ich könnte dies aus der ferne nicht beurtheilen? hören Sie, ob ich es vermag.

Kein theater der welt hat es noch zu unternehmen für gut befunden, meine seit vier jahren erschienene oper: ‹Tannhäuser› zur aufführung zu bringen; *Sie* mußten aus aller welt enden erst am sitz eines kleinen hoftheaters sich auf einige zeit ansiedeln, um sogleich zum werke zu greifen, damit Ihr schwer geprüfter freund endlich etwas weiter komme: Sie redeten und verhandelten nicht viel, Sie machten sich selbst über die ungewohnte Arbeit her, und studierten den leuten mein werk ein. Nun seien Sie aber versichert, daß niemand so gut es weiß als ich, was es heißt eine solche arbeit, unter solchen umständen wie sie bestehen, zu tage zu fördern: wer teufel studiert nicht alles opern ein! Ihnen galt es nicht blos, die oper aufzuführen, sondern sie verstanden und mit beifall aufgenommen zu wissen. Dazu hieß es mit leib und seele sich in die arbeit werfen, mit leib und seele sich aufopfern, jede faser seines leibes, jede fähigkeit der seele auf das Eine hin zu drängen, auf das Eine hin wirken zu lassen: daß das werk des freundes nicht nur zu tage, sondern daß es *schön, und ihm nützend* zu tage käme. Sie mußten sich versichern daß es gelänge, denn nur um des gelingens willen waren Sie an's werk gegangen: und hierin liegt die kraft Ihres charakters und Ihrer fähigkeit, – *es ist Ihnen gelungen!*

Habe ich Ihre schöne that richtig beurtheilt, habe ich somit Sie verstanden, so werden Sie hoffentlich auch mich verstehen, wenn ich eben so kurz und bündig, wie es Ihre that war, Ihnen jetzt nur dies Eine zurufe:

*ich danke Ihnen, lieber freund!*

Sie haben aber nicht nur meinem werke nützen wollen, Sie haben auch mir selbst nützen wollen: Sie wußten daß ich, wie nun einmal meine lage ist, ein ziemlich auf sich beschränkter, verlassener, einsamer mann bin. Sie wollten mir *freunde* zuwenden, und dachten gut genug von meiner arbeit, daß Sie die verbreitung derselben selbst für fähig hielten, mir freunde zu verschaffen. Lieber freund, gerade jetzt haben Sie dadurch wie durch einen zauber mich erhoben: denn – nicht um Ihnen zu klagen sage ich Ihnen das, sondern um Sie von der macht des eindruckes zu überzeugen, – grade jetzt, in derselben woche in der Sie meinen ‹Tannhäuser›

in Weimar aufführten, erlitt ich von meinem hiesigen Intendanten so niederträchtige beleidigungen, daß ich mehrere tage mit mir kämpfte ob ich es länger ertragen sollte, um des bissen brodes willen, den mir mein dienstverhältnis zu essen giebt, mich länger der nichtswürdigsten behandlung auszusetzen, und nicht lieber alle kunst fahren zu lassen, mein brod mit tagelohn zu verdienen, um nur nicht länger dem Despotismus der boshaftesten ignoranz ausgesetzt zu sein.* Gott sei dank, die erfahrungen aus Weimar und Tichatscheks grüße und berichte haben mich wieder aufgerichtet. Ich habe wieder muth zum ertragen!
*Auch das danke ich Ihnen!* –

Will's gott, so sehe ich Sie nun bald einmal wieder, mein lieber, werther, hochverdienter freund!** In der verflossenen woche war es mir unmöglich, meinen peiniger mit irgend einer bitte, wie der um einen kleinen urlaub anzugehen: gern wäre ich sonst gekommen, wenn auch nur um ein paar stunden heiter und aufgeweckt mit Ihnen zu verbringen, und Ihnen meine hohe freude über Sie zu bezeugen. – Nehmen Sie für heute so vorlieb! Es kommt alles aus vollstem herzen, und thränen habe ich dabei auch im auge.

Von Herrn v. Ziegesar, Biedenfeld und Genast erhielt ich zugleich briefe des freudigsten und freundlichsten inhaltes: ich beantworte sie alle mit einem male, indem ich Sie zu meinem dollmetscher mache, und durch Sie die Herren von ganzem herzen grüßen lasse. Behalten Sie mich nur lieb: ich gebe Ihnen allen dagegen gern, was ich nur in mir habe und so – mein nenne!

Gott befohlen, *lieber* Liszt!

Dresden, 20 Febr. 49.

Ihr
Richard Wagner.

---

* *Wagner spielt auf seine Auseinandersetzungen mit dem Dresdener Intendanten August von Lüttichau an, der Wagners demokratische Bestrebungen in der Organisation des Hoftheaterbetriebs nicht dulden wollte.*
** *Wagner kam, nach dem Dresdener Mai-Aufstand von 1849, auf der Flucht auch nach Weimar und wohnte lediglich einer Orchesterprobe zu ‹Tannhäuser› am 13. Mai bei. Die Aufführung am 20. Mai konnte er, weil er bereits steckbrieflich verfolgt wurde, nicht besuchen.*

Dokumentation

# Wagners programmatische Erläuterungen

## 1. Ouvertüre *
(Der Venusberg)

Im Beginn führt uns das Orchester allein den Gesang der Pilger vor; er naht, schwillt dann zum mächtigen Ergusse an, und entfernt sich endlich. – Abenddämmerung: letztes Verhallen des Gesanges. – Beim Einbruche der Nacht zeigen sich zauberliche Erscheinungen: ein rosig erdämmernder Duft wirbelt auf, wollüstige Jubelklänge dringen an unser Ohr; wirre Bewegungen eines grauenvoll üppigen Tanzes lassen sich gewahren. Dies sind die verführerischen Zauber des «Venusberges», die in nächtlicher Stunde denen sich kundgeben, in deren Brust ein kühnes, sinnliches Sehnen brennt. – Von der verlockenden Erscheinung angezogen, naht sich eine schlanke männliche Gestalt: es ist Tannhäuser, der Sänger der Liebe. Er läßt sein stolz jubelndes Liebeslied ertönen, freudig und herausfordernd, wie um den üppigen Zauber zu sich herzuzwingen. – Mit wildem Jauchzen wird ihm geantwortet: dichter umgibt ihn das rosige Gewölk, entzückende Düfte hüllen ihn ein und berauschen seine Sinne. Im verführerischesten Dämmerscheine vor ihm ausgegossen, gewahrt sein wundersichtiger Blick jetzt eine unsäglich reizende Weibesgestalt; er hört die Stimme, die in süßem Erheben ihm den Sirenenruf zutönt, der dem Kühnen die Befriedigung seiner wildesten Wünsche verheißt. Venus selbst ist es, die ihm erschienen. – Da brennt es ihm durch Herz und Sinne; ein glühend zehrendes Sehnen entzündet das Blut in seinen Adern: mit unwiderstehlicher Gewalt treibt es ihn näher, und vor die Göttin selbst tritt er mit seinem Liebesjubelliede, das er jetzt in höchstem Entzücken zu ihrem Preise ertönen läßt. – Wie auf seinen Zauberruf tut sich nun das Wunder des Venusberges in hellster Fülle vor ihm auf; ungestümes Jauchzen und wilder Wonneruf erheben sich von allen Seiten; in trunkenem Jubel

---

\* *Für eine Aufführung in Zürich am 16. März 1852 unter Wagners Leitung verfaßter Text. Dem Programm war außerdem noch folgendes Vorwort beigegeben:*
«Die Freunde meiner Kunst, denen es an einem genaueren Verständnisse dieses meines Tonwerkes gelegen ist, muß ich auf meine Dichtung ‹Tannhäuser und der Sängerkrieg auf der Wartburg› selbst verweisen, die als ein Teil meiner kürzlich erschienenen ‹Drei Operndichtungen›, von mir auch durch den Buchhandel der Öffentlichkeit übergeben worden ist. Dennoch muß ich es für zweckdienlich halten, wenn ich das verdichtete Bild, daß der Ouvertüre als besonderer Gegenstand der Darstellung zugrunde liegt, in den Zügen mitteile, die ich jetzt meiner Tondichtung zum Zwecke der vorliegenden Mitteilung eigens entnahm. Ich ersuche daher die Anhörer meiner Ouvertüre, dieses Bild, wie ich es hier gebe, sich zuvor genau einprägen zu wollen, weil nur dann die Anhörung selbst das richtige Verständnis bewirken kann.»

brausen die Bacchantinnen daher und reißen in ihrem wütenden Tanze Tannhäuser fort bis in die heißen Liebesarme der Göttin selbst, die ihn, den in Wonne Ertrunkenen, mit rasender Glut umschlingt, und in unnahbare Fernen, bis in das Reich des Nichtmehrseins, mit sich fortzieht. Es braust davon wie das wilde Heer, und schnell legt sich dann der Sturm. Nur ein wollüstig klagendes Schwirren belebt noch die Luft, ein schaurig üppiges Säuseln wogt, wie der Atem unselig sinnlicher Liebeslust, über die Stätte, auf der sich der entzückende unheilige Zauber kundtat, und über die sich nun wieder die Nacht ausbreitet. – Doch bereits dämmert der Morgen herauf: aus weiter Ferne läßt sich der wieder nahende Pilgergang vernehmen. Wie dieser Gesang sich immer mehr nähert, wie der Tag immer mehr die Nacht verdrängt, hebt sich auch jenes Schwirren und Säuseln der Lüfte, das uns zuvor wie schauriges Klagetön Verdammter erklang, zu immer freudigerem Gewoge, so daß endlich, als die Sonne prachtvoll aufgeht, und der Pilgergang in gewaltiger Begeisterung aller Welt und allem, was ist und lebt, das gewonnene Heil verkündet, dieses Gewoge zum wonnigen Rauschen erhabener Entzückung anschwillt. Es ist der Jubel des aus dem Fluche der Unheiligkeit erlösten Venusberges selbst, den wir zu dem Gottesliede vernehmen. So wallen und springen alle Pulse des Lebens zu dem Gesange der Erlösung; und beide getrennten Elemente, Geist und Sinne, Gott und Natur, umschlingen sich zum heilig einenden Kusse der Liebe.

## 2. Einzug der Gäste auf der Wartburg *

Trompeten melden vom Turme die Ankunft der ersten Gäste, die auf des Landgrafen Einladung zu einem großen Sängerfeste, dem Tore der Wartburg zuziehen. Edelknaben springen herbei, um den Marschall zum Empfang zu rufen, an der Spitze von Herolden tritt dieser auf und begibt sich nach der Saalpforte zu den Anlangenden. Die Gäste, Grafen und Edle des Thüringer Landes, Frauen geleitend und von Edelknaben gefolgt, schreiten in prächtigen Gewändern herein, werden zum Landgrafen und Elisabeth geführt und von diesen herzlich und anmutig begrüßt. Als ihnen dann im weiten Halbkreis durch die Knaben und Herolde Plätze angewiesen sind, und sie selbst nun Zuschauer des weiteren Einzugs der nachfolgenden Gäste werden, löst sich ihnen, in der Betrachtung des Vorganges

---

* *Text Wagners für die Züricher Festkonzerte vom 18. bis 20. und 22. Mai 1853.*

und in der angenehm gespannten Erwartung des zu begehenden Festes, die Zunge zum Preise des ritterlichen und kunstsinnigen Fürsten:

CHOR.   Freudig begrüßen wir die edle Halle,
Wo Kunst und Frieden immer nur verweil',
Wo lange noch der frohe Ruf erschalle:
Thüringens Fürsten, Landgraf Hermann, Heil!

Die Trompeten haben wiederholt reiche Züge ankommender Festgenossen begrüßt: der Saal prangt jetzt in Fülle ritterlicher Pracht. Ein zarterer Reigen verkündet nun den Auftritt der Sänger selbst: die Harfe in der Hand, doch auch das Schwert zur Seite, ziehen sie in festlichem Schmucke ein, verneigen sich mit Würde und Anmut gegen die prächtige Versammlung; Edelknaben ziehen ihnen aus einem goldenen Becher die Lose, nach denen ihnen Rang und Sitze bestimmt werden, die sie nun unter dem abermaligen Zurufe der ganzen Versammlung einnehmen. – Das gibellinische Mittelalter, in seiner schönen und liebenswürdigen Gestalt, hat sich vor uns erschlossen. Einem andern, tief innerlichen Zuge desselben wenden wir uns mit dem folgenden Stücke zu.

## 3. Tannhäusers Romfahrt

Tannhäuser hat im Sängerkampfe sein Geheimnis, daß er im Venusberge, in Venus' Armen geweilt, verraten; vor dem Schwerte der entrüsteten Männer beschirmte ihn Elisabeths Fürbitte: sie, die ihn im tiefsten Gemüte liebte, der er mit seinem jauchzenden Bekenntnisse das Herz zerstochen, flehte für sein Heil; die erweichten Männer gaben ihm auf, nach Rom zum Gnadenfeste zu ziehen, um dort Vergebung seiner schrecklichen Schuld zu erbitten. Vom Innewerden seines Frevels an Elisabeth, dem Engel seiner Not, auf das Furchtbarste ergriffen, zerknirscht von Reue und beseelt von dem einzigen Verlangen, durch Martern aller Art den Todesschmerz zu sühnen, mit dem er das reinste Herz der liebenden Jungfrau traf, ergreift der entnüchterte Venusritter wahllos das Heilmittel, das die Welt ihm zeigt, nicht um die Wonne der Entsündigung für sich zu gewinnen, sondern als Begnadigter den Engel zu versöhnen, der ihm die bitterste Träne des Lebens geweint. So verließ er die Wartburg und reihte sich an den Zug der Pilger, die um gleicher Sünde willen die Bußfahrt nach Rom antraten. – Im Beginne des Tonstückes vernehmen wir das fromme Lied der gläubigen Schar auf der Pilgerreise: aus der Heimat her tönt dem Scheidenden noch der Segensgruß Elisabeths nach. Nicht stimmt Tannhäuser in den Gesang: schweigend wandelt der Tiefgebeugte seitab; Dorn und Stein, Hunger und Durst wählt er für sich, während die andern auf gemächlichem Pfade durch Rast und Labung für die Fahrt sich stärken. So gelangt die Schar an das Ziel. Prachtvoll erstreckt sich vor den staunenden Augen die ewige Stadt; in freudiger Andacht senkt sich alles auf die Knie vor dem Dome des Herrn; aus dem im ersten Frührot sanft erglänzenden Münster dringen holde Himmelsklänge, wie von Engelstimmen getragen, zu der betenden Schar heraus, die in gläubigem Entzücken flüsternd die heiligen Töne nachlallt. Da, bei vollem Anbruche des Tages öffnet sich die Pforte: er, durch den sich Gott verkündigt, der gewaltige Priester, schreitet heraus auf die Stufen des Domes, umgeben von nie gesehener heiliger Pracht; und allen, die da kamen zur Stätte des Herrn, verkündete er Heil und Vergebung der Sünden: zum Himmel auf steigt das Jauchzen und Frohlocken der begnadigten Menge. – Da naht dem Priester auch Tannhäuser; demütig in brünstiger Zerknirschung beichtet er seine Schuld und ruft nach Erlösung aus den Flammen unheiliger Liebesglut, die durch Venus' Zauber in ihm brennen. Doch wie jammervoll er sich im Staube windet, für ihn hat der Priester keine Gnade: Anathema ruft er über den Sünder, ewige Verdammnis donnert er dem heilsbedürftigsten aller Büßer zu. Da wird es Nacht vor seinen Sinnen: er sinkt zurück; noch hört er undeutlich das Himmelslied des Heils verklingen; bewußtlos starrt er in die Dämmerung. Da bricht ein milder Glanz, gleich dem Blinken des Abendsterns über den mächtig Einsamen aus; ein Auge wacht über den Unglücklichen, der nun, da ihn alle Welt verläßt, der trauernd einsamen Elisabeth einzig nahe ist; die Träne der unendlichen Wehmut und Liebe weint sie dem Gefallenen, aus brünstig keuscher Klage erhebt sie sich zur sanften Kraft eines letzten Gegengrußes, mit dem sie den Geliebten auf zum Himmel ruft.

Dem stillen Tal der Heimat nähert sich nun der Gesang der wiederkehrenden Pilgerschar, fromm und froh das gewonnene Heil verkündend, das die freudig geschwellte Brust aus sich nun jeden Sünder weithin mitzuteilen sich gedrängt fühlt.

Dokumentation

*Da sich nach der wichtigen Weimarer Erstaufführung des ‹Tannhäuser› auch andere deutsche Bühnen für Wagners Oper interessierten, sah sich der Komponist, wegen der Anforderungen, die das Werk an die Ausführenden stellt, genötigt, mit den Verantwortlichen der weiteren Inszenierungen in Briefkontakt zu treten, um sie auf die Eigentümlichkeiten des ‹Tannhäuser› aufmerksam zu machen. Er wandte sich auch wieder an Franz Liszt, der am Weimarer Hoftheater nun endlich eine ungekürzte Fassung aufführen sollte.*

*Damit auch auf den mittleren Bühnen der ‹Tannhäuser› nicht im herkömmlichen Aufführungsstil, sondern in der von ihm ausdrücklich intendierten Art eines «musikalischen Dramas» einstudiert werde, verfaßte Wagner überdies einen ausführlichen Bericht über seine Vorstellungen, wie er sich den ‹Tannhäuser› inszeniert und musikalisch ausgeführt dachte. Dieser Aufsatz ‹Über die Aufführung des ‚Tannhäuser'›, geschrieben vom 14. bis 23. August 1852, ist nicht nur eine Anleitung für die Praxis, sondern zugleich so etwas wie ein Entwurf der eigenen szenischen Idealvorstellung Wagners. Im Vordergrund steht dabei die neue, enge Verbindung von Musik und Szene, die eine bisher unbekannte Zusammenarbeit von Kapellmeister und Regisseur nötig macht. Und für den Sänger bedeutet diese Forderung nichts Geringeres, als zum Sängerschauspieler zu werden, um die Ansprüche des Werkes sinnvoll erfüllen zu können. Wir bringen aus dem ausführlichen Beitrag Wagners zur adäquaten Inszenierung des ‹Tannhäuser› einen Auszug, der sich an die Aufgaben der Darsteller im besonderen wendet.*

# Briefe Wagners über Aufführungsfragen des ‹Tannhäuser›

AN CHRISTIAN JULIUS DANIEL STOCKS[*], SCHWERIN

Geehrter Herr!

Durch Frau Moritz erfuhr ich, daß, wie Sie namentlich die Schweriner Hoftheaterintendanz zum Befassen mit meinem ‹Tannhäuser› bestimmten, ich auch am füglichsten an Sie mich zu wenden hätte, wenn ich nähere Auskunft über das Vorhaben der beabsichtigten Aufführung meiner Oper wünschte.

Zunächst erlauben Sie mir, Ihnen meine Freude darüber auszudrücken, daß Sie durch das Bekanntwerden mit jener meiner Arbeit eine so rege

---

[*] *Sänger und Chordirektor am Hoftheater Schwerin.*

Theilnahme dafür gewinnen konnten, als ich sie nach dem Erfolge vorauszusetzen habe. Bei meiner Sorge für eine *gute* Aufführung konnte mich daher nichts mehr beruhigen, als zu vernehmen, daß Sie selbst auch das Einstudien der Gesangspartihien besorgen. Aus Erfahrung halte ich diesen Theil der Vorbereitungen für das wichtigste: denn vor Allem haben sich die Sänger eben hierbei daran zu gewöhnen, daß sie nicht eine «Oper singen», sondern ein «Drama darstellen» sollen. – Das Schwierigste ist sodann die Regie der Scene: ich mache dringend darauf aufmerksam, daß die scenischen Vorschriften, wie sie in der Partitur mit großer Genauigkeit angegeben sind, mit skrupulöser Treue befolgt werden. Es ist mir anderswo versichert worden, daß dieß gewiß geschehe: ich gewann an den Aufführungen aber die Ueberzeugung, wie leichtfertig in diesem Bezug die Regisseure verfahren. Die genaueste Kenntniß der Partitur ist für den Regisseur durchaus nothwendig. Meine Orchesterbegleitung drückt nie etwas für das Gehör aus, was auf der Bühne nicht auch für das Gesicht ausgedrückt werden soll, sei es durch scenische Vorgänge, durch Gebärden oder auch nur durch Minen: wo diese entweder gänzlich ausbleiben, oder nicht mit dem betreffenden Zug im Orchester genau zusammenfallen, ist das Verständniß meiner Absichten unmöglich gemacht. – Der Orchesterdirigent hat daher seiner Seits folgende Aufgabe. Er soll zuförderst das Orchester allein durch fleißige Uebung dahinbringen, daß es der technischen Schwierigkeiten vollkommen Herr wird. Ist dieß gelungen, so hat von dann ab der Dirigent nur mit den scenischen Darstellern zu verkehren, indem er von der Scene aus einzig die Weisungen dafür zu entnehmen hat, in welchem Geiste und in welcher Bewegung das Orchester die Handlung zu begleiten hat.

Die größte Kunst der Darstellung erfordert es für die Rolle des Tannhäuser: wenn der Darsteller derselben es nicht versteht, durch das liebevollste Eingehen in seine schwierige Aufgabe und durch glückliche Lösung derselben, das andauernde Interesse zu erregen, so muß die ganze Aufführung wirkungslos bleiben. Ich forderte daher weniger überaus glänzende äußere Mittel für ihn, als innere Erregtheit, Leidenschaftlichkeit, – und vor Allem: Liebe zu seiner Aufgabe. –

Nun würden Sie mich sehr verbinden, wenn Sie mir ab und zu Nachricht über den Gang der Proben geben wollten: am Besten wird es mir für einen guten Erfolg bürgen, wenn ich erfahre, daß das Darstellerpersonal Freude und Lust an der Sache gewinnen. – [...]

Albisbrunn
bei Hausen.
Kanton Zürich. 6 October 51

AN FRANZ LISZT, WEIMAR

[...] Was den ‹Tannhäuser› betrifft, so ist es mir sehr lieb zu erfahren, daß Du auf meinen Wunsch, ihn in die von mir bestimmte beste Form herzustellen, einzugehen gedenkst. Nur unter dieser Bedingung kann ein fortdauernder Erfolg dieser Oper in Weimar für mich von Interesse sein. Ich konnte Dir nicht den mindesten Vorwurf darüber machen, daß Du bei dem ersten Einstudiren des ‹Tannhäuser› in Weimar gewisse Auslassungen für nöthig hieltest: nicht, daß Du das Auszulassende für unwichtig hieltest, bestimmte Dich dazu, sondern weil Du in die künstlerischen Kräfte – wie sie *damals* Dir zu Gebote standen – ein sorgliches Mistrauen zu setzen hattest. So – ich weiß es – ist namentlich der große Sprung im Finale des Zweiten Aktes entstanden, der mich, als ich einer Probe in Weimar beiwohnte, mit großem Misbehagen erfüllte. Es ist dieß die Scene, wo Elisabeth zu Tannhäusers Schutz sich den Rittern entgegenwirft. Grade in solchen Scenen bestimmte mich das Gefühl der höchsten Wahrheit und die Natur der Dinge zur vollendetsten Anwendung aller mir zu Gebote stehenden Kunst: die Größe der Situation wird nur dadurch wiedergegeben, daß nicht das geringste ihr nothwendige Theil mangelt. Hier war es aber gegeben, daß die auf Tannhäuser Eindringenden nicht wie Kinder von ihm zurückgescheucht werden: ihr Zorn, ihre Wuth, die bis zum augenblicklichen Morde des Geächteten sich anläßt, darf sich nicht im Handumkehren wenden, sondern Elisabeth hat die furchtbarste Kraft der Verzweiflung aufzuwenden, um das empörte Meer der Männer zur Ruhe, ihre Herzen endlich zur Gerührtheit zu bringen. Daran erst ermißt sich der Zorn und die Liebe als wahr und groß: und gerade diese nur sehr allmälige Beruhigung der höchsten Aufgeregtheit, rechne ich mir, wie ich sie in dieser Scene darstellte, zum größten Verdienste in Interesse der dramatischen Wahrheit an. Jetzt, wo Du mit dem ‹Lohengrin› noch bei Weitem schwierigere Aufgaben für die Ausführung glücklich gelös't hast, muß Dir – ich sage dieß unumwunden, lieber Freund – geradeweges die *Pflicht* erwachsen, auch diese Scene vollständig herzustellen, und ich weiß es, der Erfolg wird Dir lohnen. Ebenso verhält es sich mit allem anderen. In Tannhäusers Erzählung (III$^{er}$ Act) machen die Posaunen bei der Erinnerung an Rom durchaus nicht den richtigen Eindruck, wenn dieß Thema nicht vollständig in höchster Pracht zuvor gehört worden ist, wie ich es in der vollständigen Instrumentaleinleitung zum letzten Acte gebe: u.s.w. Ich bitte Dich daher, Dich streng an die Partitur zu halten, die ich Dir nach meiner Einrichtung von Dresden zuschicken ließ: nur bemerke ich noch, daß das Tannhäuserlied im I$^{en}$ Acte vollständig (alle 3 verse) gesungen werden muß; die richtige Steigerung, nament-

lich auch in der Wirkung auf die Venus, geht sonst durchaus verloren.
Was den neuen Schluß des letzten Actes betrifft, so war ich eigentlich sehr ärgerlich, daß er nicht von vornherein in Weimar gegeben wurde, wie ich es damals gar nicht anders annahm. Schon damals sollte die erste Bearbeitung\* gar nicht erst von einem neuen Publikum gekannt werden, denn sie beruhte auf einer Täuschung über das Wesen der Scene, über die mich leider die erste Aufführung in Dresden belehrte: nichts, was irgend in den Mitteln der Darstellung vorhanden ist, soll auf der Scene nur gedacht oder angedeutet, sondern Alles ausgeführt werden. Der bloße Beleuchtungsspuk des Venusberges war aber nur eine Andeutung: wirklich wahr wird der Zauber nur, wenn Venus selbst erscheint und sich vernehmen läßt. Dieß ist so richtig, daß gerade diese nachgeholte Situation mir einen großen Reichthum für meine Musik auch zugeführt hat: betrachte die Scene mit der Venus im letzten Acte, und Du wirst mir recht geben, daß die frühere Ausführung zu ihr sich wie der Kupferstich zum Oelgemälde verhält. Ganz so ist es mit dem Erscheinen der Leiche der Elisabeth: wenn Tannhäuser an *dieser* hinsinkt und seufzt «Heilige Elisabeth, bitte für mich!» so ist hier ausgeführt, was dort nur angedeutet war.

Wie gesagt, findet von jetzt an die Aufführung des ‹Tannhäuser› in Weimar nicht *vollständig* statt, so verliert sie allen Werth für mich, und ich habe das Publikum nicht zu *mir* herangezogen, sondern *ich* habe mich *ihm* anbequemt. Darauf kann es mir doch aber nicht mehr ankommen?\*\* [...]

Zürich, 30. Januar 52

AN FRANZ LISZT, WEIMAR

[...] Was nun die (dereinst!) beabsichtigte *vollständige* aufführung des ‹Tannhäuser› betrifft, so habe ich noch manches auf dem herzen, was mir abzuwälzen nicht so leicht werden wird. Erstlich: Kleinigkeiten! Ich weiß nicht genau, sang Walther von der Vogelweide bei Euch sein Lied im Sängerkriege aus B-dur (wie ursprünglich) oder aus C-dur? Hier ist eine Inconsequenz. Ich weiß, B-dur stimmt nicht zu der übrigen Lage seiner (ziemlich hoch gehaltenen) partie, und ein Sänger, der die Stimmlage zu der ganzen partie haben soll, kann dann in dem tieferen B-dur nicht wir-

---

\* *Wagner meint die am 19. Oktober 1845 in Dresden uraufgeführte, ursprüngliche Fassung.*
\*\* *Liszt teilte in einem Brief an Wagner im Mai 1852 mit, er werde den ‹Tannhäuser› vollständig geben.*

ken: deshalb ward ich in Dresden gezwungen, das stück nach C-dur transponiren zu lassen. Dieses C-dur paßt nun aber durchaus nicht in das Verhältnis zu den umgebenden Gesängen im Sängerkriege, namentlich geht die steigerung in das helle des darauf folgenden Gesanges Tannhäusers verloren, der eben erst mit dem C-dur den Walther überschreitet. Zudem verliert der Gesang Walther's durch das höhere C-dur empfindlich an der ruhigen Würde, die das Charakteristische desselben ausmacht. Der wiederstreit ist nun einzig dadurch zu heben, daß die partie des Walther von einem *tiefen* Tenor gesungen wird, dagegen aber die des Heinrich der Schreiber von einem *hohen*. Beide Partien müssen demnach umgeschrieben werden, und in diejenige des Walther muß *für alle Ensemblestücke* die stimme gesetzt werden, die in der partitur dem Heinrich d. Schr. zugetheilt ist, und umgekehrt erhält dieser die Stimme, die dort Walther hat. Nur behält Walther alle *solostellen* (im ersten Finale). So hätte ich's gern besorgt! Weiter! – Die Scene zwischen Tannhäuser und Venus gebt Ihr jetzt doch vollständig? Ich glaube über die Nothwendigkeit der *drei* Verse des Tannhäuser-Liedes habe ich mich Dir schon mitgetheilt? –

Nun aber zur Hauptsache! d. i. – *das große Adagio des zweiten Finales*!! Als ich Dresden nach der ersten Vorstellung des Tannhäuser den Strich in diesem Adagio machte, war ich in der vollsten Verzweiflung, und strich in meinem Herzen überhaupt all meine Hoffnungen auf den ‹*Tannhäuser*› durch, weil ich sah, daß Tichatschek ihn nicht begreifen konnte und somit noch weniger ihn darzustellen vermochte! Daß ich *diesen* Strich machen mußte, hieß für mich soviel als überhaupt der Absicht, meinen ‹*Tannhäuser*› zu einem innigen Verständnisse zu bringen, entsagen! – Ich bitte Dich, liebster freund, sieh Dir die gestrichene Stelle einmal genau an, und überzeuge Dich von Dem, was sie enthält! Nachdem zuvor Alles um Elisabeth, die Mittlerin, sich gruppirte, *sie* den Mittelpunkt einnahm und Alle nur auf sie hören oder ihr nachsprechen und singen, stürzt Tannhäuser, der sich seines furchtbaren frevels inne wird, in die furchtbarste Zerknirschung zusammen, und – als er wieder worte des Ausdruckes findet, die ihm zunächst noch versagen, weil er wie bewußtlos am boden liegt, – wird *er* plötzlich zur einzigen hauptperson, und Alles gruppirt sich nun so um ihn, wie zuvor um Elisabeth. Alles übrige tritt zurück, Alles begleitet gewissermaßen nur ihn, wenn er singt:

«Zum heil den sündigen zu führen,
die gottgesandte nahte mir:
doch ach! sie frevelnd zu berühren
hob ich den lästerblick zu ihr!
O du, hoch über diesen Erdengründen,

die mir den engel meines heil's gesandt:
erbarm' dich mein, der ach! so tief in sünden,
schmachvoll des Himmels mittlerin verkannt!»

In diesem Verse und in diesem Gesang liegt die ganze bedeutung der Katastrophe des Tannhäuser, ja, das ganze wesen des Tannhäuser, was ihn mir zu so einer ergreifenden Erscheinung machte, liegt einzig hierin ausgesprochen. Sein ganzer Schmerz, seine blutige bußfahrt, alles quillt aus dem Sinne dieser Strophen: ohne sie hier, und gerade hier, so vernommen zu haben, wie sie vernommen werden müssen, bleibt der ganze ‹Tannhäuser› unbegreiflich, eine willkürliche, schwankende – erbärmliche figur. (der anfang seiner erzählung im letzten akte kommt zu spät, um das zu ersetzen, was hier wie ein Gewitter in unser Gemüth dringen muß!) Nicht nur der Schluß des $2^{\text{ten}}$ Aktes, sondern der ganze dritte Akt, ja – in einem gewissen Sinne – das ganze Drama, wird nur nach seinem wahren inhalte wirksam, wenn der Mittelpunkt des ganzen Drama's, um den sich dieses wie um seinen Kern entwickelt, in jener stelle deutlich und klar zur erscheinung kommt. – Und diese Stelle, den schlüssel zu meinem ganzen Werke, muß ich in Dresden streichen, – warum? – weil es sich hierbei gerade herausstellte, daß Tichatschek keine Ahnung von seiner Aufgabe als dramatischer Darsteller hatte, sondern die ganze partie nur als – stimmbegabter Sänger aufgefaßt hatte. Grade hieran zeigte sich aber, wie ohnmächtig der wahrhaften dramatischen Aufgabe gegenüber der bloße besitz materieller Mittel macht, denn diese ließen den Sänger da im stich, wo er einzig nur auf sie sich angewiesen fühlte. Weil Tichatschek diese stelle (schon vermöge seines unnatürlich kleinen Oberschädels!) nicht verstehen und ihren inhalt nicht darstellen konnte, konnte er sie auch nicht – singen! Die Stimme verließ ihn da, wo er nur mit der kraft einer ganzen Menschennatur hätte wirken können, die sich – unbekümmert ob durch Gesang oder sonst wie? – aus sich heraus stürzt, um im Ausdrucke eines übermannenden gefühles sich zu entladen. Freund Tichatschek, der mit gutmüthigem Schafsgesichte verwundert in die Lampen hineinblickte, und dazu (mit weicher, zärtlicher Stimme) den achten part eines Vokaloctettes sang, konnte auf «erbarm' dich mein» die Note *A* nicht herausbringen!! Ich hab' den 100sten theil von seiner stimme, bringe dieß *A* aber ganz famos heraus! Natürlich will dieß «A» aber nicht «*gesungen*» werden, sondern mit allen nerven der brust muß es hervorgeschleudert werden, wie ein schwert, mit dem sich Tannhäuser ermorden will. – Alles parlamentiren hierüber mit meinem Dresdener Tenor war unnütz: er wußte nicht worauf es hier ankäme, und behauptete immer nur, die stelle würde ihm schwer, er spüre es zu sehr in der kehle! – Nun, da schonte ich denn seine kehle, und strich die stelle, weil so – wie Tichatschek sie vortrug – kein mensch errathen konnte, was hier vorgehe; jeder hörte hier nur den Tannhäuser eine «Mittelstimme» singen, die an und für sich – als notenreihe – nicht weiter in das ohr fällt; die musikalische *umgebung* wurde zur hauptsache – und das ganze erschien so als eine länge, die füglich gekürzt werden konnte, was ich schon deswegen that, weil ich mir nicht die pein machen konnte sie – so vorgetragen – anzuhören. – Aber – *das* erkläre ich nun: keine Aufführung des ‹Tannhäuser› entspricht meiner Absicht, *sobald diese Stelle* weggelassen werden muß! Um ihretwillen willige ich zur Noth dann in den Sprung im Allegro des Finales, wo das ausbleibt, was eigentlich die fortsetzung jener Stelle ist, nämlich: wo Elisabeth das H-dur-thema als canto fermo aufnimmt, und Tannhäuser dazu in wilder Verzweiflung seine leidenschaftlichen Ergüsse losläßt. Sollte mir eine Vorstellung dieser Oper einst ganz genügen, so müßte Tannhäuser auch *diese* stelle so vortragen, daß sie – nicht als Länge erschiene. –

Fragst Du mich nun, was zu thun sei? soll man einem geringeren Sänger *Das* zumuthen können, was ein Tichatschek nicht herausbrachte? – Darauf sage ich Dir, daß gerade Tichatschek, bei der obstination seines wesens und der kleinheit seines Gehirns, trotz seiner stimme überhaupt Vieles nicht herausbrachte, was viel unbemittelteren Sängern möglich war, wenn sie eben begreifen konnten, um was es sich handelt. In der ‹Tannhäuser›-Probe, der ich in Weimar beiwohnte, hat der ganz invalide Götze stellen herausgebracht, und intentionen verständlich gemacht, die mir Tichatschek stets schuldig blieb. Dieser hat nämlich nur glanz oder milde in seiner stimme, nicht aber einen einzigen wahren *Schmerzensaccent*. Der hiesige Sänger des fliegenden Holländers hat mir bei weitem mehr geleistet, als der Dresdener und Berliner, trotzdem jene bessere stimmen hatten. – Versuche Du's nun auch mit Herrn Beck, und macht ihm dazu klar, um was es sich handelt. – Gelingt diese Stelle, so wird das Weimarer publikum erst sehen, was hier los ist! – (Noch eine technische bemerkung hierzu: – wenn in dieser Stelle der Sänger seiner sache sicher wird, so laß ihm das tempo frei, alle müssen mit ihm gehen, – er herrscht allein!)

Soll eine Aufführung des Tannh. ganz vollendet sein, so müßte auch der letzte Schluß der Oper vollständig so gegeben werden, wie er in der neuen Ausgabe des Klavierauszuges steht, *mit* dem Gesange der jüngeren Pilger. –

Doch nun genug hiervon! Dir wird der Kopf schon warm geworden sein. – [...]

Zürich, 29 Mai 52

AN LOUIS SCHINDELMEISSER *, WIESBADEN

Lieber Freund!

Dein letzter Brief hat mich sehr gefreut, wiewohl ich anfangs erschrack zu erfahren, daß Du die Schwierigkeiten meines ‹Tannhäuser› zuvor doch nicht so genau gekannt hättest. Du weißt jedoch jetzt, um was es sich handelt, und Dein Wille, das Werk zur Aufführung zu bringen, gilt mir jetzt zugleich als Gewährleistung dafür, daß diese Aufführung mit aller Sorgfalt vorbereitet werden wird. In diesem Sinne danke ich Dir bestens für die Erklärung, es zu wagen!

Die Anforderungen an die decorative Herstellung der Scene, sind in Partitur und Buch wohl ziemlich genau ausgesprochen: dennoch halte ich es selbst für gut, wenn ich für Beschaffung weiterer Hülfsmittel sorge. Ich schreibe daher heute nach Dresden, daß Dir von dort her so schnell wie möglich die nöthigen Skizzen und Erläuterungen besorgt werden möchten: auch wegen des Costümes will ich für Skizzen von Dresden her sorgen, und habe nur zu wünschen, daß über diesen Vorbereitungen Dir nicht zuviel Zeit vergehen möge; für Beschleunigung soll übrigens meinerseits gesorgt werden.**

Im Uebrigen habe ich Dir folgende Bemerkungen mitzutheilen. So schwer die Aufgabe des musikalischen Dirigenten hierbei ist, so erinnere ich Dich doch daran, daß eine nicht minder wichtige die des *Regisseurs* ist. Die Musik bleibt auch hier am Ende das schließlich wirksamste – nur dann aber ist ihre Wirkung die richtige, wenn sie auf das innigste mit der Scene, mit der ganzen Darstellung zusammenhängt, d. h. wenn diese Scene und Darstellung so beschaffen ist, daß die Musik aus ihnen vollkommen gerechtfertigt und verständlich erscheint. Wenn Du Dir die Mühe giebst, z. B. mein Orchester genau zu verfolgen, so wirst Du mir das Zeugniß, daß kein irgendwie auffallender Zug in ihm außer einem ganz bestimmten Zusammenhange mit irgend etwas steht, was auf der Bühne sich auch an das Auge des Zuhörers mittheilt, sei dieses nun die Scene selbst, oder eine Bewegung, oder auch nur eine Miene. Der Regisseur muß sich daher sehr genau mit der Partitur bekannt machen, und am besten ist es, wenn eigentlich der Kapellmeister zugleich selbst Regisseur ist, und von vorn herein die Sänger immer auf das genaueste mit allen in der Partitur angegebenen Intentionen bekannt macht.

---

\* *Louis Schindelmeißer (1811–64), Dirigent und Komponist, Anhänger Wagners.*
\*\* *Dieser Brief ist nicht nachweisbar. Auf Veranlassung Wagners waren aber die Bühnenbilder und die Inszenierungsangaben der Dresdener ‹Tannhäuser›-Aufführung protokolliert worden, um als verbindliche Anweisungen an andere Bühnen verschickt werden zu können. Vgl. dazu: Hellmuth Christian Wolff, Oper, in: Musikgeschichte in Bildern. Hg. v. Heinrich Besseler und Max Schneider, Band 4/1, Leipzig 1968, S. 182.*

Was die Sänger im besonderen betrifft, so machte ich beim Einstudiren meiner letzten Opern die Wahrnehmung, daß, wenn ich sie die recitativartigen Stellen von vorn herein singen ließ, sie unwillkürlich in die alte Recitativmanier verfielen, in der sie nach Belieben auf einzelnen Noten verweilen, auf anderen jagen, schleppen und eilen, wie sie Lust haben: dadurch wird alle Wahrheit meiner Declamation vernichtet. Ich überzeugte mich dagegen, daß ich – den Vortrag im Gehör – auch den rhythmischen Theil des Quasirecitativs ganz genau so angegeben habe, wie ihn gute Sänger sich aus den älteren Recitativen meistens erst zurechtlegen mußten, und ich behaupte nun fest, daß meine Recitative – wenn man sie so nennen will – am besten vorgetragen werden, wenn sie genau nach der Geltung der Noten und im Tempo gesungen werden. (Die Willkür ♩. ♪ statt ♩ ♩ zu singen, kann ich z. B. durchaus nicht vertragen!) Laß die Sänger daher genau nach dem Werthe der Noten und im Tempo *lernen*; haben sie dadurch die richtigen Accente sich ganz zu eigen gemacht und ihre Aufgabe verstehen gelernt, so können sie dann schon (oder auch: dann *erst*) etwas freier gelassen werden, so daß ich gern zugebe, daß *dann* der Dirigent *mit* dem Sänger zu gehen hat. –

Ich wünsche nicht, daß Du noch Kürzungen vornähmest, und zwar gewiß nicht aus Eitelkeit, sondern weil ich daraus ersehen müßte, daß die Darsteller von vornherein als ihrer Aufgabe nicht gewachsen betrachtet würden: vermögen nämlich die Darsteller des Tannhäuser und der Venus die erste Scene des ersten Actes nicht mit solcher Wahrheit der psychologischen Entwicklung darzustellen, daß diese Scene durchaus nur fesselt und spannt, sondern muß ihnen die Fähigkeit dazu von vornherein in einem Grade abgesprochen werden, daß eine Kürzung dieser Scene als nothwendig erscheint, so gestehe ich offen, wäre es besser, man führte die ganze Oper nicht eher auf, als bis diese Zweifel überwunden und zuverlässige Darsteller gefunden wären. – Nur im äußersten, von mir sehr ungern gesehenen Nothfalle, würde ich daher darein willigen, daß Tannhäuser den ersten Vers seines Liedes (statt in des-dur) in D-dur sänge und dann in D-moll (nach dem 2$^{ten}$ Verse) fortgefahren würde. Geschieht dieß aber, so ist vom Dirigenten der ganzen Darstellung von vornherein ein Mistrauensvotum gestellt. –

Eines wirst Du bald finden, lieber Louis, daß diese Oper nämlich nur *dann* wirken und Erfolg haben kann, wenn sie in einem ganz *anderen Sinne* wirkt und Erfolg hat, als dieß bei der gewöhnlichen Oper der Fall ist. Selbst kleine Orte (wie Weimar und Schwerin) haben mich aber gelehrt, daß das, was ich will, möglich ist, und deshalb fasse ich auch jetzt

*Mathilde Mallinger, die Darstellerin der Elisabeth in der Münchner ‹Tannhäuser›-Inszenierung vom 1. August 1867, bei der die Pariser Fassung von 1861 erstmals auf einer deutschen Bühne gegeben wurde. (Die erste ‹Tannhäuser›- und zugleich überhaupt erste Wagner-Inszenierung am Münchner Hof- und Nationaltheater fand am 12. August 1855 statt.) Die Kritiker rühmten an Mathilde Mallingers Elisabeth die dramatische und musikalische Überzeugungskraft, ihren «seelenvollen Gesang» wie auch «die plastische Abrundung des Spiels» und nannten ihre Leistung «mustergültig».*

wieder einigen Muth, den ich allerdings bereits gänzlich verloren hatte.

Herzlich soll es mich freuen, bald wieder von Dir zu hören, und namentlich auch Deine eigene Stimmung gegen mein Werk kennen zu lernen.*

Lebe wohl und habe besten Dank von

Zürich, 30 Mai, 52.

Deinem
R. Wagner.

## Richard Wagner
## Über die Aufführung des ‹Tannhäuser› (1852)

(Auszug)

[...] Nach diesen ziemlich umständlichen Auseinandersetzungen wende ich mich denn nun schließlich an die Darsteller im besonderen. Nicht über das einzelne ihrer Leistungen kann ich mich jedoch mit ihnen zu besprechen versuchen, denn um hierzu volle und geeignete Veranlassung zu gewinnen, müßte ich notwendig mit einem jeden in persönlichen Freundschaftsverkehr treten können. Ich muß mich daher auf das beschränkt halten, was ich über die nötige Auffassung des Studiums im allgemeinen sagte, in der Hoffnung, daß auf dem bezeichneten Wege die Darsteller ganz von selbst dazu gelangen, durch das Vertrautwerden mit meinen Intentionen auch die Fähigkeit zu gewinnen, diesen Intentionen zu entsprechen. In allem, was ich zunächst an den musikalischen Dirigenten richtete, sind aber bereits meine Forderungen an den Darsteller so stark mit berührt worden, und namentlich fand ich bei der Besprechung einzelner Stellen Gelegenheit, diese meine Forderungen so genau zu motivieren, daß ich für die Darstellung im allgemeinen nur noch darauf aufmerksam zu machen hätte, wie ich meine Ansprüche in bezug auf die Auffassung jener einzelnen Stellen für jedes übrige Detail der Darstellung gelten lassen muß. –

Doch halte ich für gut, über den Charakter der Hauptrollen mich noch etwas näher zu äußern.

Die schwierigste Rolle ist unstreitig die des Tannhäuser selbst, und ich muß eingestehen, daß sie überhaupt eine der schwierigsten Aufgaben für die dramatische Darstellung sein dürfte. Als das mir Wesentlichste von diesem Charakter bezeichne ich das stets unmittelbar tätige, bis zum stärksten Maße gesteigerte Erfülltsein von der Empfindung der gegen-

---

* *Die Wiesbadener Inszenierung des ‹Tannhäuser›, einstudiert von Louis Schindelmeisser, hatte am 13. November 1852 Premiere. Sie erregte großes Aufsehen.*

wärtigen Situation, und den lebhaftesten Kontrast, der durch den heftigen Wechsel der Situation sich in der Äußerung dieses Erfülltseins zu erkennen gibt. Tannhäuser ist nie und nirgends etwas nur «ein wenig», sondern alles voll und ganz. Mit vollstem Entzücken hat er in den Armen der Venus geschwelgt; mit dem bestimmtesten Gefühle von der Notwendigkeit seiner Losreißung von ihr zerbricht er, ohne im mindesten die Göttin der Liebe zu schmähen, die Bande, die ihn an sie fesselten. Mit vollster Rückhaltslosigkeit gibt er sich dem überwältigenden Eindruck der wiederbetretenen heimischen Natur, der traulichen Beschränktheit altgewohnter Empfindungen, endlich dem tränenreichen Ausbruche eines kindlich religiösen Reuegefühles hin; der Ausruf: «Allmächtiger, dir sei Preis! groß sind die Wunder deiner Gnade!» ist der unwillkürliche Erguß einer Empfindung, die sein Herz auf die innerste Wurzel mit unwiderstehlicher Gewalt einnimmt. So stark und aufrichtig ist diese Empfindung und das gefühlte Bedürfnis der Aussöhnung mit der Welt – doch der Welt im größesten und weitesten Sinne –, daß er der Begegnung seiner früheren Genossen und ihrer angebotenen Versöhnung mit ihm, scheu und abstoßend ausweicht: nicht Rückkehr will er, sondern Vordringen bis zu einem ebenso Großen und Erhabenen, als er sein neu gewonnenes Gefühl von der Welt ist. Dies eine, Namenlose, was jetzt einzig seiner Empfindung entsprechen kann, wird ihm dann plötzlich mit dem Namen «Elisabeth» genannt. Vergangenheit und Zukunft strömt ihm mit diesem Namen blitzesschnell wie in einem Feuerstrom zusammen, der, während er die Liebe Elisabeths zu ihm erfährt, zum leuchtenden Stern eines neuen Lebens für ihn zusammenfließt. Ganz und gar von diesem nie erfahrenen neuesten Eindrucke überwältigt, jauchzt er in wonnigster Lebenslust auf, stürmt er der Geliebten entgegen. Wie ein ferner, dumpfer Traum liegt alles Vergangene nur noch vor seiner Seele; kaum weiß er sich seiner zu erinnern: nur eines gewahrt er noch, ein reizend holdes Weib, eine süße Jungfrau, die ihn liebt, und nur eines erkennt er in dieser Liebe, nur eines erkennt er in ihrer Entgegnung, – brünstiges, allverzehrendes Lebensfeuer. – Mit diesem Feuer, dieser Inbrunst, genoß er einst die Liebe der Venus, und unwillkürlich muß er erfüllen, was er ihr beim Abschiede frei gelobte: «gegen alle Welt fortan ihr mutiger Streiter zu sein». Diese Welt säumt nicht, ihn zum Streite herauszufordern. In ihr, wo der Stolze an sich das Opfer vollbringt, was die Schwäche von ihm fordert, findet der Mensch für sein Dasein nur Berechtigung durch Anerkennung der Notwendigkeit einer unendlichen Vermittlung seiner unwillkürlichen Empfindungen für die Kundgebung durch den, alle Gestaltung beherrschenden Ausdruck der Sitte. Tannhäuser, der nur des unmittelbarsten Ausdruckes seiner aufrichtigsten, unwillkürlichsten Empfindungen mächtig ist, muß sich zu dieser Welt im schroffen Gegensatze finden, und seinem Gefühle muß dies so stark bewußt werden, daß er, um seiner Existenz willen, auf Tod und Leben diesen seinen Gegensatz zu bekämpfen hat. Diese eine Notwendigkeit wird einzig nur noch von ihm empfunden, als es im Sängerkriege zum offenen Kampfe kommt; um ihr zu genügen, vergißt er alles um sich her, jede Rücksicht läßt er fahren: und doch kämpft sein Gefühl nur für seine Liebe zu Elisabeth, als er endlich hell und laut sich als Ritter der Venus bekennt. Hier steht er auf der höchsten Höhe seines lebensfreudigen Triebes, und nichts vermag ihn in der Erhabenheit seiner Entzückung, mit der er einsam einer ganzen Welt trotzig entgegensteht, zu erschüttern, als die einzige Erscheinung, die gerade jetzt als gänzlich neu und nie noch wahrgenommen seine ganze Empfindung urplötzlich einnimmt: das Weib, das sich aus Liebe für ihn opfert. – Aus dem Übermaße der Wonne, das er in Venus' Armen genoß, sehnte er sich nach – Schmerz: diese tief menschliche Sehnsucht sollte ihn dem Weibe zuführen, das nun mit ihm leidet, wogegen Venus sich nur mit ihm freute. Sein Verlangen ist erfüllt, und fortan kann er nicht mehr leben ohne ebenso überschwengliche Schmerzen, als zuvor seine Freuden überschwenglich waren. Aber diese Schmerzen sind dennoch keine gesuchten, willkürlich aufgenommenen; sondern mit unwiderstehlicher Gewalt brachen sie durch das Mitgefühl in sein Herz ein, das nun mit der ganzen Energie seines Wesens sie bis zur Selbstvernichtung nährt. Hier nun äußert sich seine Liebe zu Elisabeth in dem ungeheuren Unterschiede von seiner Liebe zu Venus: sie, deren Blick er nicht ertragen kann, deren Wort ihm wie ein Schwert in die Brust dringt, sie muß er durch furchtbarste Martern um die Marter ihrer Liebe zu ihm zu versöhnen suchen, und wenn er diese Versöhnung im schmerzlichsten Todesaugenblick auch von Ferne nur ahnen dürfte. – Wo gäb' es nun ein Leiden, das er nicht mit Lust ertrüge? Vor jener Welt, der er soeben noch als Todfeind siegesjubelnd gegenüberstand, wirft er sich mit williger Inbrunst in den Staub, um von ihren Füßen sich zertreten zu lassen. Nicht gleicht er so den Pilgern, die um ihres eigenen Heiles willen sich gemächliche Büßungen auferlegen: nur «um ihr die Träne zu versüßen, die sie um den Sünder geweint», sucht er unter den schrecklichsten Qualen den Weg zu seinem Heile, da dieses Heil in nichts anderem bestehen kann, als jene ihm geweinte Träne versüßt zu wissen. Wir müssen ihm glauben, daß mit solcher Inbrunst noch nie ein Pilger nach dem Heile verlangte: je aufrichtiger und vollständiger aber seine Zerknirschung, sein Bußgefühl und Heilungsverlangen war, desto furchtbarer mußte ihn nun auch der Ekel vor der Lüge und Herzlosigkeit übermannen, die sich ihm am Ziele des Heilweges darstellten. Gerade bei der höchsten Wahrhaftigkeit seiner Empfindung, die sich nicht auf ihn und sein besonderes Seelenheil, sondern auf die Liebe zu einem andern Wesen, somit auf dies geliebte Wesen selbst bezog, mußte endlich sein Haß gegen diese Welt, die aus ihren Achsen hätte geraten müssen, wenn sie ihn und die Liebe freisprechen wollte, in die hellsten Flammen aufschlagen, und diese Flammen sind es, die als Gluten der Verzweiflung sein Herz durchbrennen. Als er von Rom wiederkehrt, ist er nur noch ein Grimm gegen eine Welt, die ihm wegen der höchsten Aufrichtigkeit seiner Empfindungen das Recht des Daseins abspricht; und nicht aus Sehnsucht nach Freude und Lust sucht er wieder den Venusberg auf, sondern der Haß gegen jene Welt, der er Hohn sprechen muß, die Verzweiflung treibt ihn dahin, um sich vor dem Blicke seines «Engels» zu verbergen, dessen «Träne zu versüßen» die ganze Welt ihm nicht den Balsam bieten konnte. – So liebt er Elisabeth; und diese Liebe ist es, die sie erwidert. Was die ganze sittliche Welt nicht vermochte, das vermochte sie, indem sie der Welt zum Trotze den Geliebten in ihr Gebet schloß, und in heiligem Wissen von der Kraft ihres Todes, sterbend den Unseligen freisprach. Und sterbend dankt ihr Tannhäuser für diese empfangene höchste Liebesgunst. An seiner Leiche steht aber keiner, der ihn nicht beneiden müßte; und jeder, die ganze Welt, Gott selbst – muß ihn selig sprechen. –

Ich erkläre nun, daß keinem, selbst nicht dem bedeutendsten Schauspieler unsrer und der vergangenen Zeiten, die Aufgabe einer vollkommenen Darstellung des Tannhäuser, wie ich sie nach der voranstehenden Charakteristik verlange, zu lösen gelingen kann, und antworte nun der Frage, wie ich es für möglich halte, daß ein Opernsänger sie lösen solle, einfach dahin, daß eben nur der Musik der Entwurf solch einer Aufgabe geboten werden durfte, und nur, eben durch die Musik, ein dramatischer Sänger sie zu lösen imstande sein kann. Wo der Schauspieler in den Mitteln der Rezitation vergebens nach dem Ausdruck suchen würde, der ihm einen solchen Charakter gelingen lassen sollte, bietet sich dieser Ausdruck ganz von selbst in der Musik dem Sänger dar, und von diesem verlange ich daher nur, daß er mit rückhaltsloser Wärme auf die von mir ihm gebotene Aufgabe eingehe, um gewiß zu sein, daß er sie auch lösen werde. – Nur muß ich namentlich vom Sänger des Tannhäuser ein gänzliches Aufgeben und Vergessen seiner bisherigen Stellung als Opernsänger verlangen; als solcher darf er gar nicht an die Möglichkeit einer Lösung der gestellten Aufgabe denken. Besonders auf unsern Tenorsängern haftet, vom Vortrage der gewöhnlichen Tenorpartien her, ein völliger Fluch, der sie uns gemeinhin nicht anders als unmännlich, weichlich und vollständig energielos erscheinen läßt. Sie sind unter dem Einflusse und infolge einer gewöhnlich geradezu verbrecherischen Ausbildung ihres Stimmorganes, während der ganzen Dauer ihrer theatralischen Laufbahn so ausschließlich daran gewöhnt, sich nur mit den allerkleinsten Details der Gesangsmanier zu befassen und ihnen einzig ihre Aufmerksamkeit zu widmen, daß sie auf der Bühne selten zu etwas anderm gelangen, als sich entweder zu sorgen, ob jenes G oder As hübsch herauskommen werde, oder darüber sich zu freuen, daß das Gis oder A gehörig «gesessen» hat. Neben diesen Sorgen und Freuden kennen sie gewöhnlich nichts als Vergnügen am Putz, und das Bemühen, mit Putz und Stimme zusammen nach Möglichkeit zu gefallen, vor allem um einer höheren Gage willen[1]. Ich gebe nun zu, daß ein bloßes Befassen mit einer Aufgabe, wie die meines Tannhäusers schon hinreichen werde, den Sänger über sich in Unruhe zu versetzen, und daß infolge dieser Unruhe er sich angelegen sein lassen werde, verschiedenes in seiner Bühnengewohnheit zu ändern; ich gehe sogar in meiner Voraussetzung so weit, zu hoffen, daß, wenn das Studium des Tannhäuser in der Weise geleitet wird, wie ich es angegeben habe, eine Veränderung in den Gewohnheiten und Begriffen des Sängers zugunsten der Aufgabe sich geltend machen werde, die ihn ganz von selbst auf das Richtige und Erforderliche hinleiten muß: nur dann aber kann ich einen durchaus günstigen Erfolg seiner Bemühungen erwarten, wenn diese Veränderungen zu einer vollständigen Revolution in ihm und seiner bisherigen Auffassungs- und Darstellungsweise führt, einer Revolution, bei welcher er sich bewußt wird, daß er für diese Aufgabe etwas ganz und gar andres zu sein hat, als er sonst war, der vollständige Gegensatz seines früheren Wesens. Er halte mir nicht entgegen, daß ihm auch schon Aufgaben geboten worden seien, die an seine Darstellungsgaben ungewöhnliche Anforderungen machten: ich kann ihm nachweisen, daß er mit dem, was er etwa bei den sogenannten dramatischen Tenorpartien der neueren Zeit sich aneignete, für den Tannhäuser ganz sicher nicht auskommen würde, da ich ihm beweisen könnte, daß z. B. in den Meyerbeerschen Opern der von mir gerügte Charakter der modernen Tenorsänger, bei der ganzen Anlage, für Mittel und Zweck mit höchster Klugheit als unveränderlich berücksichtigt worden ist. Wer mir also, auf seine bisherigen Erfolge in den genannten Opern gestützt, mit bloß demselben Aufwande von Darstellungskunst, der dort genügte, um die Opern allgemein aufgeführt und beliebt zu machen, den Tannhäuser darstellen wollte, der würde gerade das aus dieser Rolle machen, wovon sie das volle Gegenteil ist. Er würde vor allem im ‹*Tannhäuser*› nicht die Energie seines Wesens

---

1 Meine Mitteilungen richte ich so allgemeinhin an eine ganze Gattung, daß es mir natürlich unmöglich ist, zugleich die mancherlei Spezialitäten zu beachten, die mehr oder minder vom Wesen der Gattung abweichen, und ich muß daher hier notwendig in bezug auf vorhandene Gebrechen immer im Superlativ sprechen, der auf viele einzelne allerdings keine Anwendung finden kann.

begreifen, und ihn zu einem haltungslosen, hin und her schwankenden, schwachen und unmännlichen Charakter machen, da für einen oberflächlichen Hinblick die Verführung zu einer solchen Auffassungsweise (die ihn dem ‹Robert der Teufel› etwa verwandt erscheinen ließe) allerdings vorhanden sein dürfte. Nichts könnte aber das ganze Drama unverständlicher machen und den Hauptcharakter mehr entstellen, als wenn Tannhäuser schwach, oder gar ab und zu «gutmütig», bürgerlich fromm, und höchstens als mit einigen liederlichen Neigungen behaftet, dargestellt würde. Dies glaube ich mit der vorhergehenden Charakterisierung seines Wesens dargetan zu haben; und da ich alles Verständnis meines Werkes mir namentlich nur davon versprechen kann, daß die Hauptrolle dieser Charakterisierung entsprechend aufgefaßt und dargestellt werde, so möge der Sänger des Tannhäuser begreifen, welche ungewöhnliche Anforderung ich an ihn stelle, zu welchem freudigen Danke er mich aber auch verpflichten müsse, wenn er meine Absicht vollkommen verwirklicht. Ich erkläre ihm unumwunden, daß eine durchaus glückliche Darstellung des Tannhäuser das höchste ist, was er in seiner Kunst leisten kann. –

Nach dieser ausführlichen Besprechung mit dem Sänger des Tannhäuser habe ich den Darstellern der übrigen Rollen wenig mehr zu sagen; denn alles ihm Mitgeteilte betrifft in der Hauptsache sie alle. Die schwierigsten Aufgaben neben Tannhäuser fallen wohl den beiden Frauen, Venus und Elisabeth, zu. Namentlich wird die Venus nur dann glücken, wenn bei günstiger äußerer Disposition für diese Rolle die Darstellerin vollen Glauben an ihre Partie gewinnt, und dieser wird ihr dann kommen, wenn sie es vermag, Venus in jeder ihrer Kundgebungen für vollkommen berechtigt zu halten, für so berechtigt, daß sie nur dem Weibe weicht, das aus Liebe sich opfert. Das Schwierige für die Elisabeth ist dagegen, daß die Darstellerin den Eindruck der jugendlichen und jungfräulichen Unbefangenheit macht, ohne zu verraten, ein wie sehr erfahrenes, feines, weibliches Gefühl sie erst zur Lösung ihrer Aufgabe fähig machen konnte. – Die übrigen Partien der Männer sind minder schwer, und selbst Wolfram, dessen Aufgabe ich durchaus nicht für unbedingt leicht halten will, hat sich fast nur an die nächste Sympathie des feinfühlenderen Teiles unsres Publikums zu wenden, um des Gewinnes seiner Teilnahme sicher zu sein. Ihm hat die mindere Heftigkeit seines unmittelbaren sinnlichen Lebenstriebes gestattet, die Eindrücke des Lebens zum Gegenstande des sinnenden Gemütes zu machen; er ist somit vorzüglich Dichter und Künstler, wogegen Tannhäuser vor allem Mensch ist. Seine Stellung zu Elisabeth, die ihn ein schöner männlicher Stolz so würdevoll ertragen läßt, wird nicht minder als sein endliches tiefes Mitgefühl für den, von ihm allerdings nicht begriffenen Tannhäuser, ihn zu einer der ansprechendsten Erscheinungen machen. Nur hüte sich der Sänger dieser Partie, den Gesang sich so leicht vorzustellen, als es oberflächlich den Anschein haben könnte: namentlich wird sein erster Gesang im «Sängerkriege», der die Entwicklungsgeschichte der ganzen künstlerisch-menschlichen Lebensanschauung Wolframs enthält, für den Vortrag mit der feinfühligen Sorgfalt und genauesten Erwägung des dichterischen Gegenstandes von ihm durchdacht werden müssen, und der größten Übung wird es bedürfen, das Organ zu dem nötigen mannigfaltigsten Ausdrucke zu stimmen, der einzig dem Stücke die richtige Wirkung verschaffen kann. – Überhaupt möchte ich mich schließlich noch ganz besonders von den «Darstellern» an die «Sänger» wenden, wenn ich einerseits nicht zu ermüden fürchten müßte, anderseits aber nicht annehmen dürfte, daß das bereits Gesagte hinreichend sei, auch nach der Seite der Gesangskunst hin die Darsteller über meine Wünsche aufzuklären. –

So will ich denn nun diese Mitteilung schließen, allerdings mit dem traurigen Gefühle, nun sehr unvollkommen meinem Zwecke entsprochen zu haben, nämlich: durch sie die mir verwehrte, und doch gerade von mir so notwendig erachtete, mündliche und persönliche Mitteilung an alle Betreffende zu ersetzen. Bei der tief von mir gefühlten Ungenügendheit dieses von mir eingeschlagenen Ausweges bleibt mir als Trost allein das Vertrauen auf den guten Willen meiner künstlerischen Genossen übrig, auf einen guten Willen, wie nie ein Künstler zur Ermöglichung seines Kunstwerkes ihn mehr bedurfte, als ich in meiner gegenwärtigen Lage. Mögen alle, an die ich mich richtete, diese meine besondere Lage wohl berücksichtigen, und namentlich auch der aus ihr notwendig mir erwachsenen Stimmung es beimessen, wenn ich hie und da mich vielleicht zu besorgt, zu ängstlich oder wohl auch zu mißtrauisch, streng und scharf äußerte. – In Betracht der Ungewöhnlichkeit einer solchen Mitteilung, wie der vorliegenden, muß ich mich wohl selbst auch darauf gefaßt machen, daß sie von vielen, an die sie gerichtet ist, gänzlich, oder doch zum großen Teile, unbeachtet, vielleicht auch unverstanden bleiben wird. Mit diesem Wissen kann ich daher sie nur für einen Versuch ansehen, den ich in die Welt hineinwerfe wie ein Los, ungewiß ob es gewinnt oder verliert. Wenn ich jedoch auch nur bei wenigen und einzelnen vollkommen das erreiche, was ich beabsichtigte, so soll dieses Gelungene mich für alles sonst Mißglückte reichlich entschädigen; und herzlich drücke ich den wackeren Künstlern im voraus die Hand, die es nicht verschmähten, mit mir sich näher und inniger zu befassen und zu befreunden, als dies gewöhnlich in unserem heutigen Kunstweltverkehre angetroffen wird.

**Kleines Zwischenspiel mit Noten und Banknoten**

Die dreimalige Aufführung des ‹*Tannhäuser*› in Paris ...

... war alles andere als ein Erfolg: Nach der Premiere übertönten die Jagdpfeifen der Herren vom Jockey-Club den Beifall, weil sie kein Ballett zu sehen bekamen. Bei der zweiten Aufführung warf der Sänger des Tannhäuser vor Zorn seinen Pilgerhut ins Publikum, und nach dem dritten Abend zog Wagner das Werk angesichts der ablehnenden Haltung der Pariser zurück.

Später wuchs die Beliebtheit des ‹Tannhäuser› langsam, aber stetig. Gut Ding will Weile haben, sagt man. Das gilt für Noten wie für Banknoten.

# Pfandbrief und Kommunalobligation

**Meistgekaufte deutsche Wertpapiere - hoher Zinsertrag - schon ab 100 DM bei allen Banken und Sparkassen**

Verbriefte  Sicherheit

*Nachdem sowohl Joseph Tichatschek bei der Uraufführung und Albert Niemann bei der Pariser Erstaufführung der schwierigen Rolle des Tannhäuser nicht gewachsen waren, erlebte Wagner ein einziges Mal in seinem Leben einen Tannhäuser-Darsteller, der seinen künstlerischen Absichten in geradezu idealer Weise entsprach: Ludwig Schnorr von Carolsfeld, der Tristan-Darsteller der Münchner Uraufführung von ‹Tristan und Isolde› (10. Juni 1865). Am 5. März 1865 sang er in einer Repertoire-Vorstellung des ‹Tannhäuser› (noch in der Dresdener Fassung) an der Münchner Hofoper die Titelpartie. Wagner hatte den Sänger entsprechend instruiert. Drei Jahre nach dem plötzlichen Tod des bedeutenden Sänger-Schauspielers (21. Juli 1865) veröffentlichte Wagner einen Aufsatz ‹Erinnerungen an Ludwig Schnorr von Carolsfeld›, in dem er den Künstler nicht nur als außerordentlichen Tristan-Darsteller würdigt, sondern auch dessen überragende Gestaltung der Tannhäuser-Partie dankbar hervorhebt.*

Richard Wagner

## Ludwig Schnorr von Carolsfeld als Tannhäuser

(Aus: ‹Erinnerungen an Ludwig Schnorr von Carolsfeld›, 1868)

Bereits anfangs März des Jahres 1865 traf Schnorr, um der nötigen Besprechung unsres alsbald in Angriff zu nehmenden Vorhabens* willen, zu einem kürzeren Besuche in München ein; seine Gegenwart veranlaßte eine, im übrigen nicht weiter vorbereitete, Aufführung des ‹Tannhäuser›**, in welcher er mit einer Theaterprobe die Hauptrolle übernahm. Ich konnte mich nur der mündlichen Besprechung bedienen, um über die von ihm erwartete Darstellung dieser allerschwierigsten meiner dramatischen Sängeraufgaben mich mit ihm zu verständigen. Im allgemeinen teilte ich meine betrübende Erfahrung davon mit, wie unbefriedigend der bisherige Theatererfolg meines ‹Tannhäuser› aus dem Grunde der stets noch ungelöst, ja unbegriffen gebliebenen Aufgabe der Hauptpartie für

---

\* *Wagner meint die bevorstehenden Proben zur Münchner Uraufführung seiner Oper ‹Tristan und Isolde›.*
\*\* *Die Münchner Erstaufführung der Pariser Fassung des ‹Tannhäuser› fand erst am 1. August 1867 statt. Schnorr von Carolsfeld gab den Tannhäuser in einer Vorstellung am 5. März 1865 im Münchner Hoftheater in der Dresdener Fassung, die ihre Münchner Erstaufführung am 12. August 1855 erlebt hatte.*

mich ausgefallen sei. Als Grundzug derselben bezeichnete ich ihm höchste Energie des Entzückens wie der Zerknirschung\*, ohne jede eigentliche gemütliche Zwischenstufe, sondern jäh und bestimmt ein Wechsel. Ich verwies ihn zur Feststellung dieses Typus seiner Darstellung auf die Bedeutung der ersten Szene mit Venus; sei die beabsichtigte erschütternde Wirkung dieser Szene verfehlt, so sei auch das Mißglücken der ganzen Darstellung begründet, welche dann kein Stimmjubel im ersten Finale, kein Aufbäumen und Losbrechen beim Bannfluche im dritten Akte mehr zur richtigen Wirkung zu bringen vermöge. Meine neue Ausführung dieser Venusszene, welche mir durch eben diese erkannte und in dem ersten Entwurfe noch nicht deutlich genug ausgedrückte Richtigkeit derselben später eingegeben worden, war in München damals noch nicht einstudiert; Schnorr mußte sich noch mit der älteren Fassung behelfen: desto mehr sollte es ihm angelegen sein, durch die Energie seiner Darstellung den hier, mehr noch eben nur dem Sänger allein überlassenen, Ausdruck des qualvollen Seelenkampfes zu geben, und er werde dies meinem Rate nach ermöglichen, wenn er alles Vorangehende nur als eine gewaltige Steigerung auf den entscheidenden Ausruf: «Mein Heil ruht in Maria!» hin, auffasse. Ich sagte ihm, dieses «Maria!» müsse mit solcher Gewalt eintreten, daß aus ihm das sofort geschehene Wunder der Entzauberung des Venusberges und der Entrückung in das heimische Tal, als die notwendige Erfüllung einer unabweislichen Forderung des auf äußerste Entscheidung hingedrängten Gefühles, schnell sich verständlich mache. Mit diesem Ausrufe habe er die Stellung des in erhabenster Ekstase Entrückten angenommen, und in ihr solle er nun, mit begeistert dem Himmel zugewandtem Blicke, regungslos verbleiben, ja sogar bis zur Anrede durch die später auftretenden Ritter nicht die Stelle wechseln. Wie er diese, noch von einem sehr renommierten Sänger einige Jahre vorher als unausführbar mir zurückgewiesene Aufgabe zu lösen habe, würde ich während dieser Szene selbst auf der Bühne, wo ich mich neben ihm aufstellen werde, in der Theaterprobe unmittelbar angeben. Hier stelle ich mich nun dicht zu ihm und flüsterte ihm, Takt für Takt der Musik und den umgebenden Vorgängen der Szene vom Liede des Hirten bis zum Vorüberzug der Pilger folgend, den inneren Vorgang in den Empfindungen des Entzückten zu, von der erhabensten vollständigen Besinnungslosigkeit bis zur allmählich erwachenden Besinnung auf die gegenwärtige Umgebung, namentlich durch die Belebung des Gehöres, während er, wie um

---

\* *Vgl. dazu die nachgelassene Aufzeichnung Nietzsches aus der Zeit zwischen 1872 und 1876: «Im Tannhäuser sucht er eine Reihe von ekstatischen Zuständen an einem Individuum zu motivieren; er scheint zu meinen, erst in diesen Zuständen zeige sich der natürliche Mensch.»*

*Der Höhepunkt des Bacchanals in einer Szenenillustration von Michael Echter nach der Neuinszenierung am Münchner Hof- und Nationaltheater 1867.*

das Wunder nicht zu zerstören, dem vom Innewerden des Himmelsäthers entzauberten Blicke der Augen die altheimische Erdenwelt wieder zu erkennen noch verwehrt; unverwandt den Blick nur nach oben gerichtet, hat nur das physiognomische Spiel des Gesichtsausdruckes, endlich die mild nachlassende Spannung der erhabenen Leibeshaltung die eingetretene Rührung der Wiedergeburt zu verraten, bis jeder Krampf vor der göttlichen Überwältigung weicht, und er mit dem endlich hervordringenden Ausrufe: «Allmächtiger, dir sei Preis! Groß sind die Wunder deiner Gnade!» demütig zusammenbricht. Mit dem Anteil, den er dann selbst leise am Gesange der Pilger nimmt, senkt sich der Blick, das Haupt, die ganze Haltung des Knienden immer tiefer, bis er, von Tränen erstickt, in neuer, rettender Ohnmacht, bewußtlos, mit dem Gesicht am Boden, ausgestreckt liegt. – In gleichem Sinne ihm leise mich mitteilend, blieb ich die ganze Probe über Schnorr zur Seite. Meinen geflüsterten sehr kurzen Angaben und Andeutungen antwortete seinerseits ein ebenso leiser, flüchtiger Blick von einer begeisterten Innigkeit, welche, mich des wundervollsten Einverständnisses versichernd, selbst wiederum mir neue Eingebungen über mein eigenes Werk erweckte, so daß ich an einem allerdings unerhörten Beispiele inne ward, von welcher befruchtenden Wechselwirkung ein liebevoller unmittelbarer Verkehr verschiedenartig begabter Künstler werden könne, wenn ihre Begabungen sich vollkommen ergänzen.

Nach dieser Probe sprachen wir kein Wort mehr über den ‹Tannhäuser›. Auch nach der am anderen Abend stattgefundenen Aufführung fiel kaum noch ein Wort darüber, besonders kein Wort des Lobes und der Anerkennung meinerseits; ich hatte an diesem Abende durch die ganz unbeschreibliche wundervolle Darstellung meines Freundes hindurch einen Blick in mein eigenes Schaffen geworfen, wie er wohl selten, vielleicht nie noch einem Künstler ermöglicht worden. Hier tritt dann eine heilige Ergriffenheit ein, gegen die man sich in ehrfurchtsvollem Schweigen zu erhalten hat.

Mit dieser einen, nie wiederholten Darstellung des ‹Tannhäuser› hatte Schnorr meine innigste künstlerische Absicht durchaus verwirklicht, das Dämonische in Wonne und Schmerz verlor ich keinen Augenblick; die, so oft vergebens von mir begehrte, entscheidend wichtige Stelle des zweiten Finales: «Zum Heil den Sündigen zu führen, usw.», welche von jedem Sänger ihrer großen Schwierigkeit, von jedem Kapellmeister des gewohnten «Streichens» wegen hartnäckig ausgelassen wird, trug zum ersten und einzigsten Male Schnorr mit dem erschütternden und dadurch heftig rührenden Ausdrucke vor, welcher plötzlich den Helden aus einem Gegenstande des Abscheues zum Inbegriffe des Mitleidswerten macht. Durch das leidenschaftliche Rasen der Zerknirschung während des heftig bewegten Schlußsatzes des zweiten Aktes, und durch seinen dem entsprechenden Abschied von Elisabeth war sein Erscheinen als Wahnsinniger im dritten Akte richtig vorbereitet; aus dem Erstarrten löste sich desto ergreifender die Rührung los, bis der erneute Ausbruch des Wahnsinnes fast mit derselben dämonisch zwingenden Gewalt, die zauberhafte Wiedererscheinung der Venus hervorrief, wie im ersten Akte der Anruf der Maria die christlich heimatliche Tageswelt durch ein Wunder zurückgerufen hatte. Schnorr war in diesem letzten Verzweiflungsrasen wahrhaft entsetzlich, und ich glaube nicht, daß Kean und Ludwig Devrient im Lear zu größerer Gewalt sich gesteigert haben können.

Der Eindruck hiervon auf das Publikum ward für mich sehr belehrend. Vieles, wie die fast stumme Szene nach der Entzauberung aus dem Venusberge, wirkte im richtigen Sinne ergreifend und veranlaßte stürmische Ausbrüche der ungeteilten allgemeinen Empfindung. Im ganzen nahm ich jedoch mehr nur Erstaunen und Bewunderung wahr; namentlich das

*Tannhäuser beim Anblick der Pilger in der dritten Szene des ersten Aktes («Allmächt'ger, dir sei Preis!»). Diese Szenenillustration schuf Michael Echter 1869/70 nach der Münchner Neuinszenierung im Jahre 1867.*

ganze Neue, wie die besprochene, sonst immer ausgefallene Stelle im zweiten Finale, wirkte durch Irrewerden an dem Gewohnten fast bis zur Befremdung. Von einem sonst geistig nicht unbegabten Freunde hatte ich mich geradewegs darüber belehren zu lassen, daß ich eigentlich kein Recht dazu hätte, den Tannhäuser auf meine Weise dargestellt haben zu wollen, da das Publikum, wie meine Freunde, welche dieses Werk überall günstig aufgenommen, offenbar dadurch ausgesprochen hätten, daß die bisherige, wenn auch mir nicht genügende, gemütlichere, mattere Auffassung im Grunde genommen die richtigere sei. Der Einwurf der Albernheit solcher Behauptungen ward mit freundlich nachsichtsvollem Achselzucken dahingenommen, um dabei verbleiben zu können. – Auch gegen diese allgemeine Verweichlichung, ja Verliederlichung nicht nur des öffentlichen Geschmacks, sondern selbst der Gesinnung unsrer oft nahe tretenden Umgebung, hatten wir gemeinschaftlich nun auszudauern; es geschah im schlichten Einverständnisse über das Richtige und Wahre, schweigsam schaffend und wirkend, ohne alle Demonstration, als die der künstlerischen Tat.

*Tannhäusers vierte Strophe seines Liedes auf Venus im «Sängerkrieg» des zweiten Aktes («Dir, Göttin der Liebe, soll mein Lied ertönen!»), dargestellt von Michael Echter in einer Szenenillustration von 1869/70, die der Münchner Neuinszenierung von 1867 verpflichtet ist.*

*Elisabeths mutiges, entschlossenes Eintreten für den von der Gesellschaft der Ritter und Sänger geschmähten Tannhäuser nach dem Vortrag seines Venus-Liedes inmitten des «Sängerkriegs» («Zurück von ihm! Nicht ihr seid seine Richter!»). Szenenillustration von Michael Echter.*

# IV. Die Vorgänge um die Pariser Fassung des ‹Tannhäuser›

*Im Herbst 1859, nach Fertigstellung der ‹Tristan›-Partitur, siedelte Wagner nach Paris über. Obwohl er bei seinem ersten Pariser Aufenthalt 1839 bis 1842 völlig erfolglos geblieben war und ihn auch später der Pariser Opernbetrieb geradezu abgestoßen hatte, wollte er es doch noch einmal damit versuchen, in Paris einen durchschlagenden Erfolg mit einer Oper zu erreichen. Der ehrgeizige Plan erscheint verständlich, wenn man bedenkt, daß Paris die Hauptstadt des 19. Jahrhunderts war. Aus dem Plan Wagners, ‹Tristan und Isolde› zur Uraufführung zu bringen, wurde natürlich nichts. Aber der einflußreichen, mit Wagner befreundeten Fürstin Pauline Metternich gelang es, von Napoleon III. den Befehl zur Aufführung des ‹Tannhäuser›, mit dem man den Namen Wagners in Paris am ehesten in Verbindung brachte, zu erwirken. Wagner hatte gut vorgearbeitet: Ende Januar veranstaltete er ein Konzert mit Instrumentalstücken aus ‹Tannhäuser›, ‹Lohengrin›, der Ouvertüre zum ‹Fliegenden Holländer› und dem ‹Tristan›-Vorspiel. Auf dem Programmzettel gab er listig an, das Konzert sei eine Art Notbehelf für die Unmöglichkeit, die Opern selbst aufzuführen. Das war ein unmißverständlicher Seitenhieb auf die Pariser Grande Opéra. So hatte Fürstin Metternich leichtes Spiel. Und es mutet wie Ironie der Geschichte an, daß es just der Kaiser war, der den Befehl zur Aufführung erteilte, dem Wagner seinerzeit, nach dessen Staatsstreich (1851), den sofortigen Sturz durch eine Revolution gewünscht hatte.*

*Der am 11. März 1860 erteilte Befehl zur Erstaufführung des ‹Tannhäuser› war indessen doppelzüngig, denn Wagner unterlag damit automatisch den Bedingungen der Pariser Oper. Das heißt: Der Direktor der Grande Opéra, Alphonse Royer, machte den Komponisten sofort bei der ersten Besprechung darauf aufmerksam, daß ein großes Ballett im zweiten Akt stattzufinden habe; das sei üblich. Wagner protestierte und machte den Gegenvorschlag, die erste Szene umzuarbeiten, daraus ein großes (mythologisches) Ballett zu machen. Royer blieb zunächst hart: ein Ballett im zweiten*

*Akt sei unerläßlich, da der Jockey-Club – einflußreiche Abonnenten und zudem alle der Aristokratie zugehörig – überhaupt erst nach dem Abendessen, also zum zweiten Akt, im Theater erscheine und dann wünsche, ein Ballett serviert zu bekommen. Wagner blieb hartnäckig. Selbst die Intervention des Staatsministers half nichts. Zwischenzeitlich dachte Wagner sogar daran, das Projekt ganz aufzugeben, aber es reizte ihn doch, an einem solchen Theater wie der Pariser Oper eine repräsentative Aufführung eines seiner Werke zu bekommen. Im Mai 1860 verfaßte er einen Prosa-Entwurf zu der neuen Ballettszene nach der Ouvertüre, über deren Inhalt er in einem Brief an Mathilde Wesendonck, dem sogenannten ‹Ballettmeisterbrief› vom 10. April 1860, berichtet, der im folgenden mitgeteilt wird. Dieses «Bacchanal» ist gewissermaßen Wagners «Walpurgisnacht»; Goethe war das heimliche Vorbild. Hier berührt sich Wagner aber auch mit Baudelaires ‹Paradis artificiel› (vgl. die begeisterte Reaktion des Dichters auf Wagners ‹Tannhäuser›, Dokumentation S. 176f). Auch die folgende Szene zwischen Venus und Tannhäuser arbeitete er grundlegend um. Am 24. September 1860 begannen die (insgesamt 164) Proben. Otto Wesendonck, der eine Probe besuchte, soll, Cosimas Tagebuch zufolge, ausgerufen haben: «Das sind ja ganz wollüstige Töne.» (Wagner soll zu Cosima daraufhin bemerkt haben: «Er fürchtete wohl, ich hätte seiner Frau so etwas vorgetanzt.»)*

*Daß die Premiere am 13. März 1861, und auch die beiden folgenden Aufführungen am 18. und 24. März, zum Skandal wurden, lag daran, daß der Jockey-Club, wie zu erwarten war, ein Ballett im zweiten Akt vermißte und dementsprechend reagierte.*

# Briefe Wagners an Mathilde und Otto Wesendonck *

Über die Pariser Bearbeitung des ‹Tannhäuser›

Paris, 10. April 1860

[...] Einstweilen muß ich gute Laune sammeln, um – ein großes Ballett zu schreiben. Was sagen Sie dazu? Zweifeln Sie an mir? Nun, Sie sollen mir das abbitten, wenn Sie's einmal hören und sehen. Jetzt nur so viel: nicht eine Note, nicht ein Wort wird am ‹Tannhäuser› geändert. Aber ein «Ballett» sollte gebieterisch drin sein, und dies Ballett sollte im zweiten Akte

---

\* *Zum Verhältnis zwischen Mathilde Wesendonck und Wagner vgl.: Tristan und Isolde. Texte, Materialien, Kommentare (rororo opernbuch 7770). Reinbek bei Hamburg 1983, S. 116–117.*

vorkommen, weil die Abonnés der Oper\* immer erst etwas später vom starken Diner ins Theater kämen, nie zu Anfang. Nun, da erklärte ich denn, daß ich vom Jockeiklub keine Gesetze annehmen könnte und mein Werk zurückziehen würde. Nun will ich ihnen aber aus der Not helfen: die Oper braucht erst um 8 Uhr zu beginnen, und dann will ich den unheiligen Venusberg nachträglich noch einmal ordentlich ausführen.

Dieser Hof der Frau Venus war offenbar die schwache Partie in meinem Werke: ohne gutes Ballett half ich mir seinerzeit hier nur mit einigen groben Pinselstrichen und verdarb dadurch viel: ich ließ nämlich den Eindruck dieses Venusberges gänzlich matt und unentschieden, was zur Folge hatte, daß dadurch der wichtige Hintergrund verloren ging, auf welchem sich die nachfolgende Tragödie erschütternd aufbauen soll. Alle späteren so entscheidenden Rückerinnerungen und Mahnungen, die uns mit starkem Grauen erfüllen sollen (weil dadurch auch erst die Handlung sich erklärt), verloren fast ganz ihre Wirkung und Bedeutung: Angst und stete Beklemmung blieben uns aus. Ich erkenne nun aber auch, daß ich damals, als ich den ‹Tannhäuser› schrieb\*\*, so etwas, wie es hier nötig ist, noch nicht machen konnte; dazu gehörte eine bei weitem größere Meisterschaft, die ich erst jetzt gewonnen habe: jetzt, wo ich Isoldes letze Verklärung geschrieben, konnte ich sowohl erst den rechten Schluß zur ‹Fliegenden Holländer›-Ouvertüre, als auch – das Grauen dieses Venusberges finden. Man wird eben allmächtig, wenn man mit der Welt nur noch spielt. Natürlich muß ich hier alles selbst erfinden, um dem Ballettmeister die kleine Nüance vorschreiben zu können: gewiß ist aber, daß nur der Tanz hier wirken und ausführen kann: aber welcher Tanz! Die Leute sollen staunen, was ich da alles ausgebrütet haben werde. Ich bin noch nicht dazu gekommen, etwas aufzuzeichnen: mit wenigen Andeutungen will ich's hier zum ersten Male versuchen. Wundern Sie sich nicht, daß dies in einem Briefe an Elisabeth geschieht.

Venus und Tannhäuser verweilen so, wie es ursprünglich angegeben ist: nur sind zu ihren Füßen die drei Grazien gelagert, anmutig verschlungen. Ein ganzer, engverwachsener Knäuel kindischer Glieder umgibt das Lager: das sind schlafende Amoretten, die, wie im kindischen Spiel, balgend übereinander gestürzt und eingeschlummert sind.

Ringsum auf den Vorsprüngen der Grotte sind liebende Paare ruhig gelagert. Nur in der Mitte tanzen Nymphen, von Faunen geneckt, denen sie sich zu entziehen suchen. Diese Gruppe steigert ihre Bewegung: die

---

\* *Gemeint ist der Jockey-Club, dem nur Adelige angehörten.*
\*\* *Wagner meint die Dresdener Fassung des ‹Tannhäuser›.*

Faunen werden ungestümer, die neckende Flucht der Nymphen fordert die Männer der gelagerten Paare zur Verteidigung auf. Eifersucht der verlassenen Frauen: wachsende Frechheit der Faunen. Tumult. Die Grazien erheben sich und schreiten ein, zur Anmut und Gemessenheit auffordernd: auch sie werden geneckt, aber die Faunen werden von den Jünglingen verjagt: die Grazien versöhnen die Paare. – Sirenen lassen sich hören. – Da hört man aus der Ferne Tumult. Die Faunen, auf Rache bedacht, haben die Bacchantinnen herbeigerufen. Brausend kommt die wilde Jagd daher, nachdem die Grazien sich wieder vor Venus gelagert. Der jauchzende Zug bringt allerhand tierische Ungetüme mit sich: unter andern suchen sie einen schwarzen Widder aus, der sorgfältig untersucht wird, ob er keinen weißen Fleck habe: unter Jubel wird er nach einem Wasserfall geschleppt; ein Priester stößt ihn nieder und opfert ihn unter grauenvollen Gebärden.

Plötzlich entsteigt unter wildem Jauchzen der Menge der (Ihnen bekannte) nordische Strömkarl dem Wasserstrudel mit seiner wunderbaren großen Geige. Der spielt nun zum Tanze auf, und Sie können sich denken, was ich alles zu erfinden habe, um diesem Tanze seinen gehörigen Charakter zu geben; immer mehr mythologisches Gesindel wird herbeigezogen. Alle den Göttern heilige Tiere. Endlich Kentauren, die sich unter den Wütenden herumtummeln. Die Grazien sind verzagt, dem Taumel wehren zu sollen. Sie werfen sich voll Verzweiflung unter die Wütenden; vergebens! Sie blicken sich, auf Venus gerichtet, nach Hilfe um: mit einem Wink erweckt die da die Amoretten, welche nun einen ganzen Hagel von Pfeilen auf die Wütenden abschießen, mehr und immer mehr; die Köcher füllen sich immer wieder. Nun paart sich alles deutlicher; die Verwundeten taumeln sich in die Arme: eine wütende Sehnsucht ergreift alles. Die wild herumschwirrenden Pfeile haben selbst die Grazien getroffen. Sie bleiben ihrer nicht mehr mächtig.

Faunen und Bacchantinnen gepaart stürmen fort: die Grazien werden von den Kentauren auf ihren Rücken entführt; alles taumelt nach dem Hintergrunde zu fort: die Paare lagern sich: die Amoretten sind, immer schießend, den Wilden nachgejagt. Eintretende Ermattung. Die Nebel senken sich. In immer weiterer Ferne hört man die Sirenen. Alles wird geborgen. Ruhe.

Endlich – – fährt Tannhäuser aus dem Traume auf. – So ungefähr. Was meinen sie dazu? – Mir macht's Spaß, daß ich meinen Strömkarl mit der elften Variation verwendet habe[*]. Das erklärt auch, warum sich Venus

---

[*] *Sowohl der Strömkarl als auch der Schwarze Widder entfielen bei der endgültigen Ausführung. Vgl. den ‹Poetischen Entwurf zum Venusberg› vom 30. Mai 1860, abgedruckt in der vorliegenden Dokumentation, S. 166 f.*

*Der Beginn der Szene zwischen Venus und Tannhäuser im ersten Akt der Pariser Bearbeitung (1861), bei der Wagner seine Erfahrungen mit der kurz zuvor beendeten ‹Tristan›-Partitur in die viel frühere und stilistisch dementsprechend andersgeartete ‹Tannhäuser›-Musik einbrachte. Wagner beendete die Neufassung dieser Szene, auf den neuen französischen Text komponiert, im Dezember 1860.*

mit ihrem Hof nach Norden gewendet hat: nur da konnte man den Geiger finden, der den alten Göttern aufspielen sollte. Der scharze Widder gefällt mir auch. Doch könnte ich ihn auch anders ersetzen. Die Mänaden müßten den gemordeten Orpheus jauchzend getragen bringen: sein Haupt würfen sie in den Wasserfall, – und darauf tauchte der Strömkarl auf. Nur ist dies weniger verständlich ohne Worte. Was meinen Sie dazu?

Ich möchte gern Genellische Aquarelle zur Hand haben: der hat diese mythologischen Wildheiten sehr anschaulich gemacht. Am Ende muß ich mir auch so helfen. Doch habe ich noch manches zu erfinden.

So, nun habe ich Ihnen wieder einen rechten Kapellmeisterbrief geschrieben. Meinen Sie nicht? Und diesmal sogar auch einen Ballettmeisterbrief. Das muß Sie doch guter Laune machen?

[...]

[... Paris, Anfang August 1860.]

Was für ein Dichter bin ich doch! Hilf Himmel, ich werde ganz anmaßend! – Diese nie endende Übersetzung\* des ‹Tannhäuser› hat mich schon so eingebildet gemacht: grade hier, wo Wort für Wort durchgegangen werden mußte, kam ich eigentlich erst dahinter, wie konzis und unabänderlich schon diese Dichtung ist. Ein Wort, ein Sinn fortgenommen, und meine Übersetzer wie ich, wir mußten gestehen, daß ein wesentlicher Moment geopfert werde. Ich glaubte anfangs an die Möglichkeit kleiner Änderungen: wir mußten alle und jede als unmöglich aufgeben. Ich wurde ganz erstaunt und fand dann im Vergleich, daß ich wirklich nur sehr wenig kenne, dem ich die gleiche Eigenschaft zusprechen kann. Kurz, ich mußte mich vor mir selbst entschließen, anzuerkennen, daß gerade schon die Dichtung gar nicht besser hätte gemacht werden können. Was sagen Sie dazu? In der Musik kann ich eher verbessern. Hie und da gebe ich namentlich dem Orchester ausdrucksvollere und reichere Passagen. Nur die Szene mit Venus\*\* will ich ganz umarbeiten. Frau Venus habe ich steif erfunden; einige gute Anlagen, aber kein rechtes Leben. Hier habe ich eine ziemliche Reihe von Versen hinzugedichtet: die Göttin der Wonne

---

\* *Die endgültige französische Übersetzung besorgte, nachdem diejenige Eduard Roches sich als unbrauchbar erwiesen hatte, Charles Truinet, der unter dem Autornamen Ruitter verantwortlich zeichnete.*
\*\* *Wagner meint die zweite Szene des ersten Aktes.*

wird selbst rührend, und die Qual Tannhäusers wird wirklich, so daß sein Anruf der Maria wie ein tiefer Angstschrei ihm aus der Seele bricht. So etwas konnte ich damals noch nicht machen. Für die musikalische Ausführung brauche ich noch sehr gute Laune, von der ich noch gar nicht weiß, wo sie herbekommen!

Es soll bald eine Prosaübersetzung der vier Stücke: ‹Holländer›, ‹Tannhäuser›, ‹Lohengrin› und ‹Tristan› herausgegeben werden, zu der ich eine Vorrede schreiben will, die meinen hiesigen Freunden etwas Auffschluß namentlich über das Formelle meiner Kunsttendenzen geben soll. [...]

Paris, 30. September 1860

[...] Die Verse zum ‹Tannhäuser› sind deutsch noch nicht in Ordnung.\* Ich gebe Ihnen den Entwurf, nach welchem sie französisch ausgeführt wurden, und diese französischen Verse mußte ich komponieren! Was sagen Sie dazu? Weiß Gott! Am Ende geht alles! Aber wie? Doch ist mir all diese Beschäftigung recht. Sie verdeckt diese Weltfremde, in der ich nun immer bleiben werde. Ich muß aushalten: das will dieselbe Macht, die meine Vögel singen und wieder schweigen läßt. Aber zur eigentlichen, persönlichen Besinnung darf ich nicht viel kommen: denn da ist nichts wie Wüste und Hoffnungslosigkeit. Ich muß das nun so bevölkern mit Beschäftigung, und wird diese mir zuwider, so helfen die Sorgen weiterzuleben. Und Frau Sorge bleibt immer treu.

Machen Sie sich aber keine falschen Vorstellungen: mit Gewalt würde ich an nichts festhalten. Am wenigsten würde ich mich z. B. mit diesem Pariser *Tannhäuser* abgeben, wenn ich hier etwas zu ertrotzen, oder gar etwas aufzuopfern hätte. Im Gegenteil mache ich gute Miene zu diesem närrischen Spiele, weil man mir so gute Miene entgegenbringt. Was Aufführungen meiner Werke betrifft, habe ich's in meinem Leben noch nicht so gut gehabt und werde es auch wohl nie wieder so haben. Alles, was ich nur irgend verlange, geschieht: nirgends der mindeste Widerstand. Jetzt haben die Klavierproben begonnen. Zeit wird im wohltuendsten Sinne verwendet. Jedes Detail wird meiner Prüfung unterworfen: die Dekorationspläne habe ich dreimal verworfen, ehe man's mir recht machte. Jetzt wird alles vollkommen, und die Aufführung wird jedenfalls – wenn sie nicht an das Ideal reicht – die beste, die je stattgefunden und in Zukunft so bald wieder stattfinden kann. Vor allem verlasse ich mich auf meinen Recken: Niemann. Der Mensch hat unerschöpfliche Fähigkeiten. Noch

---

\* Vgl. S. 163 und Textbuch, S. 43

ist er fast roh, und alles tat in ihm bisher nur der Instinkt. Jetzt hat er monatelang nichts anderes zu tun, als sich von mir leiten zu lassen. Alles wird bis auf den letzten Punkt studiert. – Zur Elisabeth habe ich eine ebenfalls noch halbwilde, junge Sängerin, Sax: ihre Stimme ist wundervoll und unverdorben und ihr Talent ergiebig. Sie ist mir gänzlich unterworfen. – Venus – Mad. Tedesco, für mich eigens engagiert, hat einen süperben Kopf zu ihrer Rolle; nur ist die Gestalt fast etwas zu üppig. Das Talent sehr bedeutend und geeignet. – Wolfram machte die letzten Schwierigkeiten; ich habe endlich einen Herrn Morelli engagieren lassen, einen Mann von stattlichem Aussehen und wunderschöner Stimme. Ich muß nun sehen, wie ich ihn einstudiere. Glücklicherweise wird die Oper nicht eher gegeben, als bis ich ganz mit dem Studium zufrieden bin. Und dies ist wichtig. – Ich konnte ein so wichtiges Anerbieten nicht von der Hand weisen!

An der Oper hat man mich bereits liebgewonnen; es findet in allen meinen Relationen nichts Gezwungenes mehr statt: man hat begonnen, mich zu verstehen, widerspricht mir in nichts, und freut sich der Dinge, die da kommen sollen. – So wäre denn das alles recht schön: wenn mir es nur sonst bei meiner ganzen Existenz etwas wohler wäre. Mir hilft alles nichts! ich wache traurig auf, und lege mich traurig nieder. Das böse Wetter mag mit daran schuld haben: die Momente des Wohlseins werden gar so selten, und das Unbehagen, ja die Angst, machen sich immer breiter.

Nun geben Sie aber auch auf diese Klagen nicht zu viel. Am Ende bin ich immer noch fähig, das größte Wohlgefühl zu empfinden, sobald nur ein bedeutender schöner Eindruck kommt. Sie wissen, an meinem letzten Geburtstage tat es der Ostwind. Heute hatten wir den ersten Herbstnebel: er erinnerte mich stark an Zürich. Vielleicht bringt er gutes Wetter. Das hilft dann viel. – Etwas habe ich auch schon an der Musik meiner neuen Szene gearbeitet. Sonderbar: alles Innerliche, Leidenschaftliche, fast möchte ich's: Weiblich-Ekstatisches nennen, habe ich damals, als ich den ‹*Tannhäuser*› machte, noch gar nicht zustande bringen können: da habe ich alles umwerfen und neu entwerfen müssen: wahrlich, ich erschrecke über meine damalige Kulissen-Venus! Nun, das wird diesmal wohl besser werden, – zumal wenn der Nebel gut Wetter bringt. Aber das Frische, Lebenslustige im ‹*Tannhäuser*›, das ist alles gut, und ich kann da nicht das mindeste ändern: alles, was den Duft der Sage um sich hat, ist auch schon da ätherisch; Klage und Buße Tannhäusers durchaus gelungen: die Gruppierungen unverbesserlich. Nur in leidenschaftlichen Zügen habe ich auch sonst dann und wann nachhelfen müssen: z. B. habe ich eine sehr matte Passage der Violinen bei Tannhäusers Aufbruch am Schlusse des zweiten Aktes durch eine neue ersetzt, die sehr schwer ist, mir aber einzig genügt. Meinem hiesigen Orchester kann ich aber alles bieten: es ist das erste der Welt.

Und genug vom ‹Tannhäuser›! – [...]

Tausend Grüße, und mein ganzes Herz! R. W.

Und nun noch der Entwurf zu den neuen ‹Tannhäuser› Versen.

Schlagen Sie auf! Nach dem dritten Vers des Tannhäuser: Venus (in Zorn ausbrechend) – bis zu den Worten:

«Zieh hin, Betörter, suche dein Heil!

Suche dein Heil, und find' es nie!» –

Nun soll folgen, etwa: *

> Die du bekämpfst, die du besiegt,
> Die du verhöhnst mit jubelndem Stolz,
> Flehe sie an, die du verlacht;
> Wo du verachtest, jammre um Huld!
> Deiner Schande Schmach blüht dir dann auf;
> Gebannt, verflucht, folgt dir der Hohn:
> Zerknirscht, zertreten seh' ich dich nahn,
> Bedeckt mit Staub das entehrte Haupt:
>> O, fändest du sie wieder,
>> Die einst dir gelacht!
>> Ach, öffneten sich wieder
>> Die Tore ihrer Pracht. –
>> Da liegt er vor der Schwelle,
>> Wo einst ihm Freude floß:
>> Um Mitleid, nicht um Liebe,
>> Fleht bettelnd der Genoß.
> Zurück der Bettler! Sklaven nie,
> Nur Helden öffnet sich mein Reich!

TANNHÄUSER
> Der Jammer sei dir kühn gespart,
> Daß Du entehrt mich nahen sähst:
> Für ewig scheid' ich: Lebe wohl!
> Der Göttin kehr' ich nie zurück.

VENUS
> Ha! Kehrest du mir nie zurück! –
> Was sagt' ich? – was sagt er? –
> Wie es denken? – Wie es fassen? –
> Mein Trauter – ewig mich verlassen!
> Wie hätt' ich das verschuldet?
> Der Göttin aller Hulden,
> Wie ihr die Wonne rauben

---

* *Vgl. dazu im Textbuch des vorliegenden Bandes, S. 41 f.*

|  | Dem Freunde zu vergeben? |
|---|---|
|  | Wie lächelnd unter Tränen |
|  | Ich sehnsuchtsvoll dir lauschte, |
|  | Den stolzen Gang zu hören, |
|  | Der rings so lang verstummt: |
|  | O könntest je du wähnen, |
|  | Daß ungerührt ich bliebe, |
|  | Dräng' deiner Seele Seufzen |
|  | In Klagen zu mir her? |
|  | Daß ich in deinen Armen |
|  | Mir letzte Tröstung fand, |
|  | Laß des mich nicht entgelten, |
|  | Verschmäh' nicht meinen Trost! – |
|  | Ach, kehrtest du nicht wieder, |
|  | Dann träfe Fluch die Welt, |
|  | Für ewig läg' sie öde, |
|  | Aus der die Göttin schwand! – |
|  | Kehr' wieder! Kehr' mir wieder! |
|  | Trau' meiner Liebeshuld! |
| TANNHÄUSER | Wer, Göttin, dir entflieht, |
|  | Flieht ewig jeder Huld. |
| VENUS | Nicht wehre stolz dem Sehnen, |
|  | Wenn neu dich's zu mir zieht! |
| TANNHÄUSER | Mein Sehnen drängt zum Kampfe; |
|  | Nicht such' ich Wonn' und Lust! |
|  | O, Göttin, woll' es fassen, |
|  | Mich drängt es hin zum Tod! |
| VENUS | Wenn selbst der Tod dich meidet, |
|  | Ein Grab dir selbst verwehrt? |
| TANNHÄUSER | Den Tod, das Grab im Herzen, |
|  | Durch Buße find' ich Ruh'. |
| VENUS | Nie ist dir Ruh' beschieden, |
|  | Nie findest du das Heil: |
|  | Kehr' wieder, suchst du Frieden, |
|  | Kehr' wieder, suchst du Heil! |
| TANNHÄUSER | Göttin der Wonne, nicht in dir –, |
|  | Mein Fried', mein Heil liegt in Maria! |

AN OTTO WESENDONCK
Paris, 20. Oktober 1860

[...] Nun – angenehme Nachrichten! An der Oper studiert man den ‹Tannhäuser› mit einem Eifer, einem Ernst, einer Genauigkeit und Sorgsamkeit, die mir als das immer gewünschte Muster eines solchen Studiums als unerreichbar gegolten haben. Diese Pünktlichkeit und minutiöseste Sorgsamkeit auf jedes Detail verwendet habe ich bei einem Institute noch nie auch nur annähernd kennen gelernt: mein deutscher Sänger Niemann reißt die Augen auf und gesteht, nun erst seine Partitur kennen zu lernen. Außer der ungemeinen Vortrefflichkeit der ganzen Institutionen der Oper, habe ich namentlich die persönliche außerordentliche Befähigung der Vorgesetzten zu loben; vor allem ist der Directeur du Chant, welcher die Sänger am Klaviere einstudiert, ganz unschätzbar. Alles Technische des Studiums wird mit einer unvergleichlichen Genauigkeit und Sauberkeit erledigt, die mindesten Unebenheiten des Textes usw. auf das feinste ausgeglichen (der Übersetzer ist stets zugegen), so daß ich eben nur dem technisch ganz Vollendeten den eigentlichen Geist einzuhauchen habe. Ich erkläre es laut, daß so wohl es mir nie geworden, und in Deutschland gewiß auch nie wieder werden wird. Dieselbe gilt jedem Teil der vorbereiteten Aufführung: Dekorationen und alles die Mise-en-scène betreffende wird das Ideal meiner Wünsche in diesem Bezug vollkommen erreichen.

Dazu finde ich bei allen und jeden einen so vollständig guten Willen, einen so ganz ungekannten Fleiß, daß ich mit solchen Dispositionen die feinsten Schwierigkeiten zu überwinden sicher bin, und somit mein Werk in der höchsten Vollständigkeit gebe, wie ich es nie nur versucht habe.

Unter solchen Voraussichten kann ich Euch, beste Kinder! mit gutem Gewissen zureden, Euch den ‹Tannhäuser› in Paris diesen Winter anzusehen! Es wird das Vollendetste, was ich Euch als Aufführung wohl je werde bieten können. Ich rechne mit Sicherheit und inniger Zuversicht auf Euch zu dieser Gelegenheit! Vorläufig heißt es noch, die Aufführung solle im Dezember stattfinden; doch kann es leicht wohl bis Januar dauern\*; Bestimmtes hierüber erfahren Sie – sobald es sich feststellt! [...]

---

\* *Die Pariser Premiere des ‹Tannhäuser› fand am 13. März 1861 statt.*

Dokumentation

Richard Wagner

## Vollständiger poetischer Entwurf zum Venusberg (30. Mai 1860)

Die Bühne stellt das Innere des Venusberges dar. Weite Grotte, welche sich im Hintergrunde, durch eine Biegung nach rechts, wie unabsehbar ausdehnt. Im fernen Hintergrunde zieht sich ein blauer See dahin: in ihm erblickt man die badenden Gestalten von Najaden; an seinen erhöhten Ufervorsprüngen sind Sirenen gelagert. Rechts, in die Bühne vorspringend (etwa in halber Tiefe) ein Wasserfall, in einen inneren Abgrund sich stürzend, an dessen Rande die Wellen aufschäumen. Vor ihm sind Nymphen in anmutigen Gruppen gelagert. Zu beiden Seiten der Grotte Vorsprünge von unregelmäßiger Form mit wunderbaren tropischen Gewächsen bewachsen, Jünglinge wie in anmutiger Ermattung ruhend liegen dort ausgestreckt. Im Vordergrunde links Venus auf einem Lager; vor ihr halbknieend Tannhäuser, das Haupt in ihrem Schoße, die Harfe zur Seite. Vor beiden, etwas tiefer, sind in reizender Verschlingung die drei Grazien gelagert. Zu seiten und hinter dem Lager zahlreiche schlafende Amoretten wild über- und nebeneinander gelagert, einen verworrenen Knäuel bildend wie Kinder, die über einer Balgerei ermattet eingeschlafen sind. Der ganze Vordergrund der Szene ist von zauberhaftem rosigen Lichte erleuchtet, durch welches das Smaragdgrün des Wasserfalles, mit dem Weiß seiner schäumenden Wellen, stark durchbricht. Der Hintergrund mit den Seeufern ist von einem verklärt blauen Dufte mondscheinartig erhellt.

1. Eine der Nymphen (am Wasserfall) fordert die übrigen auf, sich zum Tanze zu erheben; nach und nach folgen alle ihrem Beispiele. Ihr Tanz hat die Bedeutung, die auf den Vorsprüngen gelagerten Jünglinge anzulokken; jede nähert sich bald mehr bald weniger ihrem Geliebten, um ihn zur Teilnahme am Tanze zu reizen: wenn sie ihnen ganz nahe kommen, suchen die Jünglinge sie zu erfassen; die Nymphen weichen ihnen aus und suchen sie durch dieses neckende Spiel nach dem Tanzgrunde herab nachzuziehen. Als sie sämtlich aus der Nähe der Jünglinge sich gleichzeitig mit lustiger Hast nach dem Grunde zurückziehen, finden sie sich plötzlich von bockbeinigen Faunen und Satyren umarmt, welche unversehens aus tieferen Klüften aufgestiegen sind. Sie prallen mit lachendem Schrecken zurück und suchen sich ihnen zu entwinden. Eine der Nymphen, ihrem trägen Geliebten schmollend, zeigt sich aber plötzlich dem sie jagenden Satyr gewogen, um durch Eifersucht ihren Freund zu necken. Ihrem Beispiele folgen die übrigen der Jünglinge, erheben sich nun, kommen nach dem Grunde herab und suchen die Nymphen ihren Nebenbuhlern zu ent-

reißen. Fortgesetztes Necken der Nymphen; wachsender Tumult, ungestüme Jagd auf die Nymphen; immer heftigeres Verlangen; begehrliches Getümmel der Faunen.

2. Die drei Grazien erheben sich: Aglaia zuerst mit einem Blick auf Venus; ihr folgen die beiden Schwestern. Sie schwingen sich leicht inmitte des Getümmels zur Wahrung der Anmut und der gefühlvollen Schicklichkeit auffordernd. Es gelingt ihnen bald, die Jünglinge um sich zu versammeln und traulich an sich anzuziehen. Die Faunen suchen lüstern durch die Gruppe der Jünglinge bis zu den Grazien durchzubrechen: einzelne vor ihnen anlangend, schrecken sie verdrießlich vor dem Ernst ihrer Mienen zurück und suchen sich wieder auf die Nymphen zu stürzen: diese verhöhnen und necken sie, den Jünglingen sich zuwendend: auf Aglaias Befehl ziehen die Faunen ergrimmt und rachedrohend sich zurück und verschwinden im Hintergrund nach rechts. – Aglaia belehrt nun durch ihren anmutigen Tanz die Nymphen, durch welche Weisen sie sich ihres Reizes für die Geliebten zu versichern haben: ihrem Tanze schließen sich die beiden Schwestern in den mannigfaltigsten, edelsten Verschlingungen an. Die große Macht dieser Lehre zeigt sich alsbald. Die Nymphen suchen sie nachzuahmen; ihrem Tanze schließen sich die Jünglinge an. – Unter dem Vortanz der Grazien nimmt der allgemeine Tanz einen immer ruhiger anmutigen Charakter an, in welchem das Liebessehnen sich nur zart und weich ausspricht. Als die Grazien alle Paare um sich im Halbkreis zu einer anmutigen Stellung vereinigt haben, bricht von der Höhe des Wasserfalles ausgehend ein immer hellerer Regenbogen aus, auf welchem Iris über die Gruppe hinweg sich bis in Venus' Nähe herabläßt, von dieser einen Wink der Zufriedenheit erhält, welchen sie, bis zur Mitte zurückschwebend, der zu ihr aufblickenden Aglaia überbringt: dankend verneigt sich diese gegen Venus und zaubert durch einen Handwink folgenden Anblick hervor: Der Regenbogen erblaßt schnell und Iris verschwindet; statt dieser erscheint in der Höhe Diana (als Luna) im Gewölk, welches von Dianas Mondsichelwagen bald immer mehr erleuchtet wird: anmutige Mondnacht; Diana entsteigt ihrem Wagen und schwebt tiefer herab auf eine niederere Anhöhe, auf welcher ein schöner Jüngling (Endymion) schlummernd ausgestreckt liegt. Während Diana ihn mit dem Ausdruck des schwärmerischen Wohlgefallens betrachtet, läßt sich aus dem fernsten Hintergrunde der Gesang der Sirenen vernehmen: «Naht euch dem Lande» usw. – Diana neigt sich tiefer und drückt einen Kuß auf Endymions Lippen. Vollendetster Moment der Anmut im Ausdruck der Gruppen der Liebespaare. Aglaia und ihre beiden Schwestern haben sich wieder vor Venus' Lager niedergelassen, mit Befriedigung ihr Werk betrachtend.

3. Plötzlich hört man wildes Geräusch aus dem Hintergrunde nahen. Das Bild Dianas und Endymions verschwindet schnell. Die Liebespaare fahren auf: die ganze Szene nimmt wieder den ersten Charakter an; nur der Wasserfall verdunkelt allmählich und scheint immer wilder zu strömen. Aus der Biegung des Hintergrundes dringt nun folgender wilder Zug in die Szene. Die Faunen voran, den Nachfolgenden zuwinkend und sie antreibend; dann das wilde Heer der Bacchantinnen und Mänaden; Silen und die Satyren. Sie durchziehen in unregelmäßigem, wildem Tumulte die Szene, die Liebespaare flüchten sich auf die Felsvorsprünge. Eine Schar von Mänaden zerrt einen schwarzen Bock bei den Hörnern herbei: Jauchzen begrüßt ihn von allen Seiten. Man schleppt ihn an den Rand des Wasserfalls und bereitet ihn unter trunkenen Gebärden zum Opfer. Mit einem Stahl gestochen wird er schnell in den Wasserfall geworfen, welcher sofort eine blutrote Farbe annimmt, während der übrige Vordergrund von einer gelblichen Beleuchtung erhellt wird. In dem endlich glühend rot leuchtenden Wasserfall erscheint auf einem in der Mitte des Falles hervorragenden Felsstein der Strömkarl (nordischer Wassergeist), ältlich an Gestalt und von mild jovialem Ansehen, mit einem unförmlichen Saiteninstrument, ähnlich einer Geige. Alles grüßt ihn jubelnd und reiht sich zum Tanze. Der Strömkarl fährt nun mit dem Bogen über die Fidel und beginnt aufzuspielen. Erst einzelne, dann immer mehr, endlich alle im wilden Zuge Gekommenen erfassen sich und reißen sich zu einem immer ausgelasseneren Tanze fort; die Weise des Strömkarl verlockt selbst die Liebespaare: die Nymphen kommen zuerst herab und stürzen sich in den Tanz; ihnen folgen die Jünglinge. Die Paare mischen sich nach den buntesten Kontrasten, wild, ohne Unterschied. Aus dem Hintergrunde kommen endlich alle mythologischen Tiere hereingejagt: große Katzen, Tiger, Panther, beritten und unberitten, nehmen am Tanze teil; Greife, halb Löwen halb Adler: riesige Vögel mit menschlichen Leibern, andere Vögel mit menschlichem Oberleibe – Sphinxe. Die Grazien, die dem immer wachsenden Taumel mit Furcht zugesehen, erheben sich und werfen sich verzweiflungsvoll in das Getümmel; da entspringt dem Hintergrunde eine Schar Kentauren und bricht sich taumelnd Bahn. – Venus erhebt sich daselbst und weckt mit einem Wink die schlummernden Amoretten. Sogleich flattern diese auf, verteilen sich fliegend die Breite der Szene und schießen einen unaufhörlichen Hagel von Pfeilen auf die Tanzenden ab. Wütendes Liebessehnen bemächtigt sich plötzlich der Getroffenen; im wilden Durcheinander gepaart beginnen die Haufen sich zu flüchten. Selbst die Grazien sind getroffen: wehrlos geworden werden sie von den Kentauren bewältigt, von denen jeder eine der Grazien sich auf den Rücken schwingt und so mit ihr davonjagt. Die Flucht wird immer

allgemeiner. Die Jünglinge mit Bacchantinnen, die Nymphen mit Faunen und so die übrigen ähnlich gepaart eilen davon; andere Paare sinken ermattet auf den Vorsprüngen nieder. Die Amoretten verfolgen die Fliehenden, in der ganzen Breite der Bühne dem Hintergrunde zuschwebend. Zugleich sinkt rosiger Duft herab, welcher anfangs feiner und durchsichtiger, allmählich sich immer mehr verdichtet, in der Weise, daß endlich die ganze Bühne in ihm verhüllt wird und nur der nächste Vordergrund mit Venus und Tannhäuser von milderem rosigen Lichte erleuchtet sichtbar bleibt. Zu gleicher Zeit hat sich der hörbare Ungestüm immer mehr verzogen: eine berauschende träumerische Ruhe hat sich ausgebreitet. Wie aus weiter Ferne hört man den Gesang der Sirenen, als durch den dichteren Duft ein sanfter bläulicher Schein aufdämmert, in welchem das entfernte Bild der Entführung Europas sich zeigt. Auf dem Meere, umgeben von Delphinen und Nereiden, schwimmt ein weißer mit Blumen geschmückter Stier, auf welchem Europa mit der einen Hand am Horn sich festhaltend sitzt. Der Duft schließt sich wieder; bald aber teilt er sich wieder nach einer anderen Seite zu und zeigt das Bild Ledas am Ufer eines Teiches ruhend: der Schwan schwimmt auf sie zu, schwingt seinen Hals nach ihr, den Leda liebkosend an sich biegt. Als auch dieses Bild wieder zerrinnt, bleibt die Bühne einige Zeit ohne alle Bewegung. Endlich zuckt Tannhäuser aus seiner nicht verlassenen anfänglichen Stellung mit dem Haupte auf.

Dokumentation

# Erinnerungen der Schriftstellerin Malvida von Meysenbug* an die Pariser Proben und Aufführungen des ‹Tannhäuser› (1860/61)

Inzwischen gingen die Proben des ‹Tannhäuser› vorwärts und Wagner forderte mich auf, in die erste vollständige Orchesterprobe zu kommen. Es waren nur wenige Bevorzugte im großen Opernhause gegenwärtig, von Damen nur Wagner's Frau und ich. So hörte ich denn zum ersten Mal vollständig vom Orchester die Musik, die so lange das Ziel meiner Sehnsucht gewesen war, und ich war davon ergriffen wie von etwas Heiligem, davon berührt wie von dem Hauch der Wahrheit. Es ging auch Alles wunderschön, und nach dem herrlichen Sextett, wo die Minnesänger den wiedergefundenen Tannhäuser begrüßen, erhob sich das Orchester wie ein Mann und brachte Wagner ein freudiges Hoch der Begeisterung aus. Es war 1 Uhr in der Nacht, als die Probe zu Ende war. Wagner war freudig erregt, weil Alles so Herrliches zu versprechen schien. [...]

Indeß kurz nach dieser schönen Probe trübten sich leider die Aussichten auf ein schönes Gelingen. Die schadenfrohen Kobolde, die so gern einen idealen Moment im Menschenleben vereiteln, waren geschäftig und bliesen von allen Seiten Wolken des Mißmuths, des Neids, der Ungunst auf. Politische Grübler waren unzufrieden, daß es die Fürstin Metternich war, welche zunächst die Einführung des dem französischen Temperament so ganz fremden Kunstwerks veranlaßt hatte. Die Presse war unzufrieden, weil Wagner nicht wie Meyerbeer u. A. gethan, den Recensenten diners fins gab, um ihren Geschmack im Voraus zu bestechen. Die Claque, die sonst von jedem Componisten förmlich engagirt wurde, war von Wagner geradezu verbannt und schäumte natürlich vor Wuth. Auch im Orchester entstanden Parteien, besonders war der sehr unfähige Dirigent** feindlichen Sinnes geworden. Wir, die Freunde und Anhänger, beklagten es tief, daß Wagner anfangs abgelehnt hatte, selbst zu dirigiren, wie wir Alle es sehnlichst wünschten. Endlich aber – und dies war die Hauptsache – waren die jungen Pariser Löwen, die Herrn des Jockey-Clubs, empört, daß kein Ballet in der gewöhnlichen Form und zu der

---

\* *Malvida von Meysenbug (1816–1903) gehörte zu den bedeutendsten Vertreterinnen der Frauenemanzipation des 19. Jahrhunderts. Bei den Revolutionen von 1848 stand sie ganz auf der Seite der Aufständischen. Sie lernte Wagner im Jahre 1855 in London kennen. Außer mit Wagner war sie u. a. mit Garibaldi, Nietzsche und Romain Rolland befreundet. Sie hinterließ außer Romanen und Erzählungen die wichtigen ‹Memoiren einer Idealistin›.*
\*\* *Es handelte sich um Louis Dietsch, der mit Wagners neuartiger Musik nicht zurechtkam.*

Erinnerungen der Schriftstellerin M. v. Meysenbug

*Theaterzettel der Pariser Premiere des (französisch gesungenen) ‹Tannhäuser› in der eigens dafür von Wagner umgearbeiteten Fassung. Bereits nach der dritten Aufführung am 24. März 1861 zog Wagner seine Partitur zurück, da der Mißerfolg nicht aufzuhalten war.*

gewöhnlichen Zeit, d. h. im zweiten Akt, stattfinde. Es war notorisch, daß die Balletdamen eine Erhöhung ihrer Gage von diesen Herrn erhielten, und daß die Letzteren gewohnt waren, nach beendigtem Diner in die Oper zu gehen, nicht um Harmonien zu hören, sondern um die unnatürlichste und scheußlichste Ausgeburt der modernen Kunst, das Ballet, zu sehen, nach dessen Beendigung sie sich hinter die Coulissen zu näherem Verkehr mit den springenden Nymphen begaben. Was lag diesen vornehmen Wüstlingen an der Aufführung eines keuschen Kunstwerks, welches den Sieg der heiligen Liebe über den Sinnenrausch feiert? Oder vielmehr es lag ihnen nicht nur nichts daran, sondern sie mußten es von vornherein, noch ehe sie es gehört hatten, hassen und verdammen. Es war ja das Gottesurtheil ihrer inneren Gemeinheit, ihrer maßlosen Verdorbenheit. Von diesen ging denn auch die Hauptintrigue unter denen, die sich zum Falle der Aufführung vorbereiteten, aus. Sie hatten die Gemeinheit, sich im Voraus kleine Pfeifen zu kaufen, mittelst deren sie ihr Kunsturtheil abgeben wollten. [...] dann kam der Tag der Aufführung. Ich war mit befreundeten Damen und Czermak in einer Loge. Die Ouvertüre und der erste Akt verliefen ohne Störung, und obwohl die Anordnung des gespenstischen Götterreigens im Venusberg weit hinter Wagner's Idee zurückblieb und die drei Grazien im rosa Balletkleid erschienen, so war es doch so, daß ich aufathmete und hoffte, die Befürchtungen würden zu Schanden werden. Aber bei der Wandlung der Scene, bei dem hinreißend poetischen Wechsel aus dem wüsten Bacchanal da unten in die Morgenstille des Thüringer Waldthals, bei den Klängen der Schalmei und des Hirtenliedes, brach plötzlich der lang vorbereitete Angriff aus und ein gewaltiges Pfeifen und Lärmen unterbrach die Musik. Natürlich blieb auch die Gegenpartei nicht unthätig, d. h. die Freunde und der Theil des Publikums, welcher ruhig hören und dann entscheiden wollte. Da sie numerisch doch die stärkere war, behielt sie auch den Sieg, die Aufführung ging weiter, die Sänger blieben unerschrocken und thaten ihr Bestes. Allein es dauerte nicht lange, so fing auch der Lärm wieder an. Ebenso der Protest der Gutgesinnten, die auch schließlich immer den Sieg behielten, so daß die Aufführung völlig zu Ende kam. Aber freilich, sie war so grausam gestört und zerstückelt, daß auch den Wohlwollendsten nicht die Möglichkeit geworden war, sich eine richtige Vorstellung des Ganzen zu bilden. [...]

Am folgenden Tag ging ich zu Wagners. Ich fand ihn männlich gefaßt, und so sehr war dies der Fall, daß auch die wüthendsten Journale in dem Kampf, der gleichzeitig in der Presse entbrannte, es bekannten, daß er sich am Abend der Aufführung dem Sturm gegenüber auf das Würdevollste verhalten habe. Er hatte von Anfang an den Vorsatz, die Partitur zurückzuziehn und eine weitere Aufführung unmöglich zu machen. Er hatte mit richtigem Blick erkannt, daß mit diesem Publikum der großen Pariser Oper an keinen wahren Erfolg zu denken sei. Wir Alle, die näheren Freunde, die ihn umgaben, stimmten dagegen und für die Wiederholung, da wir bestimmt hofften, daß die Sache durchdringen müsse. Wir gaben uns in unserer leidenschaftlichen Erregung keine Rechenschaft darüber, daß dies jetzt eigentlich geradezu eine Unmöglichkeit war.

So kam die zweite Aufführung heran. Die feindliche Partei hatte sich noch entschiedner gerüstet, aber ebenso auch die der Freunde. Der Kampf wurde ein noch viel erbitterterer als das erste Mal. [...]

Wagner war nun noch mehr geneigt, fernerem Scandal Einhalt zu thun, aber wir Andern Alle stimmten für die dritte Wiederholung. Sie sollte mit aufgehobnem Abonnement stattfinden, und wir hofften nun gewiß, die Ruhestörer würden fern bleiben, und nur das Publikum, welches wirklich hören wollte, würde kommen. Wagner hatte jedoch beschlossen, diesmal nicht hineinzugehen, um sich die unnütze Aufregung zu ersparen. [...]

*Albert Niemann, der Darsteller des Tannhäuser in der Pariser Erstaufführung vom 13. März 1861. Er war ebensowenig ein idealer Darsteller der schwierigen Rolle des Tannhäuser wie Joseph Tichatschek.*

## Dokumentation

Die Ruhestörer hatten sich noch zahlreicher eingefunden, um ihr Werk fortzusetzen, und waren sogar von Anfang an da, was sie ihren Gewohnheiten nach sonst nie waren. Die Sänger benahmen sich wirklich heldenmüthig, sie mußten oft fünfzehn Minuten lang und noch länger anhalten, um den Sturm, der im Publikum tobte, vorüberzulassen. Aber sie standen ruhig, sahen unerschüttert in das Publikum hinein, und sowie es still wurde, nahmen sie ihren Gesang wieder auf und führten auch diesmal die Vorstellung zu Ende, obgleich das wahnsinnige Toben natürlich jede Freude an den einzelnen guten Leistungen und schönen scenischen Effekten verdarb.

## Baudelaire: Brief an Richard Wagner

*Der berühmte Pariser Tannhäuser-Skandal von 1861 brachte Wagner, obwohl er die Partitur nach der dritten Aufführung (24. März) bereits zurückzog, dennoch einen entscheidenden Erfolg ein, der weit in die Zukunft ausstrahlte: Kein Geringerer als der Dichter Charles Baudelaire (1821–67), dessen Werk eine der Ursprungsurkunden der künstlerischen Moderne darstellt, fühlte sich von Stoff, Idee und Musik des ‹Tannhäuser› derart angezogen, daß er, zunächst in einem Brief, verfaßt nach einem von Wagner dirigierten Konzert (1860), und ein Jahr später mit einem umfangreichen Essay (‹Richard Wagner und der ‚Tannhäuser' in Paris›) sich an den Komponisten wandte. Das war der Ausgangspunkt für eine nachhaltige Wagner-Begeisterung der französischen Intelligenz, besonders der Literaten, hatte doch Baudelaire ausgesprochen, was notwendig genug war, gesagt zu werden: daß nämlich der Pariser Kunstbetrieb nicht in der Lage sei, die Bedeutung Wagners zu erkennen. Baudelaire reizte am ‹Tannhäuser› die kühne Wagnersche Verschränkung von Rausch und Verfeinerung der Sinne, von Dämonie und Askese, von künstlichen Paradiesen und erbärmlicher Wirklichkeit, in den Worten Baudelaires: «‹Tannhäuser› stellt den Kampf der zwei Prinzipien dar, die das menschliche Herz zu ihrem Hauptschlachtfeld erwählt haben, d. h. des Fleisches mit dem Geiste, der Hölle mit dem Himmel, Satans mit Gott.» Baudelaire erfaßte in erster Stunde die geradezu elektrisierende Wirkung der Wagnerschen Musik, zumal der eigens für die Pariser Erstaufführung des ‹Tannhäuser› nachkomponierten, musikalisch der ‹Tristan›-Partitur (beendet 1859) nahestehenden Partien wie der Szene zwischen Venus und Tannhäuser im ersten Akt, und er spürte Geist von seinem Geiste: «Es scheint zuweilen, als fände man in den vom Traume dem Grund der Finsternis entrissenen Bildern die schwindelnden Vorstellungen des Opiums wieder.» Was Nietzsche in seinen Studien zum ‹Fall Wagner› später ahnte, ohne Baudelaires Wagner-Essay zu kennen, daß nämlich Baudelaire, der «seinerzeit der erste Prophet und Fürsprecher Delacroix' war», jetzt «der erste ‹Wagnerianer› von Paris sein würde», da «viel Wagner in Baudelaire» sei, wird durch die Lektüre des Essays bestätigt. Wir bringen daraus den Teil, der sich speziell mit der Eigenart des ‹Tannhäuser› und mit den Umständen der Pariser Erstaufführung beschäftigt.*

Charles Baudelaire

## Brief an Richard Wagner
## (17. Februar 1860)

Als ich zum ersten Male in das Théâtre des Italiens ging, um Ihre Werke zu hören\*, war ich sehr schlecht aufgelegt und, ich gestehe es, auch voller schlechter Vorurteile. Aber ich hatte dafür Entschuldigungsgründe: ich war ja so oft gefoppt worden; ich hatte so oft Musik von Scharlatanen mit großen Pretentionen erleben müssen. Von Ihnen wurde ich sogleich besiegt. Was ich empfand, ist nicht zu beschreiben, und – bitte, lachen Sie mich nicht aus! – ich versuche dies zu erklären. Zunächst schien es mir, als ob ich diese Musik kannte; doch später, als ich darüber nachdachte, verstand ich, wie ich zu dieser Täuschung gekommen war: es war mir so, als ob diese Musik meine Musik wäre, und ich erkannte sie so wieder, wie jeder Mensch die Dinge wiedererkennt, die er zu lieben bestimmt ist. Für einen ganz andern als einen Mann von Geist wäre diese Phrase unglaublich lächerlich, besonders wenn sie einer schreibt, der, wie ich, nichts von der Musik versteht und dessen ganze Erziehung sich darauf beschränkt (tatsächlich mit großem Vergnügen), einige schöne Stücke von Weber und Beethoven gehört zu haben.

Das, was mich sodann hauptsächlich betroffen hat, war die Größe. Dies stellt das Große dar, und es zielt auf das Große hin. Überall in Ihren Werken habe ich die Feierlichkeit der großen Klänge, der großen Naturaspekte gefunden und die Feierlichkeit der großen menschlichen Leidenschaften. Man fühlt sich sogleich fortgetragen und in Bann geschlagen. Eine der sonderbarsten Erscheinungen, die mir eine neue musikalische Sensation vermittelt hat, war die, eine religiöse Ekstase wiederzugeben. Die Wirkung, die durch den Einzug der Gäste und das Hochzeitsfest hervorgerufen wird, ist ungeheuer. Ich empfand dabei die Majestät eines viel weiter gespannten Lebens, als es das unsre ist. Dann noch etwas anderes: ich habe oft ein Gefühl ganz seltsamer Natur erlebt: den Stolz und die Freude, zu verstehen, mich durchdringen, forttragen zu lassen, eine wahrhaft sinnliche Wollust, die jener gleicht, in die Lüfte zu steigen oder auf dem Meere gewiegt zu werden. Und gleichzeitig atmete die Musik zuweilen Lebensstolz. Ganz allgemein schienen mir diese tiefgründigen Harmonien jenen Reizmitteln zu ähneln, welche den Puls der Phantasien

---

\* *Wagner dirigierte im Pariser Théâtre Italien (Salle Ventadour) am 25. Januar, 1. und 8. Februar 1860 ein Konzert, das außer Ausschnitten aus ‹Tannhäuser› und ‹Lohengrin› das Vorspiel zu ‹Tristan und Isolde› und die Ouvertüre zum ‹Fliegenden Holländer› brachte.*

*Charles Baudelaire, der erste Wagnerianer von Paris. Er schrieb den ersten bedeutenden Essay über Wagner und seinen ‹Tannhäuser› und leitete damit den später so verbreiteten «Wagnerismus» französischer Prägung ein.*

Dokumentation

beschleunigen. Endlich habe ich auch – bitte, lachen Sie nicht darüber! – Erlebnisse empfunden, die wahrscheinlich meiner Geisteshaltung und meinen häufigen Voreingenommenheiten entspringen. Überall ist etwas Entrücktes, Entrückendes, etwas, das höher hinaus geht, etwas Äußerstes, Superlatives. So zum Beispiel, um einen Vergleich mit der Malerei zu wagen, entsteht vor meinen Augen eine weite Ebene aus dunklem Rot. Wenn dieses Rot Leidenschaft darstellt, sehe ich es gradweise übergehen in alle Tönungen von Rot zu Rosa bis zur Weißglut im Schmelzofen. Es erschiene schwierig, ja unmöglich, zu etwas noch Lohenderem zu steigern; und doch: eine letzte Rakete wird einen noch weißeren Lichtstrahl über das Weiß werfen, das ihm als Untergrund dient. Das wäre, wie man sagen könnte, der äußerste Schrei der zu ihrem Paroxysmus gesteigerten Seele.

*Figurinen für die Pariser Erstaufführung des ‹Tannhäuser› von Alfred Albert: Fortunata Tedesco (Venus), Albert Niemann (Tannhäuser), Marie Sax (Elisabeth)*

Ich habe einige Bemerkungen über das, was wir von ‹Tannhäuser› und ‹Lohengrin› gehört haben, zu schreiben begonnen; aber ich habe dabei die Unmöglichkeit erkannt, alles zu sagen. Ich könnte auf diese Weise diesen Brief endlos fortsetzen. Wenn Sie hier dies zu lesen vermochten, danke ich Ihnen. Nur noch einige Worte möchte ich hinzufügen. Seit dem Tage, da ich Ihre Musik gehört habe, sage ich mir unaufhörlich, besonders in trüben Stunden: wenn ich doch wenigstens heute abend etwas Wagner hören könnte. Ohne Zweifel gibt es noch andere, die so beschaffen sind wie ich. Alles in allem haben Sie mit dem Publikum zufrieden sein können, dessen Instinkt über das mangelhafte Wissen der Journalisten hinausgeht. Weshalb wollen Sie nicht einige weitere Konzerte geben mit zusätzlichen neuen Stücken? Sie haben uns einen Vorgeschmack für neue Erlebnisse vermittelt; haben Sie das Recht, uns das Übrige vorzuenthalten? – Nochmals Dank, verehrter Herr; Sie haben mich in schlechten Stunden an mich und an das Große zurückerinnern lassen.

Ch. Baudelaire

Ich füge nicht meine Anschrift an, da Sie sonst vielleicht glauben möchten, ich wolle Sie um etwas bitten.

Charles Baudelaire

# Richard Wagner und der ‹Tannhäuser› in Paris (1861)

III

[...] ‹Tannhäuser› stellt den Kampf der zwei Prinzipien dar, die das menschliche Herz zu ihrem Hauptschlachtfeld erwählt haben, d. h. des Fleisches mit dem Geiste, der Hölle mit dem Himmel, Satans mit Gott. Diese Dualität wird sofort in der Ouvertüre mit unvergleichlicher Geschicklichkeit zum Ausdruck gebracht. Was hat man nicht schon alles über dieses Stück geschrieben! Trotzdem ist anzunehmen, daß es noch Stoff zu vielen Behauptungen und wortreichen Kommentaren liefern wird; denn jedes echte Kunstwerk hat die Eigenheit, eine unerschöpfliche Quelle von Anregungen zu sein. Die Ouvertüre faßt also den Gedanken des Dramas in zwei Gesängen zusammen, den religiösen und den der Lust geweihten, die, um mich der Ausdrucksweise Liszts zu bedienen, «hier aufgestellt sind wie zwei Größen, die im Finale ihre Gleichung finden». Der Pilgerchor erscheint zuerst, mit dem Ansehen des höchsten Gesetzes, um gleich den wirklichen Sinn des Lebens anzudeuten, das Ziel der ewigen Pilgerschaft, d. h. Gott. Wie aber das innerste Gottesempfinden in jedem Gewissen bald in den Gelüsten des Fleisches untergeht, so erstickt auch der Gesang, der die Heiligkeit vertritt, langsam in den Seufzern der Wollust. Die wahre, furchtbare, überall herrschende Venus spricht schon jetzt zu jeder Phantasie. Wer die fabelhafte ‹Tannhäuser›-Ouvertüre noch nicht gehört hat, stelle sich darunter nicht etwa den Gesang eines Liebespärchens vor, das die Zeit in der Geißblattlaube totzuschlagen versucht, oder die Sprache eines betrunkenen Haufens, der Gott in der Sprache des Horaz eine Herausforderung entgegenschleudert. Es handelt sich hier um anderes: Echteres und Unheimlicheres. Sanftes Schmachten, von Fieber und Angstanfällen zerrissene Wonnen, Lust in immer neuen Anstürmen, die trotz aller Verheißungen niemals die Be-

*Wolfram*
*(Paris 1861)*

gierde stillt, Wahnsinnszuckungen von Herz und Sinnen, die Tyrannei des Fleisches – was immer durch den Klang die Vorstellung der Liebe weckt, wird hier zu Tönen. Endlich gewinnt das religiöse Thema langsam, nach und nach, stufenweise wieder die Oberhand und trägt über das andere einen friedvollen Sieg davon, glorreich wie jener des unwiderstehlichen Wesens über das angekränkelte, zügellose, des hl. Michael über Luzifer.

Am Anfange dieses Aufsatzes habe ich von der Kraft gesprochen, mit der Wagner im Vorspiel zum ‹Lohengrin› die mystische Glut, das Begehren des Geistes nach einem unmittelbaren Gotte auszudrücken verstand. In der ‹Tannhäuser›-Ouvertüre, im Kampf der beiden widerstreitenden Prinzipien, tritt seine Begabung nicht weniger stark und zugleich fein hervor. Woher hat nur der Meister diese glühenden Klänge der Fleischeslust, diese souveräne Kenntnis der teuflischen Regionen im Menschen genommen? Von den ersten Takten an leben die Nerven im Einklang mit der Melodie, jedes Herz zittert in Erinnerungen. Jedes ausgestaltete Gehirn trägt in sich zwei Unendlichkeiten, Himmel und Hölle, und erkennt im Bilde der einen sofort die Hälfte des eigenen Selbst. Auf den satanischen Kitzel einer unbestimmten Liebe folgen bald Ekstasen, Ohnmachten, Siegesschreie, das Stammeln des Dankes und dann ein wildes Geheul, Anklagen der Geopferten und das ruchlose Gejubel der Opferpriester, als ob die Grausamkeit stets im Drama der Liebe vorhanden sein und der fleischliche Genuß, nach der unerklärlichen Logik der Hölle, zur Wollust des Verbrechens führen müßte. Wenn dann das religiöse Thema gegen das entfesselte Böse heranschreitet, die Oberhand gewinnt und die Ordnung wiederherstellt, wenn es von neuem in seiner gesunden Schönheit über dieses Chaos erliegender Lüste gesiegt hat, fühlt sich die ganze Seele wie neugeboren, wie erfaßt von der Seligkeit der Erlösung. Unaussprechliches Gefühl, das am Beginne des zweiten Auftrittes sich wiederholt, wenn Tannhäuser nach seiner Flucht aus dem Venusberge sich in der Wirklichkeit des Lebens wiederfindet inmitten des frommen Klangs der heimatlichen Glocken, des heiteren Hirtengesangs, der Hymne der Pilger – während das Kreuz am Wege aufragt, als Sinnbild des Kreuzes, das auf allen Wegen unsere Schultern drückt. Hier liegt eine Gewalt des Gegensatzes, die den Geist unwiderstehlich fortreißt und an Shakespeares großzügige und ungezwungene Art erinnert. Eben weilten wir noch in den Tiefen der Erde (denn Venus wohnt, wie gesagt, in der Nähe der Hölle), atmeten eine duftgeschwängerte aber erstickende Luft im rosigen Lichte, das nicht der Sonne entströmt; wir ähnelten Tannhäuser, der, der entnervenden Wonnen übersättigt, sich *nach dem Schmerze sehnt!* Erhabner Ruf, den alle zünftigen Kritiker bei Corneille bewundern würden, den jedoch wohl keiner bei Wagner wird anerkennen wollen. Endlich befinden wir uns wieder auf der Erde; wir atmen ihre frische Luft, nehmen dankbar ihre Freuden, demütig ihre Schmerzen entgegen. Das arme Menschentum hat wieder seine Heimat.

Als ich soeben den wollüstigen Teil der Ouvertüre zu schildern versuchte, bat ich den Leser, nicht an das gewöhnliche Gedudel zu denken, wie es einem Verliebten in guter Stimmung einfallen mag. Nein, wirklich, da gibt's nichts von Trivialität. Eher das Überschäumen einer energischen Natur, die alle Kräfte, die sie der Pflege des Guten schuldet, nach dem

Bösen zu ergießt. Das ist die zügellose, grenzenlose, chaotische, bis zur Höhe einer Gegenreligion, der Religion des Satans, getriebene Liebe. So hat der Komponist im musikalischen Ausdruck jene Plattheit vermieden, die nur zu oft die Ausmalung des populärsten – oder pöbelhaftesten – Gefühls begleitet, und dazu genügte es ihm, das Übermaß des Begehrens und der Kraft darzustellen, das maßlose, unbezähmbare Verlangen einer empfindsamen Seele, die sich im Wege geirrt hat. Ebenso hat er sich bei der Verwirklichung der Idee in der Darstellung glücklich von der blöden Überzahl der Liebesopfer ferngehalten, von Elviren nach dem Dutzend. Die reine Idee, in der einzigen Venus verkörpert, ist viel beredter und eindringlicher. Hier handelt es sich nicht um den üblichen Lüstling, der von einer Schönen zur andern taumelt, sondern um den Mann schlechthin, der in halber Ehe mit dem absoluten Ideal der Wollust lebt, mit der Königin aller Teufelinnen, des weiblichen Fauns- und Satyrvolkes, das seit dem Tode des großen Pan unter die Erde verbannt ist, mit der unzerstörbaren und unwiderstehlichen Venus.

Eine in der Analyse von lyrischen Werken geübtere Hand als die meine würde jetzt dem Leser einen in technischer und jeder andern Hinsicht vollständigen Bericht über diesen merkwürdigen und verkannten ‹Tannhäuser› abstatten. Ich selbst muß mich auf allgemeine Gesichtspunkte beschränken, die trotz ihrer Flüchtigkeit einigen Nutzen haben dürften. Außerdem möchte es gewissen Köpfen mehr liegen, die Schönheit einer Landschaft nach der Aussicht von einer Höhe zu beurteilen, als der Reihe nach sämtliche Wege, die hindurchführen, abzulaufen.

Ich möchte lediglich zum größten Lobe Wagners darauf aufmerksam machen, daß, trotz der überaus richtigen Bedeutung, die er der dramtischen Dichtung zulegt, sowohl die Tannhäuser-Ouvertüre als das ‹Lohengrin›-Vorspiel auch dem völlig verständlich sind, der das Libretto nicht kennt. Ferner, daß die Ouvertüre nicht nur die Ur-Idee enthält, den psychischen, das Dramatische ausmachenden, Dualismus, sondern auch die klar herausgehobenen Hauptmotive, die beim Fortgange der Handlung die Hauptempfindungen wiedergeben sollen, wie es die gewaltsamen Wiederholungen der teuflischen Wollustmelodie und des Pilgerchors als des religiösen Motivs anzeigen, sooft es die Handlung erfordert. Was den großen Marsch im zweiten Akt betrifft, so hat er schon lange den Beifall selbst der heftigsten Gegner errungen. Man kann ihm das gleiche Lob zuerkennen wie den beiden eben besprochenen Ouvertüren. Was er ausdrücken will, das drückt er auch in der lebendigsten, farbenreichsten und vorbildlichsten Art aus. Wer vermöchte beim Anhören dieser tönenden, stolzen Klänge, dieses pomphaften, abgemessenen Rhythmus, dieser königlichen Fanfaren sich etwas anderes vorzustellen als feudale Pracht, einen Aufzug ritterlicher Gestalten in klirrenden Rüstungen, alle von gewaltigem Wuchse, starken Willens und kindlichen Glaubens, ebenso großartig bei ihren Festen als fürchterlich in ihren Kriegen?

Was soll man zu der Erzählung Tannhäusers über seine Reise nach Rom sagen, so die dichterischen Schönheiten so völlig mit der Melodie verschmelzen und sie ergänzen, daß aus beiden Elementen ein unlösliches Ganzes wird? Man scheute die Länge dieses Stückes, und doch enthält die Erzählung, wie man sich überzeugen konnte, eine unwiderstehliche dramatische Kraft. Die Traurigkeit, die Niedergeschlagenheit des Sündigen auf seinem rauhen Wege, sein Jubel beim Anblick des höchsten Priesters, der von der Sünde lospricht, seine Verzweiflung, als er die Unverzeihlichkeit seines Frevels vernimmt, endlich das in seiner Furchtbarkeit fast unaussprechliche Gefühl des Glücks in der Verdammung – das wird alles durch das Wort und die Musik in so bestimmter Weise gesagt, ausgedrückt, dargestellt, daß man sich eine andere Ausdrucksform kaum noch vorstellen kann. Man versteht nun, daß ein derartiges Unheil nur durch ein Wunder wieder aufgehoben werden kann, und man entschuldigt den Unseligen, der von neuem den geheimnisvollen Weg zur Unterwelt einschlägt, um wenigstens die Huld der Hölle bei seiner teuflischen Buhle wieder zu erlangen.

Das Drama des ‹Lohengrin› trägt wie das vom ‹Tannhäuser› den heiligen, geheimnisvollen und doch allgemein verständlichen Charakter der Sage. Eine junge Prinzessin, die des scheußlichsten Verbrechens, des Brudermordes, beschuldigt wird, hat kein Mittel, ihre Unschuld darzutun. So wird der Spruch einem Gottesgericht übergeben. Kein Ritter tritt für sie in die Schranken, sie aber vertraut auf eine seltsame Vision: ein unbekannter Ritter ist ihr im Traum erschienen. Er wird ihre Verteidigung übernehmen. Wirklich nähert sich auch im letzten Augenblick, als ihre Schuld schon fraglos scheint, ein Nachen auf dem Flusse, von einem Schwan an goldener Kette gezogen. Lohengrin, Ritter des heiligen Gral, Schirmherr der Schuldlosen und Schwachen, hat den Ruf in der Ferne seines heiligen Zufluchtsortes vernommen, wo die göttliche Schale aufs Kostbarste verwahrt wird, doppelt geheiligt durch das letzte Abendmahl und durch das Blut unseres Heilands, das Joseph von Arimathia aus seiner Seitenwunde darin auffing. Lohengrin, Parzivals Sohn, steigt in silberner Rüstung aus dem Nachen, den Helm auf dem Haupte, den Schild über der Schulter, ein kleines goldenes Horn an der Seite, auf sein Schwert gestützt. «Wenn ich im Kampfe für dich siege», sagt Lohengrin zu Elsa, «willst du, daß ich dein Gatte sei? – Elsa, wenn du willst, daß ich dein Gatte heiße, mußt eines du geloben mir: nie sollst du mich befragen usw.» Und Elsa: «Nie, Herr, soll mir die Frage kommen.» Und als Lohengrin in feierlichster Weise nochmals die Gelöbnisworte wiederholt, erwidert Elsa:

«Mein Schirm! Mein Engel! Mein Erlöser!
Der fest an meine Unschuld glaubt!
Wie gäb es Zweifels Schuld, die größer,
Als die an dich den Glauben raubt?
Wie du mich schirmst in meiner Not,
So halt ich Treu in dein Gebot.»

Und Lohengrin ruft, sie an seine Brust ziehend: «Elsa, ich liebe dich!» Hier waltet eine Schönheit des Dialoges, wie man sie oft in den Dramen Wagners findet. Alles wie überflossen von dem Zauber der Ursprünglichkeit, durch die idealisierte Empfindung ins Erhabene versetzt, voll Feierlichkeit und doch voll von dem Reize des Natürlichen.

Der Sieg Lohengrins verkündet Elsas Unschuld; Ortrud, die Hexe, und Friedrich, zwei Bösewichter, die Elsas Verurteilung herbeiwünschen, verstehen es, ihre weibliche Neugierde zu erregen, ihr Glück durch den Zweifel zu trüben und sie so weit zu bringen, bis sie ihr Gelöbnis bricht und vom Gatten das Bekenntnis seiner Herkunft fordert. Der Zweifel hat den Glauben getötet und der entschwundene Glaube zieht das Glück nach sich. Lohengrin erschlägt Friedrich, der ihm aus dem Hinterhalt ans Leben wollte, und enthüllt vor dem König, den Rittern und dem Volke seine wirkliche Herkunft: Wieder erscheint der Schwan auf dem Flusse, um den Ritter in seine wunderschöne Heimat zurückzubringen. In der Verblendung ihres Hasses gesteht die Hexe, daß der Schwan eben jener Bruder Elsas ist, den sie selbst verzaubert hat. Lohengrin wendet sich in glühendem Gebet an den heiligen Gral und besteigt den Nachen. Eine Taube erscheint an Stelle des Schwans, und der Herzog von Brabant steht wieder vor uns. Der Ritter ist heimgekehrt zum Monsalvat. Elsa, die gezweifelt hatte, die wissen, prüfen, untersuchen hatte wollen, sie hat ihr Glück verloren. Das Ideal hat sich verflüchtigt.

Gewiß hat der Leser in dieser Sage eine schlagende Ähnlichkeit mit der antiken Mythe von Psyche entdeckt, die auch ein Opfer ihrer dämonischen Neugierde wurde und, als sie das Gebot ihres himmlischen Gatten verletzte und in sein Geheimnis eindrang, all ihr Glück verlor. Elsa schenkt Ortrud Gehör, wie Eva der Schlange. Immer von neuem fällt Eva in die gleiche Falle. Hinterlassen Nationen und Rassen ihre Märchen wie Menschen ihre Erbschaften und wissenschaftlichen Forschungen? Fast wäre man versucht es zu glauben, so augenfällig ist die moralische Ähnlichkeit, die in Mythen und Sagen verschiedener Gegenden hervortritt.

Aber diese Erklärung ist doch zu einfach, um einen philosophischen Geist auf die Dauer zu befriedigen. Die im Volke weiterzeugende Allegorie kann nicht mit den Samenkörnern verglichen werden, die ein Landmann brüderlich dem andern überläßt, um sie auf seinem Boden einzupflanzen. Nichts, was ewig und allgemein ist, bedarf eines Anpassungsvorganges. Jene moralische Ähnlichkeit, von der ich sprach, ist wie der göttliche Stempel auf allen Volksmärchen. Das mag, wenn man so will, einen einheitlichen Ursprung, eine unbezweifelbare Herkunft beweisen, aber doch nur dann, wenn man diesen Ursprung in dem einheitlichen Prinzip und Ursprung aller Wesen sucht. Man kann freilich einen Mythos als Bruder eines andern bezeichnen, wie einen Neger als Bruder des Weißen. In bestimmten Fällen leugne ich weder Verwandtschaft noch Abhängigkeit, aber ich glaube, daß in vielen anderen das Urteil durch oberflächliche Ähnlichkeiten und gerade die moralische Übereinstimmung irregeführt wird und daß, um unseren Vergleich aus dem Pflanzenleben wieder aufzunehmen, der Mythos ein Baum ist, der überall, in jedem Klima, unter jeder Sonne, von selbst und ohne Ableger gedeiht. Die Religionen und Dichtungen aller Himmelsgegenden liefern uns in dieser Hinsicht eine Überfülle von Beweisen. Wie Sünde und Erlösung überall sind, so ist es der Mythos. Nichts ist unabhängiger von Volksgrenzen als das Ewige. Möge mir diese Abschweifung verziehen werden, die sich mir mit unwiderstehlicher Anziehungskraft aufdrängte. Ich kehre nun wieder zum Dichter des ‹Lohengrin› zurück.

Man könnte Wagner eine gewisse Vorliebe zuschreiben für feudalen Prunk, homerische Versammlungen, in denen eine Fülle vitaler Kraft steckt, für begeisterte Massen, aus denen gleich einem Herd menschlicher Elektrizität der heroische Stil mit natürlicher Heftigkeit hervorsprudelt. Der Brautchor und die Hochzeitsmusik aus ‹Lohengrin› bilden ein würdiges Gegenstück zum Einzug der Gäste in die Wartburg im ‹Tannhäuser›. Vielleicht noch majestätischer und gewalttätiger. Indessen hat der Meister, stets geschmackvoll und hellhörig für alle Nuancen, hier nicht ein Durcheinander dargestellt, wie es in solchem Falle bei einer zusammengewürfelten Masse entstehen würde. Selbst auf dem Höhepunkt des heftigsten Aufruhrs drückt die Musik nichts aus als die Lust von Menschen, die an die Vorschriften der Etikette gewöhnt sind. Ein Hof, der sich unterhält und selbst in seiner Trunkenheit noch den Rhythmus des Schicklichen festhält. Die rauschende Freude der Menge wechselt mit der süßen, zarten und feierlichen Hochzeitsmusik, und der Sturm des allgemeinen Jubels kontrastiert mehrfach mit dem rührenden, sanften Gesang, der die Vereinigung Elsas mit Lohengrin feiert.

Ich habe schon von gewissen melodischen Phrasen gesprochen, deren beständige Wiederkehr in verschiedenen Stücken des gleichen Werkes, schon beim ersten Konzert Wagners in der «Salle des Italiens», mein Gehör lebhaft beunruhigt hatte. Im ‹Tannhäuser› diente nach unseren Beobachtungen die Wiederkehr der beiden Hauptthemen, des religiösen und wollüstigen Motivs, dazu, die Aufmerksamkeit des Publikums zu erwekken und es in einen der Bühnensituation ähnlichen Zustand zu versetzen. Im ‹Lohengrin› wird dieses das Gedächtnis unterstützende System noch weit mehr ins einzelne gehend angewandt. Jede Person wird gewissermaßen durch die Melodie gekennzeichnet, die ihren moralischen Charakter und die Rolle, die sie im Stücke zu spielen hat, ausdrückt. Hier möchte ich am liebsten das Wort an Liszt geben, dessen Buch (Lohengrin und Tannhäuser) ich allen Freunden einer tiefen und verfeinerten Kunst empfehle. Trotz einer etwas unnatürlichen und affektierten Sprache, die er sich anscheinend aus verschiedenen Idiomen zusammengesetzt hat, versteht er doch die ganze Wortkunst des Meisters unendlich reizvoll wiederzugeben (...) Und wirklich, Liszt hat recht, auch ohne die Dichtung würde Wagners Musik noch ein dichterisches Werk bleiben, alles enthaltend, woraus sich eine richtige Dichtung zusammensetzt. Sie ist aus sich selber verständlich, bei allem Gegenständlichen, das in sie verwoben und, um durch einen barbarischen Ausdruck das Höchste einer Qualität aufzuzeigen, in ihr berechnenderweise zusammengeschachtelt ist.

Das ‹Gespensterschiff› oder ‹Der fliegende Holländer› ist die bekannte Geschichte jenes auf das Meer Gebannten, für den ein hilfreicher Geist die Möglichkeit einer Erlösung erwirkte: trifft er am Lande, das er alle sieben Jahre betreten darf, ein treues Weib, so soll er gerettet sein.*

Den Unglücklichen um seines Unglücks willen zu lieben ist ein Gedanke, der nur einem reinen Herzen zugänglich ist, und jedenfalls war es ein vortrefflicher Einfall, die Erlösung des Verfluchten der leidenschaftlichen Vorstellungskraft eines jungen Mädchens anheimzugeben. Das ganze Drama ist mit sichrer Hand und bestimmten Umrissen gezeichnet, jede Situation mit Kraft herausgearbeitet. Der Charakter Sentas trägt eine übernatürliche und unwahrscheinliche Größe in sich, die bezaubert und Furcht einflößt. Die äußerste Einfachheit der Dichtung verstärkt noch ihre Wirkung. Alles ist an seinem Platz, wohlgeordnet und im richtigen Verhältnis. Die Ouvertüre, die wir im Konzert im «Théâtre Italien» gehört haben, ist tief und schauerlich wie der Ozean, der Sturm und die Finsternis.

Ich bin gezwungen, die Grenzen dieses Aufsatzes einzuschränken, glaube aber (für heute wenigstens) genug gesagt zu haben, um einem

---

\* *Hier folgt eine genaue Inhaltsangabe dieser Oper, auf die wir verzichten.*

nicht voreingenommenen Leser die Absichten und das dramatische Wesen Wagners begreiflich zu machen. Außer ‹Rienzi›, dem ‹Fliegenden Holländer›, ‹Tannhäuser› und ‹Lohengrin› hat er noch ‹Tristan und Isolde› komponiert und vier weitere Opern in Gestalt einer Tetralogie, deren Stoff aus den Nibelungen gezogen ist. Daneben wären noch seine zahlreichen kritischen Werke in Betracht zu ziehen. Das sind die Arbeiten eines Mannes, dessen Persönlichkeit und ideales Streben den Pariser Maulaffen seit länger als einem Jahre tagaus tagein den Stoff zu ihren seichten Geistreicheleien geliefert hat.

## IV

Man kann für den Augenblick bei jedem großen eigenartigen Künstler von dem systematischen Teile abstrahieren, der all seinen Werken unvermeidlich anhaftet; dann handelt sich's restlich darum, zu untersuchen und klarzulegen, durch welche ihm eigentümlichen Qualitäten er sich von andern unterscheidet. Ein Künstler, der wirklich diesen erhabenen Namen verdient, muß irgend etwas ausschließlich ihm selbst Zugehörendes besitzen, das ihn erst zu dem macht, was er im eigentlichsten Sinne vorstellt. Von diesem Gesichtspunkt aus kann man die Künstler mit den verschiedenen Geschmacksempfindungen vergleichen, und ein Verzeichnis der menschlichen Ausdrücke würde vielleicht bei weitem nicht ausreichen, eine annähernde Definition aller bekannten und aller *möglichen* Künstler zu geben. Wir haben, soviel ich glaube, bereits zwei Menschen in Wagner festgestellt, den der Regel und den der Leidenschaft. An dieser Stelle soll nur vom Menschen der Leidenschaft und Empfindung die Rede sein. Auch dem geringsten Werke ist seine Persönlichkeit so unverwischbar aufgeprägt, daß es nicht allzu schwer sein kann, seiner Haupteigenschaft nachzugehen. Vom Anfang an war mir eine Beobachtung aufs schärfste aufgestoßen: daß nämlich der Künstler in dem wollüstigen und orgiastischen Teil der ‹*Tannhäuser*›-Ouvertüre dieselbe Kraft und Energie entfaltet hatte wie bei der Ausmalung des Mystischen, das das ‹Lohengrin›-Vorspiel charakterisiert. Das gleiche Streben hier wie dort, der gleiche titanische Höhenflug, das gleiche Raffinement, die gleiche Geschicklichkeit. Was mir also in unerhörtem Grade die Musik des Meisters auszuzeichnen scheint, ist die nervöse Intensität, die Heftigkeit der Leidenschaft und des Wollens. Diese Musik versteht mit der einschmeichelndsten oder schrillsten Stimme die letzten Geheimnisse des menschlichen Herzens auszudrücken. Freilich herrscht in allen seinen Kompositionen ein Streben vor, aber nähert er sich auch durch die Wahl der Stoffe und die dramatischen Mittel der Antike, so ist er andrerseits in der leidenschaftlichen Eindringlichkeit des Ausdrucks der echteste Vertreter des modernen We-

*Der Schluß des ersten Aktes aus der Pariser Erstaufführung des ‹Tannhäuser› nach einem zeitgenössischen Stich.*

sens. Und alles Wissen, alle Anstrengungen, alle Berechnungen dieses reichen Geistes sind wirklich nichts als die demütigen und eifrigen Handlanger jener unwiderstehlichen Leidenschaft. Daraus folgt eine feierliche Überschwenglichkeit, welchen Stoff er auch behandeln mag. Durch diese Leidenschaft treibt er alles sozusagen ins Übermenschliche empor, durch sie versteht er alles und macht alles verständlich. Was immer nur die Worte: Wollen, Sehnsucht, Konzentration, nervöse Intensität, Vehemenz enthalten, ist in seinen Werken zu fühlen und zu ahnen. Ich glaube mich keiner Illusion hinzugeben noch jemand zu täuschen, wenn ich da die hauptsächlichsten Charakteristika jenes Phänomens, das wir Genie nennen, zu sehen behaupte. Oder zum wenigsten glaube, daß man bei der Analyse dessen, was man bis heute rechtmäßig Genie genannt hat, jene Charakteristika wiederfinden wird. Ich gebe zu, daß mir in der Kunst die Maßlosigkeit nicht zuwider ist; Mäßigung ist mir nie als Zeichen eines kraftvollen künstlerischen Wesens erschienen. Ich liebe jene Ausbrüche von Gesundheit, jenes Rasen der Willenskraft, die den Werken eingebrannt sind wie glühende Lava dem Grunde eines Vulkans und die im gewöhnlichen Leben oft die an Entzückungen reiche Wandlung bedeuten, die einer großen moralischen oder physischen Krise folgt.

Was mag aus der Reform nun werden, die der Meister in die Anwendung der Musik auf das Drama einführen will? Darüber läßt sich Bestimmtes unmöglich vorhersagen. Im allgemeinen kann man mit dem Psalmisten sagen, daß früher oder später die, welche erniedrigt worden, werden erhöht werden und umgekehrt, aber weiter auch nichts, was sich nicht ebenso auf den üblichen Ablauf aller menschlichen Angelegenheiten anwenden ließe. Wir haben genug einst für verrückt Erklärtes später zum erwählten Vorbild der Masse werden sehen. Das ganze zeitgenössische Publikum erinnert sich noch des heftigen Widerstandes, dem anfangs die Damen Victor Hugos und die Bilder Eugène Delacroix' begegneten. Übrigens haben wir bereits darauf hingewiesen, daß der Streit, der das Publikum gegenwärtig spaltet, eine abgetane Sache war, die plötzlich wieder auflebte, und daß Wagner selbst in der Vergangenheit die ersten Bestandteile für den Grund fand, auf dem er sein Ideal errichtete. Sicher ist, daß seine Lehre dazu geschaffen ist, alle Leute von Geist um sich zu scharen, die längst der Schwächen der Oper müde sind, und so ist es nicht weiter erstaunlich, daß besonders die Literaten ihre Sympathien einem Musiker zuwandten, der einen Ruhm darin sucht, Dichter und Dramaturg zu sein, ebenso wie die Schriftsteller des 18. Jahrhunderts Glucks Werken zugejubelt hatten. Und ich kann die Bemerkung nicht unterdrükken, daß die Leute, die am stärksten von Wagners Werken abgestoßen werden, auch eine entschiedene Abneigung gegen seinen Vorgänger an den Tag legen.

Schließlich kann der Erfolg oder Mißerfolg des ‹Tannhäuser› absolut nichts beweisen, nicht einmal in Hinsicht auf die Zukunftsaussichten. Nehmen wir an, er wäre ein abscheuliches Werk, so mag er bis an die Wolken erhoben werden. Halten wir ihn für vollkommen – er mag trotzdem Empörung erregen. Die eigentliche Frage der Reformation der Oper wird dadurch nicht gelöst, und die Schlacht wird weitergehen. Auch wenn ein Stillstand eintritt, wird der Kampf von neuem entbrennen. Ich hörte neulich sagen, es wäre ein lediglich persönliches Ereignis, wenn Wagner durch sein Drama einen glänzenden Erfolg hätte, und seine Lehre würde letztlich keinen Einfluß auf das Schicksal und die Wandlungen des Musikdramas haben. Ich halte mich durch das Studium des Vergangenen, d. h. des Ewigen, für berechtigt, das genaue Gegenteil zu vermuten und zu wissen, daß eine völlige Niederlage in keiner Weise die Möglichkeit für neue Versuche in derselben Richtung zerstören würde und daß schon in der nächsten Zukunft nicht nur neue Autoren, sondern sogar Männer von altbegründetem Ansehen die von Wagner ausgehenden Gedanken ir-

*Die zentrale Szene des zweiten Aktes, der sogenannte «Sängerkrieg», nach einer Zeichnung von Alphonse de Neuville.*

gendwie benutzen und glücklich durch die von ihm geöffnete Bresche einziehen werden. In welchem Geschichtsbuch hat man jemals gelesen, daß eine große Sache durch einen einzigen Schlag zugrunde gegangen wäre?

18. März 1861.

*Noch einige Worte*

«Die Probe ist gemacht! Die Zukunftsmusik ist begraben!» schreien voll Freude alle gewerbsmäßigen Auspfeifer und Intriganten. «Die Probe ist gemacht!» wiederholen alle Zeitungströpfe. Und alle Maulaffen antworten in ihrer Harmlosigkeit im Chor: «Die Probe ist gemacht!»

In der Tat, eine Probe ist gemacht worden, die sich noch viele tausend

Male vor dem jüngsten Tag wiederholen wird. Zunächst, daß kein großes und ernstes Werk seinen Platz im Gedächtnis der Menschheit einnehmen oder sich in der Geschichte festsetzen wird, ohne lebhaft angefeindet zu werden. Ferner, daß zehn zielbewußte Personen mit Hilfe von schrillen Pfeifen imstande sind, die Darsteller außer Fassung zu bringen, die günstige Stimmung des Publikums unterzukriegen und mit ihren verlogenen Protesten selbst durch die Stimme des Orchesters zu dringen, und wäre sie so stark wie das Donnern des Meeres. Schließlich hat sich noch ein außerordentlich merkwürdiger Mißstand herausgestellt. Das System der Jahresabonnements nämlich hat eine Art von Aristokratie geschaffen, die im gegebenen Augenblick aus irgendeinem x-beliebigen Grund das große Publikum von jedem Anteil an der Beurteilung eines Werkes auszuschließen vermag. Man führe dieses System doch an andern Theatern, z. B. der Comédie Française, ein, und man wird auch dort in Bälde dieselben Mißbräuche und Skandale entstehen sehen. Eine beschränkte Gesellschaft wird der ungeheueren Bevölkerung von Paris das Recht verkümmern können, ein Werk zu würdigen, dessen Urteil allen zusteht.

Die Leute, die glauben, daß nun mit Wagner aufgeräumt sei, haben sich viel zu früh gefreut, das können wir ihnen versichern. Ich möchte ihnen dringend nahelegen, einen Triumph weniger laut zu feiern, der wirklich nicht zu den ehrenvollsten gehört, und für die Zukunft sich sogar mit Resignation zu wappnen. Was wissen sie von dem Schaukelspiel der menschlichen Angelegenheiten, der Ebbe und Flut der Leidenschaften?! Sie ahnen auch nicht, welche Geduld und Beharrlichkeit die Vorsehung von je jenen zugeteilt hat, denen sie eine Aufgabe übertrug. Heute hat die Reaktion begonnen; sie wurde am gleichen Tage geboren, als Böswilligkeit, Dummheit, Versumpftheit und Neid vereint versuchten, das Werk zu begraben. Die Ungeheuerlichkeit des Unrechts hat tausend Sympathien geschaffen, die sich jetzt überall bemerkbar machen.

Jenen, die Paris nur von außen sehen und sich von dieser ungeheuerlichen Anhäufung von Menschen und Häusern verwirren und einschüchtern lassen, muß das unerwartete Schicksal des Dramas ‹*Tannhäuser*› wie ein Rätsel vorkommen. Es durch das unglückselige Zusammentreffen mehrerer Ursachen, von denen einige der Kunst fremd sind, zu erklären, wäre leicht. Bekennen wir uns gleich zum maßgebenden Hauptgrund: die Oper Wagners ist ein *ernstes Werk*, das anhaltende Aufmerksamkeit erfordert. Man begreift, was für günstige Aussichten diese Bedingung in einem Lande schaffen muß, wo die alte Tragödie ihre Erfolge vor allem durch das erzielte, was sie dem Bedürfnis nach Zerstreuung bot. In Italien schlürft man Sorbet oder tanzt Cancan in den Zwischenpausen des Dramas, wo die Mode keinen Beifall verlangt; in Frankreich pflegt man Karten zu spielen. «Sie sind ein Unverschämter, der mich zwingen will, auf Ihr Werk da beständig aufzupassen», schreit der widerspenstige Abonnent, «Sie sollten mir lieber ein die Verdauung beförderndes Plaisir verschaffen anstatt einer Gelegenheit, meinen Verstand zu üben.» Jenem Hauptgrunde lassen sich noch andere hinzufügen, die heute, wenigstens in Paris, überall bekannt sind. Der kaiserliche Befehl, der dem Fürsten so sehr zur Ehre gereicht und für den man ihm aufrichtig dankbar sein sollte, ohne deswegen der Liebhaberei bezichtigt zu werden, hat gegen den Künstler viele Neidhämmel und eine Menge jener Maulhelden aufgehetzt, die stets ein Beispiel von Unabhängigkeit zu geben glauben, wenn sie die Einmütigkeit anbellen. Die eben erlassene Verfügung, die der Zeitung und der Rede einige Freiheiten einräumte, hat einem natürlichen, lang unterdrückten Drange das Tor geöffnet, der sich nun wie ein wildes Tier auf den ersten besten stürzte. Der war nun gerade der ‹Tannhäuser›, begünstigt vom Staatsoberhaupt und offen protegiert von der Gemahlin eines auswärtigen Gesandten. Welch herrliche Gelegenheit! Ein ganzes französisches Theater hat sich mehrere Stunden lang an dem Schmerze dieser Frau belustigt und, was nicht allgemein bekannt ist, sogar die Gattin Wagners selbst ist bei einer der Vorstellungen beleidigt worden. Ein gewaltiger Sieg!

Eine mehr als unzulängliche Inszenierung, von einem alten Singspieldichter ausgeführt; eine nachlässige und ungenaue Orchesterbegleitung; ein deutscher Tenor, auf den man die Haupthoffnung gesetzt hatte und der sich darauf versteifte, mit bedauernswürdiger Beharrlichkeit falsch zu singen; eine verschlafene Venus, in ein Bündel weiße Fetzen gekleidet, die ebensowenig vom Olymp herabgestiegen als der strahlenden Phantasie eines mittelalterlichen Künstlers entsprungen zu sein schien; alle Plätze für zwei Vorstellungen einer Horde von Feinden oder zum wenigsten für jedes ideale Streben Gleichgültigen ausgeliefert – alle diese Umstände müssen gleichmäßig in Betracht gezogen werden. Nur Fräulein Sax [Elisabeth] und Morelli [Wolfram], denen bei dieser Gelegenheit hier gedankt werden soll, haben dem Sturme Trotz gebeten. Es wäre nicht anständig, nur ihr Talent zu loben, man muß auch ihren Mut rühmen. Sie haben sich der Verwirrung entgegengestemmt; sie sind, ohne einen Augenblick zu strauchteln, dem Komponisten treu geblieben. Morelli paßte sich mit der bewunderungswürdigen italienischen Geschmeidigkeit bescheiden dem Stil und Geschmack des Autors an, und wer ihn öfter zu hören Gelegenheit gehabt hatte, behauptete, daß diese Fügsamkeit zu seinem Vorteil war und daß er noch nie einen so guten Tag hatte wie bei der Darstellung des Wolfram. Aber was soll man von Niemann sagen, seinen Fehlern, seinem Unvermögen, seinen schlechten Launen eines verzogenen Kindes? Und das bei uns, die wir Theaterstürmen beigewohnt haben, wo Leute wie Frédérick und Rouvière und selbst Bignon, durch seinen Ruhm freilich weniger dazu berechtigt, offen den Irrtümern des Publikums Trotz boten, ihren Eifer an seiner Ungerechtigkeit entflammten und beständig zu dem Autor standen? – Schließlich hat auch die Frage des Balletts, die man monatelang wie eine Lebensfrage in der aufgeregtesten Weise behandelte, nicht wenig zum Aufruhr beigetragen. «Eine Oper ohne Ballett! Was soll das heißen?» sagten die Zöpfe. «Ja, was soll das heißen», riefen die Beschützer der Ballettmädchen. «Nehmen Sie sich in acht!» sagte selbst zum Autor der beunruhigte Minister. Man ließ als eine Art Trost auf der Bühne preußische Regimenter in kurzen Röckchen mit den eingelernten Bewegungen von Kriegsschülern manövrieren, und ein Teil des Publikums meinte angesichts all dieser Beine und durch die schlechte Inszenierung verführt: «Das ist einmal ein schlechtes Ballett und eine Musik, nach der man nicht tanzen kann.» Der gesunde Menschenverstand erwiderte: «Das ist kein Ballett; aber es sollte ein Bacchanal sein, eine Orgie, wie die Musik andeutet und wie man sie zuweilen in der Porte-Saint-Martin, im Ambigu, Odéon oder selbst an Theatern zweiten Ranges aufzuführen verstand, nur nicht an der Oper, wo man überhaupt nichts kann.» So hat auch kein künstlerischer Grund, sondern nur die Ungeschicklichkeit des Maschinisten zur Unterdrückung eines ganzen Bildes (der zweiten Erscheinung der Venus) genötigt.

Daß die Leute, die sich den Luxus einer Mätresse unter den Tänzerinnen der Oper leisten können, den Wunsch haben, so oft als möglich die Talente und Schönheiten ihres Besitzes ans Licht gestellt zu sehen, zeugt von einem fast väterlichen Gefühl, das alle Welt versteht und gern verzeiht. Daß aber die gleichen Leute, ohne sich um die Wünsche des Publikums und das Vergnügen der andern zu kümmern, die Ausführung eines Werkes unmöglich machen, das ihnen mißfällt, weil es den Bedürfnissen ihrer Protektorenstellung nicht entspricht – das ist unerträglich. Behaltet euern Harem mit all seinen heiligen Überlieferungen, aber sorgt dafür, daß wir ein Theater haben, wo Andersgesinnte andere Genüsse finden, die mehr nach ihrem Geschmacke sind. Auf diese Weise werden wir uns gegenseitig los und jeder von uns zufrieden sein.

Man hoffte, diesen Wütenden ihr Opfer zu entreißen, indem man dem Publikum eine Vorstellung am Sonntag gab, d. h. an einem Abend, den die Abonnenten und Mitglieder des Jockey-Klub gern der Masse freigeben, die dazu Zeit und Lust hat. Aber sie hatten ganz richtig geschlossen: «Wenn wir heute einen Erfolg zulassen, wird die Administration das als genügenden Vorwand benützen, um uns das Werk dreißig Tage lang aufzuhalsen.» Daher fanden sie sich wieder zum Angriff ein, bewaffnet mit allen schon im voraus verfertigten Mordinstrumenten. Das ganze Publikum kämpfte zwei Akte lang und applaudierte in seiner durch die Entrüstung noch verdoppelten Teilnahme nicht nur die unwiderstehlichen Schönheiten, sondern auch an den Stellen, über die es sich verwunderte und in Verwirrung geriet, sei es, daß sie durch die unklare Ausführung unverständlich wurden oder zur Würdigung einer unmöglichen Sammlung bedurft hätten. Aber diese Stürme der Empörung oder Begeisterung riefen sofort eine nicht weniger heftige, für die Gegner jedoch bedeutend weniger ermüdende, Reaktion hervor. Darauf schwieg das Publikum in der Hoffnung, daß die Meute ihm für seine Nachgiebigkeit Dank wisse, und weil es vor allem kennenlernen und urteilen wollte. Aber die paar Pfeifer hielten mutig aus, ohne Grund und Unterbrechung; die wundervolle Erzählung der Reise nach Rom wurde nicht gehört (ob gesungen, weiß ich nicht?), und der ganze dritte Akt ging im Tumult unter.

In der Presse kein Widerstand, kein Protest, außer dem von Franck Marie in der *Patrie*. Berlioz hat es vermieden, seine Meinung zu sagen – ein negativer Mut. Danken wir ihm, daß er an dem allgemeinen Unrecht nicht teilgenommen hat. Und dann hat ein förmlicher Nachahmungsorkan alle Federn mit sich fortgerissen und alle Zungen zum Fieberlallen gebracht, ähnlich jenem wunderlichen Geiste, der in den Massen abwechselnd Wunder von Tapferkeit und von Feigheit bewirkt, Massenmut und Massenniederträchtigkeit, französischer Enthusiasmus und gallische Kopflosigkeit.

Den ‹Tannhäuser› brauchte man dazu ja nicht zu hören.

Von allen Seiten setzt es jetzt Beschwerden; jeder möchte das Werk Wagners sehen und schreit über Tyrannei. Die Administration aber hat vor ein paar Verschworenen den Kopf eingezogen, und zahlt das für die folgenden Aufführungen bereits hinterlegte Geld wieder zurück. Und als unerhörtestes Schauspiel, wenn das, dem wir beigewohnt haben, überhaupt noch überboten werden kann, sehen wir heute eine unterlegene Direktion, die trotz der Anregungen des Publikums darauf verzichtet, die einträglichsten Aufführungen fortzusetzen.

Es scheint übrigens, daß das Vorkommnis weiterwirkt und daß das Publikum nicht mehr als höchster Richter in betreff dramatischer Aufführungen betrachtet wird. Im Augenblick, da ich diese Zeilen schreibe, erfahre ich, daß ein schönes, prächtig aufgebautes und stilistisch meisterhaftes Stück nach wenigen Tagen von einer anderen Bühne verschwinden mußte, wo es Aufsehen gemacht hatte, und das ungeachtet der Anstrengungen einer gewissen unfähigen Kaste, die sich einst die literarisch gebildete nannte und heute an Geist und Zartgefühl hinter dem Hafenpöbel zurücksteht. Und wirklich, der Verfasser ist ein rechter Narr, der glauben konnte, daß solche Leute für ein so unfaßbares und flüchtiges Ding wie die Ehre Feuer fangen könnten. Höchstens sind sie dazu gut genug, sie zu begraben.

Was sind nun die geheimnisvollen Gründe dieser Ausschließung? Hätte der Erfolg die künftigen Unternehmungen des Direktors gestört? Hätten unverständliche amtliche Erwägungen seine Willfährigkeit erzwungen, seine Interessen vergewaltigt? Oder sollte man die Ungeheuerlichkeit voraussetzen müssen, daß ein Direktor, um geschätzt zu werden, vorgibt, sich nach guten Stücken zu sehnen und, wenn er seinen Zweck erreicht hat, schleunigst zu seinem wirklichen Geschmack, dem der Dummköpfe, zurückkehrt, der offenbar der einträglichste ist? Noch unerklärlicher ist die Schwäche der Kritiker (unter denen einige Dichter sind), die ihrem Erzfeinde schmeicheln und die, wenn sie bisweilen in einem vorübergehenden Anfall von Kühnheit seinen Krämergeist tadeln, in einem Haufen von Fällen sich nichtsdestoweniger darauf versteifen, sein Geschäft durch alle möglichen Gefälligkeiten zu unterstützen.

Während dieses ganzen Tumults und angesichts der jämmerlichen Feuilletonspäße, über die ich erröte, wie ein feinfühliger Mensch über eine vor ihm begangene Roheit, ergreift mich ein qualvoller Gedanke. Trotzdem ich immer sorgfältig jenen übertriebenen Patriotismus in meinem Herzen unterdrückte, dessen Dünste das Gehirn umnebeln können, erinnere ich mich doch, wie grausam ich litt, wenn ich in fernen Gegenden, unter allen möglichen Menschen an den Wirtstafeln Leute sich (ganz gleich, ob mit Recht oder Unrecht) über Frankreich lustig machen hörte. Mein ganzes Kindheitsempfinden, philosophisch ausgedrückt, geriet dann in Aufruhr. Als ein klägliches Mitglied der Akademie vor einigen Jahren in seine Aufnahmerede eine Würdigung von Shakespeares Genie einzuflechten für gut hielt – den er vertraulich den alten Williams oder den guten Williams nannte, eine Würdigung würdig des Portiers der Comédie Française – habe ich schauernd den Schaden gefühlt, den dieser nicht einmal der Rechtschreibung kundige Pedant meiner Heimat zufügte. Tatsächlich haben sich tagelang die englischen Zeitungen über uns in der traurigsten Weise lustig gemacht. Wenn man sie hörte, so wußten die französischen Gelehrten nicht einmal, wie Shakespeare richtig geschrieben wurde und begriffen nichts von seinem Genius. «Das verblödete Frankreich kennt nur zwei Autoren, Ponsard und Alexander Dumas fils, die Lieblingsdichter des neuen Kaiserreiches», fügte die *Illustrated London News* hinzu. Man beachte, wie der politische Haß sich mit dem empörten literarischen Vaterlandsgefühl zusammenfand.

*Eine Szenenillustration des «Sängerkriegs» aus dem zweiten Akt der Pariser Erstaufführung des ‹Tannhäuser› am 13. März 1861. Die Sängerhalle wurde, wie in Wagners Szenarium vorgeschrieben, in Schrägansicht von Edouard Despléchin entworfen. Für die Münchner Inszenierung der Pariser Fassung im Jahre 1867 bestand Wagner, entgegen dem Wunsch König Ludwig II. von Bayern, darauf, diesen Entwurf zu kopieren; er fand dann auch bei dem Münchner Publikum größte Zustimmung.*

Nun, während des durch Wagners Werk verursachten Skandals, sagte ich mir: «Was wird Europa von uns denken und was wird man in Deutschland von Paris sagen? Diese paar Tölpel bringen uns alle miteinander in Schande!» Aber nein, das darf nicht sein. Ich glaube, ich weiß, ich schwöre, daß es unter den Literaten, den Künstlern und selbst den Leuten von Welt noch eine ganze Anzahl von wohlerzogenen Personen gibt, die Gerechtigkeitssinn haben und deren Geist stets freimütig allem Neuen offen steht, das man ihnen darbietet. Deutschland hätte unrecht zu glauben, daß Frankreich nur von Gassenjungen bevölkert ist, die sich mit den Fingern schneuzen, um sie an dem Rücken eines großen Mannes abzuwischen. Eine derartige Vermutung würde nicht völliger Unparteilichkeit entsprechen. Von allen Seiten erhebt sich die Reaktion, wie ich schon gesagt habe. Die unerwartetsten Sympathiebezeugungen sind dem Autor zuteil geworden, um ihn zum Ausharren in seinem Schicksale zu ermutigen. Gehen die Dinge so weiter, so wird vermutlich schon bald manche Klage ihren Trost finden und ‹Tannhäuser› eine neue Auferstehung feiern, aber dort, wo die Opernabonnenten kein Interesse an seiner Ächtung haben.

Schließlich: die Idee ist auf dem Marsche, die Bresche ist geschlagen – das ist das Wesentliche. Mehr als ein französischer Komponist wird aus dem heilsamen Gedanken Nutzen ziehen wollen, die von Wagner ausgingen. So kurze Zeit es auch her ist, daß das Werk vor dem Publikum erschien, hat der kaiserliche Befehl, dem wir die Aufführung verdanken, doch dem französischen Geist viel genützt. Es ist ein Geist der Logik und der Ordnungsliebe, der leicht wieder in die Bahn seiner Entwicklung hinein finden wird. Unter der Republik und dem ersten Kaiserreiche hatte sich die Musik zu einer Höhe erhoben, die ihr, in Ermangelung der gehemmten Literatur, einen Ruhmestitel in jenen Zeiten sichert. War das Oberhaupt des zweiten Kaiserreichs bloß neugierig, das Werk eines Mannes zu hören, über den bei unsern Nachbarn gesprochen wurde, oder bewegte ihn ein patriotischerer und großzügigerer Gedanke? In jedem Falle haben wir alle auch durch seine bloße Neugierde etwas für uns davongetragen.

8. April 1861.

*Als Wagner schon an der Verwirklichung seiner Pariser Pläne verzweifelte, erreichte ihn plötzlich die Kunde, daß der Kaiser\* die Aufführung des ‹Tannhäuser› an der Großen Oper befohlen hatte. Die Fürsprache seiner Gönnerin, der Gattin des österreichischen Botschafters Fürsten Metternich, hatte dieses Wunder bewirkt. Doch Wagner sollte dieses Triumphes nicht lange froh werden. Schon die ersten Vorbesprechungen, in der die für Paris so wichtige Ballettfrage erörtert wurde, brachten bittere Kämpfe. Durch die Presse liefen die unsinnigsten Berichte. Einmal sah sich Wagner sogar veranlaßt, dagegen Front zu machen. Die ganze Leidensgeschichte dieses Pariser ‹Tannhäuser›-Abenteuers schilderte Wagner selbst ausführlich in seinem an den Redakteur der Deutschen Allgemeinen Zeitung gerichteten und in diesem Blatte am 7. April 1861 veröffentlichten ‹Bericht über die Aufführung des Tannhäuser in Paris›.*    *Julius Kapp*

Richard Wagner

# Bericht über die Aufführung des ‹Tannhäuser› in Paris

Paris, 27. März 1861.

Ich habe Ihnen versprochen, einmal genau über meine ganze Pariser ‹*Tannhäuser*›-Angelegenheit zu berichten; jetzt, wo diese eine so entschiedene Wendung genommen hat und von mir vollständig überblickt werden kann, ist es mir selbst eine Genugtuung, durch eine ruhige Darstellung – wie für mich selbst – darüber zum Abschluß zu kommen. Recht begreifen, welche Bewandtnis es eigentlich hiermit hatte, könnt Ihr alle nur, wenn ich zugleich berühre, was mich wirklich bestimmte, überhaupt nach Paris zu gehen. Lassen Sie mich also von da beginnen.

Nach fast zehnjähriger Entfernung von aller Möglichkeit, durch Beteiligung an guten Aufführungen meiner dramatischen Kompositionen mich – wenn auch nur periodisch – zu erfrischen, fühlte ich mich endlich gedrängt, meine Übersiedlung nach einem Ort in das Auge zu fassen, der jene notwendigen lebendigen Berührungen mit meiner Kunst mit der Zeit mir ermöglichen könnte. Ich hoffte diesen Punkt in einer bescheidenen Ecke Deutschlands finden zu können. Den Großherzog von Baden, der mir in rührender Wohlgeneigtheit bereits die Aufführung meines neuesten Wer-

---

\* *Napoleon III.*

kes unter meiner persönlichen Mitwirkung in Karlsruhe zugesagt hatte, ging ich im Sommer 1859 auf das inständigste an, mir statt des in Aussicht gestellten temporären Aufenthaltes sofort eine dauernde Niederlassung in seinem Lande erwirken zu mögen, da ich andernfalls nichts weiter ergreifen könnte, als nach Paris zu gehen, um dort mein dauerndes Domizil aufzuschlagen. Die Erfüllung meiner Bitte war – unmöglich.

Als ich mich nun im Herbst desselben Jahres nach Paris übersiedelte, behielt ich immer noch die Aufführung meines ‹Tristan› im Auge, zu der ich für den 3. Dezember nach Karlsruhe berufen zu werden hoffte; einmal unter meiner Mitwirkung zur Aufführung gelangt, glaubte ich das Werk dann den übrigen Theatern Deutschlands überlassen zu können; die Aussicht, mit meinen übrigen Arbeiten in Zukunft ebenso verfahren zu dürfen, genügte mir, und Paris behielt, in dieser Annahme, für mich das einzige Interesse, von Zeit zu Zeit dort ein vorzügliches Quartett, ein ausgezeichnetes Orchester hören, und so mich im erfrischenden Verkehre wenigstens mit den lebendigen Organen meiner Kunst erhalten zu können. Dies änderte sich mit einem Schlage, als man mir aus Karlsruhe meldete, daß die Aufführung des ‹Tristan› sich dort als unmöglich herausgestellt hätte. Meine schwierige Lage gab mir sofort den Gedanken ein, für das folgende Frühjahr mir bekannte vorzügliche Sänger nach Paris einzuladen, um mit ihnen im Saale der Italienischen Oper die von mir gewünschte Musteraufführung meines neuen Werkes zustande zu bringen; zu dieser wollte ich die Dirigenten und Regisseure mir befreundeter deutscher Theater ebenfalls einladen, um so dasselbe zu erreichen, was ich zuvor mit der Karlsruher Aufführung im Auge gehabt hatte. Da ohne eine größere Beteiligung des Pariser Publikums die Ausführung meines Planes unmöglich war, mußte ich dieses selbst zuvor zur Teilnahme an meiner Musik zu bestimmen suchen, und zu diesem Zwecke unternahm ich die bekannt gewordenen drei im Italienischen Theater gegebenen Konzerte. Der in bezug auf Beifall und Teilnahme höchst günstige Erfolg dieser Konzerte konnte leider das von mir ins Auge gefaßte Hauptunternehmen nicht fördern, da eben hierbei die Schwierigkeit eines jeden solchen Unternehmens sich mir deutlich herausstellte, und andererseits schon die Unmöglichkeit, die von mir gewählten deutschen Sänger zu gleicher Zeit in Paris zu versammeln, mich zum Verzichte bestimmen mußte.

Während ich nun, nach jeder Seite hin gehemmt, nochmals schwer sorgend meinen Blick nach Deutschland wandte, erfuhr ich zu meiner vollen Überraschung, daß meine Lage am Hofe der Tuilerien zum Gegenstand eifriger Besprechung und Befürwortung geworden war. Der bis dahin mir fast ganz unbekannt gebliebenen außerordentlich freundlichen Teilnahme mehrerer Glieder der hiesigen deutschen Gesandtschaften hatte ich diese mir so günstige Bewegung zu verdanken. Diese führte so weit, daß der Kaiser, als auch eine von ihm besonders geehrte deutsche Fürstin * ihm die empfehlendste Auskunft über meinen am meisten genannten ‹Tannhäuser› gab, sofort den Befehl zur Aufführung dieser Oper in der Académie impériale de musique erließ.

Leugne ich nun nicht, daß ich, wenn auch zunächst hoch erfreut von diesem ganz unerwarteten Zeugnisse für den Erfolg meiner Werke in gesellschaftlichen Kreisen, denen ich persönlich so fern gestanden hatte, dennoch bald nur mit großer Beklemmung an eine Aufführung des ‹Tannhäuser› gerade eben in jenem Theater denken konnte. Wem war es denn klarer als mir, daß dieses große Opertheater längst jeder ernstlichen künstlerischen Tendenz sich entfremdet hat, daß in ihm ganz andere Forderungen als die der dramatischen Musik sich zur Geltung gebracht haben, und daß die Oper selbst dort nur noch zum Vorwande für das Ballett geworden ist? In Wahrheit hatte ich, als ich in den letzten Jahren wiederholte Aufforderungen erhielt, an die Aufführung eines meiner Werke in Paris zu denken, nie die sogenannte Große Oper ins Auge gefaßt, sondern – für einen Versuch – vielmehr das bescheidene Théâtre lyrique, und dies namentlich aus den beiden Gründen, weil hier keine bestimmte Klasse des Publikums tonangebend ist, und – dank der Armut seiner Mittel! – das eigentliche Ballett hier sich noch nicht zum Mittelpunkt der ganzen Kunstleistung ausgebildet hat. Auf eine Aufführung des ‹Tannhäuser› hatte aber der Direktor dieses Theaters, nachdem er wiederholt von selbst darauf verfallen war, verzichten müssen, namentlich weil er keinen Tenor fand, welcher der schwierigen Hauptpartie gewachsen gewesen wäre.

Wirklich zeigte es sich nun sogleich bei meiner ersten Unterredung mit dem Direktor der Großen Oper, daß als nötigste Bedingung für den Erfolg der Aufführung des ‹Tannhäuser› die Einführung eines Balletts, und zwar im zweiten Akte, festzusetzen wäre. Hinter die Bedeutung dieser Forderung sollte ich erst kommen, als ich erklärte, unmöglich den Gang gerade dieses zweiten Aktes durch ein in jeder Hinsicht hier sinnloses Ballett stören zu können, dagegen aber im ersten Akte, am üppigen Hofe der Venus, die allergeeignetste Veranlassung zu einer choreographischen Szene von ergiebigster Bedeutung ersehen zu dürfen, hier, wo ich selbst bei meiner ersten Abfassung des Tanzes nicht entbehren zu können geglaubt hatte. Wirklich reizte mich sogar die Aufgabe, hier einer unverkennbaren Schwäche meiner früheren Partitur abzuhelfen, und ich entwarf einen ausführlichen Plan, nach welchem diese Szene im Venusberge zu einer großen Bedeutung erhoben werden sollte. Diesen Plan wies nun der Direk-

---

\* *Gemeint ist die Fürstin Pauline Metternich.*

tor entschieden zurück und entdeckte mir offen, es handle sich bei der Aufführung einer Oper nicht allein um ein Ballett, sondern namentlich darum, daß dieses Ballett in der Mitte des Theaterabends getanzt werde; denn erst um diese Zeit träten diejenigen Abonnenten, denen das Ballett fast ausschließlich angehöre, in die Logen, da sie erst spät zu dinieren pflegten; ein im Anfange ausgeführtes Ballett könne diesen daher nicht genügen, weil sie eben nie im ersten Akte zugegen wären. Diese und ähnliche Erklärungen wurden mir später auch vom Staatsminister selbst wiederholt, und von der Erfüllung der darin ausgesprochenen Bedingungen jede Möglichkeit eines guten Erfolges so bestimmt abhängig dargestellt, daß ich bereits auf das ganze Unternehmen verzichten zu müssen glaubte.

Während ich so, lebhafter als je, wieder an meine Rückkehr nach Deutschland dachte und mit Sorge nach dem Punkte ausspähte, der mir zur Aufführung meiner neuen Arbeiten als Anhalt geboten werden möchte, sollte ich nun aber die günstigste Meinung von der Bedeutung des kaiserlichen Befehles gewinnen, die mir das ganze Institut der Großen Oper, sowie jedes von mir nötig befundene Engagement, im reichsten Maße rückhaltlos und unbedingt zur Verfügung stellte. Jede von mir gewünschte Akquisition ward, ohne irgendwelche Rücksicht auf die Kosten, sofort ausgeführt: in bezug auf Inszenesetzung wurde mit einer Sorgfalt verfahren, von der ich zuvor noch keinen Begriff hatte. Unter ganz mir ungewohnten Umständen nahm mich bald immermehr der Gedanke ein, die Möglichkeit einer durchaus vollständigen, ja idealen Aufführung vor mir zu sehen. Das Bild einer solchen Aufführung selbst, fast gleichviel von welchem meiner Werke, ist es, was mich seit langem, seit meinem Zurückziehen von unserem Operntheater, ernstlich beschäftigt; was mir nie und nirgends zu Gebote gestellt, sollte ganz unerwartet hier in Paris mir zur Verfügung stehen, und zwar zu einer Zeit, wo keine Bemühung imstande gewesen, mir auch nur eine entfernt ähnliche Vergünstigung auf deutschem Boden zu verschaffen. Gestehe ich es offen, dieser Gedanke erfüllte mich mit einer seit lange nicht gekannten Wärme, welche vielleicht eine sich einmischende Bitterkeit nur zu steigern vermochte. Nichts anderes ersah ich bald mehr vor mir, als die Möglichkeit einer vollendet schönen Aufführung, und in der andauernden, angelegentlichen Sorge, diese Möglichkeit zu verwirklichen, ließ ich alles und jedes Bedenken ohne Macht, auf mich zu wirken: gelange ich zu dem, was ich für möglich halten darf – so sagte ich mir –, was kümmert mich dann der Jockeiklub und sein Ballett!

Von nun an kannte ich nur noch die Sorge für die Aufführung. Ein französischer Tenor, so erklärte mir der Direktor, sei für die Partie des

Tannhäuser nicht vorhanden. Von dem glänzenden Talente des jugendlichen Sängers Niemann unterrichtet, bezeichnete ich ihn, den ich zwar selbst nie gehört hatte, für die Hauptrolle; da er namentlich auch einer leichten französischen Aussprache mächtig war, wurde sein auf das Sorgfältigste eingeleitete Engagement mit großen Opfern abgeschlossen. Mehrere andere Künstler, namentlich der Baritonist Morelli, verdankten ihr Engagement einzig meinem Wunsche, sie für mein Werk zu besitzen. Im übrigen zog ich einigen hier bereits beliebten ersten Sängern, weil mich ihre zu fertige Manier störte, jugendliche Talente vor, weil ich sie leichter für meinen Stil zu bilden hoffen durfte. Die bei uns ganz unbekannte Sorgsamkeit, mit welcher hier die Gesangsproben am Klavier geleitet werden, überraschte mich, und unter der verständigsten und feinsinnigsten Leitung des Chef du chant Bauthrot sah ich bald unsere Studien zu einer seltenen Reife gediehen. Namentlich freute es mich, wie nach und nach die jüngeren französischen Talente zum Verständnisse der Sache gelangten, und Lust und Liebe zur Aufgabe faßten.

So hatte auch ich selbst wieder eine neue Lust zu diesem meinem älteren Werke gefaßt: auf das sorgfältigste arbeitete ich die Partitur von neuem durch, verfaßte die Szene der Venus sowie die vorangehende Ballettszene ganz neu, und suchte namentlich auch überall den Gesang mit dem übersetzten Texte in genaueste Übereinstimmung zu bringen.

Hatte ich nun mein ganzes Augenmerk einzig auf die Aufführung gerichtet und hierüber jede andere Rücksicht aus der Acht gelassen, so begann auch bald endlich mein Kummer nur mit dem Innewerden dessen, daß eben diese Aufführung sich nicht auf der von mir erwarteten Höhe halten würde. Es fällt mir schwer, Ihnen genau zu bezeichnen, in welchen Punkten ich mich schließlich enttäuscht sehen mußte. Das Bedenklichste war jedenfalls, daß der Sänger der schwierigen Hauptrolle, je mehr wir uns der Aufführung näherten, infolge seines nötig erachteten Verkehres mit den Rezensenten, welche ihm den unerläßlichen Durchfall meiner Oper voraussagten, in wachsende Entmutigung verfiel. Die günstigsten Hoffnungen, die ich im Laufe der Klavierproben genährt, sanken immer tiefer, je mehr wir uns mit der Szene und dem Orchester berührten. Ich sah, daß wir wieder auf dem Niveau einer gewöhnlichen Opernaufführung ankamen, und daß alle Forderungen, die weit darüber hinausführen sollten, unerfüllt bleiben mußten. In diesem Sinne, den ich natürlich von Anfang nicht zuließ, fehlte nun aber, was einer solchen Opernleistung einzig noch zur Auszeichnung dienen kann: irgendein bedeutendes, vom Publikum bereits lieb gewonnenes und lieb gehaltenes Talent, wogegen ich mit fast lauter Neulingen auftrat. Am meisten betrübte mich schließlich, daß ich die Direktion des Orchesters, durch welche ich noch großen Einfluß auf den Geist der Aufführung hätte ausüben können, den Händen des angestellten Orchesterchefs nicht zu entwinden vermochte; und, daß ich so mit trübseliger Resignation (denn meine gewünschte Zurückziehung der Partitur war nicht angenommen worden) in eine geist- und schwunglose Aufführung meines Werkes willigen mußte, macht noch jetzt meinen wahren Kummer aus.

Welcher Art die Aufnahme meiner Oper von seiten des Publikums sein würde, blieb mir unter solchen Umständen fast gleichgültig; die glänzendste hätte mich nicht bewegen können, einer längeren Reihe von Aufführungen selbst beizuwohnen, da ich gar zu wenig Befriedigung daraus gewann. Über den Charakter dieser Aufnahme sind Sie bisher aber, wie es mir scheint, geflissentlich noch im unklaren gehalten worden, und Sie würden sehr unrecht tun, wenn Sie daraus über das Pariser Publikum im allgemeinen ein dem deutschen zwar schmeichelndes, in Wahrheit aber unrichtiges Urteil sich bilden wollten. Ich fahre dagegen fort, dem Pariser Publikum sehr angenehme Eigenschaften zuzusprechen, namentlich die einer sehr lebhaften Empfänglichkeit und eines wirklich großherzigen Gerechtigkeitsgefühles. Ein Publikum, ich sage: ein ganzes Publikum, dem ich persönlich durchaus fremd bin, das durch Journale und müßige Plauderer täglich die abgeschmacktesten Dinge über mich erfuhr, und mit einer fast beispiellosen Sorgfalt gegen mich bearbeitet wurde, ein solches Publikum viertelstundenlang wiederholt mit den anstrengendsten Beifallsdemonstrationen gegen eine Clique für mich sich schlagen zu sehen, müßte mich, und wäre ich der Gleichgültigste, mit Wärme erfüllen. Ein Publikum, dem jeder Ruhige sofort die äußerste Eingenommenheit gegen mein Werk ansah, war aber durch eine wunderliche Fürsorge derjenigen, welche am ersten Aufführungstage einzig die Plätze zu vergeben, und mir die Unterbringung meiner wenigen persönlichen Freunde fast gänzlich unmöglich gemacht hatten, an diesem Abende im Theater der Großen Oper versammelt; rechnen Sie hierzu die ganze Pariser Presse, welche bei solchen Gelegenheiten offiziell eingeladen wird, und deren feindseligste Tendenz gegen mich Sie einfach aus ihren Berichten entnehmen können, so glauben Sie wohl, daß ich von einem großen Siege vermeine sprechen zu dürfen, wenn ich Ihnen ganz wahrhaft zu berichten habe, daß der keineswegs hinreißenden Aufführung meines Werkes stärkerer und einstimmiger Beifall geklatscht wurde, als ich persönlich es in Deutschland noch erlebt habe. Die eigentlichen Tonangeber der anfänglich vielleicht fast allgemeinen Opposition, mehrere, ja wohl alle hiesigen Musikrezensenten, welche bis dahin ihr Mögliches aufgeboten hatten, die Aufmerksamkeit des Publikums vom Anhören abzuziehen, gerieten gegen Ende des zweiten Aktes offenbar in Furcht, einem voll-

Nach den Aufführungen in Dresden (1845) und Paris (1861) inszenierte Wagner am 22. November 1875 in Wien den ‹Tannhäuser› zum drittenmal. Diese Wiener Fassung war die einzige Gelegenheit, bei der Wagner alle ihm wichtig erscheinenden Pariser Änderungen im Theater aufführen konnte. Auch nahm er hier erstmals den Sprung aus der Ouvertüre ins Bacchanal vor, der dann später (ab 1891) für die Bayreuther Inszenierungen bis 1972 verbindlich blieb. Eine endgültige Fassung des ‹Tannhäuser› hat Wagner nie fertiggestellt.

ständigen und glänzenden Erfolge des ‹Tannhäuser› beiwohnen zu müssen, und griffen nun zu dem Mittel, nach Stichworten, welche sie in den Generalproben verabredet hatten, in gröbliches Gelächter auszubrechen, wodurch sie bereits am Schlusse des zweiten Aktes eine genügend störende Diversion zustande brachten, um eine bedeutende Manifestation beim Falle des Vorhanges zu schwächen. Dieselben Herren hatten in den Generalproben, an denen Besuch ich sie ebenfalls nicht zu hindern vermocht hatte, jedenfalls wahrgenommen, daß der eigentliche Erfolg der Oper in der Ausführung des dritten Aktes gewahrt liege. Eine vortreffliche Dekoration des Herrn Despléchin, das Tal vor der Wartburg in herbstlicher Abendbeleuchtung darstellend, übte in den Proben bereits auf alle Anwesenden den Zauber aus, durch welchen wachsend die für die folgenden Szenen nötige Stimmung unwiderstehlich sich erzeugte; von seiten der Darsteller waren diese Szenen der Glanzpunkt der ganzen Leistung; ganz unübertrefflich schön wurde der Pilgerchor gesungen und szenisch ausgeführt; das Gebet der Elisabeth, von Fräulein Sax vollständig und mit ergreifendem Ausdrucke wiedergegeben, die Phantasie an den Abendstern, von Morelli mit vollendeter elegischer Zartheit vorgetragen, leiteten den besten Teil der Leistung Niemanns, die Erzählung der Pilgerfahrt, welche dem Künstler stets die lebhafteste Anerkennung gewann, so glücklich ein, daß ein ganz ausnahmsweise bedeutender Erfolg eben dieses dritten Aktes gerade auch dem feindseligen Gegner meines Werkes gesichert erschien. Gerade an diesem Akt nun vergriffen sich die bezeichneten Häupter und suchten jedes Aufkommen der nötigen gesammelten Stimmung durch Ausbrüche heftigen Lachens, wozu die geringfügigsten Anlässe kindische Vorwände bieten mußten, zu hindern. Von diesen widerwärtigen Demonstrationen unbeirrt, ließen weder meine Sänger sich werfen, noch das Publikum sich abhalten, ihren tapferen Anstrengungen, denen oft reichlicher Beifall lohnte, seine teilnehmende Aufmerksamkeit zu widmen; am Schlusse aber wurde, beim stürmischen Hervorruf der Darsteller, endlich die Opposition gänzlich zu Boden gehalten.

Daß ich nicht geirrt hatte, den Erfolg dieses Abends als einen vollständigen Sieg anzusehen, bewies mir die Haltung des Publikums am Abende der zweiten Aufführung; denn hier entschied es sich, mit welcher Opposition ich fortan es einzig nur noch zu tun haben sollte, nämlich mit dem hiesigen Jockeiklub, den ich so wohl nennen darf, da mit dem Rufe «à la porte les Jockeys» das Publikum selbst laut und öffentlich meine Hauptgegner bezeichnet hat. Die Mitglieder dieses Klubs, deren Berechtigung dazu, sich für die Herren der Großen Oper anzusehen, ich Ihnen nicht näher zu erörtern nötig habe, und welche durch die Abwesenheit des üblichen Balletts um die Stunde ihres Eintrittes in das Theater, also gegen die Mitte der Vorstellung, in ihrem Interesse sich tief verletzt fühlten, waren mit Entsetzen inne geworden, daß der ‹Tannhäuser› bei der ersten Aufführung eben nicht gefallen war, sondern in Wahrheit triumphiert hatte. Von nun an war es ihre Sache, zu verhindern, daß diese ballettlose Oper ihnen Abend für Abend vorgeführt würde, und zu diesem Zwecke hatte man sich, auf dem Wege vom Diner zur Oper, eine Anzahl Jagdpfeifen und ähnliche Instrumente gekauft, mit welchen alsbald nach ihrem Eintritte auf die unbefangenste Weise gegen den ‹Tannhäuser› manövriert wurde. Bis dahin, nämlich während des ersten und bis gegen die Mitte des zweiten Aktes, hatte nicht eine Spur von Opposition sich mehr bemerkbar gemacht, und der anhaltende Applaus hatte ungestört die am schnellsten beliebt gewordenen Stellen meiner Oper begleitet. Von nun an half aber keine Beifallsdemonstration mehr: vergebens demonstrierte selbst der Kaiser mit seiner Gemahlin zum zweiten Male zugunsten meines Werkes; von denjenigen, die sich als Meister des Saales betrachten und sämtlich zur höchsten Aristokratie Frankreichs gehören, war die unwiderrufliche Verurteilung des ‹Tannhäuser› ausgesprochen. Bis an den Schluß begleiteten Pfeifen und Flageoletts jeden Applaus des Publikums.

Bei der gänzlichen Ohnmacht der Direktion gegen diesen mächtigen Klub, bei der offenbaren Scheu selbst des Staatsministers, mit den Gliedern dieses Klubs sich ernstlich zu verfeinden, erkannte ich, daß ich den mir so treu sich bewährenden Künstlern der Szene nicht zumuten dürfe, sich länger und wiederholt den abscheulichen Aufregungen, denen man sie gewissenlos preisgab (natürlich in der Absicht, sie gänzlich zum Abtreten zu zwingen), auszusetzen. Ich erklärte der Direktion, meine Oper zurückzuziehen, und willigte in eine dritte Aufführung nur unter der Bedingung, daß sie an einem Sonntage, also außer dem Abonnement, somit unter Umständen, welche die Abonnenten nicht reizen, und dagegen dem eigentlichen Publikum den Saal vollständig einräumen sollten, stattfinde. Mein Wunsch, diese Vorstellung auch auf der Affiche als «letzte» zu bezeichnen, ward nicht für zulässig gehalten, und mir blieb nur übrig, meinen Bekannten persönlich sie als solche anzukündigen. Diese Vorsichtsmaßregeln hatten aber die Besorgnis des Jockeiklubs nicht zu zerstören vermocht; vielmehr glaubte derselbe in dieser Sonntagsaufführung eine kühne und für seine Interessen gefährliche Demonstration erkennen zu müssen, nach welcher, die Oper einmal mit unbestrittenem Erfolge zur Aufführung gebracht, das verhaßte Werk ihnen leicht mit Gewalt aufgedrungen werden dürfte. An die Aufrichtigkeit meiner Versicherung, gerade im Falle eines solchen Erfolges den ‹Tannhäuser› desto gewisser zurückziehen zu wollen, hatte man nicht zu glauben den Mut gehabt. Somit entsagten die Herren ihren anderweitigen Vergnügungen für diesen Abend, kehrten abermals mit vollster Rüstung in die Oper zurück, und erneuerten die Szenen des zweiten Abends. Diesmal stieg die Erbitterung des Publikums, welches durchaus verhindert werden sollte, der Aufführung zu folgen, auf einen, wie man mir versicherte, bis dahin ungekannten Grad, und es gehörte wohl nur die, wie es scheint, unantastbare soziale Stellung der Herren Ruhestörer dazu, sie vor tätlicher übler Behandlung zu sichern. Sage ich es kurz, daß ich, wie ich erstaunt über die zügellose Haltung jener Herren, ebenso ergriffen und gerührt von den heroischen Anstrengungen des eigentlichen Publikums, mir Gerechtigkeit zu verschaffen, bin, und nichts weniger mir in den Sinn kommen kann, als an dem Pariser Publikum, sobald es sich auf einem ihm angehörigen neutralen Terrain befindet, im mindesten zu zweifeln.

Meine nun offiziell angekündigte Zurückziehung meiner Partitur* hat die Direktion der Oper in wirkliche und große Verlegenheit gesetzt. Sie bekennt laut und offen, in dem Falle meiner Oper einen der größten Erfolge zu ersehen, denn sie kann sich nicht besinnen, jemals das Publikum mit so großer Lebhaftigkeit für ein angesprochenes Werk Partei ergreifen gesehen zu haben. Die reichlichsten Geldeinnahmen erscheinen ihr mit dem ‹Tannhäuser› gesichert, für dessen Aufführungen bereits der Saal im voraus wiederverkauft worden ist. Ihr wird von wachsender Erbitterung des Publikums berichtet, welches sein Interesse, ein neues und vielbesprochenes Werk ruhig hören und würdigen zu können, von einer der Zahl nach ungemein kleinen Partei verwehrt sieht. Ich erfahre, daß der Kaiser der Sache durchaus geneigt bleiben soll, daß die Kaiserin sich gern zur Beschützerin meiner Oper aufwerfen und Garantien gegen fernere Ruhestörungen verlangen wolle. In diesem Augenblicke zirkuliert unter den Musikern, Malern, Künstlern und Schriftstellern von Paris eine an den Staatsminister gerichtete Protestaktion wegen der unwürdigen Vorfälle im Opernhause, die, wie man mir sagt, zahlreich unterzeichnet wird. Unter solchen Umständen sollte mir leicht Mut dazu gemacht werden können, meine Oper wieder aufzunehmen. Eine wichtige künstlerische

---

* *Der Text des Schreibens vom 25. März 1861 lautet:*
«Die Opposition, die sich gegen den ‹Tannhäuser› kundgegeben, beweist mir, wie sehr Sie recht hatten, als Sie mir gleich anfangs über das Fehlen des Balletts und anderer herkömmlicher szenischer Gebräuche, an welche das Opernpublikum gewöhnt ist, Vorstellungen machten. Ich bedaure, daß der Charakter meines Werkes mir nicht gestattete, diesen Erfordernissen zu entsprechen. Jetzt, wo die ihm gemachte Opposition nicht einmal denjenigen Zuschauern, die es hören möchten, erlaubt, ihm die zur Würdigung desselben notwendige Aufmerksamkeit zu schenken, bleibt mir anständigerweise nichts übrig, als meine Oper zurückzuziehen. Ich ersuche sie, diesen meinen Entschluß Sr. Exzellenz dem Herrn Staatsminister mitzuteilen.»

Rücksicht hält mich aber davon ab. Bisher ist es noch zu keinem ruhigen und gesammelten Anhören meines Werkes gekommen; der eigentliche Charakter desselben, welcher in einer meiner Absicht entsprechenden Nötigung zu einer, dem gewöhnlichen Opernpublikum fremden, das Ganze erfassenden Stimmung liegt, ist den Zuhörern noch nicht aufgegangen, wogegen diese sich bis jetzt nur an glänzende und leicht ansprechende Momente, wie sie mir eigentlich nur als Staffage dienen, halten, diese bewerten und, wie sie es getan, mit lebhafter Sympathie aufnehmen konnten. Könnte und sollte es nun zum ruhigen, andächtigen Anhören meiner Oper kommen, so befürchte ich nach dem, was ich Ihnen zuvor über den Charakter der hiesigen Aufführung andeutete, die innere Schwäche und Schwunglosigkeit dieser Aufführung, die allen denen, die das Werk genauer kennen, kein Geheimnis geblieben und für deren Hebung persönlich zu intervenieren mir verwehrt worden ist, müsse allmählich offen an den Tag treten, so daß ich einen gründlichen, nicht bloß äußerlichen Erfolg meiner Oper für diesmal nicht entgegenzusehen glauben könnte. Möge somit jetzt alles ungenügende dieser Aufführung unter dem Staube jener drei Schlachtabende gnädig verdeckt bleiben, und möge mancher, der meine auf ihn gesetzten Hoffnungen schmerzlich täuschte, für diesmal mit dem Glauben sich retten, er sei für eine gute Sache und um dieser Sache willen gefallen!

Somit möge für diesmal der Pariser ‹Tannhäuser› ausgespielt haben. Sollte der Wunsch ernster Freunde meiner Kunst in Erfüllung gehen, sollte ein Projekt, mit welchem man sich soeben von sehr sachverständiger Seite her ernstlich trägt, und welches auf nichts geringeres als auf schleunigste Gründung eines neuen Operntheaters zur Verwirklichung der von mir auch hier angeregten Reformen ausgeht, ausgeführt werden, so hören Sie vielleicht, selbst von Paris aus noch einmal auch vom ‹Tannhäuser›.*

Was sich bis heute in bezug auf mein Werk in Paris zugetragen, seien Sie versichert, hiermit der vollständigen Wahrheit gemäß erfahren zu haben: sei Ihnen einfach dafür Bürge, daß es mir unmöglich ist, mich mit einem Anscheine zu befriedigen, wenn mein innerster Wunsch dabei unerfüllt geblieben, und dieser ist nur durch das Bewußtsein zu stillen, einen wirklich verhängnisvollen Eindruck hervorgerufen zu haben.

---

* *Zu Wagners Lebzeiten gab es keine weiteren ‹Tannhäuser›-Aufführungen in Paris mehr.*

Dokumentation

# V. Zur Rezeptionsgeschichte des ‹Tannhäuser›

Paul Bekker*

## Wagners ‹Tannhäuser›: Stoff, Musik und Dramaturgie

Die Stoffquellen sind hier fast noch mannigfaltiger als beim ‹Holländer›. Die Verbindung der Sage vom Sängerkrieg und Heinrich von Ofterdingen mit der anderen des in den Hörselberg gelockten Tannhäuser beruht auf einer Anregung des Forschers E. T. L. Lucas. In die endgültige Fassung spielen Erinnerungen sowohl an E. Th. A. Hoffmanns Ofterdingen-Sage, Fouqués Sängerkrieg, wie an Tiecks katholisierende Tannhäuser-Dichtung hinein. Den entscheidenden Anstoß gibt vermutlich wie beim ‹Holländer› Heine mit seiner 1837 im *Salon* veröffentlichten Erinnerung an das Tannhäuser-Lied. In Einzelmomenten erscheinen Reminiszenzen an Episoden aus früheren eigenen Plänen. So erinnert der Pilgerzug an die ähnliche Szene des Pilgerchores mit dem Leichnam der Brigitta in der ‹Hohen Braut› so klingt auch das Motiv der Liebe des Mannes zur höhergestellten Frau durch beide Werke. Daß die Gestalt der Armida auf die Zaubererscheinung der Venus und ihres Liebesreiches eingewirkt hat, ergibt sich aus dem zeitlichen Zusammenhange jener Einstudierung mit der unmittelbar darauffolgenden Dichtung, durch die Person der beide Gestalten verkörpernden Schroeder-Devrient war die Verbindung gegeben. Allerdings kann die Armida-Figur nicht als anregendes Muster, sondern

---

* *Paul Bekker (1882–1937), deutscher Musikschriftsteller und -kritiker. Er war einer der wichtigsten Wortführer der Neuen Musik und übte bedeutenden Einfluß auf das Musikleben durch seine Berliner und Frankfurter Kritikertätigkeit aus. 1933 verließ er Deutschland und ging nach New York.*

nur als Klärung und innere Bereicherung der ersten Konzeption gelten. Über das Autobiographische der Handlung, soweit es ihm selbst bewußt wurde und er es gelten lassen wollte, hat Wagner später in der ‹*Mitteilung an meine Freunde*› ausführlich berichtet: «Durch die glückliche Veränderung meiner äußeren Lage, durch die Hoffnungen, die ich auf ihre noch günstigere Entwicklung setzte, endlich durch persönliche, in einem gewissen Sinne berauschende Berührungen mit einer mir neuen und geneigten Umgebung, war ein Verlangen in mir genährt, das mich auf Genuß hindrängte, und um dieses Genusses willen mein inneres, unter leidensvollen Eindrücken der Vergangenheit und durch den Kampf gegen sie in mir gestaltetes Wesen von seiner eigentümlichen Richtung ablenkte. Ein Trieb, der in jedem Menschen zum unmittelbaren Leben hindrängt, bestimmte mich in meinen besonderen Verhältnissen als Künstler nun in einer Richtung, die mich wieder sehr bald und heftig anekeln mußte.» Wagner schildert weiter, wie dieser Widerstreit zwischen Genußsinnlichkeit und «Sehnsucht nach Befriedigung in einem höheren edleren Element» sich zum tragischen Konflikt verwirrt, aus dem als einzige Möglichkeit der Liebeserfüllung das «Verlangen nach dem Hinschwinden aus der Gegenwart» im Tode erwächst.

Die psychologische Situation hat auffallende Ähnlichkeit mit jener, aus der zehn Jahre früher das ‹*Liebesverbot*› erwachsen war. Damals fehlte jedoch das Gegenspiel jenes «höheren edleren Elementes», das jetzt als ein «reines, keusches, jungfräuliches, unnahbar und ungreifbar liebendes» erscheint. Die Isabella-Figur hatte es angedeutet, in der Durchführung aber zugunsten des sinnlich Emotionellen zurücktreten lassen. Jetzt teilt sich die Hauptgestalt des Jugendwerkes in zwei Erscheinungen: die Entsagende und die Begehrende. Die Entsagende wird Geschöpf der Phantasie, geschaffen aus der Bedingung der Kontrastwirkung. Elisabeth, Tannhäusers Liebe zu ihr, die ihrige zu ihm und ihr Erlösungswille ist freie Erfindung Wagners. Die Idee der «Sarazenin», des nur prophetischen, jungfräulichen Weibes, klingt in ihr nach. Das, was die Schroeder-Devrient nicht gelten lassen wollte, wird Mittel, um die Realität des begehrenden Weibes in voller Bedeutung erfühlbar zu machen: die Venusgestalt. Aus glutvoller Sinnlichkeit empfunden und erschaut, wirft sie im magischen Lichte der Bühne das Gegenbild der Elisabeth, ihrer irrealen Spiegelerscheinung. Erst dieses Doppelbild des genienhaften und des dämonischen Weibes ermöglicht das theatralische Spiel. Was beim ‹*Liebesverbot*› noch nicht gelingen konnte: die steigernde Emporführung des sinnlichen Ausdruckstriebes, das gelingt jetzt durch die Gegenüberstellung des phantasiemäßig erfaßten Kontrastes, durch die Bewegung, die diese Gegenüberstellung mit sich bringt.

Wie die idealisierende Begründung der Wunschgestalt der Elisabeth, so ist auch der Hinweis auf die «Genußsinnlichkeit» in der betonten Beziehung, auf allgemeine Lebenszustände eine Umschreibung der aktiven Grundkraft. Sie liegt in der Erotik des Stoffes. Ihr gegenüber erscheinen alle anderen Lockungen des Genusses nur als ausschmückende oder andeutende Hinweise. Erotik im Sinne des Geschlechtsverlangens ist die menschlich wahrhaftige und stärkste Kraft der Natur Wagners. Alles, was seine Phantasie schafft, beruht auf erotischen Vorstellungen, ist Erzeugnis eines Verlangens, das sich zur Brunst steigert und eben aus dieser Ekstase des Triebes zur Erfindung unirdischer Traumgestalten als Gegengewichten gedrängt wird. Dies bestätigen nicht nur die wilden Studentenjahre, die Grundstimmung des ‹Liebesverbotes›, die frühzeitige Ehe oder spätere Frauenerlebnisse. Es genügt, die unbefangenen Äußerungen seines Menschentumes zu betrachten. Der Erostrieb beherrscht ihn so stark, daß die Struktur seines gesamten Denkens von der Einstellung auf Vorgänge des Liebeslebens bestimmt wird. Selbst wo er in den Schriften scheinbar abstrakte Themen abhandelt, geschieht dies in Vergleichen, die aus den Beziehungen von Mann und Weib genommen sind, in Ausdrücken, die vom Zeugen, Umarmen, Gebären, von Brunst, Wonne, Ermattung sprechen. Das Liebesleben in der besonderen Drastik des Geschlechtslebens ist für ihn der Grundvorgang aller Vorgänge. Weil dieser Liebestrieb ihn, den Mann, unaufhörlich verfolgt, peinigt und jagt, erkennt er in ihm den Fluch und die höchste Entzückung des Lebens. Darum sucht er das Weib, das ihn von diesem Liebestrieb erlöst, darum muß er als Schaffender die Bewegung des Verlangens und Findens, den Fluch des Versagens, die Befreiung vom Dämon des Triebes durch den Tod gestalten.

Aus diesem Erostrieb der Natur erwächst die Gestalt des Tannhäuser. Wie keine andere bisher ist sie Blut vom Blute Wagners, wie keine andere bis hinauf zum Tristan wird sie zum Bekenntnis wahrhaftigen Leidens. Elementare Aufwallung der Sinnlichkeit, taumelt sie zwischen Umarmungen üppigster Fleischlichkeit und Entzückungen ebenso brünstiger Askese, jäh von einem in das andere fallend, Spielball der Leidenschaften, die als Naturkräfte über sie herschen. Der Fluch, der den Holländer jagt und dort nur als dumpfe Rastlosigkeit erkannt wird, verdeutlicht sich zum Fluche des Blutstriebes. Unter ihm muß die Kreatur bald wollüstig, bald schmerzhaft leidend ihr Schicksal erdulden. Es ist ein passives Heldentum, bestimmt von Mächten eines übergewaltigen Naturlebens. Nur aus ihrer Veranschaulichung gewinnt die Hauptgestalt Individualität. Die bewegenden Kräfte liegen außerhalb der Persönlichkeit. Es sind die geheimnisvollen Kräfte des erotischen Gefühles, das vom Weibe des Sinnengenusses zum Weibe der Sinnenbefreiung, von diesem wieder zurück zu jenem verlangt, bis die nur für Augenblicke befreiende Wollust des Liebesgenusses besiegt wird von der für immer erfüllenden Wollust des Liebestodes.

In dieser magischen Bewegung der Zentralfigur zwischen den Gegensätzen des Liebesgenusses und des Liebestodes liegt der Bewegungskeim des theatralischen Geschehens. Es ist tief bezeichnend, daß Wagner bei der Vollendung des Textes nicht von der Dichtung des ‹Tannhäuser›, sondern des ‹Venusberges› spricht. Die Vision des Venusberges ist die Wurzel des Werkes. Der Mensch Wagner fand im Bilde dieses Bühnengleichnisses den Impuls, der seine ganze Natur in schöpferischen Aufruhr brachte. Der Künstler gewann durch die Vorstellung dieses Bildes und seines Gegensatzes die Kraft zur Erfassung jenes Ausdruckes, der jetzt zum Ausbruch drängte. Die Erregung dieses Durchbruches zum Elementaren der Erotik wirkt nach bis über die ‹Tristan›-Zeit hinaus, wo die Gestalt der Venus ihm erst nachträglich in fesselloser Dämonie erkennbar wird. In der Zwischenzeit entdeckt und umschreitet er andere Gebiete seines Phantasielebens, gelangt er zu neuen Ausdruckssteigerungen seiner Natur. Keine aber reicht so tief hinab in die Urgründe seines Wesens, läßt die Flamme so heiß emporlodern wie diese Vision von der Begierde und zwiefachen Erfüllung des Liebestriebes durch Rausch des Genusses und durch asketische Ekstase des Todes. «Wie und wo ich meinen Stoff nur berührte, erbebte ich in Wärme und Glut; bei den großen Unterbrechungen, die mich von meiner Arbeit trennten, war ich stets mit einem Atemzuge ganz wieder in dem eigentümlichen Dufte, der mich bei der allerersten Konzeption berauschte.» Es war eine Hingegebenheit des Schaffens, wie Wagner sie an sich noch nie, selbst nicht bei der eruptiven ‹Holländer›-Komposition, erfahren hatte. Es überkommt ihn die abergläubische Angst, sterben zu müssen während der Arbeit an diesem Werke, in dem er zum erstenmal sein Inneres ungehemmt preisgab. [...]

So mannigfaltig sich diese Zuflüsse, aus verschiedensten Richtungen zusammenströmend, darstellen, so sind sie wiederum nur stoffliche Ergänzung der Aufbaukraft, die sich um die Urzelle des Ganzen sammelt, von ihr angezogen und organisch verarbeitet wird. Sie ist diesmal nicht wie im Holländer eine Ballade, sie ist jener erste Teplitzer Entwurf vom Sommer 1842.* Er enthält außer der Inhaltsskizze bereits einige musikalische Aufzeichnungen. Die beigegebenen Hinweise: «Venusberg», «Pilger», «zweiter Akt Schluß», «dritter Akt Anfang» deuten auf die Kristal-

---

\* *Vgl. dazu Dokumentation S. 93.*

*Erster Akt (Wartburgtal)*

*Zweiter Akt (Wartburgsaal)*

*Dritter Akt (Wartburgtal)*
*Bühnenbilder der ersten Bayreuther Inszenierung des ‹Tannhäuser› (1891)*

lisationspunkte, um die Handlung und Musik zugleich ansetzen. Venus und die Pilger, das Sündhafte und das Heilsuchende, der zweite Akt-Schluß und der dritte Akt-Anfang: die tragische Verknüpfung und die Bußfahrt sind die Ausgangspunkte. Dazwischen klingen die ersten Töne einer später nicht benutzten Schalmeienweise des Hirten, der unberührt zwischen Sünde und Heil stehenden Natur. Nun formt sich der Handlungslauf aus dem Gesetz des Bewegungsspieles. Wie Venus den ersten, so beherrscht Elisabeth den zweiten Akt. Dem Fluche unstillbaren Verlangens, mit dem die Lustgöttin Tannhäuser die Freiheit gibt, steht das Selbstopfer der jugendlich heiligen Liebe gegenüber. Tannhäuser, hier wie dort nur erleidend, muß das Gewicht des dritten Aktes füllen, in dem beide um ihn ringende Kräfte in seiner Seele aufeinander prallen. Der Kreis der Sänger, um ihn geordnet, führt den Fremdgewordenen im ersten Akt in die Welt zurück und verstößt ihn im zweiten Akt wieder aus ihr. Er ist die Welt selbst mit ihren gezähmten Anschauungen von Mensch und Kunst, mit ihrer gewollten Scheu vor den Dämonen des Lebens. Nur eine Gestalt hebt sich, ahnend, verstehend und verzeihend, aus diesem Kreise hervor: Wolfram, das Gegenbild Tannhäusers, ohne die Kraft, aber auch ohne den Fluch der Leidenschaft, liebend ohne Begehren, strafend ohne Haß. Der Landgraf gibt die neutrale Mitte zur Gruppierung der Handlung, Chöre der Edlen, Jagdensemble und Festmarsch sind der musikalisch dekorative Schmuck. Der Zug der Pilger, dem Sirenenruf entgegengesetzt, begleitet von Tannhäusers erstem Weltgruß an bis zur Verkündung des erlösenden Wunders den Gang des Handlungsgeschehens.

So wächst aus der Zusammenfassung stofflicher, autobiographischer, psychologischer und äußerlich anregungshafter Quellen das Ganze von innen nach außen. Es baut sich an um den Kern des theatralischen Spielwillens, der im Gefühl dieses Menschen sich solche Gegensätzlichkeiten, Leidenschaften, Lösungstriebe formt, um sich im Geschehen der Bühne auswirken zu können. Diese Bühne mit all ihren Möglichkeiten, Überraschungen, Spannungen ist das Ziel. Das Sichtbare des Bildes und der Handlung aber müßte unvollkommen bleiben, wenn ihm nicht das unmittelbar Fühlbare mitgegeben werden könnte: Musik als Bestätigung, Vordeutung und wiederum Erfüllung eben der seelischen Bewegung, die dort auf der Bühne Auge und Sinn einfängt. Musik, wie Gluck und Mozart sie machen wollten, aber, gebunden an vorgeblich falsche Rücksichten, nicht machen konnten, Musik wie Beethoven sie in der Neunten ahnend gestaltet hatte, Musik als Löserin und Erlöserin des in Wort und Vorgang des Bühnenbildes nicht aussprechbaren, nicht darstellbaren Ausdruckes einer seelischen Entwicklung. Wenn es gelingt, der Bühne durch Musik die Kraft dieses Ausdruckes zu geben, dann ist eine neue Möglichkeit der Bühnenwirkung gewonnen. Dann ist das Theater selbst zum Zaubergarten der Armida geworden, dessen Erscheinungen die Menschen umspinnen, sie ihrer gewöhnlichen Natur entrücken, sie vor die unmittelbare Anschauung sonst nur dunkel erahnbaren Fühlens stellen, sie ergreifen und erschüttern. Wenn dies überhaupt denkbar ist, so kann es nur durch Musik geschehen. Das meint Wagner, wenn er Hanslick gegenüber seine jetzigen und nächsten Arbeiten nur «Versuche» nennt, ob «die Oper möglich sei». Musik allein kann die Frage beantworten. Erreicht sie jenes Ziel, vermag sie das leidenschaftliche Erglühen des Schöpfers auf alle anderen Menschen zu übertragen, so ist die Möglichkeit der Oper erwiesen. Was aber, wenn Musik es nicht vermag?* [...]

Unter den damaligen Kritikern ist zu unterscheiden zwischen denen, die sich aus übelwollender Voreingenommenheit gegen Wagner wandten, und solchen, deren Stellungnahme sich aus dem Widerspruch gegen die ungewohnte Art des musikalischen Theaters ergab. Woher aber kam dieser tiefe Widerspruch, der die Opposition sachlich begreiflich machen

---

* Zur Rezeption der Dresdener Uraufführung am 19. Oktober 1845 vgl. Dokumentation S. 118f.

*Grazien, Nymphen und Bacchantinnen aus dem Bacchanale
der ersten Bayreuther ‹Tannhäuser›-Inszenierung (1891–1904).*

kann? Robert Schumann, der Wagner ohne persönliche Sympathie, aber auch ohne fachliche Mißgunst gegenüberstand, äußert sich nach Durchsicht der ‹Tannhäuser›-Partitur in einem Briefe an Mendelssohn sehr abfällig.* Er vermißt die «reine Harmonie, die vierstimmige Choralgeschicklichkeit», die Musik sei «um kein Haar besser als ‹Rienzi›, eher matter, forcierter», Wagner könne «nicht vier Takte schön, kaum gut hintereinander denken». Weder Kurzsichtigkeit noch Verständnislosigkeit sprechen aus diesen Worten, Schumann hat recht mit dem, was er und was in gleicher Weise mancher ernsthafte Zeitgenosse tadelt. Wagners Musik entbehrt der reinen Harmonie, der vierstimmigen Choralgeschicklichkeit, sie wirkt forciert, sie ist kaum vier Takte hintereinander gleichmäßig schön, kaum gut gedacht – sobald man sie als Musik im Sinne der Schumannschen Forderung ansieht. Aber Schumann selbst, dieser seltsam prophetische Geist, spricht noch ein anderes, positiv ergänzendes Wort, nachdem er ‹Tannhäuser› gehört hat. «Ich muß manches zurücknehmen, was ich Ihnen nach dem Lesen der Partitur darüber schrieb, von der

---

* *Vgl. Dokumentation, S. 121.*

Bühne her stellt sich alles ganz anders dar. Ich bin von vielem ganz ergriffen gewesen.»

Hier ist die Lösung des Widerspruches gegeben. Überzeugender als mit diesem wahrhaften Worte konnte Schumann weder seine Objektivität gegenüber Wagner noch die Hellsichtigkeit seiner Erkenntnisgabe erweisen. Das «Ergreifende» ist die Rechtfertigung dieser Kunst. Im Willen zum «Ergreifenden» liegt die Erklärung ihrer Mängel gegenüber den ästhetischen Forderungen der älteren Musik, liegt auch die Erklärung des Widerstandes, den sie findet. Mit diesem «Ergreifenden» ist ein neues Moment in Kunst gekommen. Für die Menschen, die es zuerst erfuhren, war es etwas Fremdes, wofür sie kein Aufnahmevermögen hatten und das sie eher von sich abstoßen, als gern entgegennehmen mochten. War Mozart, war Haydn, waren Rossini, Mendelssohn oder Meyerbeer ergreifend? Ihre Musik war schön, bei jedem in anderer Art, bei keinem aber in das subjektive Innenleben des einzelnen Hörers hineinverlangend, ihn «ergreifend». Weber und Marschner rührten an das Gefühlsleben, dieser durch seine ins Schauerliche gehende Gespensterromantik, jener durch die einfache Lieblichkeit seiner volkstümlichen Naivität. Keiner aber hatte wie Wagner sein Ziel ausschließlich auf dieses «Ergreifen» gerichtet, jeder ließ dem Hörer noch reichen Spielraum zur Ergötzung am Klanglichen, melodisch Gesangmäßigen, musikalisch Reizvollen. Selbst bei Beethoven, wo eben durch Wagner das Ergreifende als bedeutsames Moment hervorgehoben wurde, blieb dieses Ergreifende doch nur ein Teil der Wirkung, eine Nebenerscheinung, die wohl zur Erhellung des Ganzen beitragen, nicht aber es allein zu tragen brauchte. Man war nicht gewillt, die Wirkungsempfindung des Ergreifenden überhaupt als eigentliche Kunstwirkung anzuerkennen. Eine Kunst, die eben hierauf sich gründete, konnte den erstrebten Anklang nicht finden, weil sie eine Bereitschaft der Entgegennahme bedingte, die nicht vorhanden, mehr noch: nicht gewollt war.

Das Ergreifende aber ist das Wirkungskorrelat der Ausdrucksbewegung, egenso wie das Schöne das des Formenspieles. Nur indem die Bewegung sich auf den Empfangenden überträgt, ihn in ihren Lauf hineinreißt, nur indem die Kraft ihres Impulses ihn im realen Sinne «ergreift», kann sie ihm gefühlsmäßig bewußt werden, nur indem sie ihm bewußt wird, kann sie wirken. Wie die Musik Wagner selbst zuwuchs als naturalistischer Ausdruck der Gefühlsbewegung, an kein Gesetz gebunden, als das der illusionistischen Verdeutlichung dieses Gefühles, so konnte sie vom Empfangenden erfaßt werden erst in dem Augenblick, wo er diese Zielsetzung erkannte und sich ihr freiwillig hingab. Als Schumann die ‹Tannhäuser›-Partitur betrachtete, sah er sie als Musik im gewohnten

Sinne und fand sie schlecht als solche. Als er die Aufführung hörte, dämmerte ihm über alles Gewohnheitsmäßige des Musikhörens hinweg die Ahnung des neuen Willens dieser Kunstart. Aber er erschrak nachträglich darüber. Er fühlte, daß Musik, wenn sie weiter versuchte, Ausdruck zu werden, um ergreifen zu können, aufhören müsse, Musik im Sinne alles Bisherigen zu sein. Er empfand, daß dieser Ausdruckswille nicht aus der Musik selbst kam, er sah die theatralische Gebärde als eigentliche Ursache. Sein Musikertum bäumte sich auf gegen den Gedanken, die Kunst Bachs, Mozarts und Beethovens dem Willen des theatralischen Affektes unterstellt zu sehen, der sie zwar das Ergreifen lehren, ihr dafür aber den Zauber ihres innerlichen Wesens rauben würde. Das Ergreifende als Zweck packte ihn im Augenblick der Überraschung, dann verwarf er es als Mißbrauch und Vergewaltigung der Musik. Hier liegt der Keim zur Abspaltung der Musiker und eines Teiles der Kritik von Wagner und seiner Kunst. Hier liegt auch die Ursache der anfänglichen Befremdung des Publikums, bis dieses den Rausch der Ergreifenden erfassen und genießen oder bewußt verwerfen lernte. Diese Spaltung bedeutet, auf ihre Ursachen betrachtet, nicht kurzfristiges Nichtverstehen. Sie ist Bewußtwerden unüberbrückbarer Gegensätze und Kunstanschauungen.

«Wagner ist kein guter Musiker, es fehlt ihm der Sinn für Form und Wohlklang. Aber Sie dürfen ihn nicht nach Klavierauszügen beurteilen. Sie würden sich an vielen Stellen seiner Opern, hörten Sie sie von der Bühne, gewiß einer tieferen Erregung nicht erwehren können. Und ist es auch nicht das klare Sonnenlicht, das der Genius ausstrahlt, so ist es doch oft ein geheimnisvoller Zauber, der sich unserer Sinne bemächtigt. Aber ... die Musik, abgezogen von der Darstellung, ist gering, oft geradezu dilettantisch, gehaltlos und widerwärtig ...» Jedes Wort dieser Schumannschen Briefäußerung ist richtig, jedes Wort ist falsch. Nur indem diese Musik als Musik so war, wie Schumann sie kennzeichnet, indem sie von der Bühne getrennt keine Daseinsfähigkeit besaß, gewann sie die Möglichkeit, Theater zu werden. Das Theater aber gibt ihr das neue Gesetz der Form, des Wohlklanges, des Gehaltes und steigert sie so zur großen Kunst.

## Die Musik des ‹Tannhäuser›

Wagners Musik wächst aus dem Impuls der Szene, indem sie ihn dem Gefühle verdeutlicht und begreiflich macht. Der szenische Impuls ist in seiner einfachsten Bedeutung Impuls der Bewegung. Darstellung der Bewegung ist für Wagner Aufgabe der Musik. Auch die alte Oper kennt den szenischen Bewegungsimpuls, ohne den ein musikalisches Theater nicht möglich ist. Aber sie überträgt ihn von der Szene in die musikalische Form, sie stilisiert ihn gesanglich. In dieser gesanglichen Stilisierung liegt das Idealisierende der Oper Glucks und Mozarts. Sie wird nicht, wie Wagner meint, durch den Text gehemmt. Sie verwirft die naturalistische Verdeutlichung der Szene durch die Musik und beruht auf dem Primat der menschlichen Stimme. Die große Oper nach Gluck, besonders Spontini, wagt den ersten Schritt zum Naturalismus, sie stilisiert in einer Form, die sich bereits der realen Bewegung annähert: im Marsch. Aus ihm empfangen Szene und Musik den Charakter der Bewegung: sie schreiten. Der ‹Holländer› durchstößt die stilistische Gebundenheit des Marsches. Unverhüllter Naturalismus der Bewegungsanschauung bemächtigt sich der Szene, von ihr aus der Musik. Der Marschtypus verschwindet, er wird überprüft durch das Wogen des Meeres, der Leidenschaft. An Stelle der scharf abgegrenzten schreitenden erscheint die flutende Bewegung. Durch sie erhalten Rhythmik, Harmonik, Melodik, Koloristik und Dynamik neue Antriebe. Die Formen selbst werden bestimmt durch den liederartigen Kern, aus dem das Gesamtbild erwächst.

Die Wendung zum Liede als Mittelpunkt entspricht der Neigung zur romantischen Oper. Sie wird gekennzeichnet durch wechselnde, aus dem Lyrischen allmählich zum Erzählenden übergehende Liedstimmungen. Musikalisch unverbunden aneinandergereiht, zeigen die Lieder die Momente besonderer Gefühlssteigerung an, während die Weiterleitung des Bewegungsvorganges dem gesprochenen Dialoge zufällt. Auch hier liegt eine Stilisierung vor. Das Gesamtgeschehen wird aufgeteilt in szenisch dialogmäßige und musikalisch stimmungsmäßig erfaßte Momente. Diese musikalischen Momente sind in ihrer liedhaft erzählenden Form gleichsam vokstümliche Übertragungen des italienischen Arienstiles und werden zumeist ebenfalls gesanglichen Zwecken eingeordnet.

Der elementare Bewegungsimpuls des ‹Holländers› konnte die Geschlossenheit sowohl des Marsches als auch des Liedes innerlich durchdringen und in Fluß bringen. Er war der erste Hinweis zur Lösung der stilisierten in die naturalistische Bewegung. Diese Richtung mußte innegehalten werden, sollte Musik die Kraft gewinnen, über die gebundene Leidenschaft der großen Oper, über die lyrische Stimmungssphäre der älteren Romantik hinweg beide zu vereinigen. Es mußte der Marsch aus der reliefartigen Fesselung der geschlossenen Stilisierung, das Lied aus der lyrisch umgrenzten Vereinzelung befreit, es mußten beide aus unaufhörlicher Bewegung einer Leidenschaft von äußerster Naturalistik erfaßt werden. Diese Verbindung von Marsch- und Liedtypus, beide der stilisierten Form ledig, beide jedem Wechsel der Bewegung folgend,

*Pauline de Ahna, die spätere Frau von Richard Strauss, als Elisabeth in der ersten Bayreuther ‹Tannhäuser›-Inszenierung (1891).*

beide nicht mehr Formtypen des Gesanges, sondern reine Ausdruckstypen des Gefühles gibt das *‹Tannhäuser›*-Szenarium.

Das künstlerisch Neue der Tannhäuser-Szene beruht in der Gewinnung der szenischen Bewegung als Spiel zweier verschiedener Erscheinungswelten. Venusberg und Wartburg sind die szenischen Grundbegriffe, wechselnd schiebt sich eines vor das andere. Der erste Akt zeigt die Kontraste in getrennter Nebeneinanderstellung, der zweite Akt läßt sie sich in Tannhäusers Phantasie verwirren, der dritte bringt ihr unmittelbares Ineinandergreifen. In diesem Wechselspiel beider, deren jedem Tannhäuser angehört, liegt der theatralische Grundaffekt. Er liegt in der jähen Vertauschung von Nähe und Ferne, die sich ständig anziehen und abstoßen, er liegt in der dadurch gewonnenen szenischen Raumvorstellung, zu der sich die Flächenvorstellung des alten Marsches ausweitet. Diese Raumvorstellung gibt der Szene die Möglichkeit, plastische Tiefe zu gewinnen, Illusion eines natürlichen Vorganges zu werden. Dadurch erhält auch die Musik, aus dem Zwange der Stilisierung befreit, naturalistische Ausdruckswahrheit.

Die ‹Tannhäuser›-Musik ruht gleich der Szene auf der Gegensätzlichkeit beider Gefühlswelten, der Grundvorstellung ihres wechselnden Näherkommens und Sich-Entfernens. Diese Vorstellung der Nähe und Ferne bestimmt die Hauptlinien der musikalischen Dynamik: den Pilgerzug im Wechsel der klanglichen Schattierung, das Aufglühen des Hörselberg-Zaubers, sein Erlöschen bei dem von neuem nahenden Chor der Pilger. Das ist die musikalisch gefühlsmäßige Bewegungsskizze, wie die Ouvertüre sie veranschaulicht. Zum erstenmal gibt eine Ouvertüre eine derart plastisch gezeichnete Raumvorstellung, nicht stimmungsmäßig ideellen Hinweis, sondern gegenständlich gesehene Darstellung einer Bewegung. Handlungssphäre des Bildes und Gefühlssphäre der Musik werden identifiziert, die einleitende Umschreitung des illusionistischen Gefühlsraumes gibt der nachfolgenden Handlungsmusik die Richtlinien. Sie folgt ihnen in der Dynamik, die sich am sinnfälligsten im Bewegungsspiel der Ouvertüre entfaltet. Sie folgt ihnen ebenso in jeder anderen Art klanglicher Lautäußerung in der Melodik, Harmonik, Rhythmik, im musikalischen Aufbau der Szenen und Formen, im Gesamtbilde der musikalischen Erscheinung des Werkes. Alles dieses ist nicht Musik als marsch- oder liedhafte Stilisierung. Es ist Musik als Veranschaulichung einer ununterbrochenen Bühnenbewegung. Indem sie das Gesetz dieser Bewegung zum Grundgesetz ihres Erscheinens macht, zieht sie den Hörer suggestiv hinein in die Bewegung: sie greift ihn, sie «ergreift».

Musik soll räumliche Tiefenbewegung des Bühnenspieles veranschaulichen. Die Gefühlsimpulse sind stark und mannigfaltig genug, um diese räumliche Tiefe zu füllen. Sie umfassen nicht nur die Elementargegensätze des Hörselberges und der Wartburg-Welt, der Venus und der Elisabeth. Sie sind auch im einzelen belebt durch die charakteristisch abgestuften Erscheinungen der Bacchanten, der Pilger, der Sänger, des Hirten, des Landgrafen, Wolframs, durch die Bilder des Festsaales und des Liebesreiches, der Landschaft im Frühling und im Herbst, im Morgengrauen und im Dunkel. Es ist eine figürlich und bildlich ungleich reichere Welt als die des ‹Holländers›, voll mannigfaltiger Kontrastierungsmöglichkeiten. Die Anordnung der Erscheinungen wird gemäß dem Grade ihrer Wichtigkeit perspektivisch abgestuft, ihre Zusammenfassung zu großen Ensembles zwanglos vorbereitet. Die szenischen Gegebenheiten entsprechen dem Grundimpuls, sie beleben die räumliche Tiefe und geben ihr wechselnde Farben. Ihr Ineinandergreifen ist gefühlsmäßig bedingt, jede Gefühlsäußerung stets deutlich gestaltet. Könnte dies durch Musik im herkömmlichen Sinne von Form, Wohlklang, von Choralgeschicklichkeit überhaupt veranschaulicht werden? Wäre solche Musik wohl imstande, den ständigen Fluß einer solchen Bewegung auch nur anzudeuten?

Musikalische Bewegung im allgemeinen ist Modulation: Veränderung, Übergang, Wechsel von Ton zu Ton, von Klang zu Klang, von Harmonie zu Harmonie. Eine nicht modulierende Musik steht still. Eine Musik, die sich wohl bewegt, aber die Bewegung nur als Mittel stilisierter Klangentfaltung ansieht, wird wenig und unauffällig, behutsam vorbereitet und gleitend modulieren, um den Wechsel nicht zu auffallend hervortreten zu lassen. Musik aber, die Bewegungsausdruck sein will, muß stark, gewaltsam, mit Betonung des Wechsels modulieren, weil dieser Wechsel die Bewegung bezeichnet. Musik moduliert nicht nur in der Harmonie, sie moduliert ebenso in der Dynamik, im Klang, im Schritt der Melodie. Aus der dynamischen Modulation erwächst die erste Tiefenvorstellung, die klanglich koloristische Modulation steigert und bekräftigt sie, die harmonisch melodische aber gibt ihr Fülle und innere Bedeutung. Sie belebt den Raum, den die Dynamik umgrenzt hat, wie die Erscheinungen des Bühnenspieles den Raum der Szene beleben und perspektivisch gliedern.

Die ‹Tannhäuser›-Melodik beruht auf den beiden Typen der Liedmelodik und der Marschmelodik. Sie bestimmen das Werk als Formen des Erzählens und des Schreitens, geben ihm so den Charakter der großen und zugleich romantischen Oper. Wie aber diese Formen von innen her aus der Stilisierung gelöst und plastisch ausgeweitet werden, so erhält auch die Melodik einen neuen naturalistischen Charakter. Sie wird unmittelbare Gegenwartsempfindung, die jeder plötzlichen Regung folgt, das Psychologische des Geschehens drastisch veranschaulicht. Sie strebt nicht nach eigengesetzlicher Ausbreitung, sondern nach unmittelbarer Gefühlsverdeutlichung der Worte: sie wächst aus der Periode zur deklamatorischen Phrase. Ihre Anlage, Steigerung und ihr Ablauf wird bestimmt durch das naturalistische Regulativ des Vortrages: den Atem.

Die Zeitgenossen vermissen bei Wagner die melodische Erfindung, von ihrem Standpunkte aus mit Recht. Für Wagner bedeutet die in sich selbst beruhende Gesangsmelodie eine Störung des naturalistischen Bewegungsablaufes. Wo er sie in einzelnen Fällen noch anwendet, weil der Augenblick ein lyrisch liedmäßiges Ausschwingen erfordert: im Liebesgesange Tannhäusers, in den Liedern des Sängerstreites, da erscheint er als Melodiker am schwächsten. Schumanns Tadel der «geringen, gehaltlosen Musik» wird begreiflich, wenn auch keineswegs richtiger. Selbst in diesen Momenten steht die an sich belanglose Melodik im Dienste einer vorwärtstreibenden Bewegung und ist aus ihr zu interpretieren. Der Einzugsmarsch der Festgäste im zweiten Akt entspricht noch am ehesten einem gefälligen Ausgleich der Forderung nach Melodie im herkömmlichen Sinne und musikalischer Originalität. Hier war ein einfacher Bewegungsvorgang mit einfachen Mitteln im Sinne der Überlieferung darzustellen. Wo aber diese den Zeitgenossen leicht zugänglichen, melodisch klaren Perioden fehlen, da klagt man über Verworrenheit, Überladung mit Dissonanzen, Vorherrschen zu starker harmonischer Würze.

Wagners Melodik, wie sie schon in den wichtigsten Episoden des ‹Holländers› erscheint und im ‹Tannhäuser› zur durchgeführten Ausprägung gelangt, ist eine Melodik der Modulation. Sie ist potenzierte Augenblickserfassung des Geschehens. Sie ist zugleich der musikalische Hebel, durch den die Funktion der Harmonik ausgelöst wird. Sie trägt in sich die harmonische Bewegung, sie ist eigentlich nur eine in die Linie übertragene, deklamatorisch gegliederte Harmonie. Daher wird sie von den Zeitgenossen nicht mehr als melodische Einzelerscheinung gehört, sondern eben als Harmonie. Bereits der Beginn des großen ‹Holländer›-Duettes: «Wie aus der Ferne längst vergangner Zeiten» zeigt diese deklamatorische Auseinanderlegung einer Harmonie in die melodische Phrase. Die ‹Tannhäuser›-Melodien erwachsen fast durchweg aus solcher Auflösung eines harmonischen Grundkomplexes, selbst da, wo sie sich, wie etwa Wolframs Abendstern-Gesang, scheinbar der Liedmelodik nähern. Da die geschlossene Periodenmelodie von Wagner als Bewegungsstillstand empfunden wird, da er die stilisierte Klangbewegung nicht als solche anerkennen kann, muß seine Musik auf ständige Modulation gerichtet sein. So senkt sich der Schwerpunkt seines Musikgefühles von der Außenlinie der Melodik in die Tiefe der Harmonik. Hier wirkt sich die Bewegung aus, hier ist das Element, das den dynamisch umgrenzten Raum durch dauernden Wechsel der Klanglinien organisch beleben kann. Die Melodie aber ist nicht mehr selbständige Erscheinung, betrachtbar abgelöst von dem Untergrunde, aus dem sie erwuchs. Sie ist Spiegelbild der Innenbewegung, die aus der Tiefe des harmonischen Geschehens an die Außenfläche des Klanges dringt.

Wie die Melodik zur auseinandergelegten Harmonie wird, gegliedert durch die atembedingte deklamatorische Phrase, so erhält die Harmonik melodisch gesteigertes Innenleben der Stimmbewegung. Stärkstes Mittel dieser Bewegung ist die Chromatik. Sie durchdringt Harmonie und Melodie, folgt mit sofortiger Anpassung jedem Ausdruckswechsel, zeigt durch ihr Gleiten die leiseste Rückung an. So wirkt sie als neue stilbildende

Kraft, ähnlich wie einst schon andeutungshaft im ‹Liebesverbot›. Die Chromatik beherrscht fast alle melodisch harmonischen Erscheinungen der ‹Tannhäuser›-Musik. Sie gibt im Pilgerchor den Ausdruck der Erhebung und des Zurückfallens, in der Venusberg-Musik das zittrig Flimmrige der Sinneserregung und die vibrierende Heftigkeit der Blutswallungen. Sie gibt in Wolframs Abendstern-Romanze den Ausdruck der Schwärmerei, in der Liebeslockung der Venus die Schmeichelei der Wollust, in Tannhäusers Rom-Erzählung den Ausdruck düsterer Wildheit. Kaum eine Melodie innerhalb des Werkes bleibt ohne die charakteristischen Spuren der chromatischen Veränderung. Melodischen und harmonischen Ausdruck in einem erfassend und unausgesetzt weiter treibend, lockert sie die Fäden des harmonischen Komplexes melodisch auf. So bereichert füllt er die klangdynamischen Raumkonturen. Wie aber Melodik und Harmonik diesen Raum durchdringen, so wird auch die Rhythmik als sinnfälligstes, der Sprache nächstverwandtes Verdeutlichungsmittel zum naturalistischen Ausdruck: von den feierlichen Schritten der Pilgerchöre bis zu den zuckenden Bewegungen der Bacchanten.

So bewirkt der szenische Bewegungsimpuls eine durchweg neue Auffassung der musikalischen Mittel. Dynamik, Harmonik, Melodik, Rhythmus sind klangliche Darstellungsmittel für die Wiedergabe eines theatralisch erfaßten Bewegungsvorganges. Ihr Zweck ist nicht mehr, durch Schönheit des Formenspieles aus der Realität des Lebens hinwegzuführen, sondern durch naturalistische Ausdrucksdrastik einer höchstgesteigerten aktiven Gefühlsspannung zu ergreifen und so das Erleiden des Schaffenden auf den Empfangenden zu übertragen. In der Fähigkeit des Leidens, nicht in irgendwelchen Talenten liegt die tiefste Wurzel dieser Kunst. Das Erleiden der Sinnesreizungen lehrt Wagner, das Bewegungsspiel der Szene und der Musik zu einer neuen Art sinnlicher Reizwirkung zu entfesseln.

Leidensmitteilung kann nur durch Glaubhaftmachung wirken, Glaubhaftigkeit im Sinne des Überzeugenden ist also das Ziel. Um glaubhaft zu erscheinen, muß das Bühnengeschehen realistisches Ineinandergreifen der Kräfte sein, müssen die Klangmittel der Musik fließende Bewegung ausdrücken. Um glaubhaft zu erscheinen, müssen auch die überlieferten Opernformen in natürliche Echtheit des Ablaufes verwandelt werden. Der Chor als Ensemble muß sich handlungsmäßig und musikalisch dem Ganzen einordnen. Es gelingt zum Teil dadurch, daß, wie beim Einzugsmarsch oder bei den Pilgerchören, die geschlossene Form sich zwanglos der Handlung einpaßt, ähnlich wie die liedhaften Einzelgesänge Tannhäusers, Wolframs, Biterolfs, Walters aus dem natürlichen Verlauf gerechtfertigt werden. In anderen Fällen, wo Chor und Ensemble zwar für den Musiker erwünscht sind, ihre Behandlung als geschlossene Masse aber unglaubwürdig wirkt, werden sie in naturalistischer Gruppenteilung verwendet. Die Individualisierung, im ‹Rienzi› begonnen, wird weitergeführt: im Septettfinale des ersten Aktes, in den Zwischenrufen des Chores beim Sängerkrieg, den hastigen Einsätzen der Sänger und des Männerchores bei dem Gericht über Tannhäuser. Die damalige Beschäftigung mit dem Männerchorwesen mag Wagner bei dieser kühnen Behandlung des Männerensembles, die bis zum ‹Lohengrin› hinwirkt, wesentlich beeinflußt haben. Organisch gesehen ist sie die konsequente Weiterführung des naturalistischen Stiles, der die gesamte Formgebung seiner Musik bestimmt.

Diese Formgebung zeigt drei Grundtypen. Unmittelbar der Oper angehörig ist jener geschlossene Typus, in dem der Bewegungswille sich noch stilisiert darstellt: die Lieder, der Marsch, das Duett der Elisabeth mit Tannhäuser. Hier scheint das ‹Fidelio›-Duett «O namenlose Freude» nachzuklingen. Abgesehen von dem aus besonderem szenischen Impuls gewonnenen Nachspiel bedeutet es gegenüber dem Begegnungsduett Holländer-Senta eine veräußerlichende Abschwächung. Auch das Septettfinale des ersten Aktes mit der Stretta-Melodie, die Wagner von den «Feen» her über den ‹Holländer› begleitet, ordnet sich dem geschlossenen Typus ein. Ihm gegenüber stehen zwei offene Bewegungstypen: der Ausbau des früheren Marsches zum kontrastreich gegliederten Ensemble mit graduell sich steigernder Handlung, der Ausbau des früheren Arien- oder Liedtypus zur erzählenden Szene. Damit ist die Nummerneinteilung der älteren Oper, wie Wagner sie noch im ‹Holländer› anwendet, aufgehoben. Wie innerhalb der Einzelform die deklamatorische Phrase an Stelle der Melodieperiode tritt, so tritt innerhalb des Aktaufbaues die Szene gleichsam als Atemphrase der Bewegung an Stelle des formal abgegrenzten Musikstückes. Der Fluß der Bewegung erfaßt auch die großen Formtypen und schmilzt sie organisch ineinander.

Im einzelnen finden sich auch hier wieder Übergänge und Zwischenglieder. Die Hallenarie der Elisabeth zeigt zwar den alten Arientypus in anschaulichen Bewegungsfluß gelöst und musikalisch frei behandelt. Sie ist auch als Aktbeginn auffallend. Im Grundwillen nach wirkungsvollem Sichaussingen der Stimme trifft sie indessen mit der einstigen Arie zusammen. Das Gebet der Elisabeth ist eine Mischung von Liedstil und frei melodischer Rezitation, wie sie Weber, einfacher und eindruckssicherer, im Adagio des «Leise, leise» vorgebildet hatte. Das Versagen der jungen Johanna Wagner gegenüber der heiklen zweiten Hälfte dieses gewollt innerlichen Stückes erschiene begreiflich, auch wenn sie nicht Anfängerin gewesen wäre, und Schumanns Wort von der «forcierten» Musik trifft hier am ehesten zu. Das Erdichtete der Elisabeth-Gestalt tritt da, wo sie allein erscheint, in ihrer Musik entweder als konventioneller Zug, wie in der Arie, oder, wie im Gebet, als Künstlichkeit des Ausdruckes zutage. Die Einleitende dialogische Duo-Szene Wolfram–Elisabeth und das abschließende Nachspiel erhalten ihre Bedeutung durch die Art der Themenverwebung, wie Wagner sie hier in Weiterführung der ‹*Holländer*›-Anregung einsetzt. In betont reminiszenzenhafter Bezugnahme werden melodische Instrumentalsätze in den rezitativischen Dialog eingeflochten, das Orchester wird zum Gefühlsdeuter, der die Singenden dialogisch ergänzt. Von den erzählenden Stücken hat der Bericht Wolframs im ersten Akte «Als du in kühnem Sange uns bestrittest» noch liedhaft ariosen, die große Ansprache des Landgrafen im zweiten Akte mehr rezitativisch berichtenden als inhaltlich beschwingten Charakter. So bleiben als die drei künstlerischen Hauptstücke die einleitende Duo-Szene Venus–Tannhäuser, das Finale des zweiten Aktes und die Rom-Erzählung mit dem dazu gehörigen Orchestervorspiel am Beginn des dritten Aktes. Es ist kein Zufall, daß an diesen drei Stücken der stärkste schöpferische Durchbruch erfolgt. Wie die ersten Andeutungen zu ihnen sich bereits unter den Skizzen vom Sommer 1842 finden, so sind diese drei Szenen die überhaupt wichtigsten des ganzen Werkes. Alles übrige erscheint nur als füllende Zutat, geschaffen, um sie zu ermöglichen. Hier läuft die seelische Grundlinie der gesamten Ausdrucksbewegung. Hier sind daher auch die Höhepunkte des Ergreifenden, von dessen Aufnahme und Wirkung der Erfolg, wie Wagner ihn erstrebte, abhing.

Die Duo-Szene Venus–Tannhäuser ist dem Entwurfe nach die kühnste Konzeption, die Wagner bisher geschaffen hat. Namentlich an ihr wird der Einfluß Glucks erkennbar. Den Kern gibt Tannhäusers schlicht liedförmig gehaltener Liebesgesang. Seine dreimalige, chromatisch ansteigende strophische Wiederholung bildet den formalen Grundriß. Zwischen diesen Gesängen Tannhäusers steht als erste Erwiderung ein kurzes Rezitativ der Venus, gleich der dialogischen Einleitung der einfachen Wucht der Diktion Glucks nachgebildet. Als zweite Erwiderung klingt der Verführungsgesang in Fis-dur: «Geliebter komm, sieh dort die Grotte» mit dem Klangzauber achtfach geteilter Geigen und der in üppiber Harmoniebrechungen gleitenden chromatischen Melodik. Die dritte Erwiderung steigert sich zur Leidenschaft des Liebesfluches:

«Hin zu den kalten Menschen flieh',
vor deren blödem, trübem Wahn
der Freude Götter wir entflohn,
– Suche dein Heil – und find' es nie.»

So baut sich die Szene aus strophischem Wechselgesang, Lied und dramatisches Rezitativ verwebend und aneinander vorwärtstreibend. Das Duettierende des alten Doppelgesanges ist vergessen, das Ganze wächst von der Enthüllung des Liebeszaubers bis zur Anrufung der Maria. Mit ihrer Nennung ist die Bewegung an den Gegenpol des Ausgangspunktes gelangt und schlägt nun mit vehementer Gewalt um. Ein Klanggewitter weniger Takte verwandelt die Liebesgrotte zum Wartburg-Tal, die Leidenschaftsklänge in ein naturhaftes Hirtenlied und schlichten Pilgergesang.

Wagner hat diese Szene dreimal geschrieben: zum erstenmal für den Dresdener ‹Tannhäuser› 1845, zum zweitenmal fünfzehn Jahre später für Paris, zum drittenmal, fast dreißig Jahre nach dem ersten Entwurf, indem er den zweiten Akt des ‹Parsifal› schuf. Es ist eine seiner Grundideen. Sie erschließt den Blick in das Urtriebhafte seines Gestaltungswillens: mit den hier erfaßten Kräften sich außeinanderzusetzen, sich durch künstlerische Formung sich von ihnen zu befreien, durch sie die Bühne zum Spiegel eines innersten Lebensvorganges zu machen. Der erste Entwurf hat die Frische und Spontaneität des Ursprünglichen, der zweite überstrahlt ihn durch Rausch und Glut der Ausführung, der dritte, letzte, steigert ihn aus der Nacktheit der sinnlichen Veranschaulichung zu metaphysisch empfundener Symbolik. Die erste Fassung war äußerlich ein Mißlingen. Gerade dieser, für den Gesamteindruck entscheidenden Eröffnungsszene blieb jede Wirkung versagt, sie erschien peinlich und kalt. Keiner der beiden Darstellenden, weder die Schroeder-Devrient noch Tichatschek, vermochte den Sinn solchen Musikgeschehens zu begreifen, die Hörerschaft fühlte sich dieser Bühnenkunst gegenüber hilflos und fremd. Aber nicht nur Darsteller und Publikum: der Autor selbst hatte sich hier noch nicht ganz verstanden. Was er ausdrücken wollte: das Venus-Erlebnis, blieb bei aller Kühnheit des Entwurfes doch an die Grundtypen der formalen Musik gebunden, war in ihm selbst noch nicht zu absoluter Freiheit des Gestaltens gereift.

Diese Freiheit und mit ihr das Gelingen der gestellten Aufgabe bringt das zweite Finale. Es ist ein Marschstück und gibt das Gegenbild der Venus-Szene: die Aufrollung der äußeren Lebenswelt mit ihren handelnden, die Mittelfigur umschlingenden Kräften und der Heilsgestalt der Elisabeth als Krönung. Das Ganze entfaltet sich im Rahmen des Marsches: der Einzug der Gäste beginnt, der Chor der Pilger schließt. Die Anlage ist dreistufig. Festmarsch, Ansprache des Landgrafen, das Liederspiel der Sänger bis zum Liebeshymnus Tannhäusers und der Flucht der Frauen dient als Unterbau. Die Strafdrohung der Männer, die Fürsprache der Elisabeth, Tannhäusers Sündenerkenntnis und Erbarmungsruf bildet den Mittelteil, die Entscheidung des Landgrafen, Auferlegung der Bußfahrt,

«Mit ihnen sollst du wallen zur Stadt der Gnadenhuld» gibt den Abschluß. Wie im ersten Akt Lockung und Fluch der Venus, so steht hier das Opfer und die Verheißung der Elisabeth im Mittelpunkt. Die Marschidee wird zur Darstellung seelischen Geschehens. Es löst den alten Typ der Oper in eine großartige Manigfaltigkeit der Formbilder auf und stellt eines zum anderen in streng entwicklungsmäßig empfundene Beziehungen. In diesen Formbildern kann sich die Musik sinnlich faßbar und zugleich ausdrucksmäßig entfalten, ohne den Hörer vor ungewohnte Probleme zu stellen. Das Opernhafte im alten Sinne und das bewegungshaft Ergreifende, wie Wagner es anstrebt, decken sich, die Wirkung bleibt gewahrt, obwohl ein Hauptteil des im Mittelpunkt stehenden Adagio, Tannhäusers Gesang «Zum Heil den Sündigen zu führen die Gottgesandte nahte mir» gestrichen werden muß. Dieses Finale in seiner Übereinstimmung naturalistischer Gefühlsdarstellung und stilisierender Formgebung zeigt, daß die Oper dennoch möglich ist. Es erweist sogar die Notwendigkeit der Oper zum Aufbau der großen Ensemble-Architektur, des Bildes vielfältiger Kräfte, ihrer Zusammenfassung im Spiegel der Bühne. Das machtvoll ausgreifende H-dur-Adagio «Ich fleh' für ihn, ich flehe für sein Leben», in dem Elisabeth führt, Landgraf und Sänger mit der choralartigen Gegenmelodie antworten und Tannhäusers «Erbarm' dich mein» im höchsten Naturalismus des Schmerzensrufes durch alle Stimmem dringt – war dies nicht unanfechtbarer Beweis für die Möglichkeit und Notwendigkeit der Oper? Freilich, daß die Wirkung nicht versagte, obwohl der seelische Kern des Ensembles gewaltsam entfernt wurde – war dies nicht wiederum Beweis für die Unmöglichkeit der Oper? Sie wurde auch hier nur vom formal Melodischen und Architektonischen, nicht vom sinnhaft Ausdrucksmäßigen erfaßt. Man brauchte kein Bedenken zu tragen, das eigentlich Entscheidende fortzulassen, wenn nur der Schein der äußeren Befriedigung blieb.

Konnte bei Wagner angesichts des Versagens der Venus-Szene, des Gelingens des Finales trotz der Entstellung noch ein Zweifel über den Charakter der Oper bleiben, so mußte ihn das dritte Hauptstück: die Rom-Erzählung lösen. Sie ist die Folge der beiden anderen, in ihr vollzieht sich die letzte Steigerung und Entspannung der Grundbewegung. Nur auf das Ausdrucksmäßige gestellt, wird sie weder, wie die Venus-Szene, dem strophischen Lied, noch, wie das Finale, dem Marschtypus eingepaßt. Sie ist freier deklamatorischer Vortrag, wie man ihn in solcher Ungebundenheit sonst nur im Rezitativ kennt und als Einleitung des ariosen Gesanges nimmt. Marschner hat in der Erzählung des Vampyr Ruthwen schon ein ähnliches, wenn auch nicht derart ausgreifendes Stück frei deklamatorischer Gestaltung gegeben, Eriks Traumerzählung im ‹Holländer› erwächst aus gleicher Intention. Jetzt aber wird die Erzählung über den episodischen Charakter der Vorläufer hinaus Mittelpunkt, eigentlich das tragende Stück des Aktes. Das Vorhergehende ist nur stimmungsmäßige Einleitung, das Nachfolgende lediglich Auswirkung der Erzählung. Sie bildet den Kern des ganzen Aktes. In ihr und durch sie vollzieht sich die Entwicklung der Hauptfigur, der Entscheidungskampf der um sie ringenden Mächte.

Ist die Singstimme als solche im herkömmlichen Sinne ausgeschaltet, bleibt sie auf Ausdrucksgestaltung im strengsten Sinne der Verdeutlichung beschränkt, so wächst dafür die Begleitung zu gesteigerter Bedeutung. In ihr vollzieht sich das musikalische Geschehen im neuen Sinne. Sie gibt durch den Charakter der Themen und ihre Verflechtung das Bild der Vorgänge, von denen die Stimme erzählt. Sie gibt es bereits vor dem Erscheinen des Darstellers: im Orchestervorspiel, das in der ursprünglichen Anlage erheblich ausführlicher ist. Wagner kürzt hier später. Er erkennt, daß jene Deutlichkeit der Bilder, wie sie ihm aus der Vertrautheit mit der Klangsymbolik des Werkes geläufig ist, dem Hörer aus dem Orchestervortrag allein nicht zum Bewußtsein kommen kann. Der Gesangsausdruck muß die Entscheidung bringen. Er muß sich hier über die Plastik der Deklamation hinweg zu unmittelbarer Schmerzensveranschaulichung erheben, er darf nur noch absoluter Gefühlslaut sein. Während das Orchester in der motivischen Schilderung der Bußfahrt, der Klangsteigerung zum Bilde der Gottesstadt, den Verheißungsakkorden des Glaubensthemas die Spiegelung des Erzählten gibt, ballt sich alle Kraft des Stimmungsausdruckes in die Akzentuierung des Priesterfluches zusammen:

«Hast du so böse Lust geteilt,
dich an der Hölle Glut entflammt,
hast du im Venusberg geweilt:
so bist nun ewig du verdammt!»

Unbegleitet, nur von einzelnen Akkordschlägen rhythmisch gesteigert klingt die Stimme. Anfangs in starrer Monotonie lediglich eine Tonhöhe haltend, steigert sie sich zu bewußt unmelodischer Harmoniezerlegung. Der Ausdruck der Phrase hebt sich zu zersprengender Gewalt. Es tönt der Schrei als letzte Form ekstatischer Gegenwartsempfindung, als Zertrümmerung jeglicher Stilisierung, als wahrhaftige Illusion der Gefühlswirklichkeit.

Dieses Stück versagt völlig. Tichatschek ist ein Sänger mit prachtvoller Stimme und feinem rhythmischen Gefühl. Er ist Wagner treu ergeben, aber er kann seine Sängernatur nicht überwinden: er muß singen, er muß Melodien formen können – er hat keinen Schmerzensakzent, keinen Ausdruck. Die Hörer aber wissen nicht, was sie mit diesem peinlich langen Rezitativ beginnen sollen. Sie wissen es um so weniger, als auch der folgende Ausgang ihnen matt erscheint und lediglich als gewaltsamer äußerer Beschluß wirkt. Auch hier liegt ein von Wagner nicht gelöstes Problem vor, ähnlich wie in der einleitenden Venus-Szene. Statt des ursprünglichen Erglühens des Hörselberges und Erklingens der Totenglocke von der Wartburg läßt er später, angeregt vielleicht durch das Erscheinen der Bergkönigin im «Heiling»-Finale, Venus selbst nochmals singend locken und Tannhäuser am Leichnam der Elisabeth sterben. Der letzte Chor wird neu hinzugefügt, der vorangehende der jüngeren Pilger erst fortgelassen, dann mit dem anderen verbunden. Es gibt kein Werk Wagners, dessen endgültige Gestalt so lange schwankend bleibt. Erst die ‹Tristan›-Zeit führt zu nochmaliger Umarbeitung der Venus-Szene und des Sängerkrieges. Nun liegen zwei authentische Fassungen vor: die der letzten Dresdener Bearbeitung von 1847 und die für Paris geschaffene Erweiterung von 1860.

In Wahrheit ist Wagner mit diesem Werke nicht fertig geworden und konnte er auch nicht fertig werden. Er konnte die äußere Handlung, die er hier in den Gestalten des Tannhäuser, der Venus und der Elisabeth erfaßt hatte, zum Abschluß bringen, so wie es dieser Handlung entsprach. Der schöpferische Trieb aber, aus dem die Erscheinungen erwachsen, trug stärkere Kräfte in sich, als sie in den Ausdrucksgrenzen dieser Handlung lösbar waren. Diese Kräfte bringen, weit hinaus über den Umkreis eines einzelnen Werkes, die Elemente der gesamten Künstlernatur in Aufruhr, sie bestimmen in ihrer Folgewirkung das ganze Schaffen. Der theatralische Künstler hat eine neue theatralische Bewegungskraft gefunden: die Gegensätzlichkeit ekstatischer Sinnlichkeit und ihrer befreienden Steigerung zum Todeswillen, die verzehrende Leidenschaftlichkeit des Begehrens, die nur durch Vernichtung zur Erfüllung gelangen kann. Die vage Unrast des Holländer-Fluches hat sich zum Fluche des erotischen Verlangens als stärkster Kraft alles menschlichen und damit auch alles bühnenhaften Handelns verdeutlicht. In der erstmaligen bewußten Entfesselung des erotischen Dämons liegt das Außerordentliche des im ‹Tannhäuser› vollbrachten Wurfes. Zur vollen Kraftentfaltung gelangt er erst in ‹Tristan›, zur abklärenden Lösung im ‹Parsifal›.

Aus dieser naturbedingten Unabschließbarkeit ergibt sich das Unfertige der ‹Tannhäuser›-Form, Wagners Ergänzungsbedürfnis gerade diesem Werke gegenüber, das Suchende des ersten Abschlusses, der die Idee des Liebestodes noch mit den Mitteln der Oper zu gestalten sucht. Daraus folgt die Nötigung zur Zweiteilung der Erscheinungen des Weibes in die Sündhafte und die Heilige, ihre Gegenüberstellung als Kontraste, aus deren Bewegungen das Handlungsbild der Ausdrucksoper erwächst. Diese Bewegung überhaupt zu ermöglichen und damit die neue Welt, nach der der Holländer suchte: das Grundgesetz theatralisch musikhaften Gestaltens zu entdecken, war der Gewinn. Zum Ausbau der hier erkannten Kräfte bedarf es des ganzen Lebens, das nun folgt.

## Die Pariser Venusberg-Musik

Ob die Venusberg-Musik auch ohne den Anlaß der Pariser Aufführung entstanden wäre, ist dokumentarisch festzustellen. Sicher aber ist, daß Wagner sie ebensowenig wie die verlangte Ballettmusik des zweiten Aktes geschaffen hätte, wenn sie ihm nicht als notwendig erschienen wäre. Das Scheinkompromiß der neuen Szene als Ersatz des Wartburg-Ballettes war in Wahrheit nur letzter Anstoß zur Erweckung einer Musik, die längst in Wagner schlummerte. Ihr Drängen hatte ihn in die sinnlich aufstachelnde Sphäre des Pariser Lebens getrieben. Dieser Vorgang hat mit der Pariser Oper, Napoleon und dem Ballett nichts mehr zu tun. Es ist die zweite schöpferische Gestaltung des ‹Tannhäuser›, eine Neubelebung aus innerer Notwendigkeit gegenüber dem problematisch konzipierten Dresdener Werk. Es ist zugleich die Ergänzungsszene des ‹Tristan›, die Rückkehr zum Leben aus der Nacht der Liebe. Die neue Fassung zeigt, was Wagner selbst am ‹Tannhäuser› jetzt noch wesentlich, was ihm unwichtig erschien. Unwichtig war die Welt, in die Tannhäuser wieder hinaustrat, hier mußte das alte Werk bleiben wie es war. Sie war die ‹Tannhäuser›-Welt der Oper, die den gereiften Künstler nicht mehr berührte. So gibt es hier nur Umänderungen im einzelnen, Kürzungen, instrumentale Retuschen. Als künstlerische Totalität war diese Welt fertig. Wesentlich aber ist die Lebenssphäre, aus der Tannhäuser kommt: der Nachtzauber der Liebe, des Chromas, in den Tristan versunken ist. Nun erwacht er wieder, aus dem Todesrausch der Liebe nach Wirklichkeit verlangend. ‹Tristan› und der ‹Venusberg› – wie ursprünglich auch der Dresdener ‹Tannhäuser› hier – fügen sich aus künstlerischer Bedingtheit unmittelbar aneinander. So wenig ‹Tristan› durch die Liebe zu Mathilde, so wenig ist der Pariser ‹Tannhäuser› durch die damalige Aufführung veranlaßt worden. Die Erlebnisse geben hier wie dort nur den letzten Anstoß, den klingenden Ton. Nicht sie leiten die schöpferische Phantasie. Diese weckt für ‹Tristan› die Gefühlszartheit eines verträumten Frauenherzens, wie sie für ‹Tannhäu-

*ser*› die lustreizende Atmosphäre von Paris heraufbeschwört, in der die innerlich keimende Schöpfung Gestalt gewinnt.

Beide Werke sind zusammengehörende Konzeptionen. Die zweite, an äußerem Gewicht der ersten nachstehend, gibt lediglich die letzte Ausschwingung des dort zeugenden Grundimpulses. In dieser auf das Essentielle beschränkten Form wächst sie hinein in den Körper eines älteren Werkes, ihn durch ihre Wucht gewaltsam belastend. Als Organismus ist der Pariser ‹Venusberg› ein Werk für sich, selbständig, der Dialog zwischen sinkender Nacht und ahnungshaft erfaßtem neuen Tag. Auf den Antrieben der ‹Tristan›-Musik ruhend, führt der ‹Venusberg› diese mit den äußeren Mitteln der ‹Tannhäuser›-Musik und -Szene weiter, dadurch die tiefe innere Beziehung beider Werke aufdeckend. Das chromatische Urmotiv des ‹Tristan› ist bereits ein Bestandteil der alten ‹Venusberg›-Musik. Was dort nur Andeutung war, wird jetzt zur üppig wuchernden Blüte. Die erste Szene, die unter Fortfall der Pilgerchor-Wiederholung direkt an die Ouvertüre anschließt, ist Pantomime. In den Klangrausch der Isolde-Verklärung gehüllt, werden ihr die letzten begrifflichen Reste der klanggelösten Isolde-Worte genommen. Bild und Bewegung reden allein. Mit den Worten entfällt die melodische Bindung. Nur Motive sprechen noch, knapp gefaßte, rhythmisch akzentuierte, chromatisch zersplitterte Klänge. Der Sehnsuchtsruf klingt auf, in einer nachklingenden Terz die chromatische Viertonlinie emporschleudernd. Trommel, Triangel, Becken, Kastagnetten steigern das Aufreizende der Klangrhythmik. Die Streicherfiguren, in der Ouvertüre den Pilgerchor begleitend, wandeln sich zum Aufflattern der Amoretten über dem Getümmel der Bacchanten und Nymphen, die, von den Pfeilen der Liebesgötter verwundet, in Ermattung sinken. Alles ist bildhaft empfunden: «Ich möchte gern Genellische Aquarelle zur Hand haben, der hat diese mythologischen Wildheiten sehr anschaulich gemacht.» Die Musik hebt sich zu einer letzten Drastik der Wollust-Darstellung. Es ist der Brunstschrei des ‹Tristan›, jetzt aber nicht durch das Wort zur klanglichen Lösung, sondern den entgegengesetzten Weg führend: von einem rhythmisch dynamischen Elementarsturm der Klangkräfte zur Wiederbefestigung durch das melodiebildende Wort. Der Sirenenchor tönt, aus dem zweiteiligen Rhythmus des alten Werkes in den bewegteren dreiteiligen Takt übertragen. Alles ist unvergleichlich reicher ausgeführt als einst. Über mythologische Bilder anmutigen Liebeslebens lenkt die Sirenenmelodie in die zweite Szene ein. Die Klangorgie hat sich ausgetobt, das Wort kehrt wieder.

Der neue Text des Zwiegesanges zeigt erst vom Fluch der Venus ab erhebliche Erweiterungen. Diese gelten fast durchweg der Venus-Partie, die Tannhäuser-Gestalt bleibt in den Grundzügen unverändert, soweit nicht die eingefügten Wendungen des Dialoges Anpassung fordern. Auch musikalisch bleibt die Linie des Tannhäuser im Kern der drei Liedstrophen die gleiche. Um so bedeutsamer ist die Umformung der Venus-Musik. Nicht nur die breitgehaltenen neuen Verse bedingen eine erhebliche Dehnung der Musik, auch der unveränderte Dialog wird zum größten Teil, unter eigentümlicher Gewichtsverschiebung sogar der deklamatorischen Akzente, neu komponiert. Wo die alte Musik benutzt ist, wie in der Melodie der Liebeslockung «Geliebter komm, sieh durch die Grotte» wird sie ähnlich dem Sirenenchor aus dem zweiteiligen in den dreiteiligen Takt, zugleich aus dem naiv sinnlichen Fis-dur nach F-dur übertragen. Die magische Wirkung dieser Steigerung wird erhöht durch die Orchesterbehandlung: Legato-Tremoli, Triller und gehaltene Töne der gruppenweise einander ablösenden Streicher statt der einfacheren Kombinationen der Dresdener Partitur, dazu virtuose Akkordfigurationen der Flöten und wechselnde Bläserhalte. Wie in der alten Fassung ist dieser Venusgesang die erste melodische Zusammenfassung, jetzt aber zu ornamentaler Chromatik ausgesponnen: «Schlürfst du den Göttertrank, strahlt dir der Liebesdank.» Das Sehnsuchtsmotiv klingt unmittelbar auf, die Venusmelodie rankt sich in zarten Verschlingungen empor, steigend und sich beugend in Violinklängen. Was einst Phantasma war, ist zur Wirklichkeit des lebendigen Bildes geworden: die Liebesgöttin und Freudenspenderin offenbart sich in unmittelbarer Realität der Klangillusion. Hier bleibt noch der Umriß der ersten Konzeption gewahrt. Der Fluch aber mit seinen scharfen Intervallbrechungen, seinem Kontrast schroffer Sprünge und gleitender Übergänge wächst über den einstigen Anfang hinaus in die Regionen des ‹Tristan›-Fluches, jetzt aus dem Männlichen in das Weibliche, aus der Kraft in die rein sinnliche Gesangslinie übersetzt.

Wagner hat bisher noch keine Szene geschrieben, in der sich der Geschlechtslaut des Weibes, der Stimmklang des Hinziehenden, Umstrickenden mit solcher Intensität enthüllt. Die Sehnsuchtsklänge der Isolde erscheinen fast konventionell gegenüber dieser Gesangslinie der Venus, in der das brünstig Lockende eines erotischen Urdämons zur künstlerischen Form gebannt ist. Es gibt innerhalb von Wagners gesamtem Schaffen nur noch eine artähnliche Szene: die der Kundry mit Parsifal. Sie ist dort Mittelpunkt eines im größeren Umrisse sich auswirkenden Ganzen. Im Pariser ‹Tannhäuser› sind die Gegensätze einfacher gehalten, von allen im Handlungssinne stofflichen Elementen frei, nur auf das Essentielle des Klanggeschehens beschränkt. Dieses stellt sich dar im Kontrast der Venus-Klänge mit den Tannhäuser-Klängen, der nächtlichen Liebeswelt mit der Naturwelt des Tages: der in Instinktlaute zerfließenden chromatischen Sphäre mit der fest schreitenden diatonischen Melodik. Als ihre musikalische Verkörperung erscheint das Dresdener Tannhäuser-Lied. Der Klang aus der Vergangenheit wird unverändert übernommen. Im Andrängen gegen eine taumelhafte Übersteigerung des Chromas führt er wieder hinaus in die Realität plastischer Klangempfindung. Der Kampf dieser Gegensätze ergibt den Aufbau der Szene als Wechsel der sich üppig aufteilenden Venusgesänge und des nur dynamisch wachsenden Tannhäuser-Liedes. Chroma und Diatonik, freie Ausdruckslinie und geschlossenes Lied, Gefühlsnaturalismus und stilisierte Form ringen miteinander. «Göttin der Wonn' und Luft, nein, ach nicht in Dir find' ich Frieden und Ruh'.» Mit dem D-dur-Durchbruch des Heilsrufes zu Maria ist der Sieg entschieden. Nacht und Chroma versinken, Licht und Sonne strahlen wieder auf. Tannhäuser tritt aus dem Dunkel der Verzückungen zurück in den Tag, in die Welt.

Hans Mayer[*]

# ‹Tannhäuser›
# und die künstlichen Paradiese (1962)

> Tannhäuser bedeutet den Kampf zweier Prinzipien, die sich
> das menschliche Herz als Kampfplatz erwählten: Kampf
> zwischen Fleisch und Geist, Hölle und Himmel, Satan und
> Gott.
> *Baudelaire*, Richard Wagner und ‹Tannhäuser› in Paris
> (1861)

Wagners romantische Oper vom Sänger Tannhäuser im Konflikt zwischen himmlischer und irdischer Liebe, Venushölle und heiliger Elisabeth, entstand als textliche Verschmelzung zweier ursprünglich durchaus voneinander unabhängiger Sagenstoffe. Um es mit Wagners eigenen Worten zu sagen, die erläutern, warum er dem ursprünglichen Titel ‹*Der Venusberg*› widerstrebend aufgab und die heutige Überschrift wählte, die Tannhäuser und Sängerkrieg als gleichberechtigt nebeneinander stellt: «Ich fügte dem Namen meines Helden ‹*Tannhäuser*› die Bennennung desjenigen Sagenstoffes hinzu, welchen ich, ursprünglich der Tannhäuser-Mythe fremd, mit dieser in Verbindung gebracht hatte, woran leider später der von mir so sehr geschätzte Sagen-Forscher und Erneuerer Simrock Anstoß nahm.» In der Tat: Tannhäuser-Legende und Wartburg-Sage sind ganz unabhängig voneinander entstanden. Geographischer Bereich und geistiger Standort scheinen kaum eine Verbindung möglich zu machen. Wagner war genötigt, wie er in ‹*Mein Leben*› ausführlich berichtet, beim Anblick der Berglandschaft rings um die Wartburg einen seitlich gelegenen Bergrücken einfach zum «Hörselberg» zu ernennen. Ganz fremd freilich war das Tannhäuser-Thema dem Thüringer Sagenbereich doch nicht. Eine sehr alte Fassung der Sage vom Venusberg hatte Ludwig Bechstein im Jahre 1835 in seiner Sammlung ‹*Sagenschatz des Thüringer Landes*› abgedruckt. Trotzdem bestanden Venusberg und Wartburg ursprünglich in der Sagenwelt nicht als Gegenbereiche. Auch Ofterdingen aus dem Sängerkrieg und Tannhäuser, der im Venusberg weilte, waren noch nicht zu einer einzigen Gestalt verschmolzen.

---

[*] *Hans Mayer (geb. 1907), Literaturhistoriker, gehört neben Theodor W. Adorno und Ernst Bloch zu den geistigen Vorkämpfern Neu-Bayreuths. Bis heute bemüht er sich um die Aufhebung des traditionellen Streits um Wagners widerspruchsvolles Werk durch sozialgeschichtlich fundierte Untersuchungen zu Werk und Wirkung Wagners.*

*Szenenbild des zweiten Aktes aus der zweiten Bayreuther ‹Tannhäuser›- Inszenierung von 1930/31, für die Siegfried Wagner als Regisseur und Kurt Söhnlein als Bühnenbildner verantwortlich waren. Arturo Toscanini dirigierte zum erstenmal in Bayreuth. Auf Wunsch Siegfried Wagners wurde die perspektivische Schrägansicht der Sängerhalle zugunsten einer symmetrischen Anordnung aufgegeben: «Dem Podest für Landgraf und Elisabeth rechts vorn gegenüber ein genau gleiches links vorn für die Minnesänger, die Gäste dahinter auf amphitheatralisch halbrundem Stufenbau. Ein großes Mitteltor rückwärts auf der obersten Stufung, Durchblick auf Thüringer Waldberge» (Kurt Söhnlein). Die Fahnenträger vor dem Mitteltor wecken beim heutigen Betrachter den Verdacht, daß der Weg zum Mißbrauch Wagners durch die Nationalsozialisten von hier aus nicht mehr weit ist.*

Getrennte Sagenbereiche, getrennte literarische Traditionen. Für jeden der beiden Stoffe – Tannhäuser und Wartburg-Krieg – gab es auch eine eigene Genealogie dichterischer Verarbeitungen. Richard Wagner studierte, wie immer in solchen Fällen, sowohl die ursprünglichen Sagenelemente als auch die literarischen Nachgestaltungen seiner Zeitgenossen aus dem 19. Jahrhundert. Das ‹*Tannhäuser*›-Thema war ein Jahr nach Bechsteins Sagenbuch von Heinrich Heine, als gereimtes Reisebild gestaltet, in die Sammlung der *Neuen Gedichte* aufgenommen worden. Heines Gedicht vom Tannhäuser mit dem Untertitel ‹*Eine Legende*› erschien zuerst im Jahre 1837 im dritten Band des ‹*Salon*›. Dort lernte es Wagner ebenso kennen, wie er bereits im ersten Band des ‹Salon› von 1835 das Handlungsschema des ‹Fliegenden Holländers› gefunden hatte.

Eine literarische Vorstufe zur Behandlung des Sängerkrieges fand sich bei E. T. A. Hoffmann. Dessen serapiontische Erzählung vom ‹Kampf der Sänger› gesellte sich zur Heine-Reminiszenz. Hoffmann, Heine, das mittelhochdeutsche Lied vom Wartburg-Krieg und die Sage vom Venusberg, Erlebnis der Thüringer Frühlingslandschaft und Weiterführung der Künstlerproblematik aus dem ‹Fliegenden Holländer› verschmolzen in Wagners Tannhäuser-Text zur neuen geistig-künstlerischen Einheit.

Zwei Themen also mit eigener Tradition und Genealogie. Indem Wagner sie aber zur Einheit zwingt, stellt er sich überdies in eine höchst eigentümliche künstlerische Tradition, die weniger leicht erkennbar ist als die Verbindung von Tannhäuser-Sage und Wartburg-Tradition. Gemeint ist ein geistiger Zusammenhang, der keineswegs in frühere Jahrhunderte zurückreicht, sondern eine Tradition des 19. Jahrhunderts bedeutet: als Ergebnis einer eigentümlichen geschichtlichen Konstellation, die für die europäische Kultur ganz unabsehbare Folgen haben sollte.

Man nenne sie einmal die *Tradition der künstlichen Paradiese.* Der Schöpfer des ‹Tannhäuser› wußte genau, was er tat, als er seinem Werk den Titel ‹Der Venusberg› zu geben gedachte. Erst im Augenblick, da der fertige Klavierauszug versendet werden soll, stellt sich heraus, daß der Kommissionsverleger C. F. Meser in Dresden mit triftigen Gründen auf Änderung des Titels drängt. In Wagners Autobiographie heißt es darüber: «Er behauptete, ich käme nicht unter das Publikum und hörte nicht, wie man über diesen Titel die abscheulichsten Witze machte, welche namentlich von den Lehrern und Schülern der medizinischen Klinik in Dresden, wie er meinte, ausgehen müßten, da sie sich auf eine nur in diesem Bereich geläufigere Obszönität bezögen. Es genügte, eine so widrige Trivialität mir bezeichnet zu hören, um mich zu der gewünschten Änderung zu bewegen.» Die Titeländerung verhinderte nun zwar, daß dumme Witze gemacht werden konnten, aber sie hat zugleich auch für lange Zeit den Blick auf die geheime Grundstruktur des Werkes verstellt. ‹Der Venusberg›: das war und bleibt der richtige Titel, denn er stellt schon in der Überschrift den Anschluß an die Tradition der künstlichen Paradiese her. Der Venusberg nämlich ist ein künstliches Paradies. Wagners ‹*Tannhäuser*› gehört in die Geschichte der künstlichen Paradiese in Kunst und Literatur des 19. Jahrhunderts.

Der Künstler und Zeitgenosse Richard Wagner war dazu ebenso prädestiniert, die Kunst der «paradis artificiels», wie Baudelaire das später genannt hat, weiterzuführen, wie er durchaus recht hatte, später von Zürich aus, nach der Schopenhauer-Lektüre, in Liszt zu schreiben, eigentlich sei er von jeher, noch vor aller Kenntnis, ein Schopenhauerianer gewesen. Bereits durch die Wahl bestimmter künstlerischer Vorbilder hatte sich der Musiker und Dramatiker Richard Wagner für die artistische Tradition der künstlichen Paradiese entschieden. Wenn der junge Wagner die Erzählungen E. T. A. Hoffmanns verschlang, die Harmonien und Instrumentationskünste von Hector Berlioz studierte, so befand er sich bereits in Gesellschaft zweier Künstler, die sich im Hörselberg moderner Artistik auskannten. Das ergab später, als Wagners ‹Tannhäuser› in der Pariser Oper gegeben wurde, eine seltsame Konstellation und Konfrontierung zweier Meister einer Artistik der künstlichen Paradiese. Wagner war folgerichtig geblieben, und Charles Baudelaire, der vermutlich gar nicht so besonders musikalisch war, erkannte den Meister und das Vorbild, wenn er in einem Brief vom 17. Februar 1860 an Wagner nach Anhören der ‹Tannhäuser›-Musik schrieb: «Was ich empfunden habe, ist unbeschreiblich, und wenn Sie geruhen wollen, nicht zu lachen, will ich versuchen, die Empfindung wiederzugeben. Zuerst erschien es mir, daß ich diese Musik kannte, und als ich später nachdachte, begriff ich den Grund dieser Täuschung: es schien mir, daß diese Musik *mein sei*, und ich erkannte sie wieder, wie jeder Mensch die Dinge wiedererkennt, die er zu lieben bestimmt ist.» So schrieb und empfand der Nicht-Musiker Baudelaire; aber der Musiker Berlioz als Kritiker des Wagner-Konzerts äußerte sich wesentlich reservierter, so daß Baudelaire in seinem Wagner-Buch von 1861 mit vollem Recht rügen konnte, Berlioz habe «viel weniger Wärme der Kritik gezeigt, als man von ihm hätte erwarten können». Der gleiche Hector Berlioz, dessen ‹Symphonie fantastique› von 1830, fünfzehn Jahre vor Vollendung des ‹Tannhäuser›, mit ihren Ballszenen, Opiumvisionen und Höllenklängen geradezu als Modell aller künstlichen Paradiese angesehen werden darf. Hoffmann dagegen war, wie später Wagner, sich selbst und dem Grundprinzip seines Schaffens treu geblieben. Mehr noch: Sein Märchen vom ‹Goldenen Topf› mit der jähen Aufspaltung der Welt in den poetischen Atlantisbereich und die philiströse Realität eines Lebens in Dresden kann geradezu als erste und traditionsbildende Gestaltung des Themas der künstlichen Paradiese betrachtet werden. Nicht bloß in der Stoff- oder Motivwahl ist Richard Wagner als Künstler durch den Berliner Kammergerichtsrat zu sich selbst geführt worden.

Gemeint ist dies: in der Kreation künstlicher Paradiese durch Künstler der Epoche etwa zwischen 1810 und 1860 wird nicht bloß die Grundlage für eine Kunstauffassung gelegt, die bis heute nichts an Bedeutung verlor, sondern auch eine Schaffensweise *preisgegeben*, die aufgehört hatte, künstlerisch produktiv zu sein. Merkwürdiger Fall: Der ‹Tannhäuser› trägt den Untertitel einer *romantischen* Oper, und den Zeitgenossen der

Dokumentation

*Lauritz Melchior, einer der größten Wagner-Tenöre unseres Jahrhunderts, in der Bayreuther ‹Tannhäuser›-Inszenierung von 1931. Nachdem ein Jahr vorher Sigismund Pilinszky in dieser Rolle, wie schon viele andere vor ihm, versagt hatte, konnte für die Festspiele des folgenden Jahres dieser adäquate Darsteller gefunden werden.*

Mitwelt wie zahllosen Nachgeborenen mußte diese Welt aus Märchen und Sage, hoher Liebe und höllischer Wollust als Inbegriff deutscher Romantik erscheinen. Es war deutsch-romantische Überlieferung, aber doch von weitaus anderer Art als man sie zu nennen gewohnt ist, wenn man von romantischer Dichtung Eichendorffs und romantischer Weber-Musik spricht. Dies hier war eine neue, artifizielle, einigermaßen unheimliche Art der Romantik. Sie war schon bei Novalis spürbar gewesen, gelegentlich bei Brentano, zur Vollendung geführt von Hoffmann. Baudelaire wußte, warum er sich auf Hoffmann ebenso berief wie auf Wagner oder E. A. Poe. Die Surrealisten des 20. Jahrhunderts irrten sich ebensowenig, wenn sie jene unvertrauten Aspekte der deutschen Romantik, diejenigen nämlich, die mit den künstlichen Paradiesen zu tun haben, in ihre eigene Ästhetik des 20. Jahrhunderts aufnahmen.

Die Grenzen zwischen der «eigentlichen» deutschen Romantik und einer romantischen Kunst artifizieller Kunstreaktionen (sie läßt sich auch historisch genau situieren) verläuft dort, wo die «Dinge» aufhörten, für den Künstler eine Poesie in sich zu bergen, die man entdecken und besingen kann. Tannhäusers Auftreten im Wartburg-Saal drückt diesen Vorgang mit unübertrefflicher Symbolkraft aus. Ein Thema ist gestellt worden, das nach allgemeiner Überzeugung wie kaum irgendein anderes mit Poesie der Dinge zu tun hat: der Liebe Wesen zu ergründen. Wolframs Lied von der hohen Minne ist traditionelle Romantik der reinsten Art. Romantisch war die glückliche Liebe in der Idyllendichtung der deutschen Stürmer und Dränger; romantisch war die unglückliche Liebe bei Werther und vorher bereits bei Rousseau. Romantisch waren Eremitagen und unberührte Landschaften. Überraschungen waren möglich im poetischen Bereich der Dinge. Eichendorff entdeckte den deutschen Wald, Brentano den Rhein, Heine die Nordsee, Lermontow den Kaukasus, in den dreißiger Jahren mußte man bereits die Poesie der Dinge im Exotismus suchen. Die Häßlichkeit der modernen Lebens und der neuen menschlichen Siedlungen schuf einen Kontrast. Hier war «Poesie der Dinge» offensichtlich nicht mehr zu entdecken, weshalb die Künstler mit Vorliebe von neuem den vorbürgerlichen Bereich aufsuchten. Zeitflucht und Stadtflucht in einem. Erst die Expressionisten um 1910 fanden den Mut zu einer Dichtung der fest angeschauten Häßlichkeit.

Hundert Jahre vorher aber, als Hoffmann *Das Märchen vom goldenen Topf* schrieb, das den Untertitel *Ein Märchen aus der neuen Zeit* trug, stand es bereits schlecht um die romantische Poesie der Dinge. Der Kontrast zwischen unpoetischer Realität und poetischer Sehnsucht des Künstlers war evident geworden. Wagners Tannhäuser, der ein Künstler ist, Dichter und Musiker in einem, stellt daher in seiner ersten Antwort an Wolfram mitten im Sängerkrieg gegen Wolframs unerschütterliches Festhalten an einer Poesie der hohen Minne die moderne Künstlerthese von der Diskrepanz zwischen subjektivem Sehnen nach dem Ideal und dessen objektiver Unerreichbarkeit. Bei Wolfram: objektive Gegebenheit der poetischen Liebessubstanz. Bei Tannhäuser:

Denn unversiegbar ist der Bronnen,
wie mein Verlangen nie erlischt.
So, daß mein Sehnen ewig brenne,
lab' an dem Quell ich ewig mich.

So hätte auch der Anselmus im Märchen vom *Goldenen Topf* sprechen können: glückliche Liebe ist nur in Atlantis möglich, im Reich der Poesie, jenseits der deutschen Wirklichkeit. Was Tannhäuser verkündet, hatte der Kapellmeister Kreisler in ähnlicher Weise im *Kater Murr* ausgesprochen. Das Künstlersehnen, das zugleich Liebessehnsucht bedeutet, war bei Berlioz in der ‹Phantastischen Symphonie› als «fixe Idee» komponiert worden: ewige Sehnsucht, ewig unerfüllt.

Aber diese Subjektivität ist nur Ausdruck einer Übergangsepoche. Das Subjekt kann nicht immer wieder Kunst bloß aus dem Zustand unerfüllter Sehnsucht destillieren. Hoffmann hatte es getan. Auch Heine, wenn er, nach den eigenen Worten, aus den großen Schmerzen die kleinen Lieder entstehen ließ. Baudelaire beschrieb diesen Zustand später im großartigen Gedicht vom Albatros. Aber hier konnte man nicht stehen bleiben. Auch Tannhäuser vermag es nicht, wenn er den Wolfram und Walther und Biterolf zuzuhören gezwungen ist. So kommt es zum Preisgesang auf die künstlichen Paradiese, an die Hölle, an Venus, die Herrscherin über die künstlichen Paradiese.

Wer dich mit Glut in seinen Arm geschlossen,
was Liebe ist, kennt er, nur er allein: –
Armsel'ge, die ihr' Liebe nie genossen,
zieht hin, zieht in den Berg der Venus ein!

Das ist der Höhepunkt im Aufbau des Werks. Mit Tannhäusers Preislied dringt die Venuswelt in den Wartburgsaal, denn ihr ist eigentümlich, in jedem Augenblick auf bloßem Anruf hin aufzutauchen, wie es im dritten Akt die Nebelbildung in der Wartburg-Landschaft zeigt, die in «rosige Dämmerung» übergeht, um das Erscheinen der Höllenfürstin anzukündigen.

Auf diesem Höhepunkt der romantischen Oper stehen in Wolfram und Tannhäuser zwei Antipoden romantischer Dichtung gegeneinander. Ästhetische Antithetik wie später in den ‹Meistersingern› im Konflikt zwischen Beckmesser und Stolzing, Sachs und Stolzing, Sachs und Beckmesser. Wolframs Romantik glaubt an der Poesie als einem «normalen» Lebensbestandteil festhalten zu können. Tannhäuser preist die romantische Kunst als Kunst jenseits allen Lebens in der Oberwelt. Wahre Kunst und wahre Liebe sind nur als künstliche Paradiese möglich. Liebende und Künstler, zieht in den Berg der Venus ein!

Natürlich kann und darf die romantische Oper nicht mit dem Sieg der Venus enden. Das ließ der Ausgang der Tannhäuser-Sage nicht zu. Kirchliche und weltliche Orthodoxien der Wagner-Zeit hätten diese Lösung nicht zugelassen. Auch das Liebesglück des Geschwisterpaars Siegmund und Sieglinde durfte keinen Bestand haben. Goethes Faust endete nicht mehr, wie in aller früheren Tradition, mit der Höllenfahrt. Grabbe freilich hatte sechzehn Jahre vor Wagners ‹Tannhäuser› den Don Juan wie den Faust zur Hölle fahren lassen, ohne selbst die Verdammten am Schluß

*Maria Müller als Elisabeth in der Bayreuther Tannhäuser-Inszenierung von 1930. Sie wurde «als Idealfall einer Sänger-Darstellerin gerühmt, eine junge, kindlich anrührende Erscheinung, die den Wandel vom aufblühenden Jubel der Liebenden zur Fürbittenden und Gebrochenen glaubhaft machen konnte» (Oswald Georg Bauer).*

noch poetisch zu verdammen. Tannhäuser aber wird erlöst, wie Goethes Faust. Durch das Ewig-Weibliche, durch die Heilige, durch Elisabeth. Buchstäblich an der Schwelle zum künstlichen Paradies wird Tannhäuser durch die Gnade von außen und oben gerettet. Der Sieg der Hölle findet nicht statt.

Wirklich nicht? Es gibt den Ablauf des Dramas, es gibt aber auch den Ablauf der *Musik*. Musikalisch siegt bei Wagner der Venusberg. Wenn es um Potenz, Kühnheit, Beharrlichkeit in der Kreation einer Kunst der artistischen Verlockungen geht – und dem Schöpfer des ‹Tannhäuser› ging es darum –, so trägt die Oper nach wie vor mit Recht den Titel ‹*Der Venusberg*›. Schon im ‹*Fliegenden Holländer*› waren die musikalischen Bereiche der Daland-Welt und der utopischen Künstlerträume des Holländers und Sentas auch stilistisch scharf aufeinandergeprallt. Was man in der Wagner-Literatur allzu häufig als bloße musikgeschichtliche Wandlung Wagners von der Großen Oper zur eigenen musikalischen Ausdruckswelt verstanden hatte, war in Wirklichkeit bereits als Gegensatz zweier Formen der musikalischen Ästhetik aufgetreten. In der Spinnstube als Gegensatz von Spinnerlied und Senta-Ballade. Im ‹Tannhäuser› entsteht daraus der musikalische Gegensatz der Wolfram-Welt und der Tannhäuser-Welt. Auch hier hat man den Eindruck, als sei Wagner bisweilen vor der eigenen Kühnheit zurückgewichen: genauso wie beim dramatischen Ablauf, der schließlich doch nicht mit dem Sieg des Venusberges endete. Ein sonderbarer Reiz nämlich der Tannhäuser-Musik liegt darin, daß der Musiker Wagner ersichtlich bemüht war, *gleichzeitig* Musik traditioneller Romantik *und* Musik der künstlichen Paradiese zu schreiben. Mit allen musikalischen Mitteln soll die Wolfram-Welt erhöht und auf ihre Rolle als endliche Siegerin vorbereitet werden. Mehr noch: Auch die Tannhäuser-Gestalt selbst möchte der Künstler am liebsten doch wieder für den deutsch-romantischen Wolfram-Bereich zurückgewinnen. In einem Begleitbrief zur ‹*Tannhäuser*›-Partitur, die an Karl Gaillard nach Berlin geschickt wird, schreibt Wagner am 5. Juni 1845: «Ich schicke Ihnen hier meinen Tannhäuser, wie er leibt und lebt; ein Deutscher von Kopf bis zur Zehe; nehmen Sie ihn als Geschenk freundschaftlich an. Möge er imstande sein, mir die Herzen meiner deutschen Landsleute in größerer Ausbreitung zu gewinnen!» Die Formulierung wirkt einigermaßen verwunderlich. Worin ist Tannhäuser, der Sänger nämlich, ein Deutscher vom Kopf bis zur Zehe? Viel eher möchte man diese Kennzeichnung für Wolfram in Anspruch nehmen und die anderen Widersacher Tannhäusers im Wartburg-Streit, die Wolfram zu preisen unternimmt:

... So viel der Helden, tapfer, deutsch und weise,
Ein stolzer Eichwald, herrlich, frisch und grün.

Sie alle aber, diese Helden, dieser Eichwald des deutschen Sanges, sind Tannhäusers Widersacher. Er geht nicht eben glimpflich mit ihnen um.

Dennoch wird von Wagner gerade das Deutschtum Tannhäusers besonders betont. Mit diesem Deutschtum aber verhält es sich in musikalischer Hinsicht recht kurios. Im musikalischen Bereich äußert es sich in eigentümlicher Weise. Es läßt sich zeigen, daß Richard Wagner die eminent deutschen Partien seiner Werke gern durch eine Musik mit ausgesprochenem Marschcharakter auszudrücken pflegt. Das beginnt lange vor den ‹*Meistersingern*›. Folgt man dem Rhythmus gerade des Tannhäuser-Liedes, so ist der Charakter einer hymnischen Marschmusik nicht zu verkennen. Allerdings kann auch nicht geleugnet werden, daß ähnliche Stellen der Partitur, und sogar die Strophen des Tannhäuser-Liedes, gleichzeitig dem Belcanto der Großen Oper sehr nahestehen. Die große Bariton-Cantilene in D-Dur, die Wolfram bei der Wiederbegegnung mit

*Das Bacchanal in der Choreographie Gertrud Wagners aus der ersten Bayreuther Nachkriegs-Inszenierung des ‹Tannhäuser› von Wieland Wagner (1954). Für Wieland Wagner ist es keine «romantische Oper», sondern eine Tragödie, ein geistiges Spannungsfeld zwischen Rausch und Askese. Das Bacchanal ist bei ihm sexuelle Raserei.*

Tannhäuser anstimmt, um den Freund zur Rückkehr zu Elisabeth zu veranlassen, und die dann durch die einstimmenden vier Sänger und den Landgrafen zum Sextett erweitert wird, bedeutet einen melodischen Einfall ersten Ranges, bleibt aber ganz unverkennbar der Tradition der französischen und italienischen Opernszene verhaftet.

Trotzdem sind die deutschen und außerdeutschen geistig-seelischen Bereiche durch Musik von extremster Gegensätzlichkeit ausgedrückt. Die Genialität der ‹Tannhäuser›-Partitur beruht gerade darauf. Baudelaire, der alles aufspürte, formuliert so: «Wir haben in Richard Wagner zwei Menschen entdeckt, den Mann der Ordnung und den Mann der Leidenschaft.» Auch hier gibt es eine sonderbare und für Wagner kennzeichnende Ambivalenz der musikalischen Haltung: in der Dichtung soll die französisch-heidnische Welt des Venusberges, die Welt der artifiziellen Kunst, durch die deutsche Landschaft, das deutsche Kunstideal, Sittenreinheit und Heiligkeit überwunden werden. Der musikalische Ausdruck aber dieser Deutschheit, der hohen Minne, der Rittertradition, ist reichlich konservativ, um nicht zu sagen herkömmlich. Der «Pilgerchor» und Wolframs Liedformen besitzen eine fatale Ähnlichkeit mit der musikalischen Nachfolge der Romantik durch die «kleinen Meister» des deutschen Männergesangs. Die unüberbietbare Beliebtheit von «Pilgerchor» oder «Lied an den Abendstern» hat das nachträglich bestätigt. Es ist in der Tat nicht leicht, dem Eröffnungslied Wolframs im Sängerkrieg musikalisch gerecht zu werden. Es-Dur, völlige rhythmische Unergiebigkeit des ½-Taktes, Modulation von Es-Dur nach c-Moll, nach As-Dur, Septime der Dominante, Rückkehr in die Grundtonart mit Harfenklängen: es ist schwer, sich eine konservativere, spannungslosere Musik vorzustellen. Auch Wolframs zweite Cantilene, gegen Tannhäuser gerichtet, unter Wiederaufnahme der Es-Dur-Tonart, ist zwar sehr sangbar und sängerisch wirkungsvoll («Dir, hohe Liebe, töne begeistert mein Gesang»), aber sie bleibt rhythmisch und harmonisch ebenso unergiebig.

Der Venuswelt dagegen hat Wagner schon in der Urfassung, erst recht im Pariser Bacchanale, eine Musik von äußerster Genialität geschenkt, die in der rhythmischen Vielfalt, der Klangphantasie und Neuartigkeit der Instrumentation über alles hinausragt, was vorher von ihm geschaffen worden war. Die festen und starren Rhythmen des «Pilgerchors» oder der herkömmlichen deutschromantischen Cantilene sind gebrochen, alles scheint zu gleiten; die Eindeutigkeit der Tonarten scheint verwischt, das dunkle Tremolo des Holländer-Orchesters hat sich in ein flirrendes Tremolieren der Geigen verwandelt; kühne Figurationen fahren wie Stichflammen auf. Die erotische Eindeutigkeit der rhythmischen Bewegung wird schon im Venusberg-Teil der Tannhäuser-Ouvertüre durch chromatisch aufsteigende Sextolengänge der Celli gestützt; ein Taktbeginn im Forte wird sogleich wieder ins Piano zurückgenommen. Wenn dann aber – abermals in der Ouvertüre – diese eindeutige Musik der Ausschweifung in Tannhäusers Venuslied übergeht, so bedeutet das zwar eine kräftige instrumentale Steigerung, läßt aber sogleich auch die schwirrende, unfaßbare Tonwelt der Frau Venus in das deutschmarschmäßig preisende Lied Tannhäusers, des deutschen Musikers in Paris, übergehen...

Hat Wagner gewußt, daß der musikalische Gegensatz zwischen Tannhäuser und Wolfram als Antithese romantischer Epigonik und neuer Wagner-Musik gestellt worden war? Vieles spricht dafür. Das Unbehagen Mendelssohns und Robert Schumanns vor der ‹Tannhäuser›-Partitur war nicht unberechtigt: sie mußten sich in eigener Sache angegriffen fühlen.

*Der «Sängerkrieg» in Wieland Wagners Bayreuther Inszenierung (1955).
Die prinzipielle Entromantisierung dieser Inszenierung eröffnet neue
Aspekte des Werkes: die Freilegung des Schuldproblems, in das Tannhäuser, als Tristan und Parsifal in einem, verstrickt ist, ein «mittelalterlicher
Kierkegaard» (Willy Haas). Das stilisierte Arrangement der Hallenbögen
erinnert an Paul Klees ‹Revolution des Viadukts›. Solche Anspielungen an
die moderne bildende Kunst waren typisch für Wieland Wagners Inszenierungen.*

Immerhin hatte Wagner seinem musikalischen Gegenspieler Wolfram
noch eine erst gemeinte musikalische Ausdrucksform gegeben. Die musikalische Kennzeichnung Beckmessers gegenüber dem Wagnerianer Stolzing sollte ungünstiger ausfallen: so wenigstens war es beabsichtigt. Auch
hier freilich erhielt die Beckmesser-Musik schließlich doch eine ganz andere Dimension.

Nur äußere Züge hat die Tannhäuser-Gestalt Richard Wagners mit
dem schweifenden, irrenden, schließlich zum Heil gelangenden Rittertyp
der deutschen romantischen Oper gemein. Er steht aber ebensowenig,
wie die Weltschmerzgestalten Grabbes, Immermanns oder Lenaus, in der

Tradition des Don Juan: weshalb Baudelaire an Wagners ‹*Tannhäuser*› besonders zu rühmen weiß, daß er sich nicht mit der lästigen Menge der erotischen Opfer, den «unzähligen Elviras», eingelassen habe. «Wir sehen hier keinen gewöhnlichen Wüstling, der von einer Schönen zur anderen flattert, sondern den allgemeinen, universalen Mann, in morganatischer Verbindung mit dem absoluten Ideal der Wollust, mit der Königin über alle Teufelinnen, alle Fauninnen und alle Satyrinnen, die seit dem Tode des Großen Pan unter die Erde verbannt wurden: mit der unzerstörbaren und unwiderstehlichen Venus.» Tannhäusers Bindung aber an Venus besitzt religiöse Inbrunst. Auch diese Erkenntnis steht schon bei Baudelaire, der das Verhalten des Sängers im Venusberg als Übermaß einer kraftvollen Natur beschreibt, die sich mit aller Kraft dem Bösen statt dem Guten ergibt und ihre Leidenschaft bis zur Höhe einer *Gegenreligion* erhebt. Weil dem so ist, muß der zynische «dissoluto» Don Juan zur Hölle fahren, während die Höllenreligion Tannhäusers durch himmlische Gnade und das Liebesopfer der Elisabeth zunichte gemacht wird. Fortier peccare. Das Unmaß der Sünde führt eher zum Heil als der Zynismus des Don Giovanni. Das lehrte bereits die mittelalterliche Legende vom Gregorius. Auch Tannhäuser im Venusberg ist eigentlich, mit Thomas Mann zu sprechen, ein «Erwählter». Hier spürt man ein Grundprinzip alles Kunstschaffens der unechten Paradiese. Schon bei Hoffmann schlug das Hochgefühl in der Poesie immer wieder in Alltagsmisere um. Der schöngeistige Kater Murr wurde zum Gegenstück des Kapellmeisters Kreisler. Bereits der Tannhäuser Heinrich Heines sehnte sich in der Wollust nach Schmerzen. Wenn die künstlichen Paradiese ihre höchste Beglückung vermitteln, ist der Umschlag nahe. Text und Musik Richard Wagners geben diesen Augenblick mit größter Eindringlichkeit. Tannhäuser erwacht zu Füßen der Venus, «als fahre er aus einem Traume auf». Seine ersten Worte bedeuten bereits den Umschlag. Die Grenze ist erreicht, wo das künstliche Paradies erneute Sehnsucht nach der irdischen Unvollkommenheit erweckt. Zum erstenmal bei Wagner jene Konstellation, die sich später als Auftaumeln Parsifals aus der Umarmung Kundrys wiederholen soll. Auch dort tritt die Leidensvision – Amfortas und die Wunde – mitten im künstlichen Paradies auf, denn natürlich ist die Welt der Blumenmädchen abermals ein künstliches Paradies der höchsten Vollendung.

«Zu viel! Zu viel! oh, daß ich nun erwachte!» Das Absinken der musikalischen Linie mit dem charakteristischen Vorhalt weist Tannhäuser an dieser Stelle bereits als Gefährten des siechen Tristan aus. Die Stelle könnte im dritten ‹*Tristan*›-Akt stehen. Das Liebeslager Tannhäusers zu Füßen der Venus ist so weit gar nicht vom Schmerzenslager Tristans entfernt.

*Bei seiner zweiten Bayreuther Inszenierung von 1961 sorgte Wieland Wagner für einen handfesten Skandal: Da er es gewagt hatte, eine «schwarze Venus» zu engagieren (Grace Bumbry, siehe Abbildung), wurde er heftig angegriffen. Die Idee war es, die Gegenwelten von Venus und Elisabeth (Victoria de los Angeles) szenisch drastisch sinnfällig zu machen: Venus erschien als «bronzenes archaisches Idol, mehr asiatische Astarte als hellenische Venus» und Elisabeth als «schmale, zarte, madonnenhafte» Gestalt (Oswald Georg Bauer).*

In der Religion Tannhäusers und der Ästhetik künstlicher Paradiese wird eine seltsam dualistische Weltsicht spürbar, die durchaus gnostische Züge besitzt. Gleichzeitigkeit von Religion und Gegenreligion, Himmel und Hölle, Venus und Elisabeth. Die Wellen sind nicht streng voneinander zu scheiden. Die Schmerzensvision dringt ein im Venusberg, die Venus-Welt taucht an der Oberfläche auf und breitet sich plötzlich zu Füßen der Wartburg aus. Es gehört zu den genialsten Zügen des ‹Tannhäuser›, dieses Ineinander, das Wechselspiel der Welten, bereits in der Ouvertüre gestaltet zu haben.

Die Venuswelt wird bei Wagner als gegendeutscher Bereich verstanden. Der Venusberg ist Hölle, aber er ist gleichzeitig auch eine Reminiszenz des Komponisten an die schweren Hungerjahre in Paris. Daß gerade für die ‹Tannhäuser›-Aufführung an der Pariser Oper das Bacchanale seine endgültige Gestalt empfing, war nur folgerichtig. Der Venusberg ist Gegenreligion, die stets bedroht ist durch Tageslicht, regelmäßige Wiederkehr der Jahreszeiten, denn in der Hölle steht die Zeit still, durch menschliches Leid und Glück, durch die *natürliche Unvollkommenheit* alles Menschlichen. Zu dieser Fülle der Dualismen fügt Wagner überdies noch die geschichtliche Antithese von *Antike und mittelalterlichem Christentum*. Frau Venus ist ein Geschöpf der antiken Mythologie; in ihrem Bereich gibt es nicht bloß die Inkarnation von Trieb und Lust, Faune und Satyre und Baccantinnen, sondern auch die drei Grazien, die ganz nahe das Liebeslager der Venus umstehen und dafür sorgen, daß der erotische Taumel schließlich als maßvolle Schönheit in malerisch-plastischen Gruppen gebändigt wird. Die Verbindung des Tierischen und des Göttlichen wird – fast unnötigerweise – durch die Symbolik der Leda und Europa, von Schwan und Stier, noch unterstrichen.

Höchst merkwürdig ist der musikalische Ausdruck dieses Übergangs vom Trieb zum Maß. «Bei Ausbruch der höchsten Raserei», wie Wagner schreibt, muß der Paukenwirbel auf H einen regelrechten Orgelpunkt markieren, über dem sich Akkorde der Wollust drängen, die aber unverkennbar schon ein Absinken der Sättigung, eine Ermattung erkennen lassen. Höhepunkte der Leidenschaft versteht Wagner – auch schon in der ‹Tannhäuser›-Partitur – als Form der reinen Grundakkorde, etwa im punktierten Rhythmus der Dreiklänge von C, F und G. Der reine Dreiklang als Ausdruck natürlicher Vorgänge ist von Wagner immer wieder verwendet worden. Das Venusberg-Bacchanale bedeutet nicht bloß Auflösung aller Formen, ziellose Ekstase, sondern ist bei Wagner gleichzeitig streng geformt, antike Gegensätzlichkeit, geprägte Form. Der Venusberg als künstliches Paradies ist – wie Baudelaire schon beim ersten Anhören der ‹Tannhäuser›-Musik erkannte – gleichzeitig Leidenschaft und Ordnung. Die Hölle selbst hat ihre Rechte und Gesetze.

Joachim Herz *

## Tannhäusers nie gesungenes Lied

Fabel und Regienotate zur Frankfurter Inszenierung 1965

I

Venus löst sich aus Tannhäusers Armen, öffnet ihm die Augen für die wirren «Wunder» ihres Reiches. Orpheus – ein Dichter wie Tannhäuser – wird von Mänaden zerrissen, Tannhäuser ergreift die Harfe des Toten, sieht sich selbst vom Blutrausch der Bacchantinnen bedroht – da erscheint die Göttin in Gestalt des mütterlichen Dämons der Fruchtbarkeit, die Rasenden lassen von Tannhäuser ab. Grazien lehren ihn das Spiel auf der Harfe, bald erblickt er um sich Gestalten des antiken Mythos. Dämonen der Lust schmeicheln ihm die Harfe ab, wollen ihn, der schon Stimmen einer neuen Poesie vernahm, sprachlos machen, doch mit letzter Kraft reißt er sich los. – Venus fordert Tannhäuser auf, sie zu besingen, bietet ihm damit aber nur Gelegenheit, ihren Zauber durch das Wort zu bannen. Tannhäuser läßt sich nicht mehr beirren: Er will zurück zu den Menschen, sucht Erde, Zeit, Partnerschaft anstatt zauberischer Erfüllung jedes kaum gedachten Wunsches. – Streitend folgt Venus dem Fliehenden, bemerkt nicht, wie sie sich der Menschenwelt nähern. Die Anrufung Marias bricht den Bann, ein karger Frühling besiegt das brodelnde Inferno.

Venus – nun, auf Erden, Frau Holda, die Göttin des Keimens und Wachsens – muß Tannhäuser verlassen. Er lauscht dem Lied eines Hirten, lauscht dem Gesang bußfertiger Pilger, dem Klang der Dorfglocke, dem Ruf der Jagdhörner und bricht schließlich überwältigt in die Knie: «Die Erde hat mich wieder.» – Der Landgraf von Thüringen, auf der Jagd mit seinen Minnesängern, die er als kunstliebender Mäzen um sich zu sammeln wußte, trifft auf Tannhäuser. Anfangs herrscht auf beiden Seiten Skepsis, denn sieben Jahre war Tannhäuser verschollen, vorher hatte es manchen Streit gegeben. Jetzt denkt er nur an sein Werk, das ungeschaffene. Doch als der Name Elisabeth fällt, als Tannhäuser erfährt, daß die anmutige junge Nichte des Landgrafen ihn liebt, jubelt er auf: Nun glaubt er zu wissen, warum er auf die Erde zurückgekehrt ist – das Leben, nicht das Schaffen ruft ihn. –

Der Landgraf wäre freimütig genug, Tannhäuser seine Nichte zur Frau

---

\* *Joachim Herz, geb. 1924 in Dresden, ist derzeit Chefregisseur der Staatsoper Dresden. Der auch im westlichen Ausland gefragte Regisseur hat sich immer wieder in Aufsätzen mit operndramaturgischen Fragen beschäftigt.*

zu geben – wenn dieser sich nur gewissen Normen unterwerfen wollte. Um ihn auf die Probe zu stellen, lädt der Landgraf die Sänger seines «Musenhofs» zu einem Wettstreit: Jeder soll das Wesen der Liebe ergründen und bekennen. Die Gäste geben sich zunächst selbst ein Fest – die Ritterschaft fühlt sich geehrt, zum Richter über die Kunst berufen zu sein; Sendgrafen von weit her werden begrüßt. Dann singt als erster Wolfram von Eschenbach: Auch er liebt Elisabeth, aus seiner Entsagung weiß er Poesie zu gewinnen. Die Zuhörer erkennen in seinen Versen die Ideale ihrer Gesellschaft; nur Tannhäuser widerspricht, zunächst vorsichtig und zurückhaltend. Doch es kommt schlimmer: Walther von der Vogelweide deutet den «Wunderbronnen», von dem Wolfram sprach, als Inbegriff der «Tugend» – eine doktrinäre Fehlinterpretation, die Tannhäuser außer Fassung bringt. Schwerter werden gezückt – Tannhäuser läßt sich zu persönlichen Ausfällen hinreißen, vergißt, weshalb er hergekommen war, feiert die heidnische Göttin der Liebe, ja, fordert die Ritterschaft auf, selbst zu Frau Venus zu gehen. Damit hat er ein Tabu mißachtet, das die Gesellschaft, sich wappnend gegen das Chaos in der eignen Brust und sich abfindend mit dem eigenen schöpferischen Unvermögen, mühsam errichtet hatte. Unduldsamkeit und Neid, eifernde Sorge um einen zum Fetisch erhobenen Sittenkodex schlagen ihm entgegen: Der Künstler, der gewagt hat, wider den Stachel zu löcken, soll auf der Stelle erschlagen werden. Doch Elisabeth, jeder Hoffnung auf ein Leben an Tannhäusers Seite beraubt, erwirkt Gnade für ihn. Der Landgraf schickt Tannhäuser nach Rom, Vergebung zu suchen. Tannhäuser erkennt, worum er sich gebracht, was er Elisabeth angetan hat. Nur um Elisabeth willen, durch eine Buße ohnegleichen ihr «die Träne zu versüßen», zieht er nach Rom. –

Jahre sind vergangen. Die letzten Pilger, die aus Thüringen nach Rom aufbrachen, kehren heim, Tannhäuser ist nicht unter ihnen. Elisabeth bittet die Gottesmutter um den Tod und um Vergebung für ihre Liebe, damit sie «droben» für den Geliebten Verzeihung erflehen kann. Wolfram, dem getreuen Zeugen ihres Hoffens und Leidens, bleibt nur eine innige Bitte an den Abendstern, das Gestirn der Venus, die entsagungsvoll Geliebte zu grüßen auf ihrem Weg durch das Dunkel in ein fernes Licht. – Tannhäuser kommt: unentsühnt. Der Papst hat ihn auf ewig verdammt, da er bekennen mußte, daß der Brand des Venusberges nie in ihm erlosch. So gewiß der Hirtenstab nicht wieder grünen werde, so gewiß gebe es für den «höllischer» Lust Verfallenen keine Erlösung. Wahn ergreift Tannhäuser: Er glaubt, wiederum in den Berg der Göttin einzudringen – ja, Frau Venus selbst umfängt den vom Fluch des Papstes Gehetzten. Doch der Name Elisabeth, von Wolfram gerufen, läßt Tannhäuser zur Besinnung

*Victoria de los Angeles als Elisabeth in Wieland Wagners zweiter Bayreuther Inszenierung des ‹Tannhäuser› (1961).*

kommen; ein Chorus mysticus kündet von Tod und Gnade, junge Stimmen frohlocken, frisches Grün brach aus dem Hirtenstab des Papstes. Härte des Dogmas wird zuschanden am Wunder des neu sprießenden Lebens – aller Welt verheißen es die Stimmen, preisen Geist und Sinne, Heiliges und Irdisches, Gott und Natur.

*Die Sängerhalle aus der Frankfurter ‹Tannhäuser›-Inszenierung von Joachim Herz (Premiere: 22. Dezember 1965). «Der Regisseur Joachim Herz inszenierte ‹Tannhäuser› als das Drama des Künstlers in der bürgerlichen Gesellschaft» (Oswald Georg Bauer). Vgl. dazu den Aufsatz des Regisseurs (ab Seite 251 des vorliegenden Bandes).*

II

Wie im Satyrspiel der ‹Meistersinger›, so geht es auch in deren tragischem Gegenbild um die «neue Weise».

Tannhäuser ist dazu «verdammt», der Kunst neue Bereiche zu erobern und, was in ihm lebt, zu bekennen. Er vermag nicht, sich zu bescheiden und in immer neuen Varianten zu besingen, was Sittenkodex und überliefertes Kunstideal vorschreiben. Unverstanden von Zunftgenossen und Mäzenen, der Inspiration bedürfend, wählt er den Weg ins «Unbetretene, nicht zu Betretende» – in den Venusberg. «Um ihn kein Raum, noch weniger eine Zeit», benutzt er den erotischen Rausch als Stimulans für sein Schaffen. (Wie er «dorthin» gelangt ist, bleibt offen – vielleicht spülte er Gift hinunter wie die Bakchen, auch Salben mit rauschhafter Wirkung waren nicht unbekannt.) Auf «teuflische», nicht mehr menschliche Weise schöpferische Kraft herbeizwingend, findet er im Chaotischen seiner Träume die Inspiration – Überfülle des Phantastischen, noch nie Besungenen, freilich auch mit den Mitteln der Schulpoesie nicht zu Besingenden.

Will er etwas von diesem rauschhaften Erlebnisstrom fassen, formulieren, ihm Gestalt aufzwingen (und das muß geschehen, will er das Erlebte anderen mitteilen) – so muß er sich aus diesem Chaos, dessen Fluten ihn zu verschlingen drohen, wiederum befreien; er braucht Distanz, um Erlebtes in eine Form gießen zu können, die das Erlebnis mitteilbar macht.

Als Heros besitzt Tannhäuser die Kraft, sich loszureißen, wo andere – selig stammelnd – versanken. Sein innerer Auftrag, mitzuteilen und zu bekennen, läßt ihn, die Wunder der Venus preisend, diesen Wundern entfliehen: Um vor den Menschen von ihr zeugen zu können, bedarf es überzeugender Formung. Die gewinnt sich nicht im Schoße der Göttin.

Tannhäusers Tragik: Es ist ihm nicht vergönnt, den Hymnus auf die Lust, den großen Gesang auf die Wunder des kreißenden Chaos zu dichten – auf die «Oberwelt» zurückgekehrt, begegnet er sogleich seiner Vergangenheit (und wem anders sollte er begegnen, da «oben» sich doch nichts verändert hat!). Der barbarische Marschrhythmus seines Liedes, mit dem er sich den Armen der Venus entwand, mit seiner primitiven Vierkantigkeit die Göttin sublimer Lüste entzückend – er bleibt (zunächst) das einzige Ergebnis von Tannhäusers Gang in die Tiefe. Die schöpferische Ruhe, deren er bedarf, wird ihm nicht zuteil. Erst am Ende seines Daseins, vor dem physischen Zerbrechen, am Kreuzweg zwischen Wartburg und Inferno, entringt sich ihm in der «Rom»-Erzählung sein bestes Gedicht: Dichtung aus dem Erleben.

Was er im Sängerkrieg bot, blieb durchaus unter den Kunstleistungen eines Wolfram: vom rührenden Versuch eines Konformismus, den er sich abringt, bis zur stumpf fanatischen Wiederholung seines Venusmarsches. Seiner Epoche zu weit vorauseilend, schlägt er sich herum mit dem Druck einer die Künste pflegenden Gesellschaft und versäumt heroisch das gar nicht utopische, sondern greifbar nahe Glück an der Seite einer Elisabeth, in der Geist und Sinne Frieden miteinander gemacht haben – das Wunder leibhaft vorausnehmend, das die «Jüngeren Pilger», Boten einer Zukunft und Träger einer Verheißung, verkünden.

Dolf Sternberger*

# Thema Tannhäuser

Ein geheimer Sängerkrieg zwischen Richard Wagner
und Heinrich Heine (1973)

I.

Es fällt uns schwer, Heinrich Heine und Richard Wagner überhaupt zusammenzudenken. Beide haben einen ‹Tannhäuser› geschrieben, jener ein großes Gedicht in drei Teilen, dieser eine «romantische Oper» in drei Aufzügen, aber diese Koinzidenz mutet uns verwunderlich an. Als ich Heines ‹Tannhäuser› zerst las, fiel mir gar nicht bei, daß er mit Richard Wagners Werk den Namen, die Hauptfigur und die Hälfte der Fabel gemein hat. Und als ich in irgendeiner Fußnote die Angabe fand, Wagner sei durch Heines Gedicht zu dem seinigen oder doch zur Wahl seines Stoffes angeregt worden, war mir wie dem Schulkind, das mit Staunen erfährt, daß der Rhein auch durch Holland, die Donau auch durch Rumänien fließt. So sehr scheinen die Sphären widereinander verschlossen, die durch diese beiden Namen bezeichnet sind.

Heine gehört in einem entschiedenen Sinn in das Reich der Literatur, wenngleich so viele seiner Lieder «vertont» worden sind; Wagners Werk kann ohne seine Musik nicht bestehen. Heine sprach sich vollständig und endgültig im Wort aus, Wagners Texte sind ihm wie uns nur der Stoff oder Antrieb der Komposition, sie sind in die Musik verschlungen. Heine schrieb Gedichte, Essays, Abhandlungen, Zeitungsberichte und jene halb erzählenden, halb glossierenden, von Bonmots blitzenden *Reisebilder*, seine beiden «Tragödien» sind verkleidete Lyrik geblieben; Wagner war, gerade umgekehrt, ausschließlich in dramatischen Entwicklungen glücklich, seine Imagination ist theatralisch. Wagners eigentümliche Erfindungskraft erzeugte, in historischen, legendären, mythologischen Farben und Figurationen, überall eine Art von Mysterienspielen, Heine liebte wohl die Legenden, ließ aber alle Mystik daraus verdampfen. Wagners Generalthema ist das der Erlösung – «seine Oper ist die Oper der Erlösung», das hat Nietzsche (in seiner ersten Polemik) scharf getroffen –, Heines Generalthema ist die Freiheit. Heines Dichtung ist durch

---

\* *Dolf Sternberger, geb. 1907 in Wiesbaden, Professor für Politische Wissenschaft an der Universität Heidelberg, zählt zu den Pionieren der Wiederentdeckung des 19. Jahrhunderts. Seine Schriften zu diesem Thema umfassen sowohl politische und soziale als auch literarische und kunsthistorische Fragen.*

und durch intelligent, Wagners Geist taucht ins Mythische zurück; dieser will durch die Stimmen seiner Helden und Heiligen, jener mit seiner eigenen Stimme wirken. Wagner nutzt mittelalterliche Vorwürfe, seine Gefühle der Verfallenheit und des Aufschwungs einzukleiden, Heine wäscht die überlieferten Gestalten so blank, daß er die eigne menschliche Erfahrung darin wiederfindet, daß wir sie als Verwandte erkennen. Heine ist so witzig, daß wir Mühe haben, seinen Ernst herauszuhören, Wagner so voller Gläubigkeit, daß uns sein Humor befremdet. Endlich ist da ein Kontrast der Epochen: Wagner gehört dem 19. Jahrhundert, seiner rauschenden, polychromen, repräsentationsgierigen, neubarocken, monumentalen und zugleich todessüchtigen Seite – «ein typischer décadent» (um noch einmal Nietzsche zu zitieren, doch ohne bösen Unterton); Heine erscheint, blicken wir von hier zurück, beinahe noch wie ein Ausländer des achtzehnten, beinahe ein später Klassizist, nahe vertraut mit Goethe, Kant und Robespierre.

II.
Auch die beiden Tannhäuser sind einander recht unähnlich. Zwar finden wir beide zuerst in Venusberg, auch in höchsteigner und intimer Gesellschaft der Göttin, zwar ist ihnen der Drang gemeinsam, diesen Freudenort zu verlassen, beide nehmen schwierigen Abschied, beide ziehen bußfertig nach Rom – Heine führt den heiligen Schauplatz im zweiten Teil des Gedichtes vor, gibt auch den Dialog mit dem Papst, während Wagner nur den Heimkehrenden berichten läßt –, beiden wird die Absolution verweigert. Doch nimmt die Geschichte hier und dort einen gründlich anderen Ausgang, und schon darum ist es hier und dort auch insgesamt eine andere Geschichte. Der Heine-Tannhäuser (der auch ein Tannhäuser-Heine ist), kehrt wirklich und endgültig in den Venusberg zurück –

Der Ritter Tannhäuser er wandelt so rasch,
Die Füße, die wurden ihm wunde,
Er kam zurück in den Venusberg
Wohl um die Mitternachtsstunde.

Die Szene wird häuslich, eine ironische Rührung breitet sich aus, alles wird wieder gut, die Versöhnung findet auf einem drastisch trivialen Niveau statt –

Sie gab ihm Suppe, sie gab ihm Brot,
Sie wusch seine wunden Füße,
Sie kämmte ihm das struppige Haar,
Und lachte dabei so süße –,

weder von überschwenglicher Freude noch vom Buß- und Leidenstrieb ist mehr die Rede, mit verlegenem Geflunker gleitet der müde Ausbre-

cher über die Frage nach seinen Erlebnissen hinweg, seine «Rom-Erzählung» ist nur zwei Strophen lang:
Frau Venus, meine schöne Frau,
Ich hab in Welschland verweilet;
Ich hatte Geschäfte in Rom und bin
Schnell wieder hierher geeilet.
Auf sieben Hügeln ist Rom gebaut,
Die Tiber tut dorten fließen;
Auch hab ich in Rom den Papst gesehn,
Der Papst er läßt dich grüßen.

Durch diesen dritten Teil des Gedichts geht es wie ein Seufzer – sowohl der Resignation als auch der Erleichterung: man kommt nicht los und schickt sich drein – «in diesem Berg, wo unser Haushalt war», so möchte man, einen Dreigroschen-Song variierend, die Situation bezeichnen. Es ist ein gedämpftes Happy-End, ehelich, sehr menschlich-empirisch, es geschieht kein Wunder. Das Motiv des dürren Steckens fehlt, sein unverhofftes Grünen braucht nicht stattzufinden.

Wie es, andererseits, mit dem Wagner-Tannhäuser ausgeht, wissen die Leser dieser Blätter. Er möchte zurückkehren, sucht den Weg «mit unheimlicher Lüsternheit» (wie es in der Regie-Bemerkung heißt), Venus und Wolfram kämpfen um seine Seele wie Mephisto und die Engel um diejenige Fausts (bei Goethe), er wird zurückgehalten, «gerettet» – in den Tod. Das Morgenrot über dem Tal zeigt Verklärung an: der Beleuchtungseffekt als Indiz und Rudiment von Himmelfahrt. Wenn auch dies ein Happy-End heißen soll und darf, so ist es doch kein empirisches, sondern ein metaphysisches. Und wenn es Erfüllung bedeutet, so wird sie ihm gerade in der Vernichtung. Ringsum regiert Entsagung, auch der Nothelfer Wolfram hat entsagt, Venus versinkt, Elisabeth entschwebt, in Tannhäusers Anruf zur Heiligkeit erhoben. Mit einer Art von ungläubiger Andacht vernimmt man die Versicherung.
Dein Engel fleht über dich an Gottes Thron, –
er wird erhört! Heinrich, du bist erlöst!

Doch nicht eigentlich in Hoffnung, gar in Gewißheit des Heiles endigt die Oper, vielmehr in einem Rausch des Mitleids über soviel Vergeblichkeit. Es ist der Rausch jener Engels-Tränen, die Tannhäuser durch seine Zerknirschung zu versüßen strebte – versüßt hat.

Der Kontrast ist kaum schärfer zu denken. Aus Heines Gesichtswinkel muß Wagners Tannhäuser als Rückfall erscheinen, Rückfall nämlich in die Psychologie von Sünde und Erlösung , welcher er, Heine, doch mit der heitersten – und ernstesten – Souveränität den Abschied gegeben hatte. Der Wagner-Tannhäuser ist wieder ein Sünder, wenigstens in Gebärde

*Der zweite Akt in der Bayreuther Inszenierung von 1961 mit Wolfgang Windgassen als Tannhäuser, Victoria de los Angeles als Elisabeth, Josef Greindl als Wolfram von Eschenbach und Dietrich Fischer-Dieskau als Walther von der Vogelweide.*

und Kostüm, und wäre fast zum «bestraften Wollüstling» geworden wie der alte Don Giovanni, hätte ihn nicht Freundesarm und Jungfrauen-Opfer eben noch vor der Hölle bewahrt. Der Hölle? Man fragt sich freilich, was für eine Verdammnis ihm noch hätte beschieden sein können, da Tannhäuser-Wagner den verrufenen Ort schon vergeben hat und da er ihn nicht von ewiger Pein, sondern von ewiger Lust erfüllt sieht –

Mein Heil, mein Heil hab ich verloren,
nun sei der Hölle Lust erkoren!

Solche Verquickung ist nicht allein wider die Theologie, sondern ebensosehr und vollends wider Heines Emanzipation der Sinne und hellenische Freudenreligion. Dessen Tannhäuser-Gedicht gewinnt zwar seine Spannung vom Überdruß und Ungenügen an der Freude – «Eine Weile lang gehts gut. Aber der Mensch ist nicht immer aufgelegt zum Lachen...», wie er mit so schöner Nachlässigkeit sagt (in der Schrift über die ‹Elementargeister›, gerade dort, wo er das alte Tannhäuser-Lied bespricht); dennoch herrscht darin die Göttin Venus, die Lust nicht als höllisch, sondern als göttlich, und eine Teufelin nennt sie nur der Papst Urban, nicht der Ritter Tannhäuser.

Und daß ich es nicht vergesse: Bei Heine gibt es nur eine einzige Frau, eben «Frau Venus, meine schöne Frau», der Ritter entfernt sich von ihr, singt noch und gerade in der Entfernung ihr begeistertes Lob, kehrt, gleichsam reuig, zu ihr zurück, zu dieser einen; bei Wagner schwankt er zwischen zweien, der unteren im Hörselberg und der oberen auf der Wartburg, der Zauberin und dem Engel, der Buhlerin und der keuschen Jungfrau, die eine verläßt er, die andre muß sich für ihn opfern, beide sind ihm verloren. Am Ende ist er allein, kommt freilich auch selber um.

Wagner hat – in der Schrift ‹Über die Aufführung des Tannhäuser› – die Schwierigkeit gekennzeichnet, welche die Titelpartie dem Darsteller biete, und er hat das Wesen dieses Charakters darin sehen wollen, daß er jeweils «von der Empfindung der gegenwärtigen Situation» voll und ganz erfüllt sei, auch und gerade bei dem «heftigen Wechsel» der Situationen. Ebendarum müsse er sich zur Welt der Sitte «im schroffsten Gegensatze finden», von «Todfeindschaft», von «Grimm», «Ekel», «Hohn» und «Haß» gegen diese Welt der Konvention ist in diesen Anweisungen die Rede. Es ist ein diskontinuierlicher, gleichsam taumelnder Charakter, der hier noch einmal beschrieben wird, also das Gegenteil eines Charakters, wenn Charakter in der Konsequenz und in der Treue besteht, und ein Gegenbild des Bürgers, wenn wir diesen aus der Moralität definieren. Mit einem Wort, es ist der radikale, der monumentale Bohemien, den Wagner meint, mit dem er sich übrigens auch fühlbar gleichsetzt.

Im Vergleich damit entpuppt sich der Heine-Tannhäuser, gegen den Anschein der Frivolität, als ein ganz normaler Mann, monogam, ein treuer Liebhaber, wenn er auch einmal davonzulaufen versuchte.

III.

Heine und Wagner, auch Tannhäuser-Heine und Tannhäuser-Wagner, liegen wahrhaftig weit auseinander. Die historische Chronologie indessen lehrt es anders, macht uns stutzen. Heines Gedicht ist, nach seiner eignen Angabe, 1836 geschrieben, es erschien zuerst als Abschluß des Essays über die ‹Elementargeister› 1837 im dritten Band des ‹Salon› (bei Hoffmann und Campe in Hamburg), später noch einmal in der Sammlung der *Neuen Gedichte*, 1844. Richard Wagners erster Entwurf, unter dem Titel ‹Der Venusberg›, trägt (wie das Manuskript der Burrell-Sammlung zeigt) auf der ersten Seite die Datumszeile «8. Juni 1842, Schreckenstein bei

Aussig», auf der letzten «Teplitz, den 6. Luli 1842». Die Uraufführung war 1845 am Dresdner Hoftheater. Die ‹*Mitteilung an die Dirigenten und Darsteller dieser Oper vom Dichter und Tonsetzer derselben*›, woraus ich oben zitiert habe, ist aus Zürich und vom August 1852 datiert. Dazwischen liegt die Revolution, der gescheiterte Dresdner Aufstand, Flucht und Emigration: das mag übrigens auch seiner Deutung der Tannhäuser-Figur im nachhinein etwas mehr Wut und Hitze mitgeteilt haben, als der Operntext selbst eigentlich erkennen läßt. Zwischen Heines originärer Veröffentlichung und Wagners – sehr ausführlichem – Brouillon liegt also ein Zeitraum von nicht mehr als fünf Jahren. Überhaupt war Wagner erstaunlicherweise nur etwa fünfzehn Jahre jünger als Heine. Der Heine-Tannhäuser und der Wagner-Tannhäuser liegen also zeitlich gar nicht weit auseinander, sogar recht eng beieinander.

Aber damit nicht genug. Der junge Wagner kannte den berühmten Heine persönlich, war diesem wohl von ihrem gemeinsamen Freunde Heinrich Laube vorgestellt worden, in Paris, und es scheint, diese erste Begegnung hat nicht lang nach Wagners Ankunft stattgefunden. Jedenfalls gibt es einen anschaulichen Bericht (von dem deutschen Kunstschriftsteller Pecht) über ein Diner im Restaurant Brocci bei der Oper, an dem außer dem Erzähler die Ehepaare Laube, Heine und Wagner teilnahmen, und das scheint im Dezember 1839 gewesen zu sein.[1] Zweifellos hatten sie in der Folge Umgang miteinander. Wagner vertonte die ‹*Zwei Grenadiere*› nach einer französischen Übersetzung. Wagner bezieht sich auf die Bekanntschaft einige Male in Briefen, flüchtig auch in der großen Autobiographie. Er gibt selbst an, Feuilletons in Heines Manier zu schreiben.[2] Er ließ sich (März 1841) von Heine Geld für ein Paket an Laube geben.[3] Er schrieb über Heine in Berichten für eine deutsche Zeitung, verteidigte ihn gegen gewisse Angriffe.[4] Vor allem leidet es keinen Zweifel, daß Wagner die Geschichte vom ‹*Fliegenden Holländer*› – zuerst allerdings schon vor den Pariser Jahren – aus Heines ‹*Schnabelewopski*› kennengelernt hat, wenn er das auch später etwas verwischt, endlich (in ‹*Mein Leben*›) ganz verschwiegen hat. In der ‹*Autobiographischen*

---

1 Werner-Houben: Begegnungen mit Heine. Hamburg 1973. Nr. 528.
2 Richard Wagner: Mein Leben. München 1911. Bd. 1. S. 238.
3 Brief Wagners an Laube: Begegnungen mit Heine. Nr. 569.
4 Fritz Mende: Heinrich Heine, Chronik seines Lebens und Werkes, Berlin 1970, besonders die Angaben zum 6. Juli und zum 4. August 1841, S. 186 u. 187. Den Artikel vom 4. 8. 1841 (in der *Dresdner Abendzeitung*), den ich nachlesen konnte, muß man wohl als eine Gefälligkeitsarbeit ansehen: immerhin heißt ihm Heine darin ein «herrliches Talent», das «bei glücklicherer Pflege» (nämlich: durch die Deutschen) «an die größten Namen unserer Literatur gereicht haben würde».

*Skizze*› von 1842, bei frischer Erinnerung, teilt er ganz unumwunden mit, er habe sich über seinen eignen Holländer-Entwurf «mit Heine selbst» verständigt.[5] Heine scheint ihn wohlwollend beraten und ermuntert, auch ein wenig protegiert zu haben, wenngleich ohne großen Erfolg. Der junge Mann müßte schon ungewöhnlich selbstversunken gewesen sein, wenn er mitten in Paris, in Gesellschaft des berühmten Schriftstellers, selber mit der Lektüre von Sagenbüchern und des Tannhäuser-Liedes beschäftigt, nicht wahrgenommen oder kein Interesse dafür gezeigt haben sollte, daß jener sein Gönner nicht lang zuvor über den alten Tannhäuser geschrieben und einen neuen verfaßt hatte. Die Sphären berühren sich, rücken sogar nahe zusammen. Sollte nicht doch auch hinsichtlich des Tannhäusers ein Zusammenhang bestehen?

## IV.

Wagner selbst hat zweimal über seine Quellen berichtet, in der ‹*Mitteilung an meine Freunde*› von 1851 und in ‹*Mein Leben*› von 1866/67. Beide Male gibt er an, den Stoff einem Volksbuch entnommen zu haben, das ihm zufällig in die Hände gefallen sei, und zwar in Paris; das erste Mal nennt er es «das deutsche Volksbuch vom ‹*Tannhäuser*›», das zweite Mal «das Volksbuch vom ‹*Venusberg*›». Ein solches Volksbuch gibt es nicht, das haben die Germanisten längst herausgefunden.[6] Man hat aber auch herausgefunden, welches Buch das gewesen sein kann, ja gewesen sein muß[7]: die Sammlung thüringischer Sagen, die Ludwig Bechstein, der fließige Liebhaber volkstümlicher Überlieferungen, veranstaltet hat, und deren erster Teil 1835 herauskam. Daß Wagner diesen Namen nicht nennt, nicht beachtet oder vergessen hat, ist freilich befremdlich, zumal in diesem Fall einer Lektüre, die für ihn so wichtig war oder wurde. Etwas verständlicher wird es, wenn man den genauen Titel dieses Bändchens liest: ‹*Die Sagen von Eisenach und der Wartburg, dem Hörseelberg und Reinhardsbrunn, Herausgegeben von Ludwig Bechstein.*› Diese Nacherzählungen sind zwar das Werk des Herausgebers – vom ‹*Tannhäuser*› gab es bis dahin nur Lieder, keine Prosa-Version –, doch mochte ein begieriger Leser, dem es auf die philologischen Umstände nicht weiter ankam, auch dies wohl für anonyme Überlieferung halten können.

Nur dort findet man die Lokalisierung des Venusbergs in Thüringen

---

5 Hierzu gibt es neuerdings eine Untersuchung von Lothar Prox (Bonn): Wagner und Heine in der Deutschen Vierteljahrsschrift für Literaturwissenschaft und Geistesgeschichte 1972. Heft 4.

6 Zuerst war es wohl Friedrich Panzer in dem Aufsatz: Richard Wagners Tannhäuser, sein Aufbau und seine Quellen. In: Die Musik, Jg. 1907/8.

7 Am deutlichsten ist dies ausgesprochen von Otto Löhmann in dem Aufsatz: Die Tannhäusersage in dem Bayreuther Festspielheft von 1961, S. 48 ff.

(die meisten älteren Venusberg-Überlieferungen verlegen ihn nach Italien). Nur dort ist die Figur Tannhäusers mit der anderen Sage vom Sängerkrieg in gewisser Weise verknüpft, indem Bechsteins lockere historisch-germanistische Phantasie den Ritter gerade auf dem Wege zur Wartburg, «dahin er wohl auch von dem Landgrafen geladen war», auf den bewußten Abweg geraten läßt, da er «ein wunderliebliches Frauenbild in der Felsenpforte» stehen sah, «das war nach heidnischer Weise nur leicht und locker gekleidet» und so weiter, wie bekannt. Dort, in demselben Büchlein, steht aber auch die Erzählung vom Sängerkrieg selbst, mit Landgraf Herrmann, Heinrich Schreiber, Walther von der Vogelweide, Reinhart von Zwetzen oder Zweter, Wolfram von Eschenbach, Bitterolf und dem sechsten, «Heinrich von Afterdingen oder Ofterdingen», der war im Unterschied zu den Rittern der einzige Bürger, aus Eisenach. Und dort hat diese Geschichte sogar genau die Überschrift, deren Formulierung in Wagners Oper so auffällig ist: «Der Sängerkrieg auf Wartburg» (und nicht: «... auf der Wartburg»).

Übrigens spielt die soziale Differenz zwischen den Rittern und dem Bürger zwar nicht bei Bechstein, aber in dem originalen spätmittelalterlichen Gedicht ‹Von den sechs Meister-Singern zu Wartburg› eine wesentliche Rolle beim Ausbruch des Konflikts –
und haßten ihn darzu gar sere,
das das der untuchtige burger were;
der allezeit wider sie were mit gesang ...
Wagner hat, nach eigner Angabe, auch diesen Text gekannt, und zwar aus einer Abhandlung des Königsberger Gymnasialprofessors Dr. C. T. L. Lucas ‹Über den Krieg von Wartburg›, die 1838 erschienen war[8], und die er durch seinen Freund Lehrs, gleichfalls noch in Paris, zu lesen bekam. Bei diesem fand er die Idee, daß ‹Tannhäuser› ein allegorischer Beiname des Heinrich von Ofterdingen sei, beide also eine einzige «mythische» Person bildeten.

Damit ist schon eine Menge beisammen. Es fehlt noch das Motiv der liebenden Jungfrau auf der Wartburg; weder im originalen Sängerkrieg-Gedicht noch in Bechsteins Erzählung gibt es das geringste erotische Element. Das Hauptthema des Wettdichtens und Wettsingens ist nicht das Frauen-, sondern das Fürstenlob, und der Krieg entbrennt, weil Ofterdingen eigensinnigerweise einen auswärtigen Fürsten preist anstatt den anwesenden Landgrafen. Es gibt dort nur eine Frau, die Landgräfin Sophia, eine Schutzmantel-Herrin, die den schlimmsten Ausgang verhütet. Und

---

8 In den Historischen und literarischen Abhandlungen der königlichen deutschen Gesellschaft zu Königsberg. Vierte Sammlung. Zweite Abtheilung, Königsberg 1838.

es gibt, in anderen Stücken bei Bechstein, die heilige Elisabeth, die Königstochter aus Ungarland, die Landgraf Herrmann für seinen Sohn Ludwig zur Braut erbittet. Von ihr hat Wagners Figur den Namen und die Heiligkeit, von jener die Funktion, den Waffenstillstand zu stiften. Die Tannhäuser-Überlieferung andrerseits kennt (in der von Bechstein mitgeteilten Fassung des alten Liedes, nicht in der, die Heine aus dem ‹Wunderhorn› wiedergibt) im Venus-Dialog die Anrufung der Jungfrau Maria –
Maria mutter reyne magd
Nun hilff mir von den weyben –
und am Ende nach der vergeblichen Bußfahrt wiederum:
Maria mutter reyne magd
muß ich nun von dir scheyden,
so daß auch hier, wenn man so will, der Unselige zwischen zwei Frauen hin- und widerwandert, nämlich zwischen zwei Göttinnen, aber es gibt doch nur ein einziges Liebesverhältnis.

Anders verhält sich das in der Novelle Ludwig Tiecks ‹Der getreue Eckart und der Tannenhäuser›, die ebenfalls Wagner selbst unter den Anregungen genannt hat, als seine dritte Quelle also. Er drückt allerdings im selben Atemzug auch eine merkwürdige Abneigung aus: Tiecks «mystisch-kokette, katholisch-frivole Tendenz» habe ihn vordem «zu keiner Teilnahme bestimmt».

Dieser Tannhäuser ist aus Liebesgram in wüste Gesellschaft und schließlich in den Venusberg geraten, kommt «durch eine unbegreifliche Gnade des Allmächtigen» heraus, findet seinen Freund wieder und erfährt, daß seine geliebte Emma dessen Frau geworden ist. Da haben wir die reine Liebe und den Nebenbuhler. Allerdings hört man bei Tieck andrerseits nichts davon, daß die Frau Venus im Berg sich des Ritters persönlich angenommen hätte. Was nun die «katholische Frivolität» betrifft, so kann ich diesen Tadel allenfalls auf den Schluß der wirren Geschichte beziehen. Auch hier kehrt der Bußwillige unverrichteter Dinge aus Rom zurück; bevor er aber für immer zu seinem «alten Wohnsitz» verschwindet, ermordet er Emma im Schlaf, gleichsam, um seine eigne Sündigkeit zu besiegeln. Mir scheint, das Schicksal der Wagnerschen Elisabeth ist, nüchtern besehen, von diesem nicht so gar verschieden, wenn hier auch kein Dolch gebraucht wird, sondern seelische Waffe – wie sie selber singt (im zweiten Akt)
Seht mich, die Jungfrau, deren Blüthe
mit einem jähen Schlag er brach, –
die ihn geliebt tief im Gemüthe,
der jubelnd er das Herz zerstach ...
Unbewußt und wider Willen scheint da doch der Tiecksche Mordge-

Sternberger: Thema Tannhäuser

*Den bislang größten ‹Tannhäuser›-Skandal verursachte 1972 in Bayreuth Götz Friedrich, der damals zum erstenmal auf dem «Grünen Hügel» inszenierte. Im zweiten Akt (Foto von einer Aufführung des Jahres 1977) verstößt die Wartburg-Gesellschaft den Außenseiter Tannhäuser (rechts im Vordergrund: Hermin Esser), der es wagte, ihre Tabus zu verletzen. Die gezückten Schwerter sprechen deutlich genug. Dazwischen steht Elisabeth (Gwyneth Jones), zwischen den Fronten, «diese weiße Taube» (Götz Friedrich), die weder oben noch unten Platz hat. Friedrichs Inszenierung stieß bei konservativen Wagnerianern auf solche Kritik, daß im Festspielbüro sogar Morddrohungen eintrafen.*

danke nachzugeistern, die «Frivolität» nur dadurch ferngehalten oder zugedeckt, daß Wagners Liebesmord in Opfer und Erlösung gewendet wird und daß sein Tannhäuser zugrunde geht, statt wie derjenige Tiecks schuldbeladen ins Unterreich zurückzutauchen.

Von der vierten Quelle, die Wagner angegeben hat, dem ‹Kampf der Sänger› aus E. T. A. Hoffmanns ‹Serapionsbrüdern›, will ich hier nicht viel sagen. Diese unheimliche, auch sehr komische Paraphrase der Wartburg-, Ofterdingen- und Klingsor-Sage hat eine Reihe von Momenten, die bei Wagner wiederkehren; vor allem der entschiedene Künstler-Charakter des Ofterdingen, der Konflikt des hoffärtigen Neutöners mit den wackeren Sängern der Konvention ist hier kräftig und geistreich vorgeprägt, die Kennzeichnung seiner «unerhörten» Weise mutet fast wie eine literarische Antizipation von Wagners musikalischer Umwälzung an:

«Es war, als schlüge er mit seinen gewaltigen Tönen an die dunklen Pforten eines verhängnisvollen Reiches...» und: «... glühende Düfte wehten daher und Bilder üppigen Liebesglücks flammten in dem aufgegangenen Eden aller Lust.»

Aber der Venusberg kommt darin nur ganz am Rande vor, die Göttin überhaupt nicht: Die sonstigen Hoffmannschen Motive in Wagners Oper sind schon früher recht genau kenntlich gemacht worden.[9]

Heines Gedicht hat Richard Wagner selbst nicht erwähnt, weder in den autobiographischen Schriften noch überhaupt jemals. Über Heine als Schriftsteller hat er, sieht man von jenem Zeitungsartikel aus dem Jahre 1841 ab, nur ein einziges Mal mit einiger Ausführlichkeit geschrieben, und das ist in dem fatalen Aufsatz über ‹Das Judenthum in der Musik›, der rund zehn Jahre nach der Pariser Berührung veröffentlicht wurde. Die Vermutung liegt nahe, das tief wühlende Ressentiment, das hier ausbrach, habe auch den Heine-Tannhäuser verschluckt und verdrängt.

V.

Dennoch gibt es Elemente, die Wagners Oper mit Heines Gedicht und einzig mit diesem gemein hat, die in keiner anderen Version oder Variation vorkommen. Das ist das Motiv der Schmerzbegierde bei Tannhäuser. Abschied von der Freudengöttin. Und das ist sein Liebespreislied oder Venus-Bekenntnis, das er draußen in der hellen Oberwelt vorbringt, in beiden Fällen an recht unpassendem Ort, bei Heine vor dem Papst in Rom, bei Wagner vor versammelter Gesellschaft auf der Wartburg und vor den Ohren der verehrten Dame. Man muß zugeben, es handelt sich da

---

9 Von Professor Wolfgang Golther in dem Tannhäuser-Aufsatz des Bandes: Zur deutschen Sage und Dichtung. Leipzig 1911. S. 49–56.

*Die Venusgrotte, nach den szenischen Vorschriften Wagners mit See, Wasserfall und malerisch gelagerten Paaren im Hintergrund; vorne Venus (Grace Bumbry) und Tannhäuser (James McCracken). Mit modernsten Mitteln wurde der szenische Illusionismus der Wagner-Zeit rekonstruiert in dieser Aufführung der Metropolitan Opera New York (Regie: Otto Schenk), die am 22. Dezember 1977 Premiere hatte.*

um zentrale Punkte, Angel- und Wendepunkte des ganzen Dramas. Und beide Momente gehören zusammen, drücken in ihrem grellen Kontrast, in ihrer paradoxen Symmetrie, die Doppelnatur des Tannhäuser aus, zeigen vereint den Menschen in seinem Widerspruch.

Bei Heine sind es die schönsten Partien. Die erste:
Frau Venus, meine schöne Frau,
Von süßem Wein und Küssen
Ist meine Seele geworden krank;
Ich schmachte nach Bitternissen.
Wir haben zuviel gescherzt und gelacht,
Ich sehne mich nach Tränen,
Und statt mit Rosen möcht ich mein Haupt
Mit spitzigen Dornen krönen.

Und hernach vor dem Papst:
Ein armes Gespenst bin ich am Tag,
Des Nachts mein Leben erwachet,
Dann träum ich von meiner schönen Frau,
Sie sitzt bei mir und lachet.
Sie lacht so gesund, so glücklich, so toll,
Und mit so weißen Zähnen!
Wenn ich an dieses Lachen denk,
So weine ich plötzliche Tränen.

Die Entsprechungen in Wagners Text brauche ich nur anzudeuten, sie sind den Lesern vertraut – zum ersten jenes
Nicht Lust allein liegt mir am Herzen,
aus Freuden sehn' ich mich nach Schmerzen,
und zum zweiten jener letzte trotzige Fechtgang im Sängerduell (II, 4)
Dir, Göttin der Liebe, soll mein Lied ertönen.

Die Schmerzbegierde, der Sensualismus mit umgekehrtem Vorzeichen – Heines eigentümliche psychologische Entdeckung, die Schule gemacht hat – bildet in seinem ‹Tannhäuser› freilich das einzige und entscheidende Motiv des Abschieds vom Venusberg. Bei Wagner gibt es deren noch mehrere, das Heimweh nach der oberirdischen Idylle, den Ehrgeiz nach Freiheit und Kampf, die Todessucht, auch das althergebrachte Bußbedürfnis, endlich den Ruf nach dem Seelenheil und der anderen Göttin, der Fürbitterin Maria; der Ritter bringt sie eins nach dem andren vor, als wechsle er die Argumente, sämtlich zu einem und demselben Zweck, und es scheint auf das einzelne nicht anzukommen. Doch hat Wagner in jener Broschüre von 1852 ‹Über die Aufführung des Tannhäuser›, die ich schon früher zitiert habe, einzig das Motiv der Schmerzbegierde als wesentlich hervorgehoben: «diese tief menschliche Sehnsucht», schrieb er dort, «sollte ihn dem Weibe zuführen, das nun mit ihm leidet, wogegen Venus sich nur mit ihm freute.» Diese sonderbar gewalttätige Konsequenz führt freilich von Heines Muster weit fort, – in allen lyrischen Verwandlungen, vom Armen Peter zum Tannhäuser und vom Tannhäuser zum Lazarus, leidet dieser subjektive Dichter stets allein.

So gilt auch von dem anderen Moment, vom Venus-Bekenntnis, das den beiden Tannhäusern gleichermaßen im unglücklichsten Augenblick und am unpassendsten Ort über die Lippen kommt, daß es im Falle Heines nur dem Sänger selbst schadet (denn der Papst hört so etwas gewiß nicht gern), im Falle Wagners aber tödliche Kränkung der liebenden Jungfrau bewirkt. Dieser Tannhäuser sinkt dann, wie die Regie-Anweisung sagt, «in Zerknirschung zusammen», eugt sich dem Verdikt des Landgrafen und scheint – im letzten Solo vor Schluß der Szene – das Ziel

*Die Schlußszene des ‹Tannhäuser› in Harry Kupfers Dresdener Inszenierung von 1978 (Premiere: 10. Dezember). Tannhäuser ist hier der Anarchist, der nur provoziert und sich selbst zerstört. Am Schluß ist er nur noch Objekt für die Heiligsprechung: Er liegt in einem Glassarg, im Hintergrund der Petersdom.*

der vorigen Schmerzbegierde vollends zu erreichen: «Zerknirschung sei mir Lust.» Der ganze Auftritt hat – anders als im Rom-Kapitel Heines – durchaus den Charakter eines gesellschaftlichen Skandals. Der verzückte, aufrührerische Lobsänger einer emanzipierten Erotik findet denn andrerseits wieder eine gewisse Zubilligung mildernder Umstände – von Seiten gerade der verletzten Dame: «Der Unglücksel'ge, den gefangen / ein furchtbar mächt'ger Zauber hält ...» Er steht unter einer Art von posthypnotischem Auftrag, stets und überall nur der Göttin Venus Lob zu

*Der Schlußchor aus Götz Friedrichs Bayreuther ‹Tannhäuser›-Inszenierung von 1972, ein Appell der «Menschheit» an die Toleranz dem Außenseiter Tannhäuser gegenüber.*

singen. Entzauberung, Erlösung kündigt sich derart als möglich an. Bei Heine, wir wissen es, gibt es solchen Ausweg nicht, dieser Tannhäuser schickt sich am Ende ins Unaufhebbare der Wollust wie der Pein.

Noch ein Unterschied der beiden Liebesbekenner verdient Beachtung. Heine-Tannhäuser besingt vor allem die Geliebte, und wir sehen sie vor uns (auch der Papst Urban und die ganze Prozession soll sie vor sich sehen) –

Ihr edles Gesicht umringeln wild
Die blühend schwarzen Locken;
Schaun dich die großen Augen an,
Wird dir der Atem stocken.

Wagner-Tannhäuser hingegen besingt vor allem den Genuß, die Gefährtin erscheint nur in unbestimmtem Umriß, als williges Fleisch und «weiche Formung», was seine Sache in den Augen der Zuhörer gewiß nicht besser macht.

Unerachtet aller Differenzen und Nuancen aber bleibt die Koinzidenz dieser beiden Hauptmotive, bleibt auch die Übereinstimmung in dem zweifachen sensualistischen Glaubensbekenntnis. Es ist ungemein bezeichnend, daß Wagner, der in seiner Jugend für die Emanzipations-Idee Laubes und des Jungen Deutschland geschwärmt (wohl ohne Heine noch zu kennen) und der selbst in seiner frühen Oper ‹*Das Liebesverbot*› eine «kühne Verherrlichung der ‹freien Sinnlichkeit› erstrebt hatte[10], auch im autobiographischen Rückblick noch den Rückfall in Sinnenverleugnung barsch abgestritten hat, den man im ‹*Tannhäuser*› wahrnahm: «Wie albern müssen mir ... die in moderner Lüderlichkeit geistreich gewordenen Kritiker vorkommen, die meinem ‹*Tannhäuser*› eine spezifisch christliche, impotent verhimmelnde Tendenz andichten wollen?»[11] Es sollte nur eine andere, höhere, «edlere» Gestalt der Sinnlichkeit sein, die dort in Kränkung, Zerknirschung, Bußfahrt, Sünderpose, Tod und Erlösungstränen aussprach. Es ist, als hätte er Heines Psychologie der Religion aufgenommen, um die «Wollust im Schmerze» davon für sich zu retten, ohne den Glauben darum wiederherzustellen.

Sind es Entlehnungen?[12] Sind es Konvergenzen der Erfindung? Geistige Bazillen, die dem Jüngeren in Heines Milieu zuflogen? Wir treiben keine Kriminalistik, die genaue Antwort ist nicht zu geben, bleibt zuletzt auch belanglos. Was wir vergleichend, prüfend, hin- und widerblickend, bedenkend und bewundernd aufgedeckt und angehört haben, nimmt sich wie ein geheimer Wettstreit aus, ein anderer Sängerkrieg – über das Thema ‹*Tannhäuser*›.

10 Wagner, a.a.O., S.104.
11 Eine Mittheilung an meine Freunde, Gesammelte Schriften und Dichtungen, Leipzig 1888. Bd.4, S.279.
12 Die gelehrten Wagner-Forscher, die sich der Frage der Tannhäuser-Quellen angenommen haben, teilen sich in zwei Gruppen. Die einen folgen Wagner, indem sie über Heine schweigen. Dahin gehören (neben H. St. Chamberlain): Rudolf Sokolowsky: Richard Wagners Tannhäuser und seine literarischen Vorgänger. Jg. 1904 der Bayreuther Blätter, und Egon von Komorzynski: Literarische Vorläufer des Tannhäuser, im selben Band. Die andern setzen – trotz Wagner – voraus, daß er Heines Gedicht kannte, und schreiben dieser Kenntnis eine größere oder geringere anregende Bedeutung zu. So Wolfgang Golther, damals Professor in Rostock, in einem Aufsatz von 1907, der in seinem Sammelband Zur deutschen Sage und Dichtung, Leipzig 1911, wiederabgedruckt ist. Friedrich Panzer, damals Professor in Frankfurt, in einem Aufsatz in der Zeitschrift Die Musik, Jahrgang 1907/8, ferner Victor Junk: Tannhäuser in Sage und Dichtung. München 1911, neuerdings auch Hans Mayer: Tannhäuser und die künstlichen Paradiese. In: Bayreuther Festspielheft von 1962. Keiner von diesen hat die Frage aufgeworfen, warum Wagner gerade diese Vorlage – wenn es denn eine solche war – verschwiegen habe. – Eine nähere kritische Vergleichung der beiden Werke ist nach meiner Kenntnis bisher nicht angestellt worden.

# Zeittafel

1813 22. Mai: Richard Wagner wird in Leipzig geboren.
1842 Im April verläßt Wagner Paris, kehrt nach Deutschland zurück und entwirft zwischen dem 28. Juni und dem 6. Juli auf dem Schreckenstein bei Aussig einen (zunächst flüchtig hingeworfenen, kurz darauf in Reinschrift überarbeiteten) Prosa-Entwurf zu der geplanten Oper ‹Der Venusberg›. Eine der Stoffquellen ist die Fassung der Tannhäuser-Sage, die Heinrich Heine, den Wagner in Paris persönlich kennenlernte, 1836 geschrieben und ein Jahr später als Abschluß des Essays über die ‹Elementargeister› im dritten Band des ‹Salon› veröffentlicht hat. Wagner selbst erwähnt diese Quelle nicht.

In einem Brief am 10. September teilt er seinem Freund Ernst Benedikt Kietz mit: «Das einzige, was ich in diesem Sommer für mich gemacht habe, ist der vollständige szenische Entwurf des ‹Venusbergs›. Ich halte ihn für vollkommen gelungen und bin überzeugt, daß diese Oper mein originellstes Produkt wird.»

1843 Am 7. April beendet Wagner die Urschrift der Tannhäuser-Dichtung. Im Juli beginnt er in Teplitz mit den Skizzen zur Komposition des ersten Aktes, denen im November die Arbeit an der Orchesterskizze folgt.
1844 17. Januar: Die Orchesterskizze des ersten Aktes ist abgeschlossen. Am 30. Januar schreibt Wagner an Karl Gaillard: «Bei diesem Stoffe, glaube ich, wird es recht klar werden, daß ihn nur ein Musiker behandeln konnte.»

Vom September bis zum 15. Oktober arbeitet Wagner an der Orchesterskizze des zweiten Aktes. Ende des Jahres ist auch die Orchesterskizze des dritten Aktes fertiggestellt.

1845 13. April: Wagner hat die Partitur der Oper vollendet. Weil der Titel ‹Der Venusberg› Anlaß zu Zweideutigkeiten gibt – Wagner erfährt zum Beispiel, daß die Mitglieder der Medizinischen Akademie in Dresden über den ‹Venusberg› (= mons veneris, die medizinische Bezeichnung für einen Teil der sekundären weiblichen Geschlechtsmerkmale) sich bereits lustig machen –, gibt Wagner seiner Oper den Titel ‹Tannhäuser und der Sängerkrieg auf Wartburg›.

19. Oktober: Im Königlich Sächsischen Hoftheater zu Dresden findet die Uraufführung des ‹Tannhäuser› statt. Wagner selbst ist verantwortlich für die Inszenierung und die musikalische Leitung. Die berühmte Darstellerin

der Leonore in Beethovens ‹Fidelio›, Wilhelmine Schröder-Devrient, singt die Venus, Johanna Wagner die Elisabeth und Joseph Tichatschek den Tannhäuser. Die Aufführung überfordert die Darsteller, vor allem Tichatschek, dem es nicht gelingen will, die schauspielerischen Anforderungen, die diese Rolle stellt, auch nur einigermaßen glaubwürdig zu erfüllen. Generös seinen Darstellern gegenüber nimmt Wagner die Schuld auf sich, indem er seine Regieleistung als zu skizzenhaft bezeichnet. Vor allem die Schlußszene überfordert das Auffassungsvermögen des Publikums (weshalb sie Wagner in den beiden folgenden Jahren mehrmals ändert): Das Wiedererscheinen der Venus wird lediglich durch ein rötliches Schimmern des Hörselberges angedeutet, da es Wagner als visionären Wahnsinn Tannhäusers aufgefaßt wissen will. Auch der Tod Elisabeths wird nur von Wolfram berichtet. Später beugt sich Wagner dem Konkretionsbedürfnis der Opernbühne und macht beides sichtbar.

1847 Als Neujahrsgabe empfängt Wagner eine ausführliche Kritik des ‹Tannhäuser› aus der Feder des jungen Eduard Hanslick, der später zu einem seiner schärfsten Gegner wird. Wagner bedankt sich in einem langen Brief für diese erste ausführliche Wagner-Kritik überhaupt und legt darin so etwas wie ein künstlerisches Glaubensbekenntnis ab: «Schlagen Sie die Kraft der Reflexion nicht zu gering an; das bewußtlos produzierte Kunstwerk gehört Perioden an, die von der unseren fern ab liegen: das Kunstwerk der höchsten Bildungsperiode kann nicht anders als im Bewußtsein produziert werden.»

Im Frühjahr nimmt Wagner eine (vorläufige) Änderung der Schlußszene des ‹Tannhäuser› vor: Venus erscheint wieder, und die Ritter treten mit der Bahre der toten Elisabeth auf.

1848 1. Dezember: In Dresden findet die 19. und zunächst letzte Aufführung unter Wagners Leitung statt. (Die 20. Aufführung wird erst am 26. Oktober 1852 gegeben, während sich der steckbrieflich verfolgte Komponist bereits in seinem Schweizer Asyl aufhält).

1849 Am 16. Februar dirigiert Franz Liszt am Weimarer Hoftheater die erste Aufführung des ‹Tannhäuser› außerhalb Dresdens. Wagner, der die Premiere nicht sieht, macht in Briefen an Liszt und andere Weimarer Bekannte auf die Eigentümlichkeit der Darstellung dieser Oper aufmerksam, verweist immer wieder auf den «Sängerkrieg» im zweiten Akt, der nicht zum Arienkonzert ausarten dürfe: «Meine Richtung habe ich eingeschlagen als Musiker, der von der Überzeugung des unerschöpflichsten Reichtums der Musik ausgehend das höchste Kunstwerk, nämlich: das Drama will» (Brief vom 17. Januar an den Freiherrn von Biedenfeld).

Wagner nimmt am Dresdener Maiaufstand teil und muß, als steckbrieflich Verfolgter, Deutschland verlassen.

1852 Die Weimarer Aufführungen des ‹Tannhäuser› machen das Stück auch für andere Bühnen attraktiv. Am 26. Januar findet eine Premiere in Schwerin, am 6. Oktober in Breslau und am 13. November in Wiesbaden statt. Damit auch ohne seine Mitwirkung die Darstellung künstlerisch befriedigend ausfalle, wendet sich Wagner in zahlreichen Briefen an die Verantwortlichen und verfaßt überdies eine umfangreiche Schrift ‹Über die Aufführung des ‚Tannhäuser'›, die er als verbindliche Anweisung aufgefaßt wissen will (14. bis 23. August).

Wagner ändert nochmals den Schluß: «Demnach erscheint die Leiche der Elisabeth nicht, der Landgraf und die Sänger treten auch nicht auf; dagegen die jüngeren Pilger mit ihrem Gesange – wie in der ersten Bearbeitung. (...) Das Gerede über das Erscheinen einer Leiche, und der prosaische Kalkül über die physisch-anatomisch-soziale Möglichkeit dieses Begräbnisses der Elisabeth in ‹so kurzer Zeit› haben mich endlich so angeekelt, daß ich diese Änderung oder Restituierung beschloß» (Brief vom 13. August an Louis Schindelmeißer).

1855   12. August: Am Münchner Hof- und Nationaltheater findet die erste Aufführung des ‹Tannhäuser› statt. Es ist die überhaupt erste Aufführung einer Oper Wagners in München, und es ist ein großer Erfolg, nicht zuletzt für die Ausstattung von Simon und Angelo Quaglio und Heinrich Döll, ausgeführt nach dem Muster der Dresdener Aufführungen.

1856   Am 7. Januar geht der ‹Tannhäuser› in Berlin an der Hofoper zum erstenmal in Szene. Den letzten Proben wohnt Franz Liszt bei. Ähnlich wie in München ist das szenische Ereignis größer als das musikalische. Die Partie der Elisabeth singt wieder, wie bei der Dresdener Uraufführung, die inzwischen zum Star avancierte Johanna Wagner.

1857   28. August: Am Thalia-Theater im Wiener Neulerchenfeld findet eine Aufführung des ‹Tannhäuser› statt, die Johann Nestroy zu einer Parodie ‹Tannhäuser und die Keilerei auf Wartburg. Zukunftsposse mit vergangener Musik und gegenwärtigen Gruppierungen› inspirierte. Die erste Aufführung dieser Parodie, bei der Nestroy selbst als Landgraf Purzel auftritt, findet am 31. Oktober statt und wird einer der größten Erfolge Nestroys.

1859   Am 19. November wird ‹Tannhäuser› zum erstenmal an der Wiener Hofoper gespielt. Wagner ist inzwischen nach Paris übergesiedelt.

1860   Wagner dirigiert im Pariser Théâtre Italien (Salle Ventadour) eine Art Propaganda-Konzert für seine Werke am 25. Januar, am 1. und am 8. Februar, das außer Ausschnitten aus ‹Tannhäuser› und ‹Lohengrin› das Vorspiel zu ‹Tristan und Isolde› und die Ouvertüre zum ‹Fliegenden Holländer› enthält. Unter den Zuhörern befindet sich Charles Baudelaire, der später zum «ersten Wagnerianer von Paris» (Friedrich Nietzsche) wird. Am 17. Februar richtet Baudelaire ein Schreiben an Wagner, in dem er sich zu dessen Musik in geradezu enthusiastischer Weise bekennt.

Aus Wagners Plan, in Paris die bisher noch nicht uraufgeführte Oper ‹Tristan und Isolde› herauszubringen, wird es nichts, da sein Name in Paris nur bekannt ist in Verbindung mit ‹Tannhäuser›. Auf Betreiben seiner Protektorin Fürstin Pauline Metternich wird ein Befehl Kaiser Napoleons III. zur Aufführung des ‹Tannhäuser› an der Pariser Grande Opéra erwirkt (Mitte März). In zähen Verhandlungen mit Alphonse Royer, dem Operndirektor, besteht Wagner darauf, sich dem Usus der Pariser Oper, im zweiten Akt stets eine Balletteinlage zu geben, nicht zu beugen. Wagner bietet statt dessen als vertretbare künstlerische Alternative eine Umarbeitung der ersten

Szene des ersten Aktes zu einem Bacchanal-Ballett an. Der Grund für die notwendige Balletteinlage im zweiten Akt ist folgender: Der Jockey-Club, einflußreiche Abonnenten, die alle der Aristokratie zugehören, pflegen erst nach dem Abendessen in die Oper zu gehen und erwarten, eben im zweiten Akt, zu dem sie erst erscheinen, ein kulinarisches Ballett. Wagner weigert sich aber, trotz der Intervention des Staatsministers, im zweiten Akt des ‹Tannhäuser› ein Ballett einzuschieben. Im Mai verfaßt er einen «vollständigen poetischen Entwurf zum Venusberg», also zu dem neuen Bacchanal des ersten Aktes. Dem Dirigenten Hans von Bülow teilt er Ende Juli mit: «Ich erkenne die Schwäche der choreographischen ersten Szene, wie nicht minder die noch verbliebene Steifheit der Partie der Venus. Ich werde also eine ganz neue, bei weitem reicher entwickelte Musik zur 1. Szene (nenne es Ballett) schreiben.» Und er verweist auch schon auf seine Absicht, die zweite Szene des ersten Aktes ebenfalls entscheidend umzuarbeiten: «Ich hoffe nun für die Venus ein tieferes Interesse zu erregen, und Tannhäusers schließliche Anrufung der Maria so zu motivieren, daß man wirklich die Seelenqual begreift, die ihn dazu bringt.»

Im September beginnen die zahlreichen (insgesamt 146) Proben an der Pariser Oper.

Ende Dezember: Wagner vollendet die neue Partitur der zweiten Szene des ersten Aktes zwischen Venus und Tannhäuser.

1861 Am 28. Januar ist die Partitur des Bacchanals fertiggestellt.

13. März: Die Erstaufführung der «Pariser Fassung» des ‹Tannhäuser› endet, wie zu erwarten ist, in einem außerordentlichen Skandal, da der Jockey-Club auf das Ballett im zweiten Akt verzichten muß. Außerdem erfüllt der Darsteller der Titelpartie, Albert Niemann, nicht die Vorstellungen Wagners. Und der Dirigent Louis Dietsch erweist sich als völlig unzulänglich. Nach der dritten Aufführung am 24. März zieht Wagner seine Oper zurück, da der Mißerfolg nicht aufzuhalten ist. In einem Bericht ‹*Über die Aufführung des ‚Tannhäuser' in Paris*› für die Leipziger *Deutsche Allgemeine Zeitung* vom 7. April erläutert Wagner die näheren Umstände des Skandals.

Charles Baudelaire schreibt nach den drei Pariser Aufführungen des ‹*Tannhäuser*› seinen epochemachenden Wagner-Essay ‹Richard Wagner und der ‚Tannhäuser' in Paris›.

1865 5. März: In einer Münchner Repertoire-Vorstellung (der Dresdener Fassung) des ‹Tannhäuser› übernimmt Ludwig Schnorr von Carolsfeld – der Tristan-Darsteller der Münchner Uraufführung von ‹Tristan und Isolde› am 10. Juni – die schwierige Partie. Wagner, der sich mit ihm zu Tristan-Vorbesprechungen trifft, kann ihn also bei dieser Gelegenheit genau in die Eigenart der Tannhäuser-Rolle einweisen. Dankbar hebt Wagner, drei Jahre nach dem plötzlichen Tod des Sänger-Schauspielers (am 21. Juli), in seinen ‹Erinnerungen an Ludwig Schnorr von Carolsfeld› die überragende Leistung Schnorrs als Tannhäuser hervor.

1867 1. August: Am Münchner Hof- und Nationaltheater wird die deutsche Erstaufführung der «Pariser Fassung» des ‹Tannhäuser› gegeben. Die Auführung leidet unter der unzulänglichen Gestaltung der Titelpartie, obwohl Hans von Bülows Leistung als Dirigent und Mathilde Mallingers Darstellung der Elisabeth sehr überzeugen. Die Presse bemängelt insbesondere die durch die neue Fassung der Partitur hervorgerufene stilistische Unstimmigkeit der Musik, vermerkt mit Recht die Nähe der nachkomponierten Partien des ersten Aktes zur ‹Tristan›-Partitur.

1875 Zum dritten- und letztenmal inszeniert Wagner selbst seinen ‹Tannhäuser›: Am 22. November findet die Premiere an der Wiener Hofoper statt. Noch einmal hat Wagner eine Änderung der Partitur in der «Pariser Fassung» vorgenommen: Er verfügt nun den auch für die späteren Bayreuther Aufführungen verbindlich gebliebenen Sprung aus der Ouvertüre heraus in das Bacchanal. Bei den Bühnenproben demonstriert Wagner als der geborene Schauspieler alle Darstellungsprobleme.

1883 23. Januar: Cosima Wagner trägt in ihr Tagebuch die Bemerkung Wagners ein, er sei der Welt noch den Tannhäuser schuldig.
13. Februar: Richard Wagner stirbt im Palazzo Vendramin-Calergi in Venedig.

1891 Cosima Wagner inszeniert die erste Bayreuther Aufführung des ‹Tannhäuser›.

# Bibliographie

*Eine Auswahl empfohlener Schriften
zum Thema ‹Tannhäuser›*

## 1. Primärliteratur

Richard Wagner: Sämtliche Schriften und Dichtungen. Volks-Ausgabe in 16 Bänden. Leipzig o. J. [1911]
Richard Wagner: Mein Leben. Hg. von Martin Gregor-Dellin. München 1963
Richard Wagner: Sämtliche Briefe. Hg. von Gertrud Strobel und Werner Wolf. Bd. 1-4. Leipzig 1967-1979
Briefwechsel zwischen Wagner und Liszt. Hg. von Erich Kloss. 3. Aufl. Leipzig, 1910
Richard Wagner: Briefe. Die Sammlung Burrell. Hg. und komm. von John N. Burk. Deutsch von Karl Geiringer. Frankfurt am Main 1950
Cosima Wagner: Die Tagebücher. Ediert und kommentiert von Martin Gregor-Dellin und Dietrich Mack. 4 Bde. München-Zürich 1982
Richard Wagner: Prosa-Entwurf zum «Tannhäuser» («Der Venusberg»). Erstdruck in: Programmheft «Tannhäuser» der Bayreuther Festspiele 1985
Edwin Lindner: Richard Wagner über «Tannhäuser». Aussprüche des Meisters über sein Werk. Leipzig 1914

## 2. Sekundärliteratur

Eduard Hanslick: Richard Wagner und seine neueste Oper «Tannhäuser». In: Wiener Allgemeine Musik-Zeitung (1846). Wiederabdruck in: Helmut Kirchmeyer, Das zeitgenössische Wagnerbild. Dokumente 1846-1850. Regensburg 1968
Franz Liszt: «Tannhäuser» von Richard Wagner. In: Ges. Schriften von Franz Liszt. Übersetzt von L. Ramann. Leipzig 1910
Friedrich Panzer: Richard Wagners «Tannhäuser». Sein Aufbau und seine Quellen. In: Die Musik. Bd. 28 (1907/08)
Victor Junk: Tannhäuser in Sage und Dichtung. München 1911
Wolfgang Golther: Tannhäuser in Sage und Dichtung des Mittelalters und der neuen Zeit. In: Zur deutschen Sage und Dichtung. Leipzig 1911

# Bibliographie

Paul Bekker: Richard Wagner. Das Leben im Werke. Stuttgart, Berlin und Leipzig 1924

Ernest Newman: The Life of Richard Wagner. 4 Bde. New York 1933–1946

Theodor W. Adorno: Versuch über Wagner. Berlin–Frankfurt am Main 1952

Otto Löhmann: Die Tannhäusersage. In: Programmheft «Tannhäuser» der Bayreuther Festspiele 1961

Dietrich Steinbeck: Inszenierungsformen des «Tannhäuser» (1845–1904). Regensburg 1964

Maximilian Kojetinsky: Zur Geschichte der verschiedenen Fassungen von Richard Wagners «Tannhäuser». In: Programmheft «Tannhäuser» der Bayreuther Festspiele 1965

Ernest Newman: The Wagner Operas. 4. Aufl. New York 1968

Peter Dettmering: Dichtung und Psychoanalyse. Thomas Mann – Rainer Maria Rilke – Richard Wagner. München 1969

Robert Gutman: Richard Wagner. Der Mensch, sein Werk, seine Zeit. Deutsche Übersetzung von Horst Leuchtmann. München 1970

Carl Dahlhaus: Richard Wagners Musikdramen. Velbert 1971

Lothar Prox: Wagner und Heine. In: Deutsche Vierteljahreshefte für Literaturwissenschaft und Geistesgeschichte. 46. Jg. S. 684–698

Cecil Hopkinson: Tannhäuser. An Examination of 36 Editions. Tutzing 1973

Dietrich Mack: Tannhäuser in Bayreuth. In: Programmheft «Tannhäuser» der Bayreuther Festspiele 1974

ders.: Der Bayreuther Inszenierungsstil 1876–1976. München 1976

Dietz-Rüdiger Moser: Die Tannhäuser-Legende. Eine Studie über Intentionalität und Rezeption katechetischer Volkserzählungen zum Buß-Sakrament. Berlin–New York 1977

Reinhard Strohm: Zur Werkgeschichte des «Tannhäuser». In: Programmheft «Tannhäuser» der Bayreuther Festspiele 1978

Richard Wagner: Tannhäuser. Hg. von Dietrich Mack. (Quellendokumentation). Frankfurt am Main 1979

Dieter Borchmeyer: Das Theater Richard Wagners. Idee – Dichtung – Wirkung. Stuttgart 1982

Peter Wapnewski: Maria und Tannhäuser. In: Der traurige Gott. Richard Wagner in seinen Helden. 2. Aufl. München 1982

Dieter Schickling: Abschied von Walhall. Richard Wagners erotische Gesellschaft. Stuttgart 1983

Leo Karl Gerhartz: «La symphonie chantée» oder Wagners «Tannhäuser». In: Oper. Aspekte der Gattung. Laaber 1983

Stefan Kunze: «Tannhäuser»: Das nie vollendete Schlüsselwerk. In: Programmheft «Tannhäuser» des Stadttheaters Bern 1984

Dietmar Holland
# Anmerkungen zur Diskographie

Wagners Wort, er sei der Welt noch den ‹Tannhäuser› schuldig, spiegelt sich auch in der diskographischen Situation wider. Es gibt da nicht nur die Entscheidung der Dirigenten für die Dresdener oder die Pariser Fassung, sondern auch Versuche, sich in einer Grauzone zwischen den Fassungen zu bewegen. Das ästhetische Dilemma indessen zwischen den avancierten, nachkomponierten Pariser Partien im Stil der ‹Tristan›-Partitur und dem eher konventionellen Tonfall der ursprünglichen Teile der Oper wird dadurch nicht gemildert. Es ist denn auch auffällig, daß sowohl die letztjährige Bayreuther Neuinszenierung unter der musikalischen Leitung von Giuseppe Sinopoli als auch die soeben veröffentlichte Studio-Aufnahme unter Bernard Haitink sich betont auf die Dresdener Fassung (im Erstdruck der Partitur von 1860) beziehen. Ob das allerdings eine Tendenzwende in Sachen ‹Tannhäuser›-Fassung bedeutet, bleibt abzuwarten. Tatsache ist, daß die Pariser Fassung der Szene zwischen Venus und Tannhäuser auf Schallplatte ungekürzt nur in der Einspielung unter Georg Solti (1971) vorliegt. Die erhaltenen Mitschnitte von Bühnenaufführungen dagegen geben diese – in der neuen Fassung sehr umfangreiche – Szene nur mit zum Teil erheblichen Kürzungen. Das mag der Anstrengung in der Bühnensituation geschuldet sein. Vorab ist dabei zu bedenken, daß namentlich der Darsteller des Tannhäuser seine Kräfte für die Rom-Erzählung des dritten Aktes aufsparen muß. Überhaupt gehört diese Partie zu einer der schwierigsten in Wagners Werk. So ergibt der Befund aller greifbaren Aufnahmen das deprimierende Ergebnis, daß es eine adäquate Sängerleistung – zumindest auf der Schallplatte – für diese Rolle (noch) nicht gibt. Einzige Ausnahme: Der berühmte Othello-Darsteller Ramon Vinay sang im Jahre 1954 in Bayreuth einen unvergleichlichen Tannhäuser in der für diesen Sänger spezifischen Mischung aus leidvoller Gebrochenheit und großer Kraft, ohne jemals in einen hier auch völlig unangebrachten Schöngesang zu verfallen, den zum Beispiel René Kollo in der bereits erwähnten Solti-Aufnahme anschlägt. Dies gilt in erster Linie für die Rom-Erzählung, aber auch für den Abschied Tannhäusers von Venus. Wagner beklagte seinerzeit, daß die Sänger ihm zuviel Arienkonzert aus diesen Stellen machten; einzig Ludwig Schnorr von Carolsfeld konnte ihm in einer Münchner Aufführung des Jahres 1865 genügen. Hier liegt ein noch uneingelöstes künstlerisches Potential vor.

In den erhaltenen Mitschnitten von Bühnenaufführungen trifft man auf überaus merkwürdige Grenzgänge zwischen den Fassungen. Das beginnt bereits bei der Ouvertüre. Wie wir wissen, wurde sie noch bei der Pariser Erstaufführung zur Gänze gespielt; erst dann folgte das neukomponierte Bacchanale. Die Version, wie sie in Bayreuth seit 1891 üblich ist, geht zurück auf Wagners Eingriff in die Partitur anläßlich seiner Wiener Inszenierung im Jahre 1875: Hier erst verfügte er den Sprung aus der Ouvertüre heraus ins Bacchanale. So geschieht es auch in der Aufführung an der Metropolitan Opera New York, die am 19. Dezember 1942 George Szell leitete; ebenso in der Solti-Aufnahme. Die Pariser Version hören wir, interessanterweise, bei einem der Bayreuther Mitschnitte, dem des Jahres 1954 unter Joseph Keilberth. Wolfgang Sawallisch entschied sich (mit Wieland Wagner) 1961 und 1962 in Bayreuth für eine ganz eigenwillige Variante der Wiener Fassung, nämlich für einen erst später eintretenden Sprung aus der Ouvertüre in das Bacchanal hinein. (Wagner gibt den Sprung in Takt 287 der Ouvertüre an, Sawallisch springt jedoch erst in Takt 300.)

Die zweite Szene des ersten Aktes, jene zwischen Tannhäuser und Venus, wird in der New Yorker Aufführung unter Szell beispielsweise zwar in der Pariser Neubearbeitung gegeben, aber mit erheblichen Kürzungen: Die erste Strophe des Tannhäuser-Lieds entfällt und ebenso die Passage zwischen den Worten der Venus «Nur Helden öffnet sich mein Reich» und ihrer Verzweiflung «Kehrst du mir nicht zurück». Keilberth wählte 1954 eine verwegene Mischfassung dieser Szene, die in ganz unglücklicher Weise den Stilbruch zwischen der Dresdener und der Pariser Fassung geradezu ohrenfällig macht: Er läßt nämlich mitten in der Pariser Fassung zurückspringen in die ursprüngliche, und zwar direkt nach der zweiten Strophe des Tannhäuser-Lieds. Sawallisch gar bricht bereits vor dem Ende des Bacchanals ab und springt – mitten im Takt – auf die Worte der Venus «Geliebter sag, wo weilt dein Sinn?»; die ersten Takte dieser Szene beläßt er noch in der Pariser Fassung und geht ab «Im Traum war mir's» zurück in die Dresdener Fassung, die somit einheitlich den Fortgang der Szene bestimmt.

An diesen Beispielen, die allesamt aus Bühnenmitschnitten stammen, wird deutlich, daß es keine definitive oder gar «richtige» Fassung des ‹Tannhäuser› gibt. Wer die Pariser Fassung studieren will, ist gut beraten mit der insgesamt zufriedenstellenden Einspielung Soltis. Abstriche sind da in der Titelpartie zu machen und auch in der Gestaltung der Elisabeth (Helga Dernesch). Entschädigt wird man aber durch eine ausgezeichnete Venus der Christa Ludwig und ein Orchesterspiel, das seinesgleichen sucht (Wiener Philharmoniker).

Eine wirklich befriedigende Einspielung der Dresdener Fassung fehlt immer noch. Die unter Franz Konwitschny entstandene Aufnahme von 1961 ist, trotz mancher Meriten, denn doch zu bieder und glatt geraten, und die gerade erschienene Interpretation Haitinks bietet zu schwache Sängerleistungen, als daß man sie empfehlen könnte. Und der hybride Versuch Birgit Nilssons, in der Aufnahme unter Otto Gerdes die Partien der Elisabeth und die der Venus zu übernehmen, scheitert an der mangelnden Differenz in der stimmlichen Präsentation dieser beiden wesensverschiedenen Rollen. Es bleibt eine Kuriosität am Rande der Schallplattengeschichte des ‹Tannhäuser›.

## Liste der Gesamtaufnahmen

1930   Karl Elmendorff (Pilinszky, Müller, Jost-Arden, Janssen*, Chor und Orchester der Bayreuther Festspiele)
EMI 1 C 137 03130-2

1942   George Szell (Melchior, Traubel, Thorborg, Janssen; Chor und Orchester der Metropolitan Opera New York)
Melodram-Connaisseur MEL 306 (3)

1949   Kurt Schröder (Treptow, Eipperle, Joesten, Schlusnus; Chor und Orchester des Hessischen Rundfunks)
DGG 89633-7

1953   Artur Rodzinski (Svanholm, Wilfert, Kenney, Imdahl; Chor und Orchester des Teatro Comunale di Firenze)
Melodram MEL 423

1954   Joseph Keilberth (Vinay, Brouwenstijn, Wilfert, Fischer-Dieskau; Chor und Orchetser der Bayreuther Festspiele)
Melodram MEL 544

1955   Robert Heger (Seider, Schech, Bäumer, Paul; Chor und Orchester der Bayerischen Staatsoper)
Vox OPX 143 (oder Acanta 40 23 260)

1961   Franz Konwitschny (Hopf, Grümmer, Schech, Fischer-Dieskau; Chor und Orchester der Staatsoper Berlin)
EMI 1 C 153-30 683/86

1961   Wolfgang Sawallisch (Windgassen, de los Angeles, Bumbry, Fischer-Dieskau; Chor und Orchester der Bayreuther Festspiele)
Melodram MEL 614

1962   Wolfgang Sawallisch (Windgassen, Silja, Bumbry, Waechter; Chor und Orchester der Bayreuther Festspiele)
Philips 6723 011

1963   Herbert von Karajan (Beirer, Brouwenstijn, Ludwig, Waechter; Chor und Orchester der Wiener Staatsoper)
Melodram MEL 427

1969   Otto Gerdes (Windgassen, Nilsson, Nilsson, Fischer-Dieskau; Chor und Orchester der Deutschen Oper Berlin)
DGG 413 300-1

1971   Georg Solti (Kollo, Dernesch, Ludwig, Braun; Chor der Wiener Staatsoper, Wiener Philharmoniker)
Teldec 6.35193

1985   Bernard Haitink (König, Popp, Meier, Weikl; Chor und Orchester des Bayerischen Rundfunks)
EMI 270265-3

---

\* *Reihenfolge der Hauptrollen: Tannhäuser, Elisabeth, Venus, Wolfram.*

# Nachweise

## Quellen der Texte

Hans-Klaus Jungheinrich: Ritter, Bürger, Künstler. Copyright © 1986 by Rowohlt Taschenbuch Verlag GmbH, Reinbek bei Hamburg
Dietmar Holland: Inhalt der Oper. Copyright © 1986 by Rowohlt Taschenbuch Verlag GmbH, Reinbek bei Hamburg
Helmut Kirchmeyer: Tannhäuser-Symbole und Tannhäuser-Thesen. In: Situationsgeschichte der Musikkritik und des musikalischen Pressewesens in Deutschland, dargestellt vom Ausgang des 18. bis zum Beginn des 20. Jahrhunderts; Das zeitgenössische Wagner-Bild, 1. Bd.: Wagner in Dresden. Gustav Bosse Verlag, Regensburg 1972
Heinrich Heine: Der Tannhäuser. In: Sämtliche Schriften in 6 Bden. Hg. von Klaus Briegleb. Bd. III, hg. von Karl Pörnbacher, München 1978
Helmut Kirchmeyer: Tannhäuser-Daten. In: Situationsgeschichte der Musikkritik..., a. a. O.
Richard Wagner: Aus Briefen zu ‹Tannhäuser› in der Dresdener Zeit an Karl Gaillard in Berlin. In: Sämtliche Briefe. Hg. von Gertrud Strobel und Werner Wolf. Bd. 2. Leipzig 1967 ff.
Richard Wagner: Proben und erste Aufführungen des ‹Tannhäuser› in Dresden (1845). In: Richard Wagner: Mein Leben. Hg. von Martin Gregor-Dellin. München 1963
Eine frühe Wagner-Polemik. In: «Signale für die musikalische Welt», Leipzig, 19. November 1845
Robert Schumann über ‹Tannhäuser›. In: Robert Schumann: Briefe. Neue Folge. 2. Aufl., Leipzig 1904
Briefe Wagners zur Weimarer Aufführung des ‹Tannhäuser› (1849). In: Sämtliche Briefe. Hg. von Gertrud Strobel und Werner Wolf. Bd. 2, a. a. O.
Wagners programmatische Erläuterungen. In: Richard Wagners Gesammelte Schriften. Hg. von Julius Kapp, Bd. 9, Leipzig o. J.
Briefe Wagners über Aufführungsfragen des ‹Tannhäuser›. In: Sämtliche Briefe. Hg. von Gertrud Strobel und Werner Wolf. Bd. 4, a. a. O.
Richard Wagner: Über die Aufführung des ‹Tannhäuser› (1852). In: Richard Wagners Gesammelte Schriften. Hg. von Julius Kapp, Bd. 9, a. a. O.
Richard Wagner: Ludwig Schnorr von Carolsfeld als Tannhäuser. In: Richard Wagners Gesammelte Schriften. Hg. von Julius Kapp, Bd. 2, a. a. O.
Briefe Wagners an Mathilde und Otto Wesendonck. In: Richard Wagner an Mathilde und Otto Wesendonck. Tagebuchblätter und Briefe. Hg. von Julius Kapp. Leipzig o. J.
Richard Wagner: Vollständiger poetischer Entwurf zum Venusberg. In: «Die Musik», Berlin 1904/05, H. 10
Erinnerungen der Schriftstellerin Malvida von Meysenbug. In: Malvida von Mey-

senbug: Memoiren einer Idealistin. 2. Aufl., Stuttgart 1877
Charles Baudelaire: Brief an Richard Wagner. In: «Neue Zeitschrift für Musik», Mainz 1963 (übersetzt von Franz von Rexroth).
Charles Baudelaire: Richard Wagner und der ‹Tannhäuser› in Paris. In: Ch. Baudelaire: Ausgewählte Werke. Hg. von Franz Blei, München 1925 (übersetzt von Heinrich Steinitzer).
Richard Wagner: Bericht über die Aufführung des ‹Tannhäuser› in Paris. In: Richard Wagners Gesammelte Schriften. Hg. von Julius Kapp. Bd. 2, a. a. O.
Paul Bekker: Wagners ‹Tannhäuser›. In: Paul Bekker: Richard Wagner. Das Leben im Werke. Stuttgart/Berlin/Leipzig 1924.
© Maximiliane Kraft-Bekker, Hofheim/Taunus.
Hans Mayer: ‹Tannhäuser› und die künstlichen Paradiese. In: Hans Mayer: Anmerkungen zu Richard Wagner. Ed. Suhrk. 189. Suhrkamp Verlag, Frankfurt a. M. 1966
Joachim Herz: Tannhäusers nie gesungenes Lied. In: W. Felsenstein/J. Herz: Musiktheater. Leipzig 1976
Dolf Sternberger: Thema Tannhäuser. In: D. Sternberger: Gerechtigkeit für das 19. Jahrhundert. Suhrkamp Taschenbuch 244. Suhrkamp Verlag, Frankfurt a. M. 1975

## Quellen der Abbildungen

S. 4/5 König Ludwig II. – Museum in Herrenchiemsee
S. 30, 72 Archiv der Bayerischen Staatsoper, München
S. 97, 173 Richard Wagner Gedenkstätte, Bayreuth
S. 105, 115 Archiv der Dresdener Staatsoper, Dresden
S. 109 Richard Wagner Museum, Eisenach
S. 111 Stadtgeschichtliches Museum, Leipzig
S. 120, 171, 178, 179 Bibliothèque nationale, Musée de l'Opéra, Paris
S. 141, 151, 153, 154 Theatermuseum, München
S. 177 Fotografie von Nadar, 1859
S. 181, 191 Aus: R. Bory, Richard Wagner. Sein Leben und sein Werk in Bildern. Frauenfeld und Leipzig, 1938
S. 197, 214, 215, 217, 221, 237, 240, 243, 245, 247, 249, 253, 259, 265, 270 Bildarchiv der Bayreuther Festspiele, Bayreuth
S. 254 Foto: Günter Englert, Frankfurt
S. 267 Foto: J. Heffernan
S. 269 Foto: Erwin Döring

## Über den Verfasser des Essays

Hans-Klaus Jungheinrich, geb. 1938, Musikstudien in Darmstadt und Salzburg (unter anderem bei Konrad Lechner, Hermann Scherchen und Hermann Heiss). Feuilletonredakteur bei der «Frankfurter Rundschau» seit 1968. Autor für Funk und Zeitschriften und für Essaybände. Mitherausgeber von «Musik im Übergang» (1977). Redaktionsbeirat und Rezensent bei «HiFi Stereophonie» von 1969 bis 1983. Seit 1984 Herausgeber der Schriftenreihe «Musikalische Zeitfragen».

## Über die Herausgeber

Attila Csampai, geboren 1949 in Budapest, studierte Musikwissenschaft, Theatergeschichte, Philosophie, Soziologie und Mathematik in München und arbeitet dort seit 1974 als freier Musikschriftsteller. Er schrieb zahlreiche Essays und Werkkommentare für Konzert- und Opernprogramme und Platteneditionen sowie Aufsätze in Fachzeitschriften. Daneben Rundfunksendungen und von 1975–78 Rezensent bei «HiFi Stereophonie». Seit 1978 dramaturgische Mitarbeit und musikalische Beratung bei verschiedenen Opern- und Theaterinszenierungen. Von 1980 bis 83 ständige freie Mitarbeit beim Bayerischen Rundfunk als Autor und Programmgestalter; seit Herbst 1983 Redakteur für symphonische Musik.

Dietmar Holland, geb. 1949, studierte in München Musikwissenschaft, Philosophie und Theatergeschichte. Seit 1972 publizistisch tätig: Essays über musikalische Sachfragen (Ästhetik, Soziologie, Musikgeschichte, Operndramaturgie). Zahlreiche Einführungen und Werkkommentare für Programmhefte (Berliner und Münchner Philharmoniker, Bayerische Staatsoper) und Schallplattenveröffentlichungen. Außerdem analytische Aufsätze und kommentierte Diskographien für die von Heinz-Klaus Metzger und Rainer Riehn herausgegebene Reihe «Musik-Konzepte» und freie Mitarbeit beim Bayerischen und Norddeutschen Rundfunk (thematische Sendungen, Kritiken, vergleichende Interpretationen). Von 1975 bis 1977 Essays und Rezensionen bei «HiFi Stereophonie» und seit 1984 bei der «Neuen Musikzeitung».

# RICORDI

## Klavierauszüge
in musikkritischen Neuausgaben

DOMENICO CIMAROSA
    Die heimliche Ehe (dt./it.)
    (F. Donatoni – J. Popelka)

GAETANO DONIZETTI
    Don Pasquale (dt./it.)
    (P. Rattalino – J. Popelka / H. Goerges)

GIACOMO PUCCINI
    La Bohème (dt./it.)
    (F. Bellezza – H. Swarowsky)

    Madame Butterfly (dt./it.)
    (Ma. Abbado – H. Hartleb)

    Tosca (dt./it.)
    (F. Bellezza – G. Rennert)

GIOACCHINO ROSSINI
    Der Barbier von Sevilla (dt./it.)
    mit transponierten Arien
    (A. Zedda – G. Rennert)

---

Greifen Sie beim Abhören Ihrer Tonträger zu
RICORDI-Klavierauszügen. Erhältlich im Musikalienhandel.

---

(Fortsetzung auf nächster Seite)

# RICORDI

## Klavierauszüge
in musikkritischen Neuausgaben (Fortsetzung)

### GIUSEPPE VERDI

**Aida** (dt./it.)
(M. Parenti – J. Popelka)

**Don Carlos** (dt./it.)
Vieraktige Fassung (H. Swarowsky)
Vier- und fünfaktige Fassung (H. Swarowsky)
Sämtliche Fassungen, einschließlich der
Pariser Urfassung (fr./it.) (U. Günther)

**Falstaff** (dt./it.)
(M Parenti – H. Swarowsky)

**Die Macht des Schicksals** (dt./it.)
(M. Parenti – J. Popelka / G. C. Winkler)

**Ein Maskenball** (dt./it.)
(M. Parenti – J. Popelka / G. C. Winkler)

**Nabucco** (dt./it.)
(F. Testi – K. Honolka)

**Othello** (dt./it.)
(M. Parenti – W. Felsenstein / C. Stueber)

**Simon Boccanegra** (dt./it.)
(F. Bellezza – H. Swarowsky)

**La Traviata** (dt./it.)
(M. Parenti – J. Popelka / G. C. Winkler)

**Der Troubadour** (dt./it.)
(M. Parenti – J. Popelka / G. C. Winkler)

Die Werke erschienen in neugestochenen Klavierauszügen, revidiert nach dem Autograph der Partitur, versehen mit Instrumentationsangaben und Studierziffern. Den Klavierauszügen vorangestellt sind: Angaben über Personen der Handlung, Orchesterbesetzung, Bemerkungen zum Werk und zur Aufführungspraxis, wie auch Revisionsbericht, Bildbeigaben fallweise.

Greifen Sie beim Abhören ihrer Tonträger zu
RICORDI-Klavierauszügen. Erhältlich im Musikalienhandel.